中国教育学会中学语文教学专业委员会专家审定

ZHENGUANZHENGYAO

# 贞观政要

【一部独具特色的政论性史书】

〔唐〕吴兢◎撰
《青少年经典阅读书系》编委会◎主编

首都师范大学出版社
CAPITAL NORMAL UNIVERSITY PRESS

图书在版编目(CIP)数据

贞观政要/《青少年经典阅读书系》编委会主编.—北京：首都师范大学出版社,2011.12(2020年7月重印)
(青少年经典阅读书系.国学系列)
ISBN 978-7-5656-0611-3

Ⅰ.①贞… Ⅱ.①青… Ⅲ.①典章制度-中国-唐代-青年读物②典章制度-中国-唐代-少年读物 Ⅳ.①D691.5-49

中国版本图书馆 CIP 数据核字(2011)第 255932 号

## 贞观政要

《青少年经典阅读书系》编委会 主编

| | |
|---|---|
| 策划编辑 | 李佳健 |

首都师范大学出版社出版发行

| | | |
|---|---|---|
| 地 | 址 | 北京西三环北路 105 号 |
| 邮 | 编 | 100048 |
| 电 | 话 | 68418523(总编室) 68418521(发行部) |
| 网 | 址 | www.cnupn.com.cn |
| 印 | 厂 | 汇昌印刷(天津)有限公司 |
| 经 | 销 | 全国新华书店发行 |
| 版 | 次 | 2012 年 9 月第 1 版 |
| 印 | 次 | 2020 年 7 月第 3 次印刷 |
| 书 | 号 | 978-7-5656-0611-3 |
| 开 | 本 | 710mm×1000mm 1/16 |
| 印 | 张 | 20 |
| 字 | 数 | 314 千 |
| 定 | 价 | 50.00 元 |

版权所有 违者必究
如有质量问题请与出版社联系退换

# 总 序
## Total order

被称为经典的作品是人类精神宝库中最灿烂的部分,是经过岁月的磨砺及时间的检验而沉淀下来的宝贵文化遗产,凝结着人类的睿智与哲思。在滔滔的历史长河里,大浪淘沙,能够留存下来的必然是精华中的精华,是闪闪发光的黄金。在浩瀚的书海中如何才能找到我们所渴望的精华,那些闪闪发光的黄金呢?唯一的办法,我想那就是去阅读经典了!

说起文学经典的教育和影响,我们每个人都会立刻想起我们读过的许许多多优秀的作品——那些童话、诗歌、小说、散文等,会立刻想起我们阅读时的那种美好的精神享受的过程,那种完全沉浸其中、受着作品的感染,与作品中的人物,或者有时就是与作者一起欢笑、一起悲哭、一起激愤、一起评判。读过之后,还要长时间地想着,想着……这个过程其实就是我们接受文学经典的熏陶感染的过程,接受文学教育的过程。每一部优秀的传世经典作品的背后,都站着一位杰出的人,都有一颗高尚的灵魂。经常地接受他们的教育,同他们对话,他们对社会、对人生的睿智的思考、对美的不懈的追求,怎么会不点点滴滴地渗透到我们的心灵,渗透到我们的思想和感情里呢!巴金先生说:"读书是在别人思想的帮助下,建立自己的思想。""品读经典似饮清露,鉴赏圣书如含甘饴。"这些话说得多么恰当,这些感

# 总 序
**Total order**

受多么美好啊！让我们展开双臂、敞开心灵，去和那些高尚的灵魂、不朽的作品去对话、交流吧，一个吸收了优秀的多元文化滋养的人，才能做到营养均衡，才能成为精神上最丰富、最健康的人。这样的人，才能有眼光，才能不怕挫折，才能一往无前，因而才有可能走在队伍的前列。

《青少年经典阅读书系》给了我们一把打开智慧之门的钥匙，会让我们结识世界上许许多多优秀的作家作品，会让这个世界的许多秘密在我们面前一览无余地展开，会让我们更好地去感悟时间的纵深和历史的厚重。

来吧！让我们一起品读"经典"！

国家教育部中小学继续教育教材评审专家
中国教育学会中学语文教学专业委员会秘书长　苏立康

# 丛书编委会

**丛书策划** 复　礼
　　　　　王安石
**主　　编** 首　师
**副 主 编** 张　蕾
**编　　委**（排名不分先后）
　　　　张　蕾　李佳健　安晓东　石　薇　王　晶
　　　　付海江　高　欢　徐　可　李广顺　刘　朔
　　　　欧阳丽　李秀芹　朱秀梅　王亚翠　赵　蕾
　　　　黄秀燕　王　宁　邱大曼　李艳玲　孙光继
　　　　李海芸

# 阅 读 导 航

《贞观政要》是一部政论性的史书。这部书以记言为主，所记基本上是贞观年间唐太宗李世民与臣下魏徵、王珪、房玄龄、杜如晦等人关于施政问题的对话以及一些大臣的谏议和劝谏奏疏。此外也记载了一些政治、经济上的重大措施。

## 作者简介

作者吴兢（670—749），唐代史学家，汴州浚仪（今河南开封）人，年轻时就立志从事史学事业，武则天时，经友人推荐，开始担任史官。吴兢具有忠于历史的赤诚。当时武三思领导修撰国史，武三思等人以朋党为界限，记事不实。吴兢愤而私撰《唐书》《唐春秋》，意欲为后人留下信史。唐中宗时，他任右补阙，与刘知几等人共修《则天实录》。书成后，转任起居郎，又迁水部郎中。开元初，自请继续修史，得准与刘知几撰《睿宗实录》，并重修《则天实录》。刘知几去世后，张说为相，见到书中记载张易之诱他诬陷魏元忠之事，感到不安，故意对吴兢说："刘五（知几）修实录，记魏齐公事，殊不相饶假，与说毒手。"吴兢从容回答："是兢书之，非刘公修述，草本犹在。其人已亡，不可诬枉于幽魂，令相公有怪耳。"张说几次请求删改，他都断然拒绝，凛然回答："若取人情，何名为直笔。"吴兢的高风亮节，得到世人赞叹，人们称誉他是当世董狐。他任史职三十余年，编纂唐国史 65 卷。唐玄宗开元十七年（729 年）以后他调离史职，先后任荆州司马，台、洪、饶、蕲四州刺史，相州长史，邺郡太守，恒王师傅等职。70 岁以后，他有感于南北朝史繁杂，撰写梁、齐、周史各 10 卷，陈史 5 卷，隋史 20 卷。他的一生是为史学事业勤奋劳作的一生，他的高尚风范成为后世史家学习的榜样。

## 内容概要

《贞观政要》全书共 40 篇，分别辑录了贞观年间唐太宗李世民与魏徵、房玄龄、杜如晦等大臣的问答，大臣的谏议和奏疏，以及政治上的措施等。书中提出了"君依于国,国依于民"的重民思想,务实求治、与民休息、重视农业、发展生产的施政方针,"爱之如一"较为持平的民族政策,用人唯贤的主张,广开言路的开明措施,尊儒重教的文化政策,仁德先行、省刑慎罚的统治策略,以及俭约慎行、善始慎终的人格要求。它是中国开明封建统治的战略和策略、理论和实践的集大成作。

书中所记述的封建政治问题是全面而详备的。吴兢把君主作为封建政权的关键,他在开卷的第一篇《君道》中,首先探讨了为君之道。他列举唐太宗的言论说明:要想当好君主,必先安定百姓;要想安定天下,必须先正自身。把安民与修养自身当作为君的两个要素,对于君主的个人修养,他以唐太宗为例,说明清心寡欲和虚心纳谏是相当重要的。做到这两点,是唐太宗成功的关键,从历代统治者的施政实践上看,这两条对于政权安危具有普遍意义。

在书中,吴兢还重点记述了人才使用问题,介绍了唐太宗知人善任、任人唯贤的事迹。还对太宗朝的大政方针进行了归纳和概述,其中做得成功的有偃武修文、崇尚儒学、加强礼治、执法宽弛、休养生息、安定民众、采取怀柔政策、安抚周边少数民族等。

## 历史影响

《贞观政要》是一部独具特色、对人富有启发的历史著作。该书的价值,除了在于它所反映的唐太宗"贞观之治"在中国历史上具有非常重要的地位,为研究唐初历史提供许多宝贵的资料以外,不论是唐太宗兼德则明、从善如流的态度,还是以魏徵为首的直言谏诤精神,都足以作为今日建设国家的圭臬。在阅读此书的过程中,我们仿佛穿越了历史的时空,回到了威严壮阔的唐朝皇宫,亲眼目睹了太宗凝神沉思的表情,亲耳聆听着房玄龄、杜如晦、魏徵等贤臣的肝胆谏言,肃然产生一种由衷的敬意。"为政之要,唯在得人",字里行间透露出一股"人才可贵"的无声信息。在今天看来,书中的这些观点仍有着十分重要的借鉴意义。

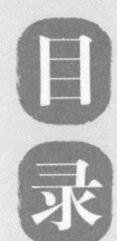

君道第一 / 1

政体第二 / 11

任贤第三 / 25

求谏第四 / 41

纳谏第五 / 50

君臣鉴戒第六 / 60

择官第七 / 72

封建第八 / 85

太子诸王定分第九 / 95

尊敬师傅第十 / 99

教戒太子诸王第十一 / 107

规谏太子第十二 / 115

仁义第十三 / 132

忠义第十四 / 135

孝友第十五 / 145

公平第十六 / 148

诚信第十七 / 169

俭约第十八 / 176

谦让第十九 / 182

仁恻第二十 / 185

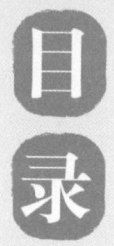

慎所好第二十一 / 188

慎言语第二十二 / 191

杜谗邪第二十三 / 194

悔过第二十四 / 200

奢纵第二十五 / 203

贪鄙第二十六 / 208

崇儒学第二十七 / 212

文史第二十八 / 216

礼乐第二十九 / 219

务农第三十 / 231

刑法第三十一 / 234

赦令第三十二 / 246

贡赋第三十三 / 249

辩兴亡第三十四 / 252

征伐第三十五 / 256

安边第三十六 / 272

行幸第三十七 / 281

畋猎第三十八 / 285

灾祥第三十九 / 290

慎终第四十 / 296

# 君道第一

**【原文】**

贞观初,太宗谓侍臣曰:"为君之道,必须先存百姓①。若损百姓以奉其身,犹割股以啖腹,腹饱而身毙。若安天下,必须先正其身,未有身正而影曲,上理而下乱者。朕每思伤其身者不在外物,皆由嗜欲以成其祸。若耽嗜滋味,玩悦声色,所欲既多,所损亦大,既妨政事,又扰生人②。且复出一非理之言,万姓为之解体,怨讟既作③,离叛亦兴。朕每思此,不敢纵逸。"谏议大夫魏徵对曰:"古者圣哲之主,皆亦近取诸身,故能远体诸物。昔楚聘詹何,问其治国之要,詹何对以修身之术④。楚王又问治国何如,詹何曰:'未闻身治而国乱者。'陛下所明,实同古义。"

**【注释】**

①先存百姓:以百姓的存活为先。

②生人:此处原应为"生民",因避太宗李世民的名讳,而改为"生人"。本书诸多应为"民"字而改"人"字者,情况均类同。此外有避"李治"名讳,改"治"为"理"者。

③怨讟(dú):因怨恨而出怨言。讟,怨恨。

④修身之术:修养自身品德的方法。

**【译文】**

贞观初年,唐太宗对大臣们说:"要当好皇帝,首先必须使百姓能够安定地生活。如果以损害百姓的利益来满足自己的私欲,就像割掉自己大腿上的肉来填饱自己的肚子一样,肚子填饱了却命归黄泉。若要治理好天下,必须先加强自身的修养,世上没有身正影歪——统治者将国家治理得井然有序而社会动荡不安的道理。我时常在想,使自己受到伤害的其实并非外在的事物,而是自己贪得无厌所导致的。如果一个人贪图口腹之欲,沉溺于声色犬马,贪欲越多危害就越大,这样既妨碍国家政务,又损害百姓的利益。如果又有人散布妖言、蛊惑民心,那么百姓就会人心离散,怨声载道,叛乱也会接踵而至。我每次想到这些,就不敢再懈怠和放纵了。"谏议大夫魏徵听后回答说:"古代圣明的君主也都是先把自己身边的事做好,进而推己及人,用这些好的方法治理国家。过去楚国国君聘用詹何,向他询问治国的关键所在,詹何告知国君应掌握修身之术。楚王又问该如何使国家安定,詹何回答:'没有听说自身行为端正而国家动乱的道理。'陛下这些对治理国家的理解,其实与古代圣明的君主是相同的。"

**【注释】**

① 刍荛（chúráo）：指割草砍柴的人。刍，草；荛，柴。

② 靖言庸回：语言善巧而行动乖违。

**【原文】**

贞观二年，太宗问魏徵曰："何谓为明君暗君？"徵曰："君之所以明者，兼听也；其所以暗者，偏信也。《诗》云：'先人有言，询于刍荛①。'昔唐、虞之理，辟四门，明四目，达四聪。是以圣无不照，故共、鲧之徒，不能塞也；靖言庸回②，不能惑也。秦二世则隐藏其身，捐隔疏贱而偏信赵高，及天下溃叛，不得闻也。梁武帝偏信朱异，而侯景举兵向阙，竟不得知也。隋炀帝偏信虞世基，而诸贼攻城剽邑，亦不得知也。是故人君兼听纳下，则贵臣不得壅蔽，而下情必得上通也。"太宗甚善其言。

**【译文】**

贞观二年，太宗问魏徵："怎样才算是贤明的君主，怎样才算是昏聩的君主？"魏徵回答说："所谓贤明的君主，就是善于听取别人的意见；所谓昏聩的君主，就是听信谗言、偏听偏信。《诗经》上说：'远古先民说过这样的话，治国者征求砍柴人的意见。'过去尧舜治理国家，广泛接纳天下的贤才，体察天下民情，听取百姓意见。因此，尧舜这些圣明的君主能够无所不知，即使像共工和鲧这样的人，也不能蒙蔽他们，花言巧语也不能使他们迷惑。秦二世深居宫中，他疏远贤臣和百姓，而信赖赵高这样的小人，甚至到了天下大乱都还不闻不问的昏庸地步。梁武帝宠信朱异，最后在侯景起兵叛乱时仍浑然不觉。隋炀帝重用小人虞世基，当各路叛贼纷纷攻城略地、国家岌岌可危的时候，他却不自知。所以英明的国君应广开言路，贤能的人才才不会被埋没，百姓民情必然能够上达。"唐太宗对这些话十分赞同。

**【注释】**

① 草昧：原意是原始蒙昧，这里指国家初创秩序未定的局面。

② 昏狡：昏庸害民。

**【原文】**

贞观十年，太宗谓侍臣曰："帝王之业，草创与守成孰难？"尚书左仆射房玄龄对曰："天地草昧①，群雄竞起，攻破乃降，战胜乃克。由此言之，草创为难。"魏徵对曰："帝王之起，必承衰乱。覆彼昏狡②，百姓乐推，四海归命，天授人与，乃不为难。然既得之后，志趣骄逸，百姓欲静而徭役不休，百姓凋残而侈务不息。国之衰弊，恒由此起。以斯而言，守成则难。"太宗曰："玄龄昔从我定天下，备尝艰苦，出万死而遇一生，所以见草创之难也。魏徵与我安天下，虑生骄逸之端，必践危亡之地，所以见守成之难也。今草创之难既已往矣，守成之难者，当思与公等慎之。"

【译文】

贞观十年，唐太宗问身边的侍臣："帝王的基业，创业和守业哪个更难？"尚书左仆射房玄龄回答说："在天下混乱的时候，群雄并起，只有用强大的武力攻破他们才能使之投降，只有通过艰苦卓绝的战斗才能将他们击败。由此看来，创业比较难。"魏徵答道："新帝王的崛起，必然开始于上一个朝代的衰落和动乱，此刻推翻昏聩的旧王朝，百姓都拥戴他，四海之内也会归顺他，符合天意，人心所向，得到天下并不困难。然而得到天下之后，君王开始变得骄傲自满，骄奢淫逸，百姓向往休养生息而徭役毫无休止，民生凋敝而帝王的豪奢之事不见停息，国家的衰落，都是由这些引起的。由此看来，守业更难。"太宗听后说道："过去玄龄跟随我平定天下，备尝艰辛，九死一生，所以深知创建基业的艰难。而魏徵帮助我治理天下，担心我因为骄奢淫逸而重蹈前朝灭亡的覆辙，所以认为守住基业困难。创业再难现在已经成为过去，而守业的艰难，才是朕和众爱卿今天应该慎重考虑的问题。"

【原文】

贞观十一年，特进魏徵上疏曰：

臣观自古受图膺运，继体守文①，控御英雄，南面临下，皆欲配厚德于天地，齐高明于日月，本支百世，传祚无穷②。然而克终者鲜，败亡相继，其故何哉？所以求之，失其道也。殷鉴不远③，可得而言。

昔在有隋，统一寰宇，甲兵强盛，三十余年，风行万里，威动殊俗，一旦举而弃之，尽为他人之有。彼炀帝岂恶天下之治安，不欲社稷之长久，故行桀虐，以就灭亡哉？恃其富强，不虞后患。驱天下以从欲，罄万物而自奉，采域中之子女，求远方之

【注释】

①继体守文：指守成之君。

②祚(zuò)：这里指帝位。

③鉴：镜子。

④戢(jí)：止息。

⑤外示严重：外表装得威严端庄持重。

⑥远肃迩安：远近平安。

⑦期(jī)月：这里指一整年。

⑧罔念:妄自尊大。
⑨贻厥:留传,遗留。
⑩传之万叶:传至万世,"叶"亦为避李世民之"世"讳。

奇异。宫苑是饰,台榭是崇,徭役无时,干戈不戢④。外示严重⑤,内多险忌,谗邪者必受其福,忠正者莫保其生。上下相蒙,君臣道隔,民不堪命,率土分崩。遂以四海之尊,殒于匹夫之手,子孙殄绝,为天下笑,可不痛哉!

圣哲乘机,拯其危溺,八柱倾而复正,四维弛而更张。远肃迩安⑥,不逾于期月⑦;胜残去杀,无待于百年。今宫观台榭,尽居之矣;奇珍异物,尽收之矣;姬姜淑媛,尽侍于侧矣;四海九州,尽为臣妾矣。若能鉴彼之所以失,念我之所以得,日慎一日,虽休勿休,焚鹿台之宝衣,毁阿房之广殿,惧危亡于峻宇,思安处于卑宫,则神化潜通,无为而治,德之上也。若成功不毁,即仍其旧,除其不急,损之又损,杂茅茨于桂栋,参玉砌以土阶,悦以使人,不竭其力,常念居之者逸,作之者劳,亿兆悦以子来,群生仰而遂性,德之次也。若惟圣罔念⑧,不慎厥终,忘缔构之艰难,谓天命之可恃,忽采椽之恭俭,追雕墙之靡丽,因其基以广之,增其旧而饰之,触类而长,不知止足,人不见德,而劳役是闻,斯为下矣。譬之负薪救火,扬汤止沸,以暴易乱,与乱同道,莫可测也,后嗣何观!夫事无可观则人怨,人怨则神怒,神怒则灾害必生,灾害既生,则祸乱必作,祸乱既作,而能以身名全者鲜矣。顺天革命之后,将隆七百之祚,贻厥子孙⑨,传之万叶⑩,难得易失,可不念哉!

**【译文】**

贞观十一年,特进魏徵上奏疏说:

我观察各个朝代盛衰的变化,发现自古以来每个帝王都是承受天命创下基业,都是用武功与谋略使各路英雄归顺,然后用文治教化天下百姓。谁都希望创下一番惊天动地的伟业,名垂青史,使自己的王朝流传百世,绵延不绝。但是能够传承下去而且最后有一个好的结局的朝代几乎没有,各个朝代都相继衰败灭亡,这是什么原因呢?究其根本,在于帝王失去了为君之道。殷商灭亡的教训犹在眼前,可以此为鉴。

过去隋朝统一天下的时候兵力是多么强大啊,三十多年来,大国的威仪不可一世。谁知道后来竟毁于一旦,叛乱一起,国家政权就拱手让人了。难道是隋炀帝厌恶国家安定，不希望社稷长治久安，所以就采取桀、纣那样的残暴统治，自取灭亡吗？肯定不是这样的。我看这是因为他依仗国家富强，为所欲为，不考虑自己行为的后果所造成的。他在位的时候，役使天下所有的人来满足他一个人的私欲，收集天下所有的宝物供他一个人玩赏，挑选各地的美女供他一个人淫乐，寻找异域的奇珍供他一个人消遣。他居住的宫殿极其华丽奢侈，修筑的台榭无比瑰丽雄奇，这就必然造成徭役繁重，战争不断。再加上朝廷外部列强虎视眈眈；朝廷内部大臣险恶奸诈，这样，谄媚阴险的人必然青云得志，真诚正直的人必然性命难保。整个朝廷上下，君臣之间都互相蒙蔽欺骗，心怀二志。民不聊生是大势所趋，国家四分五裂在所难免。就这样，至高无上的君王——隋炀帝，到头来为叛贼所杀，死于非命，他的子孙也遭此横祸，最终落得被天下人耻笑的下场，这难道不叫人痛惜吗？

可是，贤明的君主却能抓住每一个机会，挽救危难，让濒临灭亡的国家重新恢复正常，让废弛的礼仪法度重新发扬光大。但是，光靠一时的边境安定、国家安宁去维持统治，这绝不是长久之计；停止战争，无所作为地维持现状，也难以统治百年。陛下，你现在住着豪华的宫殿，收藏着天下的奇珍异宝，举国美女在身边侍候，四海九州的人民尽听你的调遣。如果你能从历朝的灭亡之中吸取教训，总结我们夺取天下的经验，每日谨慎处理政务，不要懈怠，去掉纣王的奢靡，抛却始皇的残暴，从富丽堂皇的亭台楼阁中看出危亡的祸因，居安思危，像禹那样克己勤民，那么治国之理自然融会贯通。这样，即使表面什么也不做，整个国家却仍井井有条，这是为君之道的最好方法。一般说来，如果要保住基业，不让它毁亡，就应该在兴国之后克己私欲，居住于旧时的宫殿，即使再想修建其他的宫殿，也要免去那些不必要的东西，将需求减至最低。华丽的建筑夹杂着粗糙的茅屋，玉石雕成的阶梯中有着土做的台阶，一心一意地让自己的俭朴使天下人心悦诚服。同时必须时刻思量着为君为官者的安逸，百姓劳作者的苦累。能做到这一点，那么千千万万的人一定会为他的出现而感到高兴，万民景仰听从他，这是为君之道的中等。如果作为君主不认真思考,不慎重考虑他的所作所为的后果,忘记了创业的艰难,夜郎自大,一味迷信依赖天命,忽略古代圣王恭谨俭朴的美德,大兴土木,一味追求靡丽的雕梁画栋,宫殿也在原先的基础上不断扩建、修饰,乐此不疲,永远没有满足的时候。这样,人们当然看不到他的德行,只见劳役,这是为君之道的下等。这种行为就像背着干柴去救火,用热汤去止住沸腾的水,用暴政代替淫乱,其实和淫乱是一样的,它的后果不堪设想,后人应该警惕啊!如果帝王没有什么政绩,则必然导致百姓的怨恨,百姓怨恨就会触怒神灵,神灵发怒必然使灾害产生,灾害既然产生,祸乱就必然紧随而来。祸乱一旦产生,自然很难收拾,能够在这种情况下保全生命的人太少了。帝王如果顺应天命,创立基业之后,将有七百年的兴盛时期,将基业一代一代地传给子孙继承下去,江山不会易主。面对历史的教训,为王者对此难道不应该有所警戒吗?

【原文】

是月,徵又上疏曰:

臣闻求木之长者,必固其根本①;欲流之远者,必浚其泉源;思国之安者,必积其德义。源不深而望流之远,根不固而求木之长,德不厚而思国之理,臣虽下愚,知其不可,而况于明哲乎!人君当神器之重②,居域中之大,将崇极天之峻,永保无疆之休。不念居安思危,戒奢以俭,德不处其厚,情不胜其欲,斯亦伐根以求木茂,塞源而欲流长者也。

凡百元首,承天景命,莫不殷忧而道著③,功成而德衰。有善始者实繁,能克终者盖寡,岂取之易而守之难乎?昔取之而有余,今守之而不足,何也?夫在殷忧,必竭诚以待下;既得志,则纵情以傲物。竭诚则胡越为一体,傲物则骨肉为行路。虽董之以严刑,震之以威怒,终苟免而不怀仁,貌恭而不心服。怨不在大,可畏惟人,载舟覆舟,所宜深慎,奔车朽索④,其可忽乎!

君人者,诚能见可欲则思知足以自戒,将有作则思知止以安人,念高危则思谦冲而自牧⑤,惧满溢则思江海下百川,乐盘游则思三驱以为度⑥,忧懈怠则思慎始而敬终,虑壅蔽则思虚心以

【注释】

①固:巩固。
②神器:帝位。
③殷忧:深深的忧虑。
④奔车朽索:比喻事情很危险,应十分谨慎。
⑤自牧:自我修养。
⑥盘游:打猎,游乐。
⑦壅蔽:指下情不能上达。
⑧黜恶:贬斥邪恶。
⑨谬赏:错误的奖赏。

纳下⑦，想谗邪则思正身以黜恶⑧，恩所加则思无因喜以谬赏⑨，罚所及则思无因怒而滥刑。总此十思，弘兹九德，简能而任之，择善而从之。则智者尽其谋，勇者竭其力，仁者播其惠，信者效其忠。文武争驰，君臣无事，可以尽豫游之乐，可以养松、乔之寿，鸣琴垂拱，不言而化。何必劳神苦思，代下司职，役聪明之耳目，亏无为之大道哉！

**【译文】**

同月，魏徵又上了一篇奏疏：

臣听说要想使树木长得高，必须使它的根部稳固；要想使水流得远，必须使它的源头疏通；要想使国家安定，必须以德治国。源头的水源不通畅却想让水流得很远，树根不牢固却想让树木长得高大，德义不施却想让国家得到治理，我虽然愚蠢到了极点，也知道这些是不可能的，更何况圣明的君主呢！皇上作为万乘之尊，高贵得与天地同列，如果只极力推崇天命，让自己长命百岁，全然不思考居安思危的道理，不去力戒骄奢，崇尚节俭，推崇好的德行，而只任自己的情欲蔓延而不加以克制，这就像砍掉树根来让树木枝繁叶茂，堵塞源头而想让河水流得很远的道理一样。

一般说来，很多国君顺应天命之后，没有谁不十分担忧自己成就功业之后德行会随之堕落。很多人确实开头做得很好，可是能将这些好的做法坚持到底的非常之少，这难道真是创业容易守业难吗？过去夺取天下的时候力量绰绰有余，现在要守住基业却显得力不从心，究竟是什么原因呢？一个人有忧患意识的时候，必然诚心诚意对待下属；一旦自己的心愿达成了，就放纵私欲，不可一世。诚心待人，即使是敌人都可以结为朋友；不可一世，即使是兄弟也会反目成仇，形同陌路。即使用严酷的刑法、威严的气势来控制他们，使其屈服，他们也只不过为苟且保全性命而心怀不轨，外表谦恭而心存怨恨。怨气虽不在大小，但让人担忧的是它违背了人心，这之中所蕴含的道理就像水既可以让船行驶也可以让船沉没的道理一样，难道还不让人谨慎、发人深思吗？奔驰的马车如果用腐朽的绳子来驾驭，还能指望它跑得很久很远吗？

好的国君，在遇到想要的东西时，就要思考知足常乐的道理，进行自我约束。在有所行动之前，应该想一想，这是不是可以不做，会不会惊动百姓？常常有危机意识，才能够使自己的思想谦虚平和。害怕骄傲自满，就应该常常思考海纳百川的道理。如果喜欢打猎，就该有所限度。担心自己懈怠，就应该想想凡事如何做才能善始善终。害怕自己受蒙蔽，就应该想一想自己如何虚怀若谷才能广纳臣子的意见。担心听信谗言，就应该思考如何使自己行为端正，以达到惩恶扬善的目的。实行赏赐，不要因为自己的喜好而随意改变标准。执行惩罚，也不可因自己一时的怒火而恣意滥用。做到了"十思"，发扬了"九德"，那么一个国家，就能够人尽其才：智者能够发挥他的智谋，勇者能够竭尽他的武力，仁者能够传播他的贤德，信者能够表现他的忠义。文臣武将都能够竞相为朝廷效力。这样一来，国家就会太平，君臣之间融洽和睦，相安无事。国君可以安心巡游，弹琴作赋，颐养天年。天下自然无为而治，又何必去劳心费力，事必躬亲，违背无为治国的道理呢？

## 【原文】

太宗手诏答曰：

省频抗表，诚极忠款，言穷切至。披览忘倦，每达宵分①。非公体国情深，启沃义重，岂能示以良图，匡其不及。朕闻晋武帝自平吴已后，务在骄奢，不复留心治政。何曾退朝谓其子劭曰："吾每见主上不论经国远图，但说平生常语，此非贻厥子孙者，尔身犹可以免。"指诸孙曰："此等必遇乱死。"及孙绥，果为淫刑所戮。前史美之，以为明于先见。朕意不然，谓曾之不忠其罪大矣。夫为人臣，当进思尽忠，退思补过，将顺其美，匡救其恶，所以共为治也。曾位极台司，名器崇重，当直辞正谏，论道佐时。今乃退有后言，进无廷诤，以为明智，不亦谬乎！危而不持，焉用彼相？公之所陈，朕闻过矣。当置之几案，事等弦、韦。必望收彼桑榆，期之岁暮，不使康哉良哉，独美于往日，若鱼若水②，遂爽于当今。迟复嘉谋，犯而无隐③。朕将虚襟静志，敬伫德音④。

## 【注释】

① 宵分：半夜。

② 若鱼若水：这里指君臣之间相得无间。

③ 犯而无隐：对君王直言相告。

④ 伫：长时间地站着。

## 【译文】

唐太宗亲书诏书答复说:

朕看了爱卿写的奏疏,言语恳切,爱卿的一片忠肝义胆由此可见一斑。批阅你的奏疏,常常让我忘记疲倦,而且你的言辞让我深受感动。如果卿对国情了解不深,怎么能够为我提出如此中肯的建议,而及时纠正我的过失呢?我听说晋武帝灭掉吴国之后,只顾骄奢淫逸,不再关心国家政治。太傅何曾退朝回家后,对他的儿子何劭说:"我每天都看见皇上不谈论治理国家的雄才大略,而只是说一些日常生活的俚俗之语,这和治理国家的道理相去甚远哪。这难道不是将灾祸遗留给子孙吗?国家在你这一代还不至于混乱,因而你的性命暂且可以保全。"他又指着自己的孙子们痛惜地说:"可是到了你们长大的时候,必定遇上朝廷变故而性命不保。"后来他的孙子何绥果然遇上晋王室之间为争夺王位而发生的内部叛乱,结果何绥在叛乱中为荒淫的酷刑所杀害。以往的史书称赞这事,说何曾有先见之明。我的看法与之不同,我认为何曾可以算作不忠之臣,他是罪大恶极的。作为臣子,上朝应思考如何指陈时政、尽忠直言,退朝时应废寝忘食,弥补皇上的过失。这样才能使君主的美德不断地得到发扬,错误不断地得到纠正,就是常说的共同治国的道理。何曾地位尊贵,权势显赫,应当直言进谏,谈论治国大道,匡扶时政。然而他在退朝后才说关于朝纲的言论,朝见时,在晋武帝面前却没有勇敢地诤言,说他是明智之人,难道不荒谬吗?如果国家危亡却不知道辅佐扶持,哪里还用得着这样的官吏呢?你所上书的建议,我已认真地阅读过了。这些金玉良言,应时时放在我的案头上,就像古代用来警示自己矫偏纠过的信物一样。这样,他日必定会有收获,等到过些年月,国家就会更加繁荣富庶。因为我有你的扶持,所以感到很放心,就像鱼儿有水一样,一切都得心应手,称心如意。你敢于直言而无所隐瞒的奏疏,我现在才回复。此后,我仍将虚怀若谷,恭敬地听取你治国方面的好意见。

## 【原文】

## 【注释】

①宽怠:松懈、怠惰。

②日陵月替:逐渐衰落。

贞观十五年,太宗谓侍臣曰:"守天下难易?"侍中魏徵对曰:"甚难。"太宗曰:"任贤能、受谏诤,即可。何谓为难?"徵曰:"观自古帝王,在于忧危之间则任贤受谏,及至安乐,必怀宽怠①,言事者惟令兢惧,日陵月替②,以至危亡。圣人所以居安思危,正为此也。安而能惧,岂不为难?"

**【译文】**

贞观十五年,唐太宗问身边的侍臣:"守江山是难还是易?"魏徵回答:"很难。"唐太宗说:"我选拔任用贤才,接受建议就行了,有什么难的?"魏徵说:"据我观察,自古以来的帝王,在忧患危难的时候能够选举贤才,接受忠告;到了天下太平的时候反而懈怠政务,让敢于直言进谏的人战战兢兢,不敢说话。这样日复一日,年复一年,就会使国家灭亡。正因为如此,古代圣人才要居安思危。你想想,国家太平无事,却要使国君心怀忧惧,这难道不难吗?"

# 政体第二

【原文】

贞观初,太宗谓萧瑀曰①:"朕少好弓矢,自谓能尽其妙。近得良弓十数,以示弓工。乃曰:'皆非良材也。'朕问其故,工曰:'木心不正,则脉理皆邪②,弓虽刚劲而遣箭不直,非良弓也。'朕始悟焉。朕以弧矢定四方,用弓多矣,而犹不得其理。况朕有天下之日浅,得为理之意,固未及于弓,弓犹失之,而况于理乎?"自是诏京官五品以上,更宿中书内省③,每召见,皆赐坐与语,询访外事,务知百姓利害、政教得失焉。

【注释】

①萧瑀(yǔ):字时文,南朝梁明帝之子。
②脉理:这里指树木的纹理。
③中书内省:官署名。

【译文】

贞观初年,唐太宗对大臣萧瑀说:"我从年轻的时候就喜欢张弓射箭,自以为懂得如何识别弓箭的好坏。近来得到十几把上好的弓箭,就把它们拿给做弓箭的师傅看。弓箭师傅说:'都不好。'我询问其中的原因,弓箭师傅说:'木头的中心不端正,那么它的脉理就是歪斜的。用这样的木头做弓箭,弓即使很结实,射出的箭都不会直,所以我说它们不是上好的弓。'从这件事我领悟出很多道理。我是通过战争取得天下的,所用过的弓箭非常多,而我尚且不懂得识别弓箭的要领;更何况我得到天下的时间还很短,对于治理国家的道理,肯定不比我对弓箭的知识掌握得多。然而,我对弓箭的了解尚有失偏颇,更何况治理国家的要领呢?"从此以后,唐太宗定期召见五品以上的京官和中书内省的官员,每次召见,唐太宗都要赐给他们座位并与他们悉心交谈,仔细询问宫廷外面的事,以便对老百姓的疾苦和政教的得失有全面详细的了解。

【原文】

贞观元年,太宗谓黄门侍郎王珪曰:"中书所出诏敕,颇有

【注释】

①衔:这里指含恨在心。

② 面从背言：当面奉承，背后乱说。

意见不同，或兼错失而相正以否。元置中书、门下，本拟相防过误。人之意见，每或不同，有所是非，本为公事。或有护己之短，忌闻其失，有是有非，衔以为怨①。或有苟避私隙，相惜颜面，知非政事，遂即施行。难违一官之小情，顿为万人之大弊。此实亡国之政，卿辈特须在意防也。隋日内外庶官，政以依违而致祸乱，人多不能深思此理。当时皆谓祸不及身，面从背言②，不以为患。后至大乱一起，家国俱丧，虽有脱身之人，纵不遭刑戮，皆辛苦仅免，甚为时论所贬黜。卿等特须灭私徇公，坚守直道，庶事相启沃，勿上下雷同也。"

**【译文】**

贞观元年，唐太宗对黄门侍郎王珪说："中书省发布的诏敕，意见大不相同，难道它们都不对吗？原本设置中书、门下两省，是想让它们互相监督，以免出现错误。如果它们各执己见，即使意见互相抵触，有所争执也是正常的，因为这些都属于公事。如果有人回避矛盾，徇私舞弊，相互顾及颜面，认为不是涉及政局的事，就左右逢源，自作主张，任意施行，这是错误的。这样，要是我们碍于一个官员的情面，就可能给百姓带来很大的危害。这实际上是亡国的行为，大臣们必须特别防范才是。隋代的时候，朝廷内外的官吏施政不一，埋下了隋朝灭亡的祸根。当时执行政令的时候，很多人都没有去深思这样做的危害，都认为灾祸不会降临到自己头上。当面阿谀奉承，背后恶语伤人，成为社会风气。后来叛乱发生，国家灭亡，家庭破败，虽然有人侥幸逃过一死，免受刑律的处罚，但最终还是身败名裂，臭名远扬。众位爱卿，你们应该摒弃私心，一心为公，刚正不阿，凡事都要互相协作，共同努力。不要表面上一团和气，实际上却钩心斗角，矛盾重重。"

**【注释】**

① 经术之士：通晓经典有学问的人。

② 亏：这里指不重视。

**【原文】**

贞观二年，太宗问黄门侍郎王珪曰："近代君臣治国，多劣于前古，何也？"对曰："古之帝王为政，皆志尚清静，以百姓之心为心。近代则唯损百姓以适其欲，所任用大臣，复非经术之士<sup>①</sup>。汉家宰相，无不精通一经，朝廷若有疑事，皆引经决定，由是人识礼教，理致太平。近代重武轻儒，或参以法律，儒行既亏<sup>②</sup>，淳风大坏。"太宗深然其言。自此百官中有学业优长，兼识政体者，多进其阶品，累加迁擢焉<sup>③</sup>。

③迁擢(zhuó)：晋升、提拔。

【译文】

贞观二年，太宗问黄门侍郎王珪说："近代帝王和大臣治理国家，多半不如古代，不知是什么原因？"王珪回答："古代帝王治理国家，大都崇尚清静无为，以老百姓为中心。然而近代的君王只知道以损害百姓的利益来满足自己的私欲，任用的大臣，也不再是懂得儒学的饱学之士。汉代的宰相没有谁不精通一种经书，朝廷上有什么解决不了的疑难问题，都引经据典，参照经书来决定，于是，人人懂得礼教，国家太平安定。近代却重视武功，轻视儒术，或施用刑律来治理国家，从而导致儒术受到破坏，古代淳朴的民风也荡然无存。"太宗听后深有同感。从此以后，官员中既有学问又懂得治国之道的，大都受到提拔，并被委以重任。

【原文】

贞观三年，太宗谓侍臣曰："中书、门下，机要之司。擢才而居，委任实重。诏敕如有不稳便，皆须执论。比来惟觉阿旨顺情<sup>①</sup>，唯唯苟过<sup>②</sup>，遂无一言谏诤者，岂是道理？若惟署诏敕、行文书而已，人谁不堪？何烦简择，以相委付？自今诏敕疑有不稳便，必须执言，无得妄有畏惧，知而寝默<sup>③</sup>。"

【注释】

①阿旨：迎合旨意。
②唯唯：谦卑顺从。
③寝默：沉默。

【译文】

贞观三年，太宗对身边的侍臣说："朝廷设置中书、门下二省，均为机要部门，应选拔人才担任官职，他们的任务和作用其实是很大的。皇上下达的诏书和命令如果不正确，他们必须大胆地指出来。近来我却发现他们只会唯命是从，顺水推舟，没有一个人敢直言进谏，朝廷的官员怎么能够有这样唯唯诺诺的作风呢？如果一个官吏只知道发布诏书，抄抄写写，这样的工作谁不会做？何必千辛万苦选拔官员，委以重任呢？从今以后，上传下达的诏书如果不妥当，官吏必须直接指出来，不能因为害怕冒犯了我的权威，心里明白却沉默不言、假装糊涂。"

## 【注释】

① 克己复礼：约束自己，使言行符合礼教。
② 一日万机：时间很短而处理的事情极多。
③ 乖谬：背离常理的事情。

## 【原文】

贞观四年，太宗问萧瑀曰："隋文帝何如主也？"对曰："克己复礼①，勤劳思政，每一坐朝，或至日昃，五品已上，引坐论事，宿卫之士，传飧而食，虽性非仁明，亦是励精之主。"太宗曰："公知其一，未知其二。此人性至察而心不明。夫心暗则照有不通，至察则多疑于物。又欺孤儿寡妇以得天下，恒恐群臣内怀不服，不肯信任百司，每事皆自决断，虽则劳神苦形，未能尽合于理。朝臣既知其意，亦不敢直言。宰相以下，惟承顺而已。朕意则不然，以天下之广，四海之众，千端万绪，须合变通，皆委百司商量，宰相筹画，于事稳便，方可奏行。岂得以一日万机②，独断一人之虑也。且日断十事，五条不中，中者信善，其如不中者何？以日继月，乃至累年，乖谬既多③，不亡何待？岂如广任贤良，高居深视，法令严肃，谁敢为非？"因令诸司，若诏敕颁下有未稳便者，必须执奏，不得顺旨便即施行，务尽臣下之意。

## 【译文】

贞观四年，太宗问大臣萧瑀："隋文帝是一个什么样的君主？"萧瑀答道："他是一个勤于政务，遵从礼仪，很有自制力的帝王。每次上朝处理政务都要忙到日落西山，五品以上的官吏，都要与他一起座谈国事。宿卫之士，废寝忘食。他虽然算不上仁义开明，却也算得上一个励精图治的君王。"太宗说："你只知其一，不知其二。隋文帝虽然性格谨慎周密，但内心不能明察秋毫。心里不能明察秋毫就容易犯错误，即使小心谨慎却也容易疑心重重。他本来是靠欺骗前朝皇帝的遗孤寡妇夺取别人的江山登上皇位的，所以他总是害怕群臣不服，因此，他不肯相信手下的每个官员，每一件事他都自己判断决定，劳神费力、辛苦异常不说，最终却事与愿违，事情并不是都处理得合情合理。朝中的大臣虽然知道这点，却不敢指出来。丞相以下的官吏，处理政务都只是应付了事。我不能像隋文帝那样治理江山。天下如此之大，事情如此之多，千头万绪又变化多端，我怎能一人定夺？只有将政务交给百官商议，由宰相筹划，事情才会稳当，才可以奏请皇上，下令天下执行。只靠一个人日理万机、殚精竭虑是不行的。如果一天处理十件政事，有五件不合理，这已经算是比较好的了，何况还有更差的呢。而日积月累、长此以往，错误必然很多，国家不灭亡才怪！何不广泛地任用贤良的人才，皇帝只需在朝廷密切关注政事，严肃法纪，这样，谁还敢胡作非为呢？"唐太宗于是下令，凡是诏策有失误的地方，官吏必须上奏指出，不能只按照圣旨上的意思办事，必须尽到一个做臣子的职责。

**【原文】**

贞观五年，太宗谓侍臣曰："治国与养病无异也。病人觉愈，弥须将护①，若有触犯，必至殒命②。治国亦然，天下稍安，尤须兢慎③，若便骄逸，必至丧败。今天下安危，系之于朕，故日慎一日，虽休勿休。然耳目股肱，寄于卿辈，既义均一体。宜协力同心，事有不安，可极言无隐。傥君臣相疑，不能备尽肝膈④，实为国之大害也。"

**【注释】**

① 弥：更加，格外。
② 殒（yǔn）命：死亡。
③ 兢慎：兢兢业业，小心谨慎。
④ 肝膈（gé）：内心。

**【译文】**

贞观五年，太宗对大臣说："治国和养病没有差别。即使病人觉得痊愈了，还应该继续加以调养，如果疏忽大意就会旧病复发，进而导致死亡。治理国家也是这样，天下稍稍安定的时候，君王尤其要兢兢业业，如果骄奢放纵，必然导致国家衰败甚至灭亡。现在天下的安危，同我密切相关，所以我必须慎之又慎，即使在休息的时候也不敢懈怠。然而，政务的好坏，还有赖于诸位大臣。既然国家的安危都维系在我们君臣身上，我们就应该同心协力，把国家治理好。政事如果有失误，你们完全可以放心大胆地说出来，不必隐瞒。如果我们君臣之间互相猜疑，不能够肝胆相照，那么对国家的危害实在是太大了。"

**【注释】**

①邪谄(chǎn)：邪恶谄佞小人。
②临深履薄：非常小心谨慎地行事。
③历数：帝王相承继的次第。指国家气运。
④灵长：广远绵长。

**【原文】**

贞观六年，太宗谓侍臣曰："看古之帝王，有兴有衰，犹朝之有暮，皆为蔽其耳目，不知时政得失，忠正者不言，邪谄者日进①，既不见过，所以至于灭亡。朕既在九重，不能尽见天下事，故布之卿等，以为朕之耳目。莫以天下无事，四海安宁，便不存意。'可爱非君，可畏非民？'天子者，有道则人推而为主，无道则人弃而不用，诚可畏也。"魏徵对曰："自古失国之主，皆为居安忘危，处理忘乱，所以不能长久。今陛下富有四海，内外清晏，能留心理道，常临深履薄②，国家历数③，自然灵长④。臣又闻古语云：'君，舟也；人，水也。水能载舟，亦能覆舟。'陛下以为可畏，诚如圣旨。"

**【译文】**

贞观六年，太宗对身边的大臣说："我看古代的君王，治国都有兴有衰，就像每天有白天和黑夜一样。这都是因为他们不广开言路，所以不知道政务的好坏，以致忠诚正直的人噤若寒蝉，邪恶谄媚的人不可一世，因为不知道自己的过错，所以导致国家灭亡。我身居宫中，天下的事不可能全都知道，所以这个任务就交给你们了，诸位就是我的眼睛和耳朵。不要以为天下太平无事，就不再用心操劳国事。让人敬爱的不只是君主，让人畏惧的也不只是百姓。所谓天子，应该是这样的人：治国井井有条，百姓安居乐业，人们才推举他为君王；治国昏庸无能，民生凋敝，人们就会抛弃他，不再拥戴他，这真是让人畏惧、枕席难安啊。"魏徵回答道："自古以来丢失江山的国君，都是因为身处安定的环境中而忘记了忧患，身处太平之世而忘记了祸乱，所以统治不会长久。现在陛下坐拥天下，朝廷内外太平祥和，此时您还能够时时留心治国的道理，常常有如履薄冰的忧患意识，国家一定会长治久安。我又听古话说：'国君，就像船一样；百姓，就像水一样。水能够让船浮在水上，也能够使船沉到水底。'陛下能看出百姓在兴亡中所起的重要作用，和古代圣哲的思想简直一模一样。"

**【原文】**

贞观六年，太宗谓侍臣曰："古人云：'危而不持，颠而不扶，焉用彼相？'君臣之义，得不尽忠匡救乎？朕尝读书，见桀杀关龙逄①，汉诛晁错，未尝不废书叹息。公等但能正词直谏，裨益政教，终不以犯颜忤旨②，妄有诛责③。朕比来临朝断决，亦有乖于律令者。公等以为小事，遂不执言。凡大事皆起于小事，小事不论，大事又将不可救，社稷倾危，莫不由此。隋主残暴，身死匹夫之手，率土苍生④，罕闻嗟痛。公等为朕思隋氏灭亡之事，朕为公等思龙逄、晁错之诛，君臣保全，岂不美哉！"

**【注释】**

①关龙逄（páng）：夏桀时的贤大夫，因多次直谏而被杀死。
②忤（wǔ）旨：抵触朝廷的旨意。
③诛责：惩罚、责备。
④苍生：百姓。

**【译文】**

贞观六年，太宗对周围的臣子说："古人说：'危险却不知道扶助，要跌倒却不知道搀扶，还用得着这样的宰相吗？'君臣之间正常的关系，大臣怎能不尽心尽力纠偏补过呢？我以往读书的时候，读到夏桀错杀关龙逄、汉景帝错杀晁错的时候，都放下书卷深感痛惜。你们如果能够正直坦诚地批评规劝我，这对于我们打理好国家的统治和教化大有好处。无论如何，我都不会因为你们冲撞了我和违抗了圣旨，而对你们恣意惩罚和批评。我近来上朝处理事务的时候，也违背过国家律令，你们却把这些过错当成小事，所以不坚持大胆地批评。所有的大事都是由小事而引起的，小事要是不处理好，最后演变成大事就无法补救了。一个国家的灭亡，无不是由这些小事引起的。隋炀帝凶残暴虐，最后死于一般人的手中，但普天之下，没有听到过为此悲痛惋惜的声音。你们为我思考隋朝灭亡的教训，我为你们思考龙逄、晁错被错杀所造成的损失，这样，君臣之间互相保全，不是很好吗？"

**【原文】**

贞观七年，太宗与秘书监魏徵从容论自古理政得失①，因曰："当今大乱之后，造次不可致理②。"徵曰："不然，凡人在危困，则忧死亡。忧死亡，则思理。思理，则易教，然则乱后易教，犹饥人易食也。"太宗曰："善人为邦百年，然后胜残去杀。大乱之

**【注释】**

①从容：不慌不忙。
②造次：急遽，仓促。
③浇讹：风俗衰薄，人心狡诈。

④勍(qíng)敌：强劲、有力的敌人。
⑤弘：光大。

后，将求致理，宁可造次而望乎？"徵曰："此据常人，不在圣哲。若圣哲施化，上下同心，人应如响，不疾而速，期月而可，信不为难，三年成功，犹谓其晚。"太宗以为然。封德彝等对曰："三代以后，人渐浇讹③，故秦任法律，汉杂霸道，皆欲理而不能，岂能理而不欲？若信魏徵所说，恐败乱国家。"徵曰："五帝、三王，不易人而理。行帝道则帝，行王道则王，在于当时所理，化之而已。考之载籍，可得而知。昔黄帝与蚩尤七十余战，其乱甚矣，既胜之后，便致太平。九黎乱德，颛顼征之，既克之后，不失其理。桀为乱虐，而汤放之，在汤之代，既致太平。纣为无道，武王伐之，成王之代，亦致太平。若言人渐浇讹，不及纯朴，至今应悉为鬼魅，宁可复得而教化耶？"德彝等无以难之，然咸以为不可。太宗每力行不倦，数年间，海内康宁，突阙破灭，因谓群臣曰："贞观初，人皆异论，云当今必不可行帝道、王道，惟魏徵劝我。既从其言，不过数载，遂得华夏安宁，远戎宾服。突厥自古以来常为中国勍敌④，今酋长并带刀宿卫，部落皆袭衣冠。使我遂至于此，皆魏徵之力也。"顾谓徵曰："玉虽有美质，在于石间，不值良工琢磨，与瓦砾不别。若遇良工，即为万代之宝。朕虽无美质，为公所切磋，劳公约朕以仁义，弘朕以道德⑤，使朕功业至此，公亦足为良工尔。"

**[译文]**

贞观十年，太宗与秘书监魏徵讨论自古以来理政的得失，于是说："现在正值天下大乱后不久，不可以马上实行礼教治国。"魏徵回答："我不同意皇上的这个观点。一般而言，人处于危难困窘之中的时候，就担心死亡；担心死亡，就会思考礼教之法；思考礼教之法，就容易被教化，所以大乱之后百姓容易接受教化，就像饥饿的人急于吃东西一样。"唐太宗说："仁义的君主总是在治理国家百年之后，才考虑用礼教去教化凶残的人，废除杀人的刑法，实行仁政。大乱之后就实行王道，这不是为达目的而鲁莽行事吗？"魏徵说："对于普通人是这样，对于圣哲却不同。如果是圣哲治理国家，全国上下同心同德，人民积极响应，有条不紊、不急不躁而很快就能收到成效，一个月就可以稳定局势，这不算太难，三年治理成功就算是晚的了。"唐太宗认为有道理。大臣封德彝却说："尧舜禹之后，人心渐渐阴险狡诈，所以秦朝重用刑罚，汉代实行霸道，都是想实行礼教而未能实现，难道有谁不愿意实行礼教吗？如果像魏徵所说的那样去做，恐怕会天下大乱。"魏徵说："三皇五帝的时候，不容易施行教化。三皇五帝只好实施他们的政策。这是当时的情况所致。翻看史书，就可以知道。古时候黄帝和蚩尤大战七十多回，天下混乱不堪，黄帝得胜后不久，天下恢复了太平。九黎叛乱，华夏大乱，颛顼前去征伐，平定动乱之后，百姓很快复归宁静。夏桀暴虐，商汤讨伐，国家也是秩序井然。商纣无道，周武王讨伐，成王继承王位，又使国泰民安。如果说人心越来越阴险狡诈，不再淳朴，那么到了现在人不都成为鬼怪、再也不可以教化了吗？"一席话说得封德彝哑口无言，无法对答，但他仍然不同意魏徵的观点。唐太宗此后勤于政务，几年之内，天下富庶安宁，连一直与唐朝抗衡的突厥都被打败了。唐太宗于是对大臣们说："贞观初年，大家对如何治理国家意见不一，很多人认为当时不可以实行王道仁政，只有魏徵劝我实行王道。我听取了他的意见，没过几年，就天下太平，外族臣服。突厥自古以来就是汉族政权的强敌，现在他们的首长和带刀侍卫都来归顺，部落成员都接受了汉族的文化，穿上了汉族人的服饰。我之所以取得这样的政绩，都是魏徵的功劳。"说到这里，唐太宗回过头来对魏徵说："玉虽然美好，如果存在于乱石之中，不经过能工巧匠的琢磨，它跟石头是没有差别的。如果遇到了高超的工匠，那么它就可能成为万世之宝。我虽然没有什么美好的品质，但多亏你的启发劝诫，你不厌其烦地规劝我做仁义之君，开导我以德治国，使我能够取得这样的政绩，你真是一个能工巧匠啊。"

**【原文】**

贞观八年，太宗谓侍臣曰："隋时百姓纵有财物，岂得保此？自朕有天下已来，存心抚养，无有所科差①，人人皆得营生②，守其资财，即朕所赐。向使朕科唤不已，虽数资赏赐，亦不如不

**【注释】**

①科差：古时官府向民户征收财物或劳役的征发。

② 营生：谋生，维持生活。
③ 矰（zēng）：弓箭。

得。"魏徵对曰："尧、舜在上，百姓亦云'耕田而食，凿井而饮'，含哺鼓腹，而云'帝何力'于其间矣。今陛下如此含养，百姓可谓日用而不知。"又奏称："晋文公出田，逐兽于砀，入大泽，迷不知所出。其中有渔者，文公谓曰：'我，若君也，道将安出？我且厚赐若。'渔者曰：'臣愿有献。'文公曰：'出泽而受之。'于是送出泽。文公曰：'今子之所欲教寡人者，何也？愿受之。'渔者曰：'鸿鹄保河海，厌而徙之小泽，则有矰丸之忧③。鼋鼍保深渊，厌而出之浅渚，必有钓射之忧。今君逐兽砀，入至此，何行之太远也？'文公曰：'善哉！'谓从者记渔者名。渔者曰：'君何以名？君尊天事地，敬社稷，保四国，慈爱万民，薄赋敛，轻租税，臣亦与焉。君不尊天，不事地，不敬社稷，不固四海，外失礼于诸侯，内逆民心，一国流亡，渔者虽有厚赐，不得保也。'遂辞不受。"太宗曰："卿言是也。"

### 【译文】

贞观八年，太宗李世民对侍臣们说："隋朝的时候，老百姓即使拥有财物，但怎能保得住呢？自从我得到天下以来，一心一意地体恤百姓，没有什么差役摊派，每个人都能维持生计，守住自己的钱财，这些都是我赐予他们的。要是我不停地加收各种赋税，即使多次赏赐资助他们，还不如不这样做。"魏徵听了，回答说："尧、舜在世的时候，百姓会对尧或舜说：'我靠种庄稼获得食物，打井取得泉水。'百姓们丰衣足食，自在快乐，尚可能对尧、舜说：'你对我们又做了些什么呢？'现在陛下如此关爱百姓，百姓可能觉得这只是满足了日常所需而不知道您的关爱。"魏徵觉得这些话说得还不透彻、清楚，还不足以让太宗明白其中的道理，便又向太宗上奏道："晋文公出去打猎，在砀山这个地方追赶野兽，进入了河水交错的地方，迷失了道路，不知道该从哪儿走出去。不久发现了一个打鱼人，文公对打鱼人说：'我是你的国君，这路该从哪里出去？如果你告诉我，我会重重地赏赐你。'打鱼的人说：'我有些建议想提。'文公说：'走出这个大泽再说吧。'于是打鱼的人将他送出了大泽。文公说：'你想对我提什么建议？现在说吧，我愿意听。'打鱼的人回答：'鸿鹄要是生活在汹涌澎湃的大河海洋之上,就能保全性命;如果厌倦了而迁徙到小河周围,就会受到猎人弓箭的袭击。龟鳖只要生活在深水中,就能安然无恙;如果待腻了而跑到浅水滩,必然会受到打鱼人的威胁。现在你在砀山追捕野兽,一直追赶到了这个地方,是不是走得太远了呢?'文公听了,大声赞叹:'太好了!'便命令随行的人记下打鱼人的姓名。打鱼的人说:'你凭什么叫作国君呢?是国君就应该尊奉天地,敬祀社稷,保卫边疆,爱护百姓,减轻各种徭役赋税,我也就得到好处了。国君要是不尊天事地,不祭祀社稷之神,不巩固边防,外不结交诸侯,内又丧失民心,一旦国破家亡,我这个打鱼人,即使拥有你丰厚的赏赐,也得不到保全啊。'打鱼人于是坚决推辞,拒不接受文公的赏赐。"太宗听了魏徵的话,称赞道:"你说得太对了。"

## 【原文】

贞观九年,太宗谓侍臣曰:"往昔初平京师,宫中美女珍玩无院不满。炀帝意犹不足,征求无已,兼东西征讨,穷兵黩武,百姓不堪,遂致亡灭。此皆朕所目见,故夙夜孜孜①,惟欲清净,使天下无事。遂得徭役不兴,年谷丰稔②,百姓安乐。夫治国犹如栽树,本根不摇,则枝叶茂荣。君能清净,百姓何得不安乐乎?"

## 【译文】

贞观九年,太宗对侍臣们十分感慨地说:"以前隋朝刚平定都城的时候,宫中到处都是美女和奇珍异宝。但隋炀帝还不满足,四处征求,没有止境。再加上他生性好战,到处讨伐,使老百姓忍受不了繁重的苛捐杂税和徭役,终于导致了国家的灭亡。这些事实我都看在眼里,因此我每晚都孜孜不倦,勤勤恳恳,只想清心寡欲,使天下太平无事。所以我坚决不摊派各种徭役赋税,再加上国家年年五谷丰收,百姓自然安居乐业。治理国家就像栽树一样,作为关键部分的根只要牢固不动摇,那么树木自然就会长得枝叶茂盛。国君只要能节俭不贪婪,清心寡欲,百姓怎么能不安居乐业呢?"

## 【注释】

①孜孜:勤勉不息。
②丰稔(rěn):庄稼成熟。

【注释】

① 弥缝：弥补，补救。

② 苍生：平民百姓。

【原文】

贞观十六年，太宗谓侍臣曰："或君乱于上，臣理于下；或臣乱于下，君理于上。二者苟逢，何者为甚？"特进魏徵对曰："君心理，则照见下非。诛一劝百，谁敢不畏威尽力？若昏暴于上，忠谏不从，虽百里奚、伍子胥之在虞、吴，不救其祸，败亡亦继。"太宗曰："必如此，齐文宣昏暴，杨遵彦以正道扶之得理，何也？"徵曰："遵彦弥缝暴主①，救治苍生②，才得免乱，亦甚危苦。与人主严明，臣下畏法，直言正谏，皆见信用，不可同年而语也。"

【译文】

贞观十六年，太宗问侍臣："君主昏庸，不理政务，而臣子在下面兢兢业业料理国事，相较于臣子犯上作乱，而君主清明，两种情况相比，哪一个的危害更大呢？"魏徵进谏说："君主圣明，就能够明察秋毫，知道下面的是是非非。杀一儆百，满朝百官谁敢不服，谁敢不尽心尽力为朝廷效力呢？但是如果君主昏庸，不听忠臣的劝告，即使是百里奚在虞国、伍子胥在吴国，依然无法避免祸患，国家败亡是必然的事情。"唐太宗说："肯定是这样，但是我看到北齐文宣帝昏庸残暴，大臣杨遵彦却能够用正确的方法匡扶朝纲，使北齐的统治得以维持，这又如何解释呢？"魏徵说："杨遵彦遇上的是暴君，他能为天下苍生做好事做实事，使国家幸免于难，但已是显得十分艰难。这哪能与国君威严圣明，臣子敬畏守法，敢于进献忠言，君臣之间互相信任支持相提并论啊！"

【注释】

① 骄矜(jīn)：骄纵自傲。

② 弛紊(wěn)：松弛紊乱。

③ 恒：经常。抑折：控制约束。

【原文】

贞观十九年，太宗谓侍臣曰："朕观古来帝王，骄矜而取败者①，不可胜数。不能远述古昔，至如晋武平吴、隋文伐陈已后，心逾骄奢，自矜诸己，臣下不复敢言，政道因兹弛紊②。朕自平定突厥、破高丽已后，兼并铁勒，席卷沙漠，以为州县，夷狄远服，声教益广。朕恐怀骄矜，恒自抑折③，日旰而食，坐以待晨。每思臣下有谠言直谏④，可以施于政教者，当拭目以师友待之。

如此，庶几于时康道泰尔。"

**【译文】**

贞观十九年，太宗对周围的侍臣说："我看自古以来，那些由于骄傲自大、目中无人而导致亡国的君王，简直多得数不清。我姑且不说年代久远的事，像晋武帝灭掉吴国、隋文帝征服陈国之后，内心便狂妄自大，生活腐朽奢靡，处处不可一世。手下的臣子再没有谁敢进谏，于是国政因此松弛混乱。我自从平定突厥、打败高丽之后，兼并铁勒、席卷沙漠，让它们一一成为我国的州县，可以说边境上的外族无不敬畏天威，我国的声威教化从此广布四海。我由此而害怕内心滋长自满情绪，常常自我告诫，要勤于朝政，废寝忘食，不敢怠慢。每天都期待有臣子大胆直谏，并且可以把它用于国家的政治教化，我要以像对待师长和朋友那样的礼节对待忠臣。如果君臣能做到这样，那么离国泰民安的日子就不远了。"

**【原文】**

（贞观十九年）太宗自即位之始，霜旱为灾，米谷踊贵①，突厥侵扰，州县骚然。帝志在忧人，锐精为政，崇尚节俭，大布恩德。是时，自京师及河东、河南、陇右，饥馑尤甚②，一匹绢才得一斗米。百姓虽东西逐食，未尝嗟怨，莫不自安。至贞观三年，关中丰熟，咸自归乡，竟无一人逃散。其得人心如此。加以从谏如流，雅好儒术，孜孜求士，务在择官，改革旧弊，兴复制度，每因一事，触类为善。初，息隐、海陵之党，同谋害太宗者数百千人，事宁，复引居左右近侍，心术豁然，不有疑阻。时论以为能断决大事，得帝王之体。深恶官吏贪浊，有枉法受财者，必无赦免。在京流外有犯赃者，皆遣执奏，随其所犯，置以重法。由是官吏多自清谨。制驭王公、妃主之家，大姓豪猾之伍，皆畏威屏迹，无敢侵欺细人。商旅野次，无复盗贼，囹圄常空③，马牛布野，外户不闭。又频致丰稔，米斗三四钱，行旅自京师至于岭表，自山东至于沧海④，皆不赍粮，取给于路。入山东村落，行客经过者，必厚加供待，或发时有赠遗。此皆古昔未有也。

④谠(dǎng)言：正直之言。

**【注释】**

①踊贵：物价上涨。

②饥馑(jǐn)：谷不熟为饥，菜不熟为馑。饥馑指灾荒之年。

③囹圄(língyǔ)：牢狱。

④沧海：东海。

**【译文】**

（贞观十九年）从太宗刚即位开始，国家接连发生旱灾霜灾，粮食的价格很高，再加上突厥的进犯骚扰，州县更加不得安宁。太宗为百姓而忧虑，于是励精图治，提倡节俭，施恩天下。当时，从京城到河东、河南、陇西一带地区，饥荒更为严重，甚至到了要一匹好丝才能够买上一斗米的境地。百姓虽然四处奔走寻找食物，但没有一个人埋怨，无不安分守己。到了贞观三年，关中一带大丰收，百姓一个个都回到了自己的家乡，竟然没有一个人逃散。太宗皇帝获得人心竟到了这种程度。加上太宗善于听取意见，喜欢儒家之说，真心诚意寻求有才能的人，任用选拔贤能的官吏，废除有弊端的制度，建立了许多好的制度。每处理一件事，便举一反三，触类旁通，使国家秩序井然。当初，太宗的兄弟加害于他，一同参与的达到一千多人。祸乱被平息之后，太宗仍然任用这些人在他周围做官，大家都心地坦荡，从不互相猜疑。当时大家对此议论纷纷，都认为太宗能正确处理重大的事情，很符合一个帝王的身份。太宗痛恨贪官污吏，有徇私舞弊、接受贿赂行为的，没有一个会得到赦免逃脱。在京城以外贪赃枉法的官员，太宗都会派遣专人，调查情况，根据他所犯的罪行进行严厉处置。因此，贞观年间的官员大多清正廉洁，谨慎行事。不管是王公贵族，还是豪富商贾，都慑于皇帝的威严，一个个不敢作奸犯科，因此欺凌侵占百姓利益的事情销声匿迹。出门旅游或做生意的人，也不会碰上小偷强盗，国家的牢房常常是空的，野外放牧的牛马不用看管，夜晚家家户户的门也不用上锁。又加上年年丰收，一斗米才卖三四文钱。出门外行无论是从京城到岭南岭西，还是从山东到海边，都用不着准备粮食，在路途中就可以轻易获得。在泰山周围的乡村赶路，行人经过这里，都会受到热情的款待，出发时还有东西赠送，这些事情都是亘古未有的。

# 任贤第三

[原文]

房玄龄，齐州临淄人也。初仕隋，为隰城尉。坐事除名①，徙上郡。太宗徇地渭北②，玄龄杖策谒于军门。太宗一见，便如旧识，署渭北道行军记室参军。玄龄既遇知己，遂罄竭心力。是时，贼寇每平，众人竞求金宝，玄龄独先收人物，致之幕府，及有谋臣猛将，与之潜相申结③，各致死力。累授秦王府记室，兼陕东道大行台考功郎中。玄龄在秦府十余年，恒典管记。隐太子、巢剌王以玄龄及杜如晦为太宗所亲礼，甚恶之，谮之高祖，由是与如晦并遭驱斥。及隐太子将有变也，太宗召玄龄、如晦，令衣道士服，潜引入阁谋议。及事平，太宗入春宫④，擢拜太子左庶子。贞观元年，迁中书令。三年，拜尚书左仆射，监修国史，封梁国公，实封一千三百户。既总任百司，虔恭夙夜，尽心竭节，不欲一物失所。闻人有善，若己有之。明达吏事，饰以文学，审定法令，意在宽平。不以求备取人⑤，不以己长格物，随能收叙，无隔疏贱。论者称为良相焉。十三年，加太子少师，玄龄自以一居端揆十有五年⑥，频抗表辞位，优诏不许。十六年，进拜司空，仍总朝政，依旧监修国史。玄龄复以年老请致仕，太宗遣使谓曰："国家久相任使，一朝忽无良相，如失两手。公若筋力不衰，无烦此让。自知衰谢，当更奏闻。"玄龄遂止。太宗又尝追思王业之艰难，佐命之匡弼⑦，乃作《威凤赋》以自喻，因赐玄龄，其见称类如此。

[注释]

①坐事：因事犯罪。除名：取消原有的身份。
②徇地：攻占土地。
③潜相申结：暗中交结。
④春宫：太子居住的官室。
⑤求备：要求完美。
⑥端揆（kuí）：指宰相。宰相居百官之首，故称端揆。
⑦匡弼（bì）：辅佐。

[译文]

房玄龄是山东临淄人。最初在隋朝做官，担任隰城的县尉。后来因为一件事情被革去官职，派到上郡做官。一次，唐太宗到渭北巡游，房玄龄听说后就到军营门口拜会。唐太宗和他一见如故，任命他为渭北道行军记室参军。房玄龄既遇知遇之恩，就决心涌泉相报。当时，每次打了胜仗，大家都急着收集财宝，只有房玄龄首先收拢人才,将富有谋略或骁勇善战的人安置在他的幕府中,私下与他们结为朋友,使他们誓死为他效力。他多次担任秦王府记室,兼任陕东道大行台考功郎中。房玄龄在秦王府十几年,都担任记室一职。当时的太子和巢剌王因为房玄龄和杜如晦深得李世民的重用和礼遇,非常嫉恨,就在唐高祖面前恶语中伤他们,于是房玄龄和杜如晦遭到打击排斥。后来太子发动叛乱,李世民秘密召见房玄龄和杜如晦,让他们穿上道士的衣服,派人暗中将他们带入内宫商议对策。叛乱平定之后,李世民成为东宫太子,就请房玄龄担任太子左庶子。贞观初年,李世民提升他为中书令。贞观三年,又封他为尚书左仆射。同时,命他撰写国史,封为梁国公,食邑一千三百户。房玄龄为官兢兢业业,他负责百官的任命,责任重大,常常通宵达旦地工作,不想让政务有半点闪失。他待人宽厚而有胸襟,看见别人的长处,就像自己有一样,从不嫉妒。他又富有才识,知道如何做官,撰写的国史富于智慧和文采,审定的法令宽容公平。他的德行也为人称道,对人从不求全责备,不以自己的标准衡量别人,历来都是一视同仁,不分亲疏贵贱。大家都赞誉他为良相。贞观十三年,又被尊为太子少师。房玄龄担任宰相之职共有十五年,其间,他多次上书辞官,唐太宗都未允许。贞观十六年,又被封为司空,仍然总管朝政,著述国史。不久,房玄龄又以年老为由,提出辞官,唐太宗派使者回复一封信,上面写道:"你担任丞相这么久了,很多大事我都放心地交给你处理,一旦没有了你这个良相,我就像失去了双手一样无能为力。如果你还有精力,就不要推辞了。如果有一天你真的感到力不从心了,再上奏告诉我也不算迟。"看过这封言辞恳切的信,房玄龄终于打消了辞官的念头。后来,唐太宗回顾创业的艰难岁月,良臣辅佐自己所立下的卓越功勋,感慨万千,于是写下《威凤赋》,并赐给房玄龄,可见他们之间深厚的君臣之谊。

【注释】

①端拱:端坐拱手,意为无所事事。

【原文】

杜如晦,京兆万年人也。武德初,为秦王府兵曹参军,俄迁陕州总管府长史。时府中多英俊,被外迁者众,太宗患之。记室房玄龄曰:"府僚去者虽多,盖不足惜。杜如晦聪明识达,王佐才也。若大王守藩端拱①,无所用之;必欲经营四方,非此人莫可。"太宗自此弥加礼重,寄以心腹,遂奏为府属,常参谋帷幄。时军国多事,剖断如流,深为时辈所服。累除天策府从事中郎,兼文学馆学士。隐太子之败,如晦与玄龄功第一,迁拜太子右庶子。俄迁兵部尚书②,进封蔡国公,实封一千三百户。贞观二年,以本官检校侍中。三年,拜尚书右仆射,兼知吏部选事③。仍与房玄龄共掌朝政。至于台阁规模,典章文物,皆二人所定,甚获当时之誉,时称"房杜"焉。

②兵部尚书:统管全国军事的行政长官。
③知:这里指主持。选事:考选举士,铨选职官之事。

## 【译文】

  杜如晦是陕西咸宁人。武德初年,担任秦王府兵曹参军,不久提升为陕州总管府长史。当时秦王府中人才很多,外迁的人也很多,对此,李世民很担心。记室房玄龄说:"王府中的幕僚走得虽然多,但不值得惋惜。杜如晦非常能干,有见识,是辅佐帝王的良才。如果你只做一个守住领地的藩王,那么用不着他;可是如果你要做一个安邦定国的天子,那么非有此人辅佐不可。"李世民接受了这个建议,于是对杜如晦以礼相待,并加以重用,视为心腹,经常让他参与密谋。当时,权力之争激烈,战事很多,每次杜如晦都能够提出很好的建议,让人们十分佩服。后来,他被封为天策府从事中郎,兼任文学馆学士。平定太子的叛乱,杜如晦和房玄龄功劳最大。杜如晦被提升为太子右庶子,不久又迁任兵部尚书,封为蔡国公,食邑一千三百户。贞观二年,担任检校侍中。贞观三年,拜为尚书右仆射,兼任吏部选事。他和房玄龄共同掌管朝廷的政务,有关修筑宫殿的规模,典章制度等事情,都由二人商议决定。二人的政绩深得当时人们的称道,说起良相,人们常常以"房谋杜断"加以赞许。

## 【原文】

  魏徵,巨鹿人也①。近徙家相州之内黄。武德末,为太子洗马②。见太宗与隐太子阴相倾夺,每劝建成早为之谋。太宗既诛

【注释】

①巨鹿:在今河北平乡县。

② 洗马：官名。即前马或先驱之意。

③ 散官：指有官阶而无具体职务的文武官员。

④ 枢（shū）要：指行政中心的机要部门。

⑤ 庶寮：指百官。

⑥ 忠謇（jiǎn）：这里指忠诚正直的人。

⑦ 殂（cú）逝：死亡。

⑧ 彰：显著。

隐太子，召徵责之曰："汝离间我兄弟，何也？"众皆为之危惧。徵慷慨自若，从容对曰："皇太子若从臣言，必无今日之祸。"太宗为之敛容，厚加礼异，擢拜谏议大夫。数引之卧内，访以政术。徵雅有经国之才，性又抗直，无所屈挠。太宗每与之言，未尝不悦。徵亦喜逢知己之主，竭其力用。又劳之曰："卿所谏前后二百余事，皆称朕意。非卿忠诚奉国，何能若是？"三年，累迁秘书监，参预朝政，深谋远算，多所弘益。太宗尝谓曰："卿罪重于中钩，我任卿逾于管仲，近代君臣相得，宁有似我于卿者乎？"六年，太宗幸九成宫，宴近臣，长孙无忌曰："王珪、魏徵，往事息隐，臣见之若仇，不谓今者又同此宴。"太宗曰："魏徵往者实我所仇，但其尽心所事，有足嘉者。朕能擢而用之，何惭古烈？徵每犯颜切谏，不许我为非，我所以重之也。"徵再拜曰："陛下导臣使言，臣所以敢言。若陛下不受臣言，臣亦何敢犯龙鳞，触忌讳也。"太宗大悦，各赐钱十五万。七年，代王珪为侍中，累封郑国公。寻以疾乞辞所职，请为散官③。太宗曰："朕拔卿于仇虏之中，任卿以枢要之职④，见朕之非，未尝不谏。公独不见金之在矿，何足贵哉？良冶锻而为器，便为人所宝。朕方自比于金，以卿为良工。虽有疾，未为衰老，岂得便尔耶？"徵乃止。后复固辞，听解侍中，授以特进，仍知门下省事。十二年，太宗以诞皇孙，诏宴公卿。帝极欢，谓侍臣曰："贞观以前，从我平定天下，周旋艰险，玄龄之功无所与让。贞观之后，尽心于我，献纳忠谠，安国利人，成我今日功业，为天下所称者，惟魏徵而已。古之名臣，何以加也。"于是亲解佩刀以赐二人。庶人承乾在春宫，不修德业。魏王泰宠爱日隆，内外庶寮⑤，咸有疑议。太宗闻而恶之，谓侍臣曰："当今朝臣，忠謇无如魏徵⑥，我遣傅皇太子，用绝天下之望。"十七年，遂授太子太师，知门下事如故。徵自陈有疾，太宗谓曰："太子宗社之本，须有师傅，故选中正，以为辅弼。知公疹病，可卧护之。"徵乃就职。寻遇疾。徵宅内先无正堂，太宗时欲营小殿，乃辍其材为造，五日而就。遣中使赐以布被素褥，遂其所尚。后数日，薨。太宗亲临恸哭，赠司空，谥曰文贞。太宗亲为制碑文，复自书于石。特赐其家食实封九百户。太宗后尝谓侍臣曰："夫以铜为镜，可以正衣冠；以古为镜，可以知兴替；以人为镜，可以明得失。朕常保此三镜，以防己过。今魏徵殂逝⑦，遂亡一镜矣！"因泣下久之。乃诏曰："昔惟魏徵，每显予过。自其逝也，虽过莫彰⑧。朕岂独有非于往时，而皆是于兹日？故亦庶僚苟顺，难触龙鳞者欤！所以虚己外求，披迷内省。言而不用，朕所甘心。用而不言，谁之责也？自斯已后，各悉乃诚。若有是非，直言无隐。"

**[译文]**

　　魏徵是巨鹿人，后来举家迁徙到相州的内黄县。武德末年，出任为太子洗马之职。当时他看见李世民和太子李建成暗中争斗，常常劝告李建成要早作打算。李世民诛杀李建成之后，召见魏徵并责怪道："你为什么要离间我们兄弟呢？"看到李世民这样责怪魏徵，各位大臣都替魏徵心惊胆战。魏徵却不卑不亢，神态自若地回答说："皇太子如果接受了我的意见，肯定不会有今天的杀身之祸。"唐太宗对他的态度肃然起敬，更加礼遇，封他为谏议大夫。后来唐太宗多次在内宫召见魏徵，向他请教治理国家的道理。魏徵有治国之才，性格刚直不阿，凡事直言不讳，可是唐太宗每次和他谈话，并没有感到不愉快。魏徵也对能遇到一个像知己一样的君主而感到庆幸，不遗余力地为朝廷效力。一次，唐太宗对魏徵说："你前后进谏了二百多件事，每一件事都合我意，你对朝廷如果不是忠心耿耿，怎么能够提出这么好的建议呢？"贞观三年，魏徵被提升为秘书监，参与处理政务，他深谋远虑，使唐代的政治得以发扬光大。唐太宗曾经说："管仲曾经有罪于齐桓公，却得到了齐桓公的重用，你也曾与我对立，而我对你的信任和重用超过齐桓公对管仲。古往今来，君臣之间的关系能相得益彰，互相不可缺少的，的确很少见，难道还能有像我们这样的吗？"贞观六年，唐太宗在隋朝的仁寿宫宴请亲近的大臣。长孙无忌在席间说："王珪、魏徵，过去是我的仇敌，没想到今日竟共享宴席。"唐太宗说："魏徵过去的确是我的敌人，但是他现在能够尽心尽力地为朝廷办事，实在难能可贵。我起用他，有什么好惭愧的呢？魏徵每次都能冒着顶撞我的危险直言进谏，不让我犯错误，所以我非常敬重他。"魏徵十分感动，跪拜道:"是陛下开导臣要大胆进谏,所以臣才敢这样。如果陛下不接受臣的意见,臣又怎么敢触犯龙颜,冒天下之大不韪呢?"唐太宗听后非常高兴,赐给每位大臣钱币十五万枚。贞观七年,魏徵取代王珪担任侍中之职,并被封为郑国公。不久,魏徵以生病为由提出辞去现任官职,愿意担任一个闲职。唐太宗说:"我从敌军的俘虏中把你选拔出来,让你担任重要的职位,希望你能发现我的过失。对我的过错,你的确做到了知无不言,言无不尽。你难道看不出金子蕴藏在矿石之中,有多么可贵吗?好的矿石经过冶炼成为器皿,大家都认为是宝物。我自认为是金子,而你就是冶炼金子的能工巧匠。现在你虽然有病,但没有衰老,怎么可以就此离开呢?"于是魏徵留了下来。后来他又坚决提出辞官,唐太宗才授予他特进之职,但朝中之事仍然让他知晓。贞观十二年,唐太宗得了皇孙,宴请众大臣。他非常高兴,对大臣们说:"我当政之前,跟随我平定天下,出生入死,功劳最大的莫过于房玄龄。我执政以后,能够尽心尽力,进献忠言,帮助我治理国家,成就现在的功业,被天下人称道的,只有魏徵一人。如此功劳,古代的名臣良相,没有谁可以超过。"话毕,唐太宗解下自己佩带的宝刀赐给二人。李世民的长子李承乾从小生活在皇宫中,养尊处优,生性散漫,既不去建功立业,也不注重加强个人的品德修养,一副碌碌无为的样子;四子李泰,深受皇帝的宠爱,日复一日,皇帝简直把他当作心肝宝贝,以致里里外外的官员和幕僚对此都有许多的疑惑和不同的看法。太宗听了这件事,十分反感厌恶。他对大臣们说:"今天这些大臣,一个个全是为了个人的打算,有哪一个像魏徵那样正直忠诚的?我要派他做皇太子的老师,让其他人断绝这个非分之想。"贞观十七年,太宗又加授魏徵为太子太傅,仍让他继续担当相国这个重要的职务。魏徵自称有病,不能担此重任。太宗开导魏徵说:"太子的才学品行关系着国家社稷的安危,必须有高明正直的师傅教导才行。因此,我一定要选行为品德端庄的人来辅佐太子。我知道你患有风湿关节病,站立不方便,你可以躺着教他嘛。"魏徵于是前去就职。谁知不久,魏徵就患了重病。以前,魏徵的宅子里没有正厅,正巧太宗那时想建一些小的宫殿,于是太宗挑选了一些木材为他造大厅，工程进度很快，五天就修建好了。太宗又派遣官员遵照他的喜好，赏赐给他一些用布做成的被子和那种没有花纹的棉褥。谁知这次魏徵没病几天就死了。太宗非常伤心，亲自前去吊唁痛哭，并追封他为司空，谥号文贞。太宗还亲自动手为他撰写碑文，并且亲自抄写在碑石上。最后还赐给他的家属享受九百户的俸禄。后来，太宗追忆魏徵，对侍臣说道："用铜作为镜子，可以知道自己的衣冠是否端正；用历史作为镜子，可以知道国家兴亡的道理；用人作为镜子，可以明白自己的过失。我常常保留着这三面镜子，以防止自己犯错误。现在魏徵死了，我失去了一面镜子。"每说到这件事，太宗会泪流不止。于是太宗颁布了一道诏书，上面说道："在过去，只有魏徵每次都能一针见血地指出我的过错。自从他死了之后，即使我犯了错误，也得不到指正。难道我只有过去做事有做错的时候，而现今做事就全都做对了吗？认真分析一下，这原因大概是你们许多人都胆小怕事，一味地苟且偷生，无原则地顺从我，都怕冒犯我，怕我生气吧？我希望别人提醒我，这胜过我自己的反省。在处理政务时，即使你们的言行不被采纳，我也不会怪罪你们。我任用你们担任官职，但谁都不愿说话，这究竟是谁的责任呢？从今以后，一切都要务求实际。我有什么过错，就直接说出来，不要隐瞒。"

## 【原文】

王珪，太原祁县人也。武德中，为隐太子中允，甚为建成所礼。后以连其阴谋事，流于巂州①。建成诛后，太宗即位，召拜谏议大夫。每推诚尽节，多所献纳。珪尝上封事切谏②，太宗谓曰："卿所论皆中朕之失，自古人君莫不欲社稷永安，然而不得者，只为不闻己过，或闻而不能改故也。今朕有所失，卿能直言，朕复闻过能改，何虑社稷之不安乎？"太宗又尝谓珪曰："卿若常居谏官，朕必永无过失。"顾待益厚。贞观元年，迁黄门侍郎，参预政事，兼太子右庶子。二年，进拜侍中。时房玄龄、魏徵、李靖、温彦博、戴胄与珪同知国政，尝因侍宴，太宗谓珪曰："卿识鉴精通，尤善谈论，自玄龄等，咸宜品藻。又可自量孰与诸子贤？"对曰："孜孜奉国，知无不为，臣不如玄龄。每以

## 【注释】

①巂（xī）州：今四川西昌地区。

②封事：密封的奏章。

③敷奏：向君主报告。

谏诤为心，耻君不及尧、舜，臣不如魏徵。才兼文武，出将入相，臣不如李靖。敷奏详明③，出纳惟允，臣不如温彦博。处繁理剧，众务必举，臣不如戴胄。至如激浊扬清，嫉恶好善，臣于数子，亦有一日之长。"太宗深然其言，群公亦各以为尽己所怀，谓之确论。

**【译文】**

　　王珪是太原祁县人。武德年间，担任太子中允，太子李建成对他十分礼遇。后来由于李氏兄弟间争夺王位的矛盾，被流放到云南。建成被诛杀后，太宗即位，王珪被太宗召回，拜官为谏议大夫。王珪为臣忠心耿耿，尽职尽责。他所进献的言论，多被太宗采纳。王珪曾经上书批评太宗过失，太宗说："你所谈论的，都一一切中我的过失。自古以来，没有哪一个国君不想把自己的国家治理好，从而永享安定太平。然而，他们的愿望都没有实现，就是他们看不到、听不到自己的过失，或是他们听到了自己的过错却不能改正的缘故。现在我有过错，你能直言不讳，我也能知错就改，又哪需要担心国家不能长治久安呢？"太宗还曾经对王珪说："你如果一直做谏官，我必定永远没有过错。"因而更加重用厚待他。贞观元年，王珪官至黄门侍郎，参与国家政务，并兼任了太子的老师。第二年，王珪又被提升为侍中，与房玄龄、魏徵、李靖、温彦博、戴胄一起处理国家政事。一次，他们六人与太宗一起进宴，太宗问王珪："你识别能力很强，尤其擅长谈论和评价别人。从玄龄开始，你一个个给我评价一下，也可以自己估量你们中谁最贤德能干。"王珪回答说："为国兢兢业业，干事果断精明，我比不上玄龄。以指偏纠失为任，犯颜直谏，为皇上比不上尧舜圣明而感到羞耻，我比不上魏徵。文武全才，既能带兵又能治国，文韬武略俱佳，我比不上李靖。奏章严密清楚，言行有理有据，规规矩矩，没有疏失，我比不上温彦博。处理纷繁复杂的事务，有条有理，万无一失，我比不上戴胄。可是对于弘扬正气，打击邪恶，嫉恶如仇，我比起各位，还是有我的独到之处啊！"太宗认为他说得很对，其他在座大臣也各抒己见，都认为他评价得恰如其分，十分准确。

【原文】

李靖，京兆三原人也①。大业末，为马邑郡丞。会高祖为太原留守，靖观察高祖，知有四方之志，因自锁上变，诣江都。至长安，道塞不通而止。高祖克京城，执靖，将斩之，靖大呼曰："公起义兵除暴乱，不欲就大事，而以私怨斩壮士乎？"太宗亦加救靖，高祖遂舍之。武德中，以平萧铣、辅公祏功，历迁扬州大都督府长史。太宗嗣位，召拜刑部尚书。贞观二年，以本官检校中书令。三年，转兵部尚书，为代州道行军总管，进击突厥定襄城，破之。突厥诸部落俱走碛北，北擒隋齐王𬀩之子杨道政，及炀帝萧后，送至长安。突利可汗来降，颉利可汗仅以身遁。太宗谓曰："昔李陵提步卒五千，不免身降匈奴②，尚得名书竹帛。卿以三千轻骑，深入虏庭，克复定襄，威振北狄，实古今未有，足报往年渭水之役矣。"以功进封代国公。此后，颉利可汗大惧，四年，退保铁山，遣使入朝谢罪，请举国内附。又以靖为定襄道行军总管，往迎颉利。颉利虽外请降，而心怀疑贰。诏遣鸿胪卿唐俭、摄户部尚书将军安修仁慰谕之，靖谓副将张公谨曰："诏使到彼，虏必自宽，乃选精骑赍二十日粮，引兵自白道袭之。"公谨曰："既许其降，诏使在彼，未宜讨击。"靖曰："此兵机也，时不可失。"遂督军疾进。行至阴山，遇其斥候千余帐，皆俘以随军。颉利见使者甚悦，不虞官兵至也。靖前锋乘雾而行，去其牙帐七里③，颉利始觉，列兵未及成阵，单马轻走，虏众因而溃散。斩万余级，杀其妻隋义成公主，俘男女十余万，斥土界自阴山至于大漠④，遂灭其国。寻获颉利可汗于别部落，余众悉降。太宗大悦，顾谓侍臣曰："朕闻主忧臣辱，主辱臣死。往者国家草创，突厥强梁，太上皇以百姓之故，称臣于颉利，朕未尝不痛心疾首，志灭匈奴，坐不安席，食不甘味。今者暂动偏师⑤，无往不捷，单于稽颡⑥，耻其雪乎！"群臣皆称万岁。寻拜靖光禄大夫、尚书右仆射，赐实封五百户。又为西海道行军大总管，征吐谷浑，大破其国。改封卫国公。及靖身亡，有诏许坟茔制度依汉卫、霍故事，筑阙象突厥内燕然山、吐谷浑内碛石二山，以旌殊绩。

【注释】

①三原：今陕西省。
②匈奴：我国北方古代民族名。
③牙帐：将帅所住的营帐。因要在帐前树立牙旗，故名。
④斥：开拓，扩张。
⑤偏师：非主力部队。
⑥稽颡(sǎng)：古代的一种礼节。屈膝下拜，以头触地。

**【译文】**

　　李靖是陕西三原人。隋炀帝末年，任马邑的郡丞。这时，高祖李渊任太原留守。李靖观察高祖，知道他有夺取天下的志向，于是放弃了上变的官职，想到扬州去。走到长安，因为道路阻塞不能前行，李靖只好在长安滞留。高祖攻克长安后，抓住了李靖，想要杀掉他。在千钧一发之际，李靖大声叫道："李公率领仁义的军队，扫除暴乱，不想成就大事，只想凭个人的恩怨杀害有才能的人而逞一时之快吗？"太宗也极力劝阻高祖，加以营救，高祖于是赦免了他。武德年间，因平定萧铣、辅公祏的功劳，李靖被升迁为扬州大都督府长史。太宗继位后，他又被召回京城任命为刑部尚书。贞观二年，被提升为中书令。贞观三年，转任兵部尚书，还兼任代州道行军主管，率领军队进攻突厥，平定襄城，大破突厥，使突厥各部落逃亡碛北。在这次战争中，李靖擒获了隋朝齐王的儿子杨道政以及隋炀帝的皇后萧氏，并将他们押送到长安。后来，突利可汗前来投降，只剩下颉利可汗一个人逃跑了。太宗说："汉代李陵率领五千步兵作战，还免不了投降匈奴，即使这样，也还可以名垂青史。你能够凭三千骑兵，深入敌人内部并战胜敌人，平定襄城，威震北方夷狄，这样的事的确亘古未有，如此功劳足可以弥补过去渭水之战的过失了。"由于李靖功勋显赫，唐太宗加封他为代国公。从此，颉利可汗对唐军十分害怕，不敢轻举妄动。贞观四年，他们退到西北铁山一带，并派遣使者到唐朝谢罪，请求全国归降，做大唐的臣民。接到投降的消息，太宗又任命李靖为行军总管，前往迎接颉利可汗。颉利可汗虽然表面称降，其实心怀不轨。太宗派遣鸿胪卿唐俭、摄户部尚书将军安修仁奉命安抚慰问。李靖看出投降者的险恶用心，决定将计就计。他对副将张公谨说："传诏书的使者到了那儿的时候，敌人必然放松警惕，你挑选精锐的骑兵带好二十天的粮食，领兵从白道偷袭攻击他们。"张公谨不解其意，说："既然我们答应他们投降，我们的使者又在他们那里，征讨恐怕不合适吧。"李靖说道："这是用兵消灭他们的大好机会，千万不可以失去。"于是他率领军队迅速前进，行到阴山的时候，凡是遇到颉利可汗的人，都抓住他们随军前行。颉利可汗看到唐的使者，十分高兴，根本没有料到唐的军队到了。李靖军队的前锋凭借大雾前进，十分隐秘，到了距离颉利可汗的军帐七里左右才被他们发觉。颉利可汗的军队措手不及，还没来得及摆好阵势，颉利可汗一个人就骑马逃跑了。敌兵乱作一团，四处溃逃。这次战争，唐兵斩杀敌人万余人，杀死颉利可汗的夫人——隋朝的义成公主，俘虏男女十多万人，灭掉了颉利可汗的国家。颉利可汗余下的其他部落，全部投降。此役使唐的边境从阴山扩展到大漠以北。战后，太宗十分高兴，对大臣们说："我听说国君忧虑，大臣就要受到屈辱；国君受到侮辱，那么臣子的性命也难保全。过去在国家刚刚建立的时候，突厥国势强大，太上皇因为不想牵连百姓，因而向颉利可汗称臣。我当时感到十分痛心，睡不安寝，食不知味。为此我励精图治，立志要消灭匈奴。今天，我们只要一出动军队，可谓攻无不克，战无不胜，匈奴单于俯首称臣，我们的羞耻洗雪了。"殿上的群臣都大声欢呼万岁。不久，太宗封李靖为光禄大夫、尚书右仆射，赏赐食禄五百户。后来李靖又担任西海道行军大总管征伐吐谷浑，打败了这个国家。李靖因功改封为卫国公。李靖死后，太宗下诏，允许他的坟墓可以按照汉代卫青、霍去病坟墓的模样去修建，坟墓周围筑起土丘，使它们像突厥国内的燕山、吐谷浑国的碛石二山，用以象征他卓越的功绩。

## 【原文】

虞世南，会稽余姚人也。贞观初，太宗引为上客，因开文馆，馆中号为多士，咸推世南为文学之宗。授以记室①，与房玄龄对掌文翰②。尝命写《列女传》以装屏风，于时无本，世南暗书之，一无遗失。贞观七年，累迁秘书监，太宗每机务之隙，引之谈论，共观经史。世南虽容貌懦弱，如不胜衣，而志性抗烈，每论及古先帝王为政得失，必存规讽，多所补益。及高祖晏驾，太宗执丧过礼，哀容毁悴，久替万机③，文武百寮，计无所出，世南每入进谏，太宗甚嘉纳之，益所亲礼。尝谓侍臣曰："朕因暇日，每与虞世南商榷古今。朕有一言之善，世南未尝不悦；有一言之失，未尝不怅恨。其恳诚若此，朕用嘉焉。群臣皆若世南，天下何忧不理？"太宗尝称世南有五绝：一曰德行，二曰忠

## 【注释】

①记室：官名。掌书记章表文檄。

②文翰：信札、公文。

③久替万机：长久不理朝政。万机，纷繁的政务。

④手敕：亲手写的诏书。

⑤凌烟阁：唐太宗为表彰功臣而建的高阁，阁内有24位功臣的画像。

直,三曰博学,四曰词藻,五曰书翰。及卒,太宗举哀于别次,哭之甚恸。丧事官给,仍赐以东园秘器,赠礼部尚书,谥曰文懿。太宗手敕魏王泰曰④:"虞世南于我,犹一体也。拾遗补阙,无日暂忘,实当代名臣,人伦准的。吾有小善,必将顺而成之;吾有小失,必犯颜而谏之。今其云亡,石渠、东观之中,无复人矣,痛惜岂可言耶!"未几,太宗为诗一篇,追思往古理乱之道,既而叹曰:"钟子期死,伯牙不复鼓琴。朕之此篇,将何所示?"因令起居褚遂良诣其灵帐读讫焚之,其悲悼也若此。又令与房玄龄、长孙无忌、杜如晦、李靖等二十四人,图形于凌烟阁⑤。

**[译文]**

虞世南是浙江余姚人。贞观初年,唐太宗尊他为上宾,设立文馆,文馆中人才济济,但都推举虞世南为文学的宗师。唐太宗授予他记室的官职,同房玄龄一起掌管文化方面的事情。虞世南曾经受命书写《列女传》用来装饰屏风,当时没有现成的书,虞世南就凭记忆将书默写了出来,竟没有一点差错。贞观七年,虞世南被提升为秘书监。唐太宗处理完政务,一有空闲就召见虞世南,和他畅谈历史,探讨治国方面的道理。虞世南外表弱不禁风,一副书生模样,性情却十分刚烈,志趣高远,每次谈论起历代帝王的政治得失,都能够有所针砭,进行一番很好的评论和判断。唐高祖去世之后,唐太宗由于为他操办隆重的丧事而操劳过度,形容憔悴,国事有所耽误,文武百官无计可施。但是无论在哪种情形下,虞世南每次进宫进谏,唐太宗都欣然接受。从此以后,唐太宗对他也就更加亲近和尊重。唐太宗曾经对身边的侍臣说:"我一有空闲就与虞世南商讨古今大事。我一有好的见解,虞世南总是非常高兴,可是一旦我的观点有失偏颇,他就十分担忧。他如此诚恳,我非常欣赏。如果各位大臣都像虞世南那样,我哪还用得着担心天下治理不好呢?"唐太宗称赞虞世南有五绝:一是德行,二是忠直,三是博学,四是辞藻,五是书翰。虞世南去世后,唐太宗失声痛哭,非常悲伤,为他举办了丧事,赐以丧具,并追封他为礼部尚书,谥号文懿。唐太宗在写给魏王李泰的信中说道:"虞世南对于我,就像我身体的一部分。他提醒和纠正我的遗漏和过失，一刻都不曾忘记。他实在是一代名臣，做人的楷模啊！过去，我有一点成绩，他必定加以肯定；我有一点小过失，他必定冒着触犯我的危险毫无保留地指出来。现在他去世了，国中再无这样的人了，这种痛惜是无法用语言表达的呀！"不久，唐太宗作了一首诗，凭借古人的事迹来发表感慨，在诗文之后叹息道："钟子期去世之后，伯牙失去知音，再也没有弹过琴。我这首诗，又写给谁看呢？"于是唐太宗让褚遂良把诗拿到虞世南灵帐外诵读并焚烧，可见他哀痛之深切。然后，太宗又下令将虞世南和房玄龄、长孙无忌、杜如晦、李靖等二十四位功臣的图像，画在凌烟阁内，作为永久的纪念。

## [原文]

李勣，曹州离狐人也。本姓徐，初仕李密，为左武侯大将军。密后为王世充所破，拥众归国，勣犹据密旧境十郡之地。武德二年，谓长史郭孝恪曰："魏公既归大唐，今此人众土地，魏公所有也。吾若上表献之，则是利主之败，自为己功，以邀富贵，是吾所耻。今宜具录州县及军人户口，总启魏公，听公自献，此则魏公之功也，不亦可乎？"乃遣使启密。使人初至，高祖闻无表，惟有启与密，甚怪之。使者以勣意闻奏，高祖方大喜曰："徐勣感德推功，实纯臣也①。"拜黎州总管，赐姓李氏，附属籍于宗正。封其父盖为济阴王，固辞王爵，乃封舒国公，授散骑常侍。寻加勣右武侯大将军。及李密反叛伏诛，勣发丧行服，备君臣之礼，表请收葬。高祖遂归其尸。于是大具威仪②，三军缟素，葬于黎阳山。礼成，释服而散，朝野义之。寻为窦建德所攻，陷于建德，又自拔归京师。从太宗征王世充、窦建德，平之。贞观元年，拜并州都督③，令行禁止，号为称职，突厥甚加畏惮。太宗谓侍臣曰："隋炀帝不解精选贤良，镇抚边境，惟远筑长城，广屯将士，以备突厥，而情识之惑，一至于此。朕今委任李勣于并州，遂得突厥畏威远遁，塞垣安静，岂不胜数千里长城耶？"其后并州改置大都督府，又以勣为长史，累封英国公。在并州凡十六年，召拜兵部尚书，兼知政事。勣时遇暴疾，验方云须灰可以疗之，太宗自剪须为其和药。勣顿首见血，泣以陈

## [注释]

①纯臣：忠心为君主服务的臣子。

②成仪：古时典礼中的动作仪文和待人接物的礼仪。

③都督：地方最高的军事长官。

谢。太宗曰:"吾为社稷计耳,不烦深谢。"十七年,高宗居春宫,转太子詹事,加特进,仍知政事。太宗又尝宴,顾勣曰:"朕将属以孤幼,思之无越卿者。公往不遗于李密,今岂负于朕哉!"勣雪涕致辞,因噬指流血。俄沉醉,御服覆之,其见委信如此。勣每行军,用师筹算,临敌应变,动合事机。自贞观以来,讨击突厥、颉利及薛延陀、高丽等,并大破之。太宗尝曰:"李靖、李勣二人,古之韩、白、卫、霍岂能及也。"

**【译文】**

李勣是曹州离孤人,原本姓徐。他最初的时候在李密门下做官,担任左武侯大将军。李密后来被王世充打败,归降唐朝,李勣仍然占据着李密旧地十个郡县。武德二年,他对长史郭孝恪说:"如今魏公已归附大唐,这里的土地全为魏公李密所有,现在我如果上奏把土地献出去,就是利用主人的失败,为自己邀功。用这种手段为自己牟取富贵,我认为是一种耻辱,非君子所为。现在我要将州县和军人的户口登记下来,全部告诉魏公,让他自己献出去,这是魏公的功劳,这样做不也很好吗?"于是派使者把这件事告诉了李密。唐高祖开始看到李勣没有为他进献奏章,反而写信给李密,很是怪罪他。后来使者将李勣的想法告诉了唐高祖,唐高祖知道后非常高兴,说:"徐勣感念旧主的恩德,不为自己邀功争宠,这才是真正的臣子啊。"于是封他为黎州总管,赐皇姓李,成为皇帝宗室。事后,又封他的父亲为济阴王。谁知他的父亲坚决推辞王爵,唐高祖就封他为舒国公,担任散骑常侍。不久又加封李勣为右武侯大将军。后来李密起兵反叛被诛杀,李勣为他发丧守灵,尽到了君臣之间的礼仪,还上疏请求为他下葬。唐高祖于是把李密的尸体归还给他。他为李密举行了隆重的丧礼,三军缟素,好不威严肃穆,之后,把李密葬在黎阳山下。丧礼过后,李勣脱掉丧服,解散三军。他的忠义之举获得了满朝文武由衷的赞许。不久他被窦建德攻破,于是带领大军回到京城。后来,他跟随唐太宗攻打王世充、窦建德,将他们打败。贞观元年,他被封为并州都督,他从严治军,令行禁止,极为称职,突厥人对他更是畏惧三分。一次,唐太宗对侍臣们说:"隋炀帝不知道挑选精兵良将镇守边关、安抚百姓，只知道在边关修筑长城，囤积兵马来防备突厥人，他竟然糊涂到了这种程度。现在我只委派李勣镇守并州，就让突厥人胆战心惊，远远逃遁，使边关重新获得了安宁，这不是比修筑万里长城强多了吗？"之后，并州改设大都督府，唐太宗又任命李勣为长史，加封英国公。李勣在并州一待就是十六年，后又任兵部尚书，兼任知政事。一次李勣得了急病，大夫说用胡须烧成灰可以治疗，唐太宗知道后，剪掉自己的胡须为他配药。对此李勣感激涕零，叩首致谢，额头都流出了鲜血。唐太宗说："我这是为国家打算，你不用谢我。"贞观十七年，他又做太子詹事，加封特进，参与朝政。唐太宗一次宴请大臣，对李勣说："我想如果要将大事托付给大臣，没有谁会比你更胜任。你过去不遗弃李密，今天又怎么会辜负我呢？"李勣听后热泪盈眶，不经意地咬手指来控制澎湃起伏的情绪，没想到指头竟被咬出血来。席间，李勣喝醉了，唐太宗脱下衣服帮他披上，君臣之间深厚的情义可见一斑。李勣富有将才，每次出征打仗，都能够运筹帷幄，随机应变，充分掌握时机以赢得胜利。自从贞观年间以来，他讨伐了突厥、颉利、薛延陀、高丽等地，都大获全胜。唐太宗曾经说："李靖、李勣二人的战功，古代名将韩信、卫青、白起、霍去病哪里能比得上！"

## 【原文】

马周，博州茌平人也。贞观五年至京师，舍于中郎将常何之家。时太宗令百官上书言得失，周为何陈便宜二十余事①，令奏之，事皆合旨。太宗怪其能，问何，何对曰："此非臣所发意，乃臣家客马周也。"太宗即日召之，未至间，凡四度遣使催促。及谒见，与语甚悦。令直门下省，授监察御史，累除中书舍人。周有机辩，能敷奏，深识事端②，故动无不中。太宗尝曰："我于马周，暂时不见，则便思之。"十八年，历迁中书令，兼太子左庶子。周既职兼两宫，处事平允，甚获当时之誉。又以本官摄吏部尚书。太宗尝谓侍臣曰："周见事敏速，性甚慎至。至于论量人物，直道而言，朕比任使之，多称朕意。既写忠诚，亲附于朕，实藉此人，共康时政也。"

## 【注释】

①便(biàn)宜：便于公、利于民的事。
②事端：事情的缘由。

**【译文】**

马周是博州茌平人。贞观五年,他到了京城,在中郎将常何家做门客。当时唐太宗下令让百官上书指出政务的得失,马周替常何提了二十多条建议,每一条都很合唐太宗的心意。唐太宗以常何有这样的才能而感到很奇怪,于是问他。常何回答说:"这不是我的意见,是我的门客马周提的。"唐太宗当日就决定召见马周,在马周到来之前,唐太宗四次派使者催促。马周到来后,君臣二人畅所欲言,谈得非常愉快。事后,唐太宗下令让他当值于门下省,封他为监察御史和中书舍人。马周机智善辩,很有洞察力,经他判断的事情没有不正确的。唐太宗曾经说:"我和马周如果隔一段时间不见面,我就会想他。"贞观十八年,马周被提升为中书令,兼任太子左庶子。马周身兼二职,处事公平,获得众人很高的评价,于是后来他又担任了吏部尚书。唐太宗对马周非常赞赏,曾经对侍臣们说:"马周办事机敏快捷,性格谨慎周到。评判人物,他都能直言不讳。我让他处理政务,他都能够让我满意。有了这样忠心不贰的大臣辅佐,就能够使国泰民安了。"

# 求谏第四

【原文】

太宗威容俨肃,百僚进见者①,皆失其举措②。太宗知其若此,每见人奏事,必假颜色,冀闻谏诤③,知政教得失。贞观初,尝谓公卿曰:"人欲自照,必须明镜;主欲知过,必藉忠臣。主若自贤,臣不匡正,欲不危败,岂可得乎?故君失其国,臣亦不能独全其家。至于隋炀帝暴虐,臣下钳口④,卒令不闻其过,遂至灭亡,虞世基等,寻亦诛死。前事不远,公等每看事有不利于人,必须极言规谏。"

【注释】

① 百僚:指百官。
② 失其举措:手忙脚乱,手足无措。
③ 冀:希望。
④ 钳口:这里指用威胁、恐吓的方式使人不敢讲话。

【译文】

唐太宗仪容非常威严,让人望而生畏。百官朝见他时,都战战兢兢,手足无措。唐太宗知道这种情况后,每当有官员呈报国事时,他都有意露出和颜悦色的神情,希望消除他们的恐慌心理,听到他们真实的话语,从而知晓政治和教化的得失。贞观初年,他曾经对大臣们说:"一个人要照见自己的形象,必须有明亮的镜子;君主要知道自己的过失,必须依赖忠臣。君主虽然很贤明,然而没有臣子匡正辅佐,要想国家免于危亡,怎么可能呢?因此,假如君主失掉了江山,臣子也不可能保全性命和家人。你们知道,隋炀帝非常残暴荒淫,臣下不敢向他提意见,这使他看不到自己的过失,终于导致灭亡,而像虞世基这些大臣,也不能够保全性命。如今,前车之鉴不远,你们如果看到有对百姓、对国家不利的事情,一定要毫无隐瞒地向我指出。"

【原文】

贞观元年,太宗谓侍臣曰:"正主任邪臣,不能致理;正臣事邪主,亦不能致理。惟君臣相遇,有同鱼水,则海内可安。朕虽不明,幸诸公数相匡救,冀凭直言鲠议①,致天下太平。"谏议大夫王珪对曰:"臣闻木从绳则正,后从谏则圣。是故古者圣主

【注释】

① 鲠(gěng)议:刚直的议论。
② 狂瞽(gǔ):愚妄无知。自谦之词。

必有争臣七人，言而不用，则相继以死。陛下开圣虑，纳刍荛，愚臣处不讳之朝，实愿罄其狂瞽②。"太宗称善，诏令自是宰相入内平章国计，必使谏官随入，预闻政事。有所开说，必虚己纳之。

## 【译文】

贞观元年，唐太宗对大臣们说："好的君主任用奸邪的大臣，国家不可能治理得好；好的大臣辅佐荒淫的国君，国家也不可能治理得好。只有君臣相得益彰，国家才可能繁荣昌盛。我虽然不圣明，但能得到各位大臣的辅佐，实乃有幸。希望各位大臣有什么意见都能够畅所欲言，使国家太平安乐。"谏议大夫王珪说："我听说木头用绳子来丈量才会直，国君听取建议才会圣明。所以自古以来贤明的君主的国家都有几个敢于直谏的大臣，而有诤言却不采纳的君主，其国家都相继灭亡了。陛下圣明，广开言路，我处于不避讳诤言的朝廷，愿竭尽全力进献忠言。"唐太宗对他的话非常赞许，下令从此以后如果宰相进宫商议国事，必须和提意见的谏官一起入内，让谏官也能够参与国事，他们有不同的意见，宰相必须虚心地接受。

## 【原文】

贞观二年，太宗谓侍臣曰："明主思短而益善，暗主护短而永愚。隋炀帝好自矜夸①，护短拒谏，诚亦实难犯忤②。虞世基不敢直言，或恐未为深罪。昔箕子佯狂自全，孔子亦称其仁。及炀帝被杀，世基合同死否？"杜如晦对曰："天子有诤臣，虽无道不失其天下。仲尼称③：'直哉史鱼，邦有道如矢④，邦无道如矢。'世基岂得以炀帝无道，不纳谏诤，遂杜口无言？偷安重位，又不能辞职请退，则与箕子佯狂而去，事理不同。昔晋惠帝贾后将废愍怀太子，司空张华竟不能苦争，阿意苟免。及赵王伦举兵废后，遣使收华，华曰：'将废太子日，非是无言，当不被纳用。'其使曰：'公为三公，太子无罪被废，言既不从，何不引身而退？'华无辞以答，遂斩之，夷其三族。古人有云：'危而不持，颠而不扶，则将焉用彼相？'故'君子临大节而不可夺也'。

## 【注释】

①矜夸：夸耀自己的长处。
②忤（wǔ）：抵触，不顺从。
③仲尼：孔子的字。
④矢：箭。
⑤逊言：言语谦逊恭顺。

张华既抗直不能成节，逊言不足全身⑤，王臣之节固已坠矣。虞世基位居宰辅，在得言之地，竟无一言谏诤，诚亦合死。"太宗曰："公言是也。人君必须忠良辅弼，乃得身安国宁。炀帝岂不以下无忠臣，身不闻过，恶积祸盈，灭亡斯及。若人主所行不当，臣下又无匡谏，苟在阿顺，事皆称美，则君为暗主，臣为谀臣，君暗臣谀，危亡不远。朕今志在君臣上下，各尽至公，共相切磋，以成理道。公等各宜务尽忠谠，匡救朕恶，终不以直言忤意，辄相责怒。"

**【译文】**

贞观二年，唐太宗对侍臣说："明智的君主能时时反省自己的短处，并且不断加以改进；而昏庸的君主总是力图掩饰自己的短处，因而永远愚昧。像隋炀帝，他自以为是，对自己的缺点视而不见，又拒绝别人提意见，这样就再也没有谁敢提意见了。大臣虞世基不敢直言，怕得罪他。国家危亡的时候，臣子难免明哲保身，为自己打算。商代的时候，箕子假装发疯来保全自己，孔子还评价他仁义。后来隋炀帝被杀，虞世基难道就该一同去死吗？"杜如晦回答道："君主有敢于直言的大臣辅佐，虽然自己治国无道，也不会失去天下。孔子曾经赞扬过忠臣史鱼，说：'卫国的大夫史鱼真耿直啊，国家有道义的时候他直言进谏，国家失去道义了，他还以死相谏。'虞世基怎么能因为隋炀帝无道、不接受忠言，就闭口不提意见呢？他身居要职，还苟且偷生，又不肯辞官隐退，这和箕子装疯离去，是不能相提并论的。过去晋惠帝的王后贾后要废掉愍怀太子，司空张华竟不据理力争，反而阿谀顺应贾后，苟全性命。到赵王伦起兵废掉贾后，派使者捉拿张华时，张华说：'贾后废太子的时候，我不是不想阻止，只是怕贾后不会采纳我的意见。'使者说：'你贵为三公，太子没有罪却被废掉，你怎么不站出来说话？即使你的意见不被接受，你又为什么不辞退归隐呢？'张华无言以对，于是他被斩杀，连诛其三族。古人说得好：'危难却不扶持，倾倒却不支撑，还用这样的宰相干吗呢？'所以'君子虽然面临危难却能坚守节操'。身居高位的张华既然不能成全自己的节操，只想保全自己的性命，君臣之间的正常关系已经不复存在。同样虞世基身为宰相，在该进言的时候却保持沉默，他的确该死啊！"唐太宗听后很赞同杜如晦的观点，说："你说得对。君主必须有忠臣辅佐，才能够自身平安，国家太平。隋炀帝难道不是因为身边没有忠臣，看不到自己的过失，才使得罪恶和灾祸越来越大而导致国家灭亡的吗？如果国君行为不当，臣下又不尽职，只知道阿谀奉承，苟全性命，凡事只知道说好，那么国家有这样的君主就是昏庸的君主，臣子就是阿谀的臣子。君主昏庸，臣子阿谀，那么国家离灭亡就为期不远了。现在我要使朝廷君臣上下恪尽职守，戮力同心，共同成就一番功业。你们一定要尽到自己的责任，指出并纠正我的过失，我们君臣之间切不可因为开诚布公，指出彼此的过错而相互误会和怨恨。"

【注释】

①裴寂：字玄真。为李渊宠信。贞观三年因罪放归原籍，后流放静州（今广西昭平）而死。曾参与制定《唐律》。

②比：近来。

【原文】

贞观三年，太宗谓司空裴寂曰①："比有上书奏事②，条数甚多，朕总粘之屋壁，出入观省。所以孜孜不倦者，欲尽臣下之情。每一思政理，或三更方寝。亦望公辈用心不倦，以副朕怀也。"

【译文】

贞观三年，唐太宗对司空裴寂说："凡是臣子上书的奏章，内容如果涉及广泛，我总是把它们贴在我住屋的墙上，以便进进出出的时候都能够看到，能够对照这些意见反省自己。我之所以这样勤于政务，是回报臣子对我的一片苦心，尽到我的职责。每当我思考政务的时候，常常废寝忘食，有时到了三更时分才入睡。同样，我希望各位大臣对国事兢兢业业，不知疲倦，不要辜负我对你们的期望。"

【注释】

①任情喜怒：喜怒无常。

②夙夜：早晚，朝夕。

【原文】

贞观五年，太宗谓房玄龄等曰："自古帝王多任情喜怒①，喜则滥赏无功，怒则滥杀无罪。是以天下丧乱，莫不由此。朕今夙夜未尝不以此为心②，恒欲公等尽情极谏。公等亦须受人谏语，岂得以人言不同己意，便即护短不纳？若不能受谏，安能谏人？"

**【译文】**

贞观五年，唐太宗对房玄龄等一班大臣说："自古以来，昏庸的帝王一个个都让自己的情绪肆意滋长。他们喜怒无常，高兴的时候就胡乱赏赐，功过不分；发怒时就任意杀戮，是非不明。天下大乱，一般都是因为肆意妄为造成的。因此我现在非常警觉，无论白天黑夜，无不将此道理铭刻在心，希望各位大臣永远都能够对我的缺点大胆地提出批评。同时，你们应当接受别人的批评意见，切不可因为别人的意见和自己不和就不承认、不采纳。如果一个人不接受别人的批评，那他怎么可以去批评别人呢？"

**【原文】**

贞观六年，太宗以御史大夫韦挺、中书侍郎杜正伦、秘书少监虞世南、著作郎姚思廉等上封事称旨①，召而谓曰："朕历观古人臣立忠之事，若值明主便宜尽诚规谏，至如龙逄、比干，不免孥戮。为君不易，为臣极难。朕又闻龙可扰而驯，然喉下有逆鳞。卿等遂不避犯触，各进封事。常能如此，朕岂虑宗社之倾败！每思卿等此意，不能暂忘，故设宴为乐。"仍赐绢有差。

**【注释】**

①秘书少监：唐官制，掌经籍图书的秘书省设秘书监一人，从三品。秘书少监二人，从四品上。著作郎：掌编纂国史。

**【译文】**

贞观六年，太宗因为御史大夫韦挺、中书侍郎杜正伦、秘书少监虞世南、著作郎姚思廉等大臣上奏提出了很中肯的意见，就召见他们，说："我看历朝以来，大臣们尽忠报国的事情不少，他们若遇到贤明的君主，都一心一意地对皇上的行为进行规劝批评。可是像龙逄、比干这样的忠臣，最后都还是难逃杀身之祸。当皇帝不容易，当大臣就更难了。不过，我听说龙的喉下有逆着长的鳞片，它是可以被驯服的。你们就是不怕触犯龙颜的大臣，都呈上了言辞激烈的奏章。如果你们能一直这样大胆进谏，我哪里还用得着担心国家会衰败灭亡呢？每想到你们这番心意，我都非常感激，所以摆下宴席款待你们，以表心意。"此外，太宗还赏赐了他们绢丝。

## 【注释】

① 太常卿：唐代掌礼乐、郊庙、社稷之事宜。
② 吠：恶言攻击。
③ 阙：这里指缺点，错误。

## 【原文】

太常卿韦挺尝上疏陈得失①，太宗赐书曰："所上意见，极是谠言，辞理可观，甚以为慰。昔齐境之难，夷吾有射钩之罪；蒲城之役，勃鞮为斩袂之仇。而小白不以为疑，重耳待之若旧。岂非各吠非主②，志在无二。卿之深诚，见于斯矣。若能克全此节，则永保令名。如其怠之，可不惜也。勉励终始，垂范将来，当使后之视今，亦犹今之视古，不亦美乎？朕比不闻其过，未睹其阙③，赖竭忠恳，数进嘉言，用沃朕怀，一何可道！"

## 【译文】

太常卿韦挺曾经上书唐太宗，指出他治理国家的功劳与过失。太宗写了一道诏书送给他，说："你所呈上的意见极其珍贵，里面的言辞和道理都值得称道，我对此感到十分快慰。春秋时齐国发生内乱，管仲的箭曾射中齐桓公；晋国蒲城的争斗，勃鞮曾用剑斩断晋文公的衣袖。但齐桓公重用管仲，没有猜疑；晋文公对待勃鞮与其他大臣一视同仁，没有什么差别。这是臣子心怀坦诚，为他们的君主效劳。你的忠诚，从行文中就可以看出来。如果你能一直这样实事求是、刚正不阿，那么你的好名声就可以永远保全了。如果你在这方面懈怠了，将是多么可惜呀！我希望你能自始至终地做后人的表率。这可以使后来的人看今天所发生的事，就像今天的人看古代所发生的事一样，这难道不是很好吗？我过去没有听说过我犯下了哪些过错，也没看见我所做过的一切事中有什么缺陷，这些功绩都是依靠你们这些中正、诚实的人的结果。你们不断地提出一些很好的建议，用来告诫提醒我，丰富我治国的思想，至于我个人，哪里值得一提呢？"

## 【注释】

① 怖慑（shè）：害怕的样子。
② 嗔（chēn）责：对人不满而加以责怪。

## 【原文】

贞观八年，太宗谓侍臣曰："朕每闲居静坐，则自内省。恒恐上不称天心，下为百姓所怨。但思正人匡谏，欲令耳目外通，下无怨滞。又比见人来奏事者，多有怖慑①，言语致失次第。寻常奏事，情犹如此，况欲谏诤，必当畏犯逆鳞。所以每有谏者，纵不合朕心，朕亦不以为忤。若即嗔责②，深恐人怀战惧，岂肯更言！"

**【译文】**

贞观八年，唐太宗对侍臣说："每当我一个人静坐的时候，就从内心反省自己的所作所为。我一直害怕上不能顺应上天的旨意，下又被百姓埋怨。我兢兢业业地工作，只是想着要不断通过臣子的进谏来纠正自己的言行，使自己的行为符合规范，让自己的耳朵和眼睛能听到和看到真实情况，不为外界的假象所蒙蔽，从而使臣子和百姓心情舒畅，没有怨恨停留在心里。我曾经看到臣子奏报事情，一个个都十分害怕，说话也语无伦次。向皇帝汇报一般事情的时候都这样紧张，更何况对我提出批评呢？他们一定会因为害怕冒犯我的威严而一个个心生畏惧。有鉴于此，凡是对我提出批评的人，即使所说的不符合我的心意，我也不认为那是冲撞我。要是我当场责怪，弄得人人心怀恐惧非常害怕，哪里还有谁敢再说呢？"

**【原文】**

贞观十五年，太宗问魏徵曰："比来朝臣都不论事，何也？"徵对曰："陛下虚心采纳，诚宜有言者。然古人云：'未信而谏，则以为谤己；信而不谏，则谓之尸禄①。'但人之才器各有不同，懦弱之人怀忠直而不能言；疏远之人恐不信而不得言，怀禄之人虑不便身而不敢言②。所以相与缄默，俯仰过日③。"太宗曰："诚如卿言。朕每思之，人臣欲谏，辄惧死亡之祸，与夫赴鼎镬、冒白刃，亦何异哉？故忠贞之臣，非不欲竭诚。竭诚者，乃是极难。所以禹拜昌言，岂不为此也！朕今开怀抱，纳谏诤。卿等无劳怖惧，遂不极言。"

**【注释】**

①尸禄：做官吃俸禄而不做事。

②怀禄：贪恋爵位俸禄。

③俯仰：随随便便地混日子。

**【译文】**

贞观十五年，太宗询问魏徵："最近以来，朝廷的大臣都不谈论国事，是什么原因呢？"魏徵回答说："陛下虚心采纳臣子的意见，理所应当有来进谏的人。可是古人常说：'不清楚真实与否就进谏，就会被认为诽谤自己；情况真实但不去进谏，这就叫作白吃饭。'但是每个人的才识胆略各不相同，懦弱的人，即使光明磊落，也不能说出来；被你疏远的人，害怕得不到你的信任,所以不会说出来;身居高位的人,考虑到自身的利益,因而不敢说出来。由于以上这些原因,大家就都保持沉默,无所事事地过日子。"太宗说:"的确像你说的那样。我每天想这些事,臣子想向皇上进谏,要担忧动不动有杀身之祸,这与一个人赴汤蹈火有什么区别?所以说忠贞的臣子,并不是不想尽忠。能尽忠的,都是极其难得的。禹拜访昌言,难道不是因为这个吗?我今天敞开心扉,目的就是采纳正确的言论,你们不必害怕,大胆进谏吧!"

【注释】

① 属(zhǔ)文:这里指会写文章的士人。
② 诋诃(dǐhē):诋毁,指责。
③ 愆(qiān):错误,罪过。
④ 勖(xù):勉励。

【原文】

贞观十六年,太宗谓房玄龄等曰:"自知者明,信为难矣。如属文之士①,伎巧之徒,皆自谓己长,他人不及。若名工文匠,商略诋诃②,芜词拙迹,于是乃见。由是言之,人君须得匡谏之臣,举其愆过③。一日万机,一人听断,虽复忧劳,安能尽善?常念魏徵随事谏正,多中朕失,如明镜鉴形,美恶必见。"因举觞赐玄龄等数人勖之④。

【译文】

贞观十六年,太宗对房玄龄等一些大臣说:"能够自我了解的人英明,但人们事实上很难做到这样。一些舞文弄墨、投机取巧之人,都自命清高、自以为是。即使那些著名的文人,他们也会在文章中污言秽语,互相诋毁,行为拙劣可恨。从以上可以看出,国君需要得到敢于直言其过失、辅佐治理国家的直谏之臣,来指出他的错误。一个人处理很多国家大事,即使再辛苦,又哪能十全十美呢?我时常想到大臣魏徵,他能根据事情的实际情况进谏,很多时候都直指我的过失。就像镜子照人一样,美的丑的都能看得清清楚楚,多么好哇!"于是唐太宗举起酒杯,对房玄龄等人进行赏赐,鼓励他们进谏的行为。

【注释】

① 舜造漆器:世传造漆器自舜始。

【原文】

贞观十七年,太宗问谏议大夫褚遂良曰:"昔舜造漆器①,禹雕其俎,当时谏者十有余人。食器之间,何须苦谏?"遂良对曰:

"雕琢害农事，纂组伤女工②。首创奢淫，危亡之渐。漆器不已，必金为之。金器不已，必玉为之。所以诤臣必谏其渐，及其满盈，无所复谏。"太宗曰："卿言是矣。朕所为事，若有不当，或在其渐，或已将终，皆宜进谏。比见前史，或有人臣谏事，遂答云'业已为之'，或道'业已许之'，竟不为停改。此则危亡之祸可反手而待也。"

②纂组：编织。

【译文】

贞观十七年，唐太宗问谏议大夫褚遂良："过去舜制作漆器，大禹雕刻花纹来装饰桌子，当时就有十多人因为此事进谏。我想这些都是吃饭用的小东西，哪用得着进谏呢？"褚遂良回答："精雕细刻，就意味着过于追求奢靡享受，这样就会妨碍耕种，繁复的纺线绣花也会使纺织者感到过度劳累。一开奢侈糜烂生活之先河，国家的衰败灭亡就慢慢来临了。享受精美漆器的欲望没有止境，发展到最后就会想用黄金来打造制作；对黄金的器皿追求不止，发展到最后必然就会想用美玉来制作。所以进谏的臣子必须在事物发展的开始进行劝谏，等到发展到最后阶段，就用不着再进谏了，因为国家已注定灭亡，无法挽救。"太宗听了，赞许地说："你说得对，我所做的事情，如果有不恰当的地方，无论是开始还是最后，你们都应当进行规劝。与过去的历史对照比较，有臣子对一些事情提出批评，如果用'已经做了'或者'已经答应了'这样的话来回答，而且不停止错误的行动并进行改正，这样国家灭亡的灾难，可以说转眼就到了。"

## 纳谏第五

**【原文】**

贞观初,太宗与黄门侍郎王珪宴语,时有美人侍侧,本庐江王瑗之姬也,瑗败,籍没入宫①。太宗指示珪曰:"庐江不道,贼杀其夫而纳其室,暴虐之甚,何有不亡者乎!"珪避席曰:"陛下以庐江取之为是邪,为非邪?"太宗曰:"安有杀人而取其妻?卿乃问朕是非,何也?"珪对曰:"臣闻于《管子》曰:齐桓公之郭国,问其父老曰:'郭何故亡?'父老曰:'以其善善而恶恶也。'桓公曰:'若子之言,乃贤君也,何至于亡?'父老曰:'不然,郭君善善而不能用,恶恶而不能去,所以亡也。'今此妇人尚在左右,臣窃以为圣心是之,陛下若以为非,所谓知恶而不去也。"太宗大悦,称为至善,遽令以美人还其亲族②。

**【注释】**

① 籍没:官府把罪犯家人和财产登记没收。
② 遽(jù):立刻。

**【译文】**

贞观初年,唐太宗举行宴会宴请黄门侍郎王珪等人。当时有个美人在一旁侍候,她本是庐江王李瑗的妻妾,李瑗兵败后,她被收入宫中。唐太宗指着美人对王珪说:"庐江王不讲道义,杀死了别人的丈夫,还娶她作为自己的妻妾,如此暴虐,怎么会不灭亡呢?"王珪若有所思地问:"陛下你认为庐江王的行为是好还是坏呢?"唐太宗回答:"哪有杀了人还霸占别人的老婆的道理?你偏偏问我这个问题的是与非,是什么原因呢?"王珪说:"我听说《管子》这本书上讲:齐桓公到郭国去,问当地的老百姓:'郭国为什么灭亡?'老百姓说:'因为郭国的国君以善为善,以恶为恶。'齐桓公很奇怪,问道:'如你所说,他是一个好君主,怎么会灭亡呢?'老百姓说:'其实不是这样,郭国君主虽然知道什么是善的,却不执行;知道什么是恶的,却不能够杜绝这种恶行,所以亡国了。'现在这个妇人还活在人世,我认为这是你仁慈的表现,但是你如果认为庐江王的行为不符合人的道义,那你为什么知恶不除,仍像庐江王那样把这个妇人留在身边呢?"唐太宗听后恍然大悟,认为他说得很有道理,于是下令让那个妇人出宫与家人团聚。

### [原文]

贞观四年,诏发卒修洛阳之乾元殿以备巡狩①。给事中张玄素上书谏曰:

陛下智周万物,囊括四海,令之所行,何往不应?志之所欲,何事不从?微臣窃思秦始皇之为君也,借周室之余,因六国之盛,将贻之万叶②。及其子而亡,谅由逞嗜奔欲,逆天害人者也。是知天下不可以力胜,神祇不可以亲恃。惟当弘俭约,薄赋敛,慎终始,可以永固。

### [注释]

①巡狩:指天子巡行观察各地。

②万叶:万年。

### [译文]

贞观四年,唐太宗下诏在洛阳修乾元殿,好让天子在巡游四方的时候下榻居住。给事中张玄素上书说:

陛下你智虑周全,可谓无所不及。你下令要做的事,哪有一件不成功呢?你立志想要做的事,哪有一件不是依从你的意思去办呢?我认为秦始皇开始做皇帝的时候,一直想依仗灭掉周室的余威,凭借平定六国的气势,将基业千秋万代地传下去。可是国家到了他的儿子的时候就灭亡了,我们认真分析它灭亡的原因,是他们父子随心所欲地放纵自己的贪欲、违背上天的旨意、残害百姓等。这可以看出,统治天下不能光凭借武力,亲近神仙也不能保证他的江山千秋万代地传下去。只有大力提倡节俭、减轻赋税、自始至终兢兢业业,才可以永保江山。

### [原文]

方今承百王之末,属凋弊之余,必欲节之以礼制,陛下宜以身为先。东都未有幸期,即令补葺;诸王今并出藩,又须营构。兴发数多,岂疲人之所望?其不可一也。陛下初平东都之始,层楼广殿,皆令撤毁,天下禽然①,同心倾仰。岂有初则恶其侈靡,今乃袭其雕丽?其不可二也。每承音旨,未即巡幸,此乃事不急之务,成虚费之劳。国无兼年之积,何用两都之好?劳役过度,

### [注释]

①禽(xī)然:和顺,安定。

②凋弊之人:衰败困苦的人。

③浇漓:浮薄不厚。多用于指社会风气。

怨谤将起。其不可三也。百姓承乱离之后，财力凋尽，天恩含育，粗见存立，饥寒犹切，生计未安，三五年间，未能复旧。奈何营未幸之都，而夺疲人之力？其不可四也。昔汉高祖将都洛阳，娄敬一言，即日西驾。岂不知地惟土中，贡赋所均，但以形胜不如关内也。伏惟陛下化凋弊之人②，革浇漓之俗③，为日尚浅，未甚淳和，斟酌事宜，讵可东幸？其不可五也。

【译文】

我们刚刚统一天下，国家至今还没从战争的影响中恢复，民生凋敝。这个时候应该节俭，以礼治国，陛下你更应该以身作则。东都洛阳没有行宫，你就下令修缮；各位王公大臣都出京镇守边关，他们也都需要修建官邸。工事太多，恐怕会劳民伤财，这是不可修建的第一点原因。陛下你当初平定东都洛阳，看见那些豪华奢侈的宫殿，下令全部折毁，此举让天下人惊叹佩服。岂有开始憎恶隋代的奢华，现在又步其后尘的道理？这是陛下你不可为之二。一听到下面有呈报，就去巡视，然而事情并不紧急，这样做岂不是白白消耗国家的财产？现在国家建立不久，国库还不充盈，哪用得着修建两个都城？老百姓的劳役过重，就会产生怨恨，这是陛下不可为之三。现在老百姓遭受天下大乱后，非常贫困。老天有眼，让百姓的生活稍稍有了点好转，但是仍然有挨冻受饿的生计之忧，这种情况三五年之内不可能消除。如果这个时候让老百姓去营建东都，岂不是勉为其难？这是陛下不可为的理由之四。汉代的时候，汉高祖刘邦要在洛阳建都，大臣娄敬进言说这样做不可。他劝汉高祖在秦朝的故都建都，汉高祖接受了他的建议，当日就往西行，定都长安。现在我只希望陛下你体察百姓之苦，革除世俗风气。你治理国家的时间还很短，国家的各种社会风气还不淳厚，凡事都应该三思而后行，现在怎么可以在洛阳大兴土木？你难道连古人都不如吗？这是陛下你不应做的第五个原因。

【注释】

①疲瘵：指饱受劫难的民众。

【原文】

臣尝见隋室初造此殿，楹栋宏壮，大木非近道所有，多自豫章采来,二千人拽一柱,其下施毂,皆以生铁为之,中间若用木轮,动即火出。略计一柱,已用数十万,则余费又过倍于此。臣闻阿房成,秦人散,章华就,楚众离;乾元毕工,隋人解体。且以陛下今时功力,何如隋日?承凋残之后,役疮痍之人①,费亿万之功,袭百王之弊,以此言之,恐甚于炀帝远矣。深愿陛下思之,无为由余所笑,则天下幸甚矣。

### 【译文】

我曾经看见隋朝建造这座宫殿的时候,所用的材料都极其讲究。宫殿所用的这些木材都不是附近所产的,它们都是从遥远的豫章郡运来的。一根柱子就要用两千人来拉,下边滑动用的轮子必须用生铁铸成,如果中间用木头做轮子,一滑动起来就会起火。粗略算来,运送一根柱子就要耗费数十万钱,而其他的费用更是难以计算。我听说一座阿房宫建成了,就使得秦国人心离散;章华宫修成了,就造成楚国人心散乱;乾元宫修完了,隋朝就随之灭亡了。况且凭借国家现在治理的状况,比起隋朝来说怎样呢?国家从萧条中建立起来,这个时候再役使苦难的百姓,劳民伤财,就会重蹈历代王朝灭亡的覆辙,从这点来说,我们恐怕比隋炀帝还要昏庸得多啊!我恳切地希望陛下能认真地考虑这件事,不要让我们的行为被后人耻笑,那国家就大幸了。

### 【原文】

太宗谓玄素曰:"卿以我不如炀帝,何如桀、纣?"对曰:"若此殿卒兴,所谓同归于乱。"太宗叹曰:"我不思量,遂至于此。"顾谓房玄龄曰:"今玄素上表,洛阳实亦未宜修造,后必事理须行,露坐亦复何苦?所有作役,宜即停之。然以卑干尊,古来不易,非其忠直,安能如此?且众人之唯唯①,不如一士之谔谔②。可赐绢五百匹。"魏徵叹曰:"张公遂有回天之力,可谓仁人之言,其利博哉!"

### 【注释】

①唯唯:谦卑恭逊的应答声。

②谔(è)谔:直言争辩的样子。

### 【译文】

太宗对张玄素说:"你认为我连隋炀帝都不如,那跟桀、纣相比呢?"玄素回答说:"如果这座宫殿修好了,可以说与他们没什么两样。"太宗猛然醒悟,叹息着说:"我没有认真考虑过这件事,因此愚蠢到了这种地步。"说罢,他又转过头来对房玄龄说道:"现在看到玄素的奏表,我觉得洛阳的宫殿实在不应该修建,以后必须按事理行事。我到洛阳,即使露天休息又如何呢?凡是因此产生的赋役,都应该立即停止。要地位低的人干预地位高的人,历来都不容易做到。要不是他忠心正直,心地无私,又怎能做得到呢?一般人唯唯诺诺,哪里抵得上一个人惊世骇俗的言论对人的启发大呢?我要赏赐玄素绢五百匹。"针对这件事,魏徵感慨地说:"张公的话真有力量,可谓仁义人的话语,它所产生的积极影响和对国家、百姓的好处真是无可限量啊!"

【注释】

①庶事:平常的事。

【原文】

太宗有一骏马,特爱之,恒于宫中养饲,无病而暴死。太宗怒养马宫人,将杀之。皇后谏曰:"昔齐景公以马死杀人,晏子请数其罪云:'尔养马而死,尔罪一也。使公以马杀人,百姓闻之,必怨吾君,尔罪二也。诸侯闻之,必轻吾国,尔罪三也。'公乃释罪。陛下尝读书见此事,岂忘之邪?"太宗意乃解。又谓房玄龄曰:"皇后庶事相启沃①,极有利益尔。"

【译文】

太宗有一匹好马,对它非常喜爱,一直把它养在宫中。谁知这匹马没有病却突然死了。太宗对养马的人很生气,要杀死他。皇后规劝道:"过去齐景公因为马死了而要杀掉养马的人,晏子请求让他来列出养马人的罪状,晏子说:'你把皇上的马养死了,这是第一条罪状。让我们的国君因为马死了而杀掉你,百姓听了,必定怨恨我们的国君,这是第二条罪状。其他诸侯国听了这件事,必然轻视我们的国家,这是你的第三条罪状。你说你不该死吗?'齐景公听了,大受启发,于是赦免了养马人。陛下过去读书的时候就看见过这件事,难道忘了吗?"太宗于是消除了杀掉养马人的念头。事后,太宗对房玄龄说:"皇后用普通的事情来开导启发我,这对我大有好处啊!"

## 【原文】

贞观七年，太宗将幸九成宫，散骑常侍姚思廉进谏曰："陛下高居紫极①，宁济苍生，应须以欲从人，不可以人从欲。然而离宫游幸，此秦皇、汉武之事，故非尧、舜、禹、汤之所为也。"言甚切至。太宗谕之曰："朕有气疾，热便顿剧②，故非情好游幸，甚嘉卿意。"因赐帛五十段。

【注释】

①紫极：指皇帝的宫殿。
②顿：立刻。剧：厉害。

## 【译文】

贞观七年，太宗要巡幸九成宫，散骑常侍姚思廉进谏道："陛下身处高位，如果要以救济天下的百姓为己任，那么就应该让自己的欲望顺从天下百姓的需要，而不能光想着让天下的人都来顺从你一个人的需要。然而，一味地想远离皇宫出去游玩，这是秦始皇、汉武帝做的事，不是尧、舜、禹和商汤所为。"话语间，言辞极其诚恳激切。太宗开导他说："我患有与气候相关的毛病，天气热了，病痛就要加剧。所以并不是我的本性喜欢到处巡游，但是，我还是十分感谢你的好意。"因此赏赐给姚思廉五十匹丝帛。

## 【原文】

贞观三年，李大亮为凉州都督，尝有台使至州境①，见有名鹰，讽大亮献之②。大亮密表曰："陛下久绝畋猎③，而使者求鹰。若是陛下之意，深乖昔旨；如其自擅，便是使非其人。"太宗下书曰："以卿兼资文武，志怀贞确④，故委藩牧⑤，当兹重寄。比在州镇，声绩远彰，念此忠勤，岂忘寤寐⑥？使遣献鹰，遂不曲顺，论今引古，远献直言。披露腹心，非常恳到，览用嘉叹，不能已已。有臣若此，朕复何忧！宜守此诚，终始若一。《诗》云：'靖共尔位，好是正直。神之听之，介尔景福。'古人称一言之重，侔于千金⑦，卿之所言，深足贵矣。今赐卿金壶瓶、金碗各一枚，虽无千镒之重⑧，是朕自用之物。卿立志方直，竭节至公，处职当官，每副所委，方大任使，以申重寄。公事之闲，宜观典籍。兼赐卿荀悦《汉纪》一部，此书叙致简要，论议深博，极为政之体，尽君臣之义，今以赐卿，宜加寻阅。"

【注释】

①台使：朝廷的使者。
②讽：婉言劝说。
③畋（tián）猎：打猎。
④贞确：坚定。
⑤藩牧：藩镇的长官。
⑥寤寐（wǔmèi）：这里指日日夜夜。
⑦侔（móu）：等，相等。
⑧镒（yì）：古代的重量单位。一镒合二十两，一说二十四两。

**【译文】**

贞观三年，李大亮担任凉州都督，曾经有一个台使来到凉州，看见此地有一种很有名的大鹰，台使就叫李大亮把鹰进献给唐太宗。李大亮私下上书给唐太宗：“陛下下令禁止打猎，现在却派使者前来索要大鹰。如果这是陛下你的意思，那就是陛下违背了过去的圣旨；如果是那台使擅作主张，那他就是一个冒名的使者。"唐太宗看完李大亮的奏折，回复道：“你既是个文武双全的人才，又对国家忠肝义胆，所以派你镇守边关，委以重任。你这些年来为国尽职尽忠，在边关声名远扬。我派使者来索要大鹰，你并不是顺水推舟地迎合我的意思，而是借古鉴今，在那么遥远的地方还进献忠言，可谓披肝沥胆，诚恳极了。任何赞许都不能表达我的心意，有你这样的臣子，我还担忧什么呢？希望你保持这片赤诚，始终如一。《诗经》上有句话：'尽忠职守，忠诚正直。神灵得知，赐予洪福。'古人也说过，一句有分量的话，价值胜过千两黄金。你的一番话，真是可贵呀。现在我赐给你金壶瓶、金碗各一个，虽然不是价值千金，但这是我平时自己用的特别珍爱的东西。你性情方正平直，一心为公，我委托的事情你还上书进行核实。你在处理公务之余，可以看一看古代的典籍。我再赐给你一部荀悦写的《汉纪》，这本书叙述简要，议论深刻，对如何治国、如何尽到君臣的职责说得非常好。现在我把它赐给你，希望你认真地阅读。"

**【注释】**

①忤：抵触而生怨。

②讪（shàn）谤：诽谤。

**【原文】**

贞观八年，陕县丞皇甫德参上书忤旨①，太宗以为讪谤②。侍中魏徵进言曰："昔贾谊当汉文帝上书云云：'可为痛哭者一，可为长叹息者六。'自古上书，率多激切。若不激切，则不能起人主之心。激切即似讪谤，惟陛下详其可否。"太宗曰："非公无能道此者。"令赐德参帛二十段。

**【译文】**

贞观八年，陕西县的县臣皇甫德参上书皇帝的奏章触犯了圣旨，太宗认为这是诽谤。侍中魏徵进谏道："过去贾谊给汉文帝上书说：'可以放声痛哭的有一点，值得我们大声叹息的有六个方面。'自古以来，臣子的上书，大多言辞激烈。如果措辞不激烈，就不能引起国君的注意。激切的语言看起来像是诽谤，但是陛下应详加斟酌他的意见是对还是错。"太宗说："除了你，没有谁能说出这样的话呀。"下令赏赐皇甫德参丝帛二十段。

## 【原文】

贞观十五年，遣使诣西域立叶护可汗，未还，又令人多赍金帛，历诸国市马。魏徵谏曰："今发使以立可汗为名，可汗未定立，即诣诸国市马，彼必以为意在市马，不为专立可汗。可汗得立，则不甚怀恩，不得立，则生深怨。诸蕃闻之，且不重中国。但使彼国安宁，则诸国之马，不求自至。昔汉文帝有献千里马者，曰：'吾吉行日三十①，凶行日五十②，銮舆在前③，属车在后④，吾独乘千里马，将安之乎？'乃偿其道里所费而返之。又光武有献千里马及宝剑者，马以驾鼓车，剑以赐骑士。今陛下凡所施为，皆邈过三王之上⑤，奈何至此欲为孝文、光武之下乎？又魏文帝求市西域大珠，苏则曰：'若陛下惠及四海，则不求自至，求而得之，不足贵也。'陛下纵不能慕汉文之高行，可不畏苏则之正言耶？"太宗遽令止之⑥。

## 【注释】

① 吉行：巡幸祭祀。
② 凶行：出兵打仗。
③ 銮舆：皇帝的车驾。
④ 属车：副车。皇帝侍从的车子。
⑤ 邈（miǎo）过：远远超越。
⑥ 遽：立刻。

## 【译文】

贞观十五年，唐太宗派遣使者到西域拜见立叶护可汗。使者还未归国，太宗又派人多准备些金银布匹，到各个国家去购买好马。魏徵进谏说："我们现在以拥立可汗的名义派遣使者，可是可汗还没有确立。现在又马上派人到各国买马，会让他们认为我们去的目的在于买马，而不是立可汗的事。可汗如果登上宝座，他就不会感谢皇恩；如果没有登上宝座，他就会为此生气，仇视我们。其他部落知道了这件事，也不会尊重我们的国家。只要使那些国家安宁无事，那些国家的好马用不着我们费心，别人就会自动送来。过去有一个人向汉文帝进献千里马，汉文帝说：'我出去巡游每天走三十里，出兵打仗每天走五十里，我乘坐的车子走在前面，随从的车子跟在后面，如果我一个人乘坐千里马，要跑到哪里去呢？'于是汉文帝送给献马人来回路上所需要的费用，把他打发走了。后来，又有人送千里马和宝剑给汉朝光武帝，光武帝用马来拉装有战鼓的车子，剑则赐给了骑马作战的勇士。现在陛下所做的一切事，都远远地超过了三皇等帝王，为什么举动反而不如汉文帝、光武帝了呢？还有魏文帝想要买西域的大珍珠，苏则说：'要是陛下的恩惠广布四海，即使不买别人也送来了，要是派人通过寻找买卖才得到，那就不显得珍贵了。'陛下即使不羡慕汉文帝高贵的品格，难道就不害怕苏则忠正的言论吗？"太宗于是下令，取消了派人买马的命令。

【注释】

① 药石之言：针砭时弊的良言。

【原文】

贞观十七年，太子右庶子高季辅上疏陈得失。特赐钟乳一剂，谓曰："卿进药石之言①，故以药石相报。"

【译文】

贞观十七年，太子右庶子高季辅上奏章指出朝政的得失。太宗特地赏给他一剂钟乳，并对他说："你的言论像治病的良药，故赠送良药作为回报。"

【注释】

① 穷诘(jié)：追问到底。

【原文】

贞观十八年，太宗谓长孙无忌等曰："夫人臣之对帝王，多顺从而不逆，甘言以取容。朕今发问，不得有隐，宜以次言朕过失。"长孙无忌、唐俭等皆曰："陛下圣化道致太平，以臣观之，不见其失。"黄门侍郎刘洎对曰："陛下拨乱创业，实功高万古，诚如无忌等言。然顷有人上书，辞理不称者，或对面穷诘①，无不惭退。恐非奖进言者。"太宗曰："此言是也，当为卿改之。"

【译文】

贞观十八年，太宗对长孙无忌等大臣说："臣子对皇上，大多数都是顺从而不敢冒犯，喜欢用好听的话来博得皇帝的欢心。我今天向你们发问，你们不能隐瞒，一个一个地说出我的过错。"长孙无忌、唐俭等大臣说："陛下英明教化，天下太平无事。在我们看来，没有什么过错。"黄门侍郎刘洎回答说："陛下平定天下建立基业，的确有如长孙无忌等所说的功高无比。可是有时有人上书，凡有言辞不当的，陛下就当面质问，因此没有人不感到羞愧。臣认为，这恐怕不像是在奖励向陛下进言的人吧。"太宗说："你说得对，我以后要改掉这个毛病。"

## 【原文】

太宗尝怒苑西监穆裕①，命于朝堂斩之。时高宗为皇太子，遽犯颜进谏，太宗意乃解。司徒长孙无忌曰："自古太子之谏，或乘间从容而言。今陛下发天威之怒，太子申犯颜之谏，诚古今未有。"太宗曰："夫人久相与处，自然染习。自朕御天下，虚心正直，即有魏徵朝夕进谏。自徵云亡，刘洎、岑文本、马周、褚遂良等继之。皇太子幼在朕膝前，每见朕心说谏者，因染以成性，故有今日之谏。"

## 【注释】

①苑西监：官名。为掌管皇家园林的官馆园池及种植修葺之事。

## 【译文】

太宗曾经对一个掌管宫苑名叫穆裕的官员非常生气，要下令杀掉他。当时高宗皇帝还是太子，他冒着顶撞太宗的危险进行规劝，太宗的怒气才平息下来。司徒长孙无忌说："自古太子向皇帝进言，都是趁皇上高兴时才不慌不忙地讲。今天陛下十分生气，太子却敢冒着触怒你的危险进言，的确古今未有。"太宗听了，十分高兴地说："人与人相处久了，行为自然就会互相影响。我统治天下以来，心襟坦荡，虚怀若谷，身边有魏徵早晚进言。自从魏徵死后，刘洎、岑文本、马周、褚遂良等跟着进谏，络绎不绝。皇太子从小生活在我身边，每次都能看到我是从心眼里喜欢进谏的人，这种相互影响就形成了习惯，所以才有今天的这种结果呀！"

# 君臣鉴戒第六

【注释】

①合契:君臣同心合力,意气相投。契,投合。

②嗤(chī):嘲笑。

【原文】

贞观三年,太宗谓侍臣曰:"君臣本同治乱,共安危,若主纳忠谏,臣进直言,斯故君臣合契①,古来所重。若君自贤,臣不匡正,欲不危亡,不可得也。君失其国,臣亦不能独全其家。至如隋炀帝暴虐,臣下钳口,卒令不闻其过,遂至灭亡,虞世基等寻亦诛死。前事不远,朕与卿等可得不慎,无为后所嗤②!"

【译文】

贞观三年,唐太宗对侍臣说:"无论国家是安定还是混乱,君臣都应该同舟共济。如果君主能接受忠言,臣子能够直言进谏,那么君臣之间就会非常默契,这是自古以来治国所重视的方法。如果君主贤明,臣子却不匡正辅佐,想要不亡国,是不可能的。君主要是失掉了江山,臣子也就不能保全自己的家族。像隋炀帝,他为人非常暴虐,臣下不敢进言,这使他不知道自己的过失,最后国破家亡,大臣虞世基等人不久也被杀死。这个惨痛的教训离我们并不远,我和各位大臣如果不谙慎,恐怕也会步人后尘,为后人所耻笑啊!"

【注释】

①谙(ān)识:熟悉,认识。

②谄佞(nìng):花言巧语,阿谀奉承。

③囹圄(língyǔ):牢狱。

【原文】

贞观四年,太宗论隋日。魏徵对曰:"臣往在隋朝,曾闻有盗发,炀帝令於士澄捕逐。但有疑似,苦加拷掠,枉承贼者二千余人,并令同日斩决。大理丞张元济怪之,试寻其状。乃有六七人,盗发之日,先禁他所,被放才出,亦遭推勘,不胜苦痛,自诬行盗。元济因此更事究寻,二千人内惟九人逗遛不明。官人有谙识者①,就九人内四人非贼。有司以炀帝已令斩决,遂不执奏,并杀之。"太宗曰:"非是炀帝无道,臣下亦不尽心,须相匡谏,不避诛戮,岂得惟行谄佞②,苟求悦誉。君臣如此,何得不败?

朕赖公等共相辅佐，遂令图圄空虚③。愿公等善始克终，恒如今日！"

**【译文】**

贞观四年，唐太宗和大臣们谈到隋朝的兴亡，魏徵说："我在隋朝的时候，一次听说有人盗窃，隋炀帝让於士澄追查。只要有谁可疑，就严加拷打，最后屈打成招的达到两千多人，隋炀帝下令一天内将他们全部处死。大理丞张元济觉得奇怪，再次审问，发现有六七个人案发当天并不在现场，于是释放了他们。另外两千多人中只有九个人在事发当天去向不明。审案的人当中有明白底细的，发现九个人当中有四个人没有罪。可是办案的官员因为隋炀帝已经下令处死这些人，所以也不上奏，就把这些人统统杀死了。"唐太宗听后感慨地说："不仅仅是隋炀帝残暴无道，他手下的臣子也没有尽到责任。臣子应该纠正君主的过错，不要明哲保身，害怕遭到惩罚，只知道谄媚讨好君主，博得君主的欢心。君臣之间要是这样的关系，国家怎么能不灭亡呢？我有幸得到各位大臣的辅佐，所以全国犯罪的人很少。愿你们能够善始善终，一如既往地大胆进言。"

**【原文】**

贞观六年，太宗谓侍臣曰："朕闻周、秦初得天下，其事不异。然周则惟善是务①，积功累德，所以能保八百之基。秦乃恣其奢淫，好行刑罚，不过二世而灭。岂非为善者福祚延长，为恶者降年不永②？朕又闻桀、纣帝王也，以匹夫比之，则以为辱。颜、闵匹夫也，以帝王比之，则以为荣。此亦帝王深耻也。朕每将此事以为鉴戒，常恐不逮，为人所笑。"魏徵对曰："臣闻鲁哀公谓孔子曰：'有人好忘者，移宅乃忘其妻。'孔子曰：'又有好忘甚于此者，丘见桀、纣之君乃忘其身。'愿陛下每以此为虑，庶免后人笑尔！"

**【译文】**

贞观六年，唐太宗对侍臣说："我听说周朝与秦朝刚得到天下

**【注释】**

①惟善是务：只做好事。
②降年不永：寿命不长久。

的时候，治理国家的方法是不一样的。周朝推行仁政，积累功德，所以能够将自己的基业保持八百年。而秦朝恣意妄为，骄奢淫逸，喜欢滥用刑罚，所以只经历了两代帝王就灭亡了。这难道不是行善可以延长福祚，为恶使国家的兴盛不能维持长久吗？我又听说桀、纣是帝王，但是凡夫俗子都对他们的行为感到羞耻，颜回、闵损是普通百姓，帝王却以他们的行为感到荣耀。我时常用这些事对照自己的行为来告诫自己，害怕自己做得不够，被人耻笑。"

魏徵听后，意味深长地说："我听说鲁哀公对孔子说：'有个人很健忘，他换了住宅就把自己的妻子给忘了。'孔子说：'还有比这个人更健忘的，我看桀、纣这些君主，他们就非常健忘，连自己是谁都给忘了。'希望陛下以此为戒，以免被后人耻笑。"

## 【注释】

①平：征讨，平定。
②庶几：差不多。
③计画：谋划。
④平殄(tiǎn)：平定消灭。
⑤奉觞(shāng)：举杯。觞，古代的酒具。
⑥公：对人的尊称。

## 【原文】

贞观十四年，太宗以高昌平，召侍臣赐宴于两仪殿，谓房玄龄曰："高昌若不失臣礼，岂至灭亡？朕平此一国①，甚怀危惧，惟当戒骄逸以自防，纳忠謇以自正。黜邪佞，用贤良，不以小人之言而议君子，以此慎守，庶几于获安也②。"魏徵进曰："臣观古来帝王拨乱创业，必自戒慎，采刍荛之议，从忠谠之言。天下既安，则恣情肆欲，甘乐谄谀，恶闻正谏。张子房，汉王计画之臣③，及高祖为天子，将废嫡立庶，子房曰：'今日之事，非口舌所能争也。'终不敢复有开说。况陛下功德之盛，以汉祖方之，彼不足准。即位十有五年，圣德光被，今又平殄高昌④。屡以安危系意，方欲纳用忠良，开直言之路，天下幸甚。昔齐桓公与管仲、鲍叔牙、宁戚四人饮，桓公谓叔牙曰：'盍起为寡人寿乎？'叔牙奉觞而起曰⑤：'愿公无忘出在莒时，使管仲无忘束缚于鲁时，使宁戚无忘饭牛车下时。'桓公避席而谢曰：'寡人与二大夫能无忘夫子之言，则社稷不危矣！'"太宗谓徵曰："朕必不敢忘布衣时，公不得忘叔牙之为人也⑥。"

## 【译文】

贞观十四年，唐太宗因为平定了高昌，在两仪殿招待各位大臣。席间，唐太宗对房玄龄说："高昌如果不丧失作为臣子的礼节，怎么会遭到灭亡呢？我每次平定了一个地方，都心怀畏惧，勉励自己切莫骄奢淫逸，应该把接纳忠言纠正自己的错误作为自己的责任。治理国家就要罢免奸邪谄媚的人，任用贤良正直的人，不要听信小人的谣言，以免错误地评价正人君子。无论做什么都要谨慎，国家就有望得到太平。"魏徵趁机进言道："我观察自古以来的帝王，他们在创业的时候，都能够有所警戒，倾听老百姓的呼声，采纳忠臣的意见。天下太平之后，他们就开始穷奢极欲，只喜欢听谄媚讨好的话，厌恶逆耳的忠言。张良是汉代的开国元勋，汉高祖称帝之后，要废掉太子另立。张良说：'这件事不是口头说说就可以决定的。'之后，张良就再也不敢开口提这件事了。况且陛下目前功德这样卓越，汉高祖还不足以与你相提并论。陛下即位已有十五年，圣德广播，现在又平定了高昌，还能够心怀忧患意识，采纳忠言，广开言路，真是国家的大幸。过去齐桓公和管仲、鲍叔牙、宁戚四个人一起饮酒，齐桓公对鲍叔牙说：'我能够长寿吗？'鲍叔牙举起酒杯站立着说：'只要主公能不忘创业的艰辛，管仲能不忘在鲁国被囚禁的屈辱，宁戚不忘当年放牛等候主公起用时的苦闷焦急，您就会长寿，国家就会长久。'齐桓公听后，站起来感激地说：'我和管仲、宁戚如果能不忘你这番话，那么国家就不会有危险了。'"唐太宗听了，感激地对魏徵说："我一定不会忘记自己身为平民的时候，你也一定不要忘记鲍叔牙的为人，那我们的江山就不会有危险了。"

## 【原文】

贞观十四年，特进魏徵上疏曰：

臣闻君为元首，臣作股肱，齐契同心，合而成体，体或不备，未有成人。然则首虽尊高，必资手足以成体；君虽明哲，必藉股肱以致治。《礼》云："人（民）以君为心，君以人（民）为体，心庄则体舒，心肃则容敬。"《书》云："元首明哉，股肱良哉，庶事康哉。""元首丛脞哉①，股肱惰哉，万事堕哉。"然则委弃股肱，独任胸臆，具体成理，非所闻也。

夫君臣相遇，自古为难。以石投水，千载一合，以水投石②，无时不有。其能开至公之道，申天下之用③，内尽心膂④，外竭股肱，和若盐梅，固同金石者，非惟高位厚秩，在于礼之而已。

## 【注释】

① 丛脞（cuǒ）：琐碎，杂乱。

② 以石投水：比喻君主能听从臣下谏言。以水投石：喻臣言不为君所听。

③ 申：通"伸"。

④ 心膂（lǚ）：心思与精力。

⑤ 俊乂（yì）：德才兼备的人。

⑥媵（yìng）臣：陪送出嫁的人。
⑦亡命：逃亡的人。
⑧裂地：分割土地。

昔周文王游于凤凰之墟，袜系解，顾左右莫可使者，乃自结之。岂周文之朝尽为俊乂⑤，圣明之代独无君子者哉？但知与不知，礼与不礼耳！是以伊尹，有莘之媵臣⑥，韩信，项氏之亡命⑦，殷汤致礼，定王业于南巢，汉祖登坛，成帝功于垓下。若夏桀不弃于伊尹，项羽垂恩于韩信，宁肯败已成之国为灭亡之虏乎？又微子，骨肉也，受茅土于宋，箕子，良臣也，陈《洪范》于周。仲尼称其仁，莫有非之者。《礼记》称："鲁穆公问于子思曰：'为旧君反服，古欤？'子思曰：'古之君子，进人以礼，退人以礼，故有旧君反服之礼也。今之君子，进人若将加诸膝，退人若将队诸泉。毋为戎首，不亦善乎，又何反服之礼之有？'"齐景公问于晏子曰："忠臣之事君如之何？"晏子对曰："有难不死，出亡不送。"公曰："裂地以封之⑧，疏爵而待之，有难不死，出亡不送，何也？"晏子曰："言而见用，终身无难，臣何死焉？谏而见纳，终身不亡，臣何送焉？若言不见用，有难而死，是妄死也；谏不见纳，出亡而送，是诈忠也。"《春秋左氏传》曰："崔杼弑齐庄公，晏子立于崔氏之门外，其人曰：'死乎？'曰：'独吾君也乎哉？吾死也？'曰：'行乎？'曰：'吾罪也乎哉？吾亡也。故君为社稷死，则死之，为社稷亡，则亡之。若为己死，为己亡，非其亲昵，谁敢任之。'门启而入，枕尸股而哭，兴，三踊而出。"孟子曰："君视臣如手足，臣视君如腹心；君视臣如犬马，臣视君如国人；君视臣如粪土，臣视君如寇仇。"虽臣之事君无二志，至于去就之节，当缘恩之厚薄，然则为人主者，安可以无礼于下哉！

**【译文】**

　　贞观十四年，魏徵上书说：

　　我听说有人用人体来比喻朝廷，君主就像是人的大脑，臣子就像是肱股。二者合而为一，才是一个整体，缺了一样，就不是一个完整的人。头脑虽然尊贵，还必须有手足，身体才会完整；就像君主虽然圣明英武，但必须依靠臣子才能够治理好国家。《礼记》说得好："百姓以君主为心脏，君主以百姓为身体。心脏正常那么身体就健康，内心正直，那么外表就自然让人敬畏。"《尚书》说："皇帝英明，臣子贤德，百姓就太平。""皇帝昏庸无能，臣子懒惰虚伪，国家就会萧条。"我没有听说过皇上忽视臣子的辅佐，独断专行，还可以治理好国家的事情。

　　君臣休戚与共，自古以来都是非常难得的事情。把石头投入水中，千年才会合为一体；把水浇在石头上，无时不能。如果要推行公道，人尽其才，使君主尽心尽力，臣子全力效忠，君臣之间默契如水中的盐和梅一样合二为一，不能分开，团结得如同金石，这些并不是靠高官厚禄就可以得到的，还必须有"礼"。过去周文王到凤凰之墟出游，袜子的系带开了，他看左右没有谁可以帮他系上袜带，于是自己系上。难道周朝的大臣都是俊朗之才，没有谦谦君子吗？并不是这样，这是知与不知，礼和非礼的问题。所以伊尹，曾经郁郁不得志；韩信，曾经在项羽门下受到排挤。商汤以礼对待臣下，所以最终成就霸业；汉高祖重视礼仪，所以在垓下成就帝业。如果夏桀不冷落伊尹，项羽重用韩信，他们怎么可能成为亡国的俘虏呢？微子是商纣的兄弟，向商纣进言，不被采纳，于是愤然离去。周武王攻克了商，把宋地分封给他作为领地；箕子是一个良臣，曾经向商纣进献忠言，商纣王反而把他关押起来。周武王即位后去拜访他，于是箕子向周武王进献了《洪范》。孔子称赞这两个人仁义，历史上也没有谁非议他们。《礼记》上说："鲁穆公问子思：'对过去的君主以礼相待，是古人的原则吗？'子思说：'古代的君子，进退都讲究礼数，所以有对待过去君主的礼仪。然而现在的君子，君主在位就行下跪礼，君主失位，就不讲礼数。'"齐景公问晏子："忠臣是如何对待君主的？"晏子说："君主有难不相救，君主去世不相送。"齐景公说："君主为臣子分封土地，加官晋爵，为什么臣子要这样对待君主呢？"晏子说："臣子的建议被采纳，终身不会有难，君主又怎么会有死难呢？君主接受忠言，终身太平，臣子为什么要送别呢？如果忠言不被采纳，有难而死，这是该死；如果臣子不进献良言，等君主死了去相送，那是虚假的忠诚。"《春秋左氏传》上说："崔杼杀死了齐庄公，晏子站在崔府大门外。有人问他：'齐庄公死了吗？'晏子说：'难道只是我的君主死了吗？我也死了。'那人又问：'送别了吗？'晏子说：'是我的罪吗？君主为了国家而死,我也会跟着死。如果君主是自己死的,不是他的亲戚,谁会为他痛哭,为他而死呢?'于是开门而入,抱着齐庄公的尸体痛哭,过后,又站起来大步离去。"孟子说:"君主把臣子看成手足,臣子就会视君主如心腹;君主把臣子看成犬马,臣子就会把君主视作路人;君主把臣子看成粪土,臣子就会把君主视作仇敌。"虽然臣子对待君主没有二心,至于进退的礼节,应当以君主对臣子的恩德而定,然而作为君主,怎么可以对臣下无礼呢?

【注释】

① 寄:委托。

② 与:参与。经纶:这里比喻规划、管理政府,即处理国家大事。

③ 衡轴:比喻中枢要职。

④ 一无所间:没有一点儿差别。

⑤ 黎元:黎民百姓。

⑥ 庶:差不多。遄(chuán):迅速。沮:终止。

【原文】

　　窃观在朝群臣,当主枢机之寄者①,或地邻秦、晋,或业与经纶②,并立事立功,皆一时之选,处之衡轴③,为任重矣。任之虽重,信之未笃,则人或自疑。人或自疑,则心怀苟且。心怀苟且,则节义不立。节义不立,则名教不兴。名教不兴,而可与固太平之基,保七百之祚,未之有也。又闻国家重惜功臣,不念旧恶,方之前圣,一无所间④。然但宽于大事,急于小罪,临时责怒,未免爱憎之心,不可以为政。君严其禁,臣或犯之,况上启其源,下必有甚,川壅而溃,其伤必多,欲使凡百黎元⑤,何所措其手足?此则君开一源,下生百端之变,无不乱者也。《礼记》曰:"爱而知其恶,憎而知其善。"若憎而不知其善,则为善者必惧。爱而不知其恶,则为恶者实繁。《诗》曰:"君子如怒,乱庶遄沮⑥。"然则古人之震怒,将以惩恶,当今之威罚,所以长奸,此非唐、虞之心也,非禹、汤之事也。《书》曰:"抚我则后,虐我则仇。"荀卿子曰:"君,舟也;民,水也。水所以载舟,亦所以覆舟。"故孔子曰:"鱼失水则死,水失鱼犹为水也。"故唐、虞战战栗栗,日慎一日。安可不深思之乎?安可不熟虑之乎?

【译文】

　　我私自认为当朝的大臣中,可以挑大梁委以重任的,有的在靠近秦、晋之地做官,有的掌握筹划治国的策略。他们一个个都建功立业,这些都是治国人才的人选,把他们安置在重要的位置，责任重大呀。他们的职位虽然关系重大，朝廷对他们的信任却不笃厚，这样就会使自己或别人产生疑惑，人一有疑心，就会得过且过。人怀苟且之心，道义节操就无法树立。节操不树立，道德教化就无法实行。不实行道德教化就可以使国家的根基稳固，从而保持七百年的统治，是从未有过的事情。我又听说国家要爱惜重用有功之臣，不计较他们以前的过失，就像以前的圣人，对功臣心无芥蒂。事实上有的君主对大事很宽容，对小事却非常计较，有时突然发怒，责怪大臣，爱憎喜怒流于言表，这样的人不可以处理政务。君主的禁令过于严格，大臣就很容易触犯法令。皇上那里有点小动静，臣子一定会有很大的回响，就像河水冲垮堤坝，会造成巨大的灾害一样。这样即使黎民百姓也会受到很大的影响，手足无措。所以说，君主的一言一行，都会对国家的治理产生很大的影响。《礼记》上说："爱护他并知道他的恶，憎恶他并知道他的善。"如果只知道憎恶别人的缺点而不了解别人的优点，那么行为端庄的人必定会害怕；喜爱别人的优点却不知道别人的缺点，那么为恶的人就会越来越猖獗。《诗经》上说："君子一发怒，恶人心惶惶。"古代正直的人发怒，是为了惩处邪恶，然而现在的权威和刑律，只会助长恶人的嚣张气焰。今天像三皇五帝时那种以天下为公的胸怀的君王已经不存在了，大禹、商汤为民造福的功业也成为历史。《尚书》中说："爱抚我的人我就拥戴他为帝王，残暴地对待我的人我就当他是仇敌。"荀子说："君主是船，百姓是水。水可以载船，也可以让船沉没。"所以孔子说："鱼失去了水就会死，水里没有了鱼还是水。"所以像唐、虞这样圣明的君主都小心翼翼地治理国家，一天比一天谨慎。治理国家怎么可以不深思熟虑呢？

**【原文】**

夫委大臣以大体①，责小臣以小事，为国之常也，为治之道也。今委之以职，则重大臣而轻小臣；至于有事，则信小臣而疑大臣。信其所轻，疑其所重，将求至理，岂可得乎？又政贵有恒，不求屡易。今或责小臣以大体，或责大臣以小事，小臣

**【注释】**

① 大体：大事、重任。
② 自陈：自己陈述、表白。
③ 伏辜：服罪。

乘非所据，大臣失其所守，大臣或以小过获罪，小臣或以大体受罚。职非其位，罚非其辜，欲其无私，求其尽力，不亦难乎？小臣不可委以大事，大臣不可责以小罪。任以大官，求其细过，刀笔之吏，顺旨承风，舞文弄法，曲成其罪。自陈也②，则以为心不伏辜③；不言也，则以为所犯皆实。进退惟谷，莫能自明，则苟求免祸。大臣苟免，则谲诈萌生。谲诈萌生，则矫伪成俗。矫伪成俗，则不可以臻至理矣。

【译文】

要委任大臣以大事，小臣以小事，这是治国的常识。现在却是重用大臣，轻视一般的臣子；有什么是非，却轻信小臣的话，怀疑大臣。信任责任小的人，怀疑责任重大的人，有这样的道理吗？另外，国家政事贵在稳定，不应该经常变化。现在却要求小臣识大体，要大臣做小事，小臣和大臣都不能人得其所，才尽其用。大臣因为很小的过失而落得罪名，小臣因为不识大体而受到惩罚。加上惩罚不得当，要想人尽其用，群臣没有私心，尽心尽力，怎么可能呢？小臣不可以让他们做大事，对大臣不可以在小事上斤斤计较。任用大官，不要在细节上过于苛求。那些撰写历史的史官，见风使舵，一味逢迎皇帝的意图，舞文弄墨，乱写历史。臣子自己想说，内心却不服气；不说，则自己所做的事有违常规却是事实。一个人处于十分尴尬的境地，左右为难，都是因为不能正确地认识自己，这样，臣子就会只想着如何免于祸患。大臣苟且偷生，那么各种欺骗的现象就发生了。任由这些风气发展，国家就不可能得到治理，其命运也就让人担心了。

【原文】

又委任大臣，欲其尽力，每官有所避忌不言，则为不尽。若举得其人，何嫌于故旧。若举非其任，何贵于疏远。待之不尽诚信，何以责其忠恕哉①！臣虽或有失之，君亦未为得也。夫上之不信于下，必以为下无可信矣。若必下无可信，则上亦有可疑矣！《礼》曰："上人疑，则百姓惑。下难知，则君长劳。"上下相疑，则不可以言至理矣。当今群臣之内，远在一

【注释】

①忠恕：儒家的道德规范。忠，尽心为人。恕，推己及人。
②杼（zhù）：织布的梭子。

方,流言三至而不投杼者②,臣窃思度,未见其人。夫以四海之广,士庶之众,岂无一二可信之人哉?盖信之则无不可,疑之则无可信者,岂独臣之过乎?夫以一介庸夫结为交友,以身相许,死且不渝,况君臣契合,寄同鱼水。若君为尧、舜,臣为稷、契,岂有遇小事则变志,见小利则易心哉!此虽下之立忠未有明著,亦由上怀不信,待之过薄之所致也。岂君使臣以礼,臣事君以忠乎!以陛下之圣明,以当今之功业,诚能博求时俊,上下同心,则三皇可追而四,五帝可俯而六矣。夏、殷、周、汉,夫何足数!"

太宗深嘉纳之。

## 【译文】

朝廷任命大臣,都是想让他们竭尽全力。官员如果有所避讳不敢说,这就叫未尽全力。如果选拔的官员人得其所,那还计较过去鸡毛蒜皮的事有什么用呢?如果选拔的官员不能胜任他所担任的工作,这与疏远他们又有什么区别?自己不诚心诚意地对待别人,那又凭什么指责别人呢?臣子虽然有时会犯过错,可是对国君也没有什么好处啊!皇上既然对下边的人不信任,那么必然认为下边的人都不值得信任。如果下边的人都不值得信任,那么皇上必然也有让人怀疑的地方。《礼记》上写道:"地位高的人互相猜疑,那么百姓就感到迷惑;臣子之间不了解,那么国君就会很劳累。"国君与臣子之间互相不信任,就不能好好地探讨如何治理国家。如今皇上的臣子,来自和遍布五湖四海,对于三番五次的谣言而镇定自若的,我私下认为可能还没出现。我国疆域辽阔,人口众多,难道一两个值得信赖的人都没有吗?既然是信任,就什么事情都可以托付;怀疑别人,就什么事情都不值得信任。这些难道都是臣子的过失吗?即使是普通人,一旦结为朋友,都可以用生命来报答,纵然死也不会改变,更何况君臣之间的关系等同鱼和水,更应该这样。如果国君像尧、舜,那么臣子就会像稷和契一样,怎么会有遇到小的事情就改变志向,碰到小的利益就变心的道理呢?现在要是臣子的忠心不够明显,也是由于国君心怀猜疑、对待下属过于苛求造成的。国君对待臣子优厚,臣子侍奉国君就会忠诚。凭陛下的聪明才智和现在的成就,要是能诚恳广泛地寻求贤能的人,君臣同心同德,就可以与三皇五帝同列。夏、商、周、汉,又算得了什么!"

太宗十分赞许并采纳了这个意见。

【注释】

①仰企前烈:仰慕企望前人的功业。前烈,前人的功业。
②称首:首要,第一。
③自强不息:不断努力。

【原文】

贞观十六年,太宗问特进魏徵曰:"朕克己为政,仰企前烈①。至于积德、累仁、丰功、厚利,四者常以为称首②,朕皆庶几自勉。人苦不能自见,不知朕之所行,何等优劣?"徵对曰:"德、仁、功、利,陛下兼而行之。然则内平祸乱,外除戎狄,是陛下之功。安诸黎元,各有生业,是陛下之利。由此言之,功利居多,惟德与仁,愿陛下自强不息③,必可致也。"

【译文】

贞观十六年,太宗询问特进魏徵:"我一心为政,追仰前人的功业,克制个人的私欲,勤于政事。对于德行、仁义、功业和百姓的利益,我时常把它们放在首位,用于勉励自己。世上每个人都苦于不能全面地了解自己,不知这四个方面,我哪些做得好哪些做得差呢?"魏徵回答说:"德、仁、功、利四个方面,陛下都在做。在我看来,陛下对内平定各种祸乱,对外消灭了戎狄对边疆的威胁,这是陛下的功劳。安抚百姓,使他们生活有依靠,这是陛下所兴的利。从这方面看,陛下的功利占了多数,只是德与仁少些,希望陛下自强不息,德与仁自然就会体现在陛下身上。"

【注释】

①情伪:事情的真假。
②资:资格,资历。荫:封荫。
③颠:灭亡。这里指国家遇到危险。

【原文】

贞观十七年,太宗谓侍臣曰:"自古草创之主,至于子孙多乱,何也?"司空房玄龄曰:"此为幼主生长深宫,少居富贵,未尝识人间情伪①,治国安危,所以为政多乱。"太宗曰:"公意推过于主,朕则归咎于臣。夫功臣子弟多无才行,藉祖父资荫遂处大官②,德义不修,奢纵是好。主既幼弱,臣又不才,颠而不扶③,岂能无乱?隋炀帝录宇文述在藩之功,擢化及于高位,不思报效，翻行弑逆。此非臣下之过欤？朕发此言，欲公等戒勖子弟④，使无愆过，即家国之庆也。"太宗又曰："化及与玄感，即隋大臣受恩深者子孙，皆反，其故何也？"岑文本对曰："君子乃能怀德荷恩，玄感、化及之徒，并小人也。古人所以贵君子而贱小人。"太宗曰："然。"

**[译文]**

　　贞观十七年，唐太宗对侍臣说："从古以来，国君创建了基业，为何到子孙掌权的时候，国家又陷入了混乱呢？"司空房玄龄说："这是由于太子从小生长在宫里，过着衣食无忧的生活，不能识别人间的真与假以及国家安与危的道理，所以他们一旦做国君，就容易发生祸患以致国破家亡。"太宗说："你把亡国的过错归于国君，我却把它归罪于大臣。王公大臣的子弟大多数品行不端，没有才能，全凭借前辈的功劳做大官，不注意加强品德修养，一味放纵奢侈。国君年小懦弱，臣子又没有才德，国家危险而不去扶助，国家怎能不乱？隋炀帝为表彰宇文述的功劳，给予他很高的爵位。但是他不想如何报效君主，他的儿子宇文化及却造反杀害了国君，这不是做臣子的过错吗？我这样说，是想让你们勉励告诫自己的子女，使他们不要犯错误，这就是国家值得庆贺的事了。"太宗又说："宇文化及和杨玄感，都是受隋朝恩惠最多的大臣的子孙，却都造反了，是什么原因呢？"岑文本回答说："凡是品德高尚的人都能永远记住别人的恩德并知恩图报，但玄感、化及都是小人。这是古人尊敬君子而轻视小人的原因所在。"太宗说："你说得对呀！"

# 择官第七

**【原文】**

贞观元年,太宗谓房玄龄等曰:"致治之本,惟在于审①。量才授职,务省官员。故《书》称:'任官惟贤才。'又云:'官不必备,惟其人。'若得其善者,虽少亦足矣。其不善者,纵多亦奚为?古人亦以官不得其才,比于画地作饼,不可食也。《诗》曰:'谋夫孔多②,是用不就。'又孔子曰:'官事不摄,焉得俭?'且'千羊之皮,不如一狐之腋。'此皆载在经典,不能具道。当须更并省官员,使得各当所任,则无为而治矣③。卿宜详思此理,量定庶官员位。"玄龄等由是所置文武总六百四十员。太宗从之,因谓玄龄曰:"自此倘有乐工杂类,假使术逾侪辈者④,只可特赐钱帛以赏其能,必不可超授官爵,与夫朝贤君子比肩而立,同坐而食,遣诸衣冠以为耻累⑤。"

**【译文】**

贞观元年,唐太宗对房玄龄说:"治理国家的根本,在于审慎。要根据一个人能力的大小授予官职,务必使官员精简。所以《尚书》说:'只应选取贤良和有才能的人做官。'《尚书》还说:'官员不在多,在于用人得当。'如果任用了好官,虽然人少也足够让天下得到治理;用了不好的官,人数再多又有什么用呢?古人说不根据才能选择官员,就像在地上画饼不能充饥一样。《诗经》有句话:'参谋的人如果多了,决策的时候反而不知所从。'孔子说:'官员不处理政务,官吏怎么会得到精简呢?'孔子还说:'一千头羊的皮,不如一只狐狸的毛。'这些至理名言都记载在古书上,不可胜数。现在应当审查官吏,让他们都能够发挥好各自的作用,那么国家就可以无为而治了。你应该仔细思考一下这个问题,确定官员的人数。"房玄龄等人于是制定出文武官员共六百四十人的方案。唐太宗接受了这个方案,并对房玄龄说:"从今以后,如果谁有音乐、杂艺等一技之

**【注释】**

①审:确实。
②孔多:很多。
③无为:无所作为。
④侪(chái)辈:同辈,同行。
⑤衣冠:这里指官员、士大夫。

长，超过一般人的，只可以赏赐给他们钱财丝帛，一定不可奖赏过度，授予他们官职，从而让他们和朝廷的各位栋梁之才并肩而站，同桌而食，让官员人数显得臃肿而被天下人耻笑。"

## 【原文】

贞观二年，太宗谓房玄龄、杜如晦曰："公为仆射，当助朕忧劳，广闻耳目，求访贤哲。比闻公等听受辞讼①，日有数百。此则读符牒不暇②，安能助朕求贤哉？"因敕尚书省，细碎务皆付左右丞，惟冤滞大事合闻奏者③，关于仆射。

【注释】
① 辞讼：诉讼。
② 符牒（dié）：公文。
③ 冤滞：滞留未申的冤狱。

## 【译文】

贞观二年，唐太宗对房玄龄、杜如晦说："你们身为仆射，应当帮助我排忧解难，广开耳目，求访贤能的人。听说你们每天要处理几百件政务，这样整天阅读公文都忙不过来，怎么能够帮助我寻访贤才呢？"于是唐太宗下令尚书省把细碎的事情交给左右丞处理，只有冤案被拖下应该奏请皇上的事情，才交给仆射处理。

## 【原文】

贞观二年，太宗谓侍臣曰："朕每夜恒思百姓间事，或至夜半不寐。惟恐都督、刺史堪养百姓以否①。故于屏风上录其姓名，坐卧恒看，在官如有善事，亦具列于名下。朕居深宫之中，视听不能及远，所委者惟都督、刺史，此辈实治乱所系，尤须得人。"

【注释】
① 刺史：州的行政长官。堪：能够，可以。

## 【译文】

贞观二年，唐太宗对侍臣说："我每天晚上都要思考百姓的事情，有时候到半夜三更都无法入睡。害怕都督、刺史不能够体恤百姓，所以我就把他们的姓名写在屏风上，不管是坐着还是躺着都能够看到。如果哪位官员有好的政绩，我也全部写在他的名下。我居住在深宫之中，闻见有限，不能看得很多，听得很远，想做的事情也只有委托给都督、刺史，这些官吏直接关系到国家政局的好坏，尤其需要选择适当的人选。"

**【原文】**

贞观二年，太宗谓右仆射封德彝曰："致安之本，惟在得人。比来命卿举贤，未尝有所推荐。天下事重，卿宜分朕忧劳，卿既不言，朕将安寄？"对曰："臣愚岂敢不尽情，但今未见有奇才异能。"太宗曰："前代明王使人如器①，皆取士于当时，不借才于异代。岂得待梦傅说，逢吕尚，然后为政乎？且何代无贤，但患遗而不知耳！"德彝惭赧而退②。

**【译文】**

贞观二年，唐太宗对右仆射封德彝说："天下太平的根本，在于得到合适的人才。近来我让你向我推荐人才，却不见你有所行动。天下的事情如此繁重，你应当为我分担忧虑，你不向我推荐贤才，那我该把希望寄托在谁身上呢？"封德彝回答说："下臣虽然不才，怎么敢不尽心尽力呢？只是现在我还没有发现出类拔萃有才能的俊杰。"唐太宗说："过去圣明的君主很善于使用人才，从中选拔杰出者加以重用，不一味地依靠前朝的遗老遗少。哪像商代的国君武丁梦见了他以后的丞相傅说，周文王占卜将遇到辅佐他的姜太公，然后才寻访他们开始治理国家呢？哪个朝代没有贤才？只怕遗漏了贤才，而使英雄无用武之地啊！"封德彝听后，惭愧地退了下去。

**【原文】**

贞观三年，太宗谓吏部尚书杜如晦曰："比见吏部择人，惟取其言词刀笔，不悉其景行①。数年之后，恶迹始彰，虽加刑戮，而百姓已受其弊。如何可获善人？"如晦对曰："两汉取人，皆行著乡闾，州郡贡之，然后入用，故当时号为多士。今每年选集，向数千人，厚貌饰词②，不可知悉，选司但配其阶品而已③。铨简之理，实所未精，所以不能得才。"太宗乃将依汉时法，令本州辟召④，会功臣等将行世封事，遂止。

**【注释】**

① 使人如器：使用人才如同器具，各得其用，各取所长。
② 惭赧(nǎn)：因羞愧、羞惭而脸红。

**【注释】**

① 景行：高尚的德行。
② 厚貌饰词：掩饰其词，伪装忠厚。
③ 阶品：官吏的等级品位。
④ 辟召：征召。

**【译文】**

贞观三年,唐太宗对吏部尚书杜如晦说:"我发现吏部选择官员,只看他文才是否出众,而不看他过去的所作所为。几年之后,这些人的劣迹渐渐败露,虽然对他们进行了处罚,但是对老百姓已经造成了危害。那么,如何才能够选拔到好的官员呢?"杜如晦说:"西汉和东汉选择的官员,他们的美德闻名乡里,成为众人的楷模,然后他们被州郡推荐,最后才被任用,所以两汉以选拔人才多而著称。现在每年选官,人数数以千计,那些人外表忠厚,言语华丽,其人品和才能大家却不能知道,选择官员的部门也只是根据他们的进身决定官职。由于选才制度实在不合理,所以现在难以找到人才。"于是唐太宗打算下令按照汉代的法令选官,但因遇上有功之臣加官晋爵,这样的办法就废止了。

**【原文】**

贞观六年,太宗谓魏徵曰:"古人云,王者须为官择人,不可造次即用①。朕今行一事,则为天下所观;出一言,则为天下所听。用得正人,为善者皆劝;误用恶人,不善者竞进。赏当其劳,无功者自退;罚当其罪,为恶者戒惧。故知赏罚不可轻行,用人弥须慎择。"徵对曰:"知人之事,自古为难,故考绩黜陟②,察其善恶。今欲求人,必须审访其行。若知其善,然后用之,设令此人不能济事,只是才力不及,不为大害。误用恶人,假令强干,为害极多。但乱世惟求其才,不顾其行。太平之时,必须才行俱兼,始可任用。"

**【注释】**

① 造次:仓促。
② 黜陟(chùzhì):指人才的进退,官吏的升降。

**【译文】**

贞观六年,唐太宗对魏徵说:"古人说,君王必须根据官职选择官员,不可以随随便便就任命官员。现在我每做一件事情,都会被天下人看见;每说一句话,都会被天下人听见。用人得当,做善事的人就会受到鼓励;错用了坏人,为恶的人就会愈加嚣张。依据功劳行赏,无功的人自然会退却;根据罪过进行惩罚,为恶的人自然会受到警戒。所以赏罚都不可以轻易实行,用人必须慎之又慎。"魏徵说："知人,自古以来都是一件困难的事情,所以需要考核官员的政绩,以奖善惩恶。现在选拔人才,必须仔细地查访他们的行为。如果选拔的是一个有德行的人,就可以任用他,即使这个人并没有济事之才,那也只是能力有限,不会对国家造成大的危害。可是错用了坏人,他们就会利用自己的官位为所欲为,那样危害就大了。如果碰上乱世,只能够做到唯才是举,有没有德行就顾不上了。可是如果身处太平盛世,就必须是德才兼备的人才可以被朝廷任用。"

【注释】

① 苏息:休养生息。
② 岩廊:高峻的廊庑。这里指朝廷。

【原文】

贞观十一年,侍御史马周上疏曰:"治天下者以人为本,欲令百姓安乐,惟在刺史、县令。县令既众,不可皆贤,若每州得良刺史,则合境苏息①。天下刺史悉称圣意,则陛下可端拱岩廊之上②,百姓不虑不安。自古郡守、县令,皆妙选贤德,欲有迁擢为将相,必先试以临人,或从二千石入为丞相及司徒、太尉者。朝廷必不可独重内臣,外刺史、县令,遂轻其选。所以百姓未安,殆由于此。"太宗因谓侍臣曰:"刺史朕当自简择;县令诏京官五品已上,各举一人。"

【译文】

贞观十一年,侍御史马周向太宗上书说:"治理好天下应该以人为本,要想百姓安居乐业,关键在于刺史、县令。国家需要的县令多,不可能全都贤能英明。但是如果每个州的刺史都贤能,那么整个国家就平安无事,陛下和百姓就都可以高枕无忧了。自古以来,郡守、县令都选择品行高洁才能突出的人担任。有机会升迁提拔为丞相、司徒、太尉的人,必须通过这些职位考核他,或者从郡守中选拔任用。皇上不可以只重视朝廷大臣的挑选,而忽视刺史、县令的选拔工作。百姓不能安居乐业大概就是这个原因吧。"太宗听后,对周围的侍臣说:"刺史由我亲自挑选,县令就命令五品以上的京官,各推荐一人好了。"

## 择官第七

**【原文】**

贞观十一年，治书侍御史刘洎以为左右丞宜特加精心选任，上疏曰："臣闻尚书万机，实为政本，伏寻此选，授任诚难。是以八座比于文昌，二丞方于管辖①，爰至曹郎，上应列宿②，苟非称职，窃位兴讥。伏见比来尚书省诏敕稽停，文案壅滞，臣诚庸劣，请述其源。贞观之初，未有令、仆，于时省务繁杂，倍多于今。而左丞戴胄、右丞魏徵并晓达吏方，质性平直，事应弹举，无所回避，陛下又假以恩慈，自然肃物。百司匪懈，抑此之由。及杜正伦续任右丞，颇亦厉下。比者纲维不举③，并为勋亲在位，器非其任，功势相倾。凡在官寮，未循公道，虽欲自强，先惧嚣谤。所以郎中予夺，惟事咨禀；尚书依违，不能断决。或纠弹闻奏，故事稽延，案虽理穷，仍更盘下。去无程限，来不责迟，一经出手，便涉年载。或希旨失情，或避嫌抑理。勾司以案成为事了，不究是非；尚书用便僻为奉公④，莫论当否。互相姑息，惟事弥缝。且选众授能，非才莫举，天工人代，焉可妄加？至于懿戚元勋⑤，但宜优其礼秩，或年高及耄，或积病智昏，既无益于时宜，当置之以闲逸。久妨贤路，殊为不可。将救兹弊，且宜精简。尚书左右丞及左右郎中，如并得人，自然纲维备举，亦当矫正趋竞，岂惟息其稽滞哉！"疏奏，寻以洎为尚书左丞。

**【注释】**

① 管：钥匙。辖：固定车轮与车轴位置，插入轴端的销子。
② 列宿：指众星宿。
③ 纲维：这里指国家法度。
④ 便僻：逢迎谄媚。
⑤ 懿(yì)戚：皇亲国戚。

**【译文】**

贞观十一年，负责管理修改图书的侍御史刘洎认为左右丞相的职位应该精心选任，他向皇帝上书说："我听说尚书省政务繁重，对国家政务具有根本性的影响，因此尚书的任命确实是一件很困难的事情。所以八座，即左右仆射被比喻为文昌星，左右二丞被比喻为管辖。至于曹郎，被比喻为天上的各个星宿，如果众官员不称职，滥用职权，就会遭到天下人耻笑。近来我发现尚书省办事拖沓，繁文累牍。我的确不才，但还是想向陛下分析这个弊病的根源。贞观初年，没有设置尚书令和仆射这些职位，当时政务繁杂，比现在多了几倍。但是左丞相戴胄、右丞相魏徵都深知为官之道，性格方正耿直，无论任何事务，都不回避。陛下又施加恩德和仁慈于天下，这自然让百官肃然起敬。上行下效，各个部门都不敢懈怠，因此将这种作风保持了下去。到杜正伦接任右丞相一职，还是很有威信。可是后来国家的纲纪法规开始废弛，都是因为皇亲国戚占据了官位，他们的才能并不能胜任这些职位，并且利用权势互相争斗。这使得官员们无可奈何，无法秉公办事，虽然他们想摆脱这种影响，却害怕被人诽谤。所以郎中的职权被剥夺了，凡事只知向上司禀报；尚书被别人的意图左右，对政务不能决断，或者有意拖延办案的时间。案子虽然已经清楚了，但是还要下面再三盘查。要下面查案子却不规定期限，等到下面的人终于交差了，也不责备他们办事太拖沓。就这样一件案子一经审查，往往要拖上好几年，或者审查的结果与实情不符，或者为了避嫌故意歪曲事实。有关部门只要事情了结就行了，根本不管情况是否属实。尚书省把皇亲国戚徇私舞弊当成理所当然之事，也不管是否合理。就这样官官相护，彼此包庇纵容，风气越来越坏。官员应该由大家推举出来，只有有才能的人才可以被授予官职。君主治理国家是替天办事，官员所处理的事情也是上天委派的事情，怎么可以胡乱地交给别人去办理呢？至于皇亲国戚、开国元勋，应该在礼仪上给予优厚的待遇。他们现在不是年事已高，就是体弱多病，精力不济，已无法为国家效力，应该让他们处于闲职。他们妨碍贤能的后辈得到适当的任用已经很久了，这样对国家是非常不利的。要消除这种弊端，应当精心挑选官员。尚书左右丞和左右郎中这些官员，如果各个职位能人尽其用，国家就可以纲纪严明，而且朝廷应当肃清风气，让那些为自己的利益奔波的蝇营狗苟之辈偃旗息鼓，只是改变臃肿无效的官僚机构还是不够的。"看过这篇奏书，唐太宗很是欣赏，不久就封刘洎为尚书左丞。

【注释】

①矜能：夸耀自己的才能。

②浇竞之风：浮薄躁进的风气。

【原文】

贞观十三年，太宗谓侍臣曰："朕闻太平后必有大乱，大乱后必有太平。大乱之后，即是太平之运也。能安天下者，惟在用得贤才。公等既不知贤，朕又不可遍识，日复一日，无得人之理。今欲令人自举，于事何如？"魏徵对曰："知人者智，自知者明。知人既以为难，自知诚亦不易。且愚暗之人，皆矜能伐善①，恐长浇竞之风②，不可令其自举。"

## [译文]

贞观十三年，唐太宗对侍臣说："天下分久必合，合久必分。我听说，太平之后必然天下大乱，大乱之后，天下必然复归太平。现在大乱之后不久，国家已走上太平之运。要想国泰民安，只有任用贤才。你们既然不知道贤才，我又不可能全部知道，这样日复一日，是不可能得到人才的。现在我下令让人才自我推荐，你们看怎么样呢？"魏徵回答说："了解别人的人聪明，了解自己的人明智。了解别人很不容易，了解自己就更为艰难。并且愚昧无知的人，都自以为了不起，时常打击比自己有才能的人。陛下要人自荐，恐怕会助长世人攀比竞争的不良风气，我认为陛下不可这样做。"

## [原文]

贞观十四年，特进魏徵上疏曰：

臣闻知臣莫若君，知子莫若父。父不能知其子，则无以睦一家；君不能知其臣，则无以齐万国。万国咸宁，一人有庆，必藉忠良作弼，俊乂在官，则庶绩其凝①，无为而化矣。故尧、舜、文、武见称前载，咸以知人则哲，多士盈朝，元、凯翼巍巍之功，周、召光焕乎之美。然则四岳、九官、五臣、十乱，岂惟生之于曩代，而独无于当今者哉？在乎求与不求，好与不好耳！何以言之？夫美玉明珠，孔翠犀象，大宛之马，西旅之獒，或无足也，或无情也，生于八荒之表②，途遥万里之外，重译入贡③，道路不绝者，何哉？盖由乎中国之所好也。况从仕者怀君之荣，食君之禄，率之以义，将何往而不至哉？臣以为与之为孝，则可使同乎曾参、子骞矣；与之为忠，则可使同乎龙逢、比干矣；与之为信，则可使同乎尾生、展禽矣；与之为廉，则可使同乎伯夷、叔齐矣。

## 【注释】

①庶绩：各种事业。凝：聚集。

②八荒：指八方边远地区。

③重译：多重翻译。

## 【译文】

贞观十四年，魏徵上书唐太宗，奏书如此写道：

我听说，了解臣子的莫若君主，了解孩子的莫若父亲。父亲不能了解自己的孩子，就无法使家庭和睦；君主不能了解自己的臣子，就不能治理好国家。国家太平安定，是国君之大幸，是国君任用忠良俊义之才辅佐的结果，如此这般，国家就可以无为而治了。所以尧、舜、文王、武王能名留史册，他们都有知人之明，使贤才充盈朝廷。舜派八凯管理农耕，制定历法，让八元散布教化，使国家内外归顺，建立了赫赫功业。周公、召公辅佐周成王成就一代帝业，美名万古传扬。难道唐、虞时设置的掌管四岳诸侯的官吏、舜任用管理天下之事的九官五臣、周武王的十个得力臣子都只是古代的美谈，现在再也不会出现那样的美政了吗？其实这和陛下对贤才求与不求、用人好与不好有关。为什么这样说呢？那些美玉明珠、孔雀翡翠、犀牛大象、大宛的宝马、西夷国的獒，它们不是没有手足，就是无情之物，出产在蛮荒的地方，离这里有万里之遥，但还是有人源源不断地把这些东西带进来，为什么呢？因为这里的人喜好它们罢了。况且做官的人有着君主授予他们的荣耀，享受君主赐予的俸禄，君主用道义统领他们，他们怎么会不尽职尽责呢？我认为如果大臣孝顺，那么就可以把他们当成被孔子、孟子赞扬过的著名孝子曾参、子骞那样的臣子加以重用；如果大臣忠诚，就可以把他们视作为夏桀忠谏而死的龙逢和向商纣王以死相谏的比干那样的臣子而加以提拔；如果大臣讲信义，就可以将他们当成今日的展禽、尾声；如果大臣廉洁，就可以把他们当作伯夷、叔齐。

## 【注释】

① 贞白：守正清白。
② 励之未精：磨炼不够。

## 【原文】

然而今之群臣，罕能贞白卓异者①，盖求之不切，励之未精故也②。若勖之以公忠，期之以远大，各有职分，得行其道。贵则观其所举，富则观其所养，居则观其所好，习则观其所言，穷则观其所不受，贱则观其所不为。因其材以取之，审其能以任之，用其所长，掩其所短。进之以六正，戒之以六邪，则不严而自励，不劝而自勉矣。

**【译文】**

然而今天的群臣，很少有洁身自好、才能出众的人，恐怕是朝廷求贤之心不急切，没有鼓励劝勉的缘故。必须用公正忠诚去要求他们，用建功立业去激励他们，让他们各尽其职，各安其位。观察他们的言行，任人唯贤，发挥他们的长处，克服他们的短处，用"六正"去勉励他们，用"六邪"去警戒他们，就会不需严厉而使他们自己振奋，不加劝勉而使他们自己努力。

**【原文】**

故《说苑》曰："人臣之行，有六正六邪。行六正则荣，犯六邪则辱。何谓六正？一曰，萌芽未动，形兆未见，昭然独见存亡之机，得失之要，预禁乎未然之前，使主超然立乎显荣之处，如此者，圣臣也。二曰，虚心尽意，日进善道，勉主以礼义，谕主以长策①，将顺其美，匡救其恶，如此者，良臣也。三曰，夙兴夜寐，进贤不懈，数称往古之行事，以励主意，如此者，忠臣也。四曰，明察成败，早防而救之，塞其间②，绝其源，转祸以为福，使君终以无忧，如此者，智臣也。五曰，守文奉法，任官职事，不受赠遗③，辞禄让赐，饮食节俭，如此者，贞臣也。六曰，家国昏乱，所为不谀，敢犯主之严颜，面言主之过失，如此者，直臣也。是谓六正。何谓六邪？一曰，安官贪禄，不务公事，与代（世）浮沉，左右观望，如此者，具臣也，二曰，主所言皆曰善，主所为皆曰可，隐而求主之所好而进之，以快主之耳目，偷合苟容，与主为乐，不顾其后害，如此者，谀臣也。三曰，内实险诐④，外貌小谨，巧言令色，妒善嫉贤。所欲进，则明其美、隐其恶，所欲退，则明其过、匿其美，使主赏罚不当，号令不行，如此者，奸臣也。四曰，智足以饰非，辩足以行说，内离骨肉之亲，外构朝廷之乱，如此者，谗臣也。五曰，专权擅势，以轻为重，私门成党，以富其家，擅矫主命，以自贵显，如此者，贼臣也。六曰，谄主以佞邪，陷主于不义，朋党比周，以蔽主明，使白黑无别，是非无

**【注释】**

① 长策：上策，万全之计。

② 间：空隙，漏洞。

③ 遗（wèi）：馈赠，赠予。

④ 险诐（bì）：阴险邪僻。

⑤ 不肖：本义子不像父。此指不正派之臣子。

间，使主恶布于境内，闻于四邻，如此者，亡国之臣也。是谓六邪。贤臣处六正之道，不行六邪之术，故上安而下理（治）。生则见乐，死则见思，此人臣之术也。"《礼记》曰："权衡诚悬，不可欺以轻重。绳墨诚陈，不可欺以曲直。规矩诚设，不可欺以方圆。君子审礼，不可诬以奸诈。"然则臣之情伪，知之不难矣。又设礼以待之，执法以御之，为善者蒙赏，为恶者受罚，安敢不企及乎？安敢不尽力乎？

国家思欲进忠良，退不肖⑤，十有余载矣，徒闻其语，不见其人，何哉？盖言之是也，行之非也。言之是，则出乎公道，行之非，则涉乎邪径。是非相乱，好恶相攻。所爱虽有罪，不及于刑。所恶虽无辜，不免于罚。此所谓爱之欲其生，恶之欲其死者也。或以小恶弃大善，或以小过忘大功。此所谓君之赏不可以无功求，君之罚不可以有罪免者也。赏不以劝善，罚不以惩恶，而望邪正不惑，其可得乎？若赏不遗疏远，罚不阿亲贵，以公平为规矩，以仁义为准绳，考事以正其名，循名以求其实，则邪正莫隐，善恶自分。然后取其实，不尚其华，处其厚，不居其薄，则不言而化，期月而可知矣。若徒爱美锦，而不为民择官，有至公之言，无至公之实，爱而不知其恶，憎而遂忘其善，徇私情以近邪佞，背公道而远忠良，则虽夙夜不怠，劳神苦思，将求至理，不可得也。

书奏，太宗甚嘉纳之。

**【译文】**

因此汉代刘向在《说苑》中写道："臣子的行为，表现为六正六邪。实行六正则臣子光荣，犯了六邪之罪则臣子耻辱。什么是六正呢？一是有先见之明，在事情发生之前，臣子能够预见到事物的存亡得失，使君主免于祸患，永保显贵，这样的臣子，是圣臣。二是虚心进谏，劝告君主实行礼义，帮助君主成就善事，避免君主有过失，这样的臣子，是良臣。三是废寝忘食，兢兢业业，不断用古代圣王为楷模勉励君主，使他励精图治，这样的臣子，是忠臣。四是明察秋毫，防微杜渐，断绝祸患产生的根源，转危为安，使君主整日无忧，这样的臣，是智臣。五是奉公守法，不收贿赂，谦让节制，生活节俭，这样的臣子，是贞臣。六是国家混乱，敢冒天下之大不韪，当面指出君主的过错，这样的臣子，是直臣。这就是六正。那么六邪是什么呢？一是贪得无厌，不务正业，苟且偷生，没有立场，这样的臣子，是具臣。二是认为君主说的话都是好的，君主的行为都是对的，只会阿谀逢迎，讨主子欢心，助长君主的逸乐，不顾其严重后果，这样的臣子，是谀臣。三是内心阴险，外表拘谨，巧言令色，嫉贤妒能，要想提拔谁，就只说好的，隐瞒过失；要想排挤谁，就夸大他的缺点，掩盖他的优点，致使君王赏罚不当，下达的命令又不被执行，这样的臣子，是奸臣。四是凭着自己的机巧辩才，掩过饰非，对内离间骨肉之情，对外制造朝廷混乱，这样的臣子，是谗臣。五是专权霸道，不可一世，私结友党，聚敛财富，伪造君主的诏令，以显贵自居，这样的臣子，是贼臣。六是用歪门邪道迷惑君主，陷害君主于不仁不义之境，蒙蔽君主，使他不辨是非黑白，因作恶而臭名昭彰，这样的臣子，是亡国之臣。这就是六邪。如果贤臣有六正的贤德，避免六邪的做法，那么朝廷就会安宁，国家也会太平。生为百姓造福，死后被人追忆思念，这就是为臣之道。"此外，《礼记》说："秤如果公正，它不会有轻重的差错。绳子不会产生曲直的错误，规矩不会不辨方圆。君主要以礼为范，不可用奸诈的方法诬陷别人。"可见臣子尽忠与否，其实不难辨别。如果朝廷能够对他们以礼来待，用法来约束，行善的能够加以褒奖，作恶的能够处以刑罚，他们怎么会不尽力呢？

　　朝廷想要提携忠正善良的大臣，贬斥不贤之臣，已经有十几年了，但是为什么没有落实呢？是因为只说不做。表面上是行公道，实际上行为不端。是非混乱不堪，好坏难以辨别。您自己喜欢的人即使有罪，也不会受到处罚；自己不喜欢的人即使清白无辜，总会有罪名落到他的头上。这就是爱他就会使他存活，恨他就会将其置于死地。或者因为小小的过失而忘记其巨大的功劳，因小小的缺点而忽略其良好的品行，所以君主不可以奖赏无功之人，君主的刑罚不可以漏掉有罪的人。赏赐的目的是鼓励善行，刑罚的目的是惩治恶迹，从而希望臣下明白正邪忠奸。如果赏赐时也不遗漏疏远的臣子，处罚不庇护亲近的人，做到公平仁义，实事求是，那么邪恶就会无处藏身，善恶自然也泾渭分明。崇尚质实，不慕虚华，观察官员是否仁厚，不到一个月就会清清楚楚。那些不诚实的臣子，他们的大公无私只表现在言语上而不落实在行动上，这样的官员是不会为民着想的。您如果喜欢臣子，就对他们的缺点视而不见，厌恶他们就认为他们一无是处，凭个人喜好去亲近奸邪的臣子，背离公正之道而疏远忠臣良将，一旦如此，即使夜以继日地为政务操劳，对治国仍于事无补。

看过奏书后，唐太宗欣然接受了。

【注释】

①司农卿：掌管国家粮食积储、京官禄米供应。
②髭（zī）须：胡子。

【原文】

贞观二十一年，太宗在翠微宫，授司农卿李纬户部尚书①。房玄龄是时留守京城。会有自京师来者，太宗问曰："玄龄闻李纬拜尚书，如何？"对曰："但云'李纬大好髭须②'，更无他语。"由是改授洛州刺史。

【译文】

贞观二十一年，唐太宗在翠微宫加授司农卿李纬为户部尚书。房玄龄当时留守在京城任职。有个官员从京城来，唐太宗问他："房玄龄听说李纬出任尚书之后，有什么意见呢？"那个官员回答："只听到房玄龄说李纬很喜欢留胡子，再没有其他评语。"唐太宗听后，便改任李纬为洛州刺史。

# 封建第八

**【原文】**

贞观元年,封中书令房玄龄为邢国公①,兵部尚书杜如晦为蔡国公,吏部尚书长孙无忌为齐国公,并为第一等,食邑实封一千三百户。皇从父淮安王神通上言:"义旗初起,臣率兵先至,今玄龄等刀笔之人,功居第一,臣窃不服。"太宗曰:"国家大事,惟赏与罚。赏当其劳,无功者自退。罚当其罪,为恶者戒惧。则知赏罚不可轻行也。今计勋行赏,玄龄等有筹谋帷幄,画定社稷之功,所以汉之萧何,虽无汗马,指踪推毂,故得功居第一。叔父于国至亲,诚无爱惜,但以不可缘私滥与勋臣同赏矣!"由是诸功臣自相谓曰:"陛下以至公,赏不私其亲,吾属何可妄诉。"初,高祖举宗正籍,弟侄、再从、三从孩童已上封王者数十人②。至是,太宗谓群臣曰:"自两汉已降,惟封子及兄弟,其疏远者,非有大功,如汉之贾、泽,并不得受封。若一切封王,多给力役,乃至劳苦万姓,以养己之亲属。"于是宗室先封郡王其间无功者,皆降为县公。

**【注释】**

①邢国公:有的史书记载为"邢国公"。

②三从:同祖的叫从,同曾祖的叫再从,同高祖的叫三从。

**【译文】**

贞观元年,唐太宗封中书令房玄龄为邢国公,兵部尚书杜如晦为蔡国公,吏部尚书长孙无忌为齐国公,官品都列为第一等,享受一千三百户的俸禄。太宗的堂叔淮安王李神通上奏道:"在太原初举义旗时,我便带兵首先赶来响应,如今房玄龄等都是舞文弄墨之人,却功居第一等,我私下不服。"太宗说:"国家大事,只在赏罚。所赏的人和他的功劳相当,无功的人自然应该退避不争;所罚的人和他的恶行相当,做坏事时人们才会感到畏惧。可知赏罚不能轻率施行。如今论功行赏,房玄龄等有运筹帷幄、策划安定社稷的功勋。他们像汉代的萧何一样,虽没有汗马战功,但能制定策略推荐贤能,所以应该功居第一。叔父是国家至亲,要封赏我当然无所吝惜,但不能因为亲私关系就随意与功勋大臣同样封赏!"因此功臣们相互交流称赞说:"陛下极端公平,封赏不偏袒亲属,我们怎可胡乱申诉猜疑呢?"当初,高祖根据宗正所管的宗室名册,共封了几十个王。太宗对臣下们说:"从两汉以来,只封儿子和兄弟,宗室中疏远的,除非有大功,如汉代的刘贾、刘泽那样,否则一律不得受封。如果所有的宗室都封王,就会劳苦万民。"于是他把郡王的宗室中没有功劳的都降封为县公。

【注释】

① 经国庇民:治理国家,保护百姓。
② 大方:大道理,大原则。
③ 赊(shē)促:远近,长短。
④ 兆庶:万民。
⑤ 隳圮(huīpǐ):毁坏。这里指国家政权被推翻,王朝被消灭。

【原文】

贞观十一年,太宗以周封子弟,八百余年,秦罢诸侯,二世而灭,吕后欲危刘氏,终赖宗室获安,封建亲贤,当是子孙长久之道。乃定制,以子弟荆州都督荆王元景、安州都督吴王恪等二十一人,又以功臣司空赵州刺史长孙无忌、尚书左仆射宋州刺史房玄龄等一十四人,并为世袭刺史。礼部侍郎李百药奏论驳世封事曰:

臣闻经国庇民①,王者之常制;尊主安上,人情之大方②。思阐治定之规,以弘长世之业,万古不易,百虑同归。然命历有赊促之殊③,邦家有治乱之异。遐观载籍,论之详矣。咸云周过其数,秦不及期,存亡之理,在于郡国。周氏以鉴夏、殷之长久,遵皇王之并建,维城磐石,深根固本,虽王纲弛废,而枝干相持,故使逆节不生,宗祀不绝。秦氏背师古之训,弃先王之道,剪华恃险,罢侯置守,子弟无尺土之邑,兆庶罕共治之忧④,故一夫号呼而七庙隳圮⑤。

【译文】

贞观十一年,太宗认为周朝实行分封诸侯的制度,江山经历了八百余年,秦朝废除了分封制,经历两代就灭亡了。汉代吕后想篡夺汉室的天下,最后靠刘姓宗室的力量获得安定,分封子弟亲近贤臣,应该是子孙保全江山的最好办法。于是他定下制度,分封子弟荆王元景、吴王恪等二十一人为都督,功臣长孙无忌、房玄龄等十四人为刺史,并且世袭爵位。礼部侍郎李百药向唐太宗上奏章,反对世袭制与封建制。奏章说:

我听说管理国家爱护百姓，是为王者的一贯做法。尊重皇上使皇上无忧，这是人之常情。想通过固定的办法使国家长治久安，这是自古以来都很难做到的事情，各种各样的想法都同归一途。然而，人的命运有好坏的差别，国家有治与乱的不同，认真考察历代的典籍，这个问题讲述得很详细。人们都说周朝的统治超过了它的命数，秦的统治还没到它应该享有的期限，国家存亡的原因，取决于郡国制度的好坏。周朝借鉴夏、商两朝统治长久的经验，遵循前代的统治经验，加强统治力量，注意保全根本，即使王道废弛，但各个朝代统治祭祀没有断绝。秦朝违背古先王的遗训，舍弃先王的统治方法，倚仗天险，废除诸侯，只设置郡守。结果子孙没有一寸土地的封邑，百姓难与之共处，所以陈涉一起兵造反，秦朝就迅速灭亡了。

## 【原文】

臣以为自古皇王，君临宇内，莫不受命上玄①，册名帝录，缔构遇兴王之运②，殷忧属启圣之期③。虽魏武携养之资，汉高徒役之贱，非止意有觊觎，推之亦不能去也。若其狱讼不归，菁华已竭④，虽帝尧之光被四表，大舜之上齐七政，非止情存揖让，守之亦不可焉！以放勋、重华之德，尚不能克昌厥后。是知祚之长短，必在于天时，政或兴衰，有关于人事。隆周卜世三十，卜年七百，虽沦胥之道斯极⑤，而文、武之器尚存，斯龟鼎之祚，已悬定于杳冥也。至使南征不返，东迁避逼，禋祀阙如⑥，郊畿不守，此乃陵夷之渐⑦，有累于封建焉。暴秦运距闰余，数终百六，受命之主，德异禹、汤，继世之君，才非启、诵。借使李斯、王绾之辈盛开四履⑧，将闾、子婴之徒俱启千乘，岂能逆帝子之勃兴，抗龙颜之基命者也！

## 【注释】

①上玄：上天。

②缔构：缔造。

③殷：深。

④菁华已竭：精华已尽。

⑤沦胥：本指相互牵连而受苦难，后泛指沦陷、沦落。

⑥阙如：欠缺。

⑦渐：征兆。

⑧四履：四方。

## 【译文】

我认为自古以来，帝王统领天下，没有哪一个不是受命于天。建邦立国是天命转移的缘故，心忧百姓是圣明帝王的高贵品德。即使资质像曹操这样的养子，身份像汉高祖那样的役徒，他们也不是有意偷窥夺取天下，而是推也推不掉的。若时运过去,即使像尧、舜这样的皇帝,有放勋、重华这样的德行,他们也守不住基业,也不能永保国家兴隆。从这里可以看出,帝王在位的长短,在于天时,政治的兴衰,关键在于人事。周代的统治卜算起来,已经历三十余代七百多年,虽然历经浮沉兴衰,但周代开国的宏大气象还存在,这些通过卜筮所展示的祥瑞的法象,早已在冥冥之中注定了。至于后来发生的一系列祸患,那是国运渐衰,灭亡的日子快到了的缘故,与当时的分封没有太大关系。暴秦的运数,算起来有一百六十多年,是受命于天的君主,他们的才德与禹、汤相去甚远,后来的继承者,才能也远远比不上启、诵。即使李斯、王绾之类的人才四处都是,将闾、子婴之类的人拥有千乘之众,也不能阻止新帝王的出现。

## 【注释】

①常辙:常规。辙,车轮走过的痕迹。

②衅(xìn):祸乱。

③罹(lí):遭遇。

④规规然:惊怖不已、茫然自失的神态。

⑤委:丢弃。

⑥区区然:自以为然的样子。

## 【原文】

然则得失成败,各有由焉。而著述之家,多守常辙①,莫不情忘今古,理蔽浇淳,欲以百王之季,行三代之法,天下五服之内,尽封诸侯,王畿千里之间,俱为采地。是则以结绳之化行虞、夏之朝,用象刑之典治刘、曹之末,纪纲弛紊,断可知焉。锲船求剑,未见其可;胶柱成文,弥多所惑。徒知问鼎请隧,有惧霸王之师;白马素车,无复藩维之援。不悟望夷之衅②,未堪羿、浞之灾;既罹高贵之殃③,宁异申、缯之酷。此乃钦明昏乱,自革安危,固非守宰公侯,以成兴废。且数世之后,王室浸微,始自藩屏,化为仇敌。家殊俗,国异政,强陵弱,众暴寡,疆埸彼此,干戈侵伐。狐骀之役,女子尽髽;崤陵之师,只轮不反。斯盖略举一隅,其余不可胜数。陆士衡方规规然云④:"嗣王委其九鼎⑤,凶族据其天邑,天下晏然,以治待乱。"何斯言之谬也!而设官分职,任贤使能,以循良之才,膺共治之寄,刺举分竹,何世无人。至使地或呈祥,天不爱宝,民称父母,政比神明。曹元首方区区然称⑥:"与人共其乐者人必忧其忧,与人同其安者人必拯其危。"岂容以为侯伯则同其安危,任之牧宰则殊其忧乐?何斯言之妄也!

## 【译文】

虽然这样，但是事情的得失成败，都有一定的道理。而一些记录叙述成败的人，一个个墨守成规，都想用古代的规章制度来统领当时的天下。时代在变迁，岂能用上古的办法来统治教化虞、夏时的百姓，用三皇五帝的办法来治理汉、魏的人民？刻舟求剑，难见其功；胶柱鼓瑟，舍本求末。邦国之兴，唯在德行，不在兵力；秦二世白马素车而投降，是因为没有支持他的力量。不明真相，乱杀忠臣，势必经受不起国家叛乱的灾害。既然遇上魏明帝那样的灾祸，这又与周幽王遇到的灾祸有什么不同？这些都是君王昏庸造成的，是自己将自己弄得朝不保夕，并不是奸佞大臣把国家搞得兴亡不定。而且几代之后，统治衰弱，臣子们钩心斗角，成为仇敌。因此国家风俗败坏，国政动荡，以强欺弱，以多欺少，国势虚微，战乱征伐。狐骀、靖陵之战，你厮我杀，残暴异常。这只是举出一部分例子，其后的战争多不胜举。陆机在一个治国的策略中说："帝王放弃象征皇权的九鼎，野心勃勃的皇族占据天险，这是国将易主的征兆。"他的话多么荒谬啊！而设立官位，分封职务，任用贤能，使其各自发挥所能，并采纳他们的良谏，然后将这些有才之士运用到治理国家的位子上，接着便向各地郡县推广，还怕找不到贤良之人吗？魏代曹元首坚守区区小地，却说："与别人同乐的人，别人定会分担他的忧愁，与别人同安的人，别人一定会解除他的危难。"怎么可以说同宗族就可以共安危，任其宰割就不是同生共死呢？这是多么荒唐啊！

## 【原文】

封君列国，藉其门资①，忘其先业之艰难，轻其自然之崇贵，莫不世增淫虐，代益骄侈。离宫别馆，切汉凌云②，或刑人力而将尽，或召诸侯而共乐。陈灵则君臣悖礼，共侮徵舒；卫宣则父子聚麀③，终诛寿、朔。乃云为己思治，岂若是乎？内外群官，选自朝廷，擢士庶以任之，澄水镜以鉴之，年劳优其阶品④，考绩明其黜陟。进取事切，砥砺情深，或俸禄不入私门，妻子不之官舍。班条之贵，食不举火；剖符之重，居惟饮水。南阳太守，弊布裹身；莱芜县长，凝尘生甑。专云为利图物，何其爽欤！总

## 【注释】

① 门资：门第资格。

② 切：靠近。

③ 麀：牝鹿。

④ 年劳：任职的年数和劳绩。

⑤ 乱常：破坏纲常，违反人伦。

而言之，爵非世及，用贤之路斯广；民无定主，附下之情不固。此乃愚智所辨，安可惑哉？至如灭国弑君，乱常干纪⑤，春秋二百年间，略无宁岁。次睢咸秩，遂用玉帛之君；鲁道有荡，每等衣裳之会。纵使西汉哀、平之际，东汉桓、灵之时，下吏淫暴，必不至此。为政之理，可以一言蔽焉。

【译文】

被封的皇亲国戚，无不凭借门第，忘掉祖先创业的艰辛，轻视自己所得，日益骄奢淫逸。他们修筑别馆，驱使民力为其效劳。夏朝大臣陈灵违背君臣之礼，常常侮辱皇子征舒。卫宣公听信妃子宣姜谗言，最终先后诛杀了寿、朔两位太子。如果真的是为自己的江山社稷打算，谁会这样做呢？朝廷百官，都是经过选拔的，他们的政绩，应该通过审核才能决定。对于要处理的事情认真思考，仔细揣摩，不是自己应得的俸禄不要带进家门，不让妻子参与在家中处理的官场之事。后汉羊续做南阳太守，常常破衣粗食；后汉范丹做莱芜县县令，家贫如洗。只知道牟取私利财物，这有什么值得高兴的呢？总之，爵位并非都要世袭，选取贤才的途径很多。百姓之所以没有固定的君主，是君主爱抚百姓的心并非永远不变。这便是辨别愚钝与聪慧的尺度，怎能被迷惑呢？历史上杀主灭国、扰乱纲常的事比比皆是，春秋二百多年，没有一天安宁。《左传》中记载，宋襄公想用次睢之社（即食人社）的风俗征服他国以完成霸业；鲁国无道，庄公夫人姜氏私自与齐侯约会。纵然是西汉哀帝、平帝年间，东汉桓帝、灵帝之时，也不至于这般荒淫无道。治理国家的道理，一句话就可以概括明白了。

【注释】

①握纪御天：掌握纲纪，驾驭天下。

②膺（yīng）期启圣：顺应时机，开创帝业。

③二仪：天地。

【原文】

伏惟陛下握纪御天①，膺期启圣②，救亿兆之焚溺，扫氛祲于寰区。创业垂统，配二仪以立德③；发号施令，妙万物而为言。独照神衷④，永怀前古，将复五等而修旧制，建万国以亲诸侯。窃以汉、魏以还，余风之弊未尽；勋、华既往，至公之道斯乖。况晋氏失驭，宇县崩离；后魏乘时，华夷杂处。重以关河分阻，吴、楚悬隔，习文者学长短纵横之术，习武者尽干戈战争之心，毕为狙诈之阶，弥长浇浮之俗。开皇在运，因藉外家。驱御群英，任雄猜之数；坐移明运，非克定之功。年逾二纪，民不见德。及大业嗣立，世道交丧，一人一物，扫地将尽。虽天纵神武，削平寇虐，兵威不息，劳止未康。

④照：察知。神衷：帝王之意旨。

【译文】

　　陛下手握纲纪，掌管天下，顺势应时，开创帝业，拯救亿万百姓于水火之中，扫除邪气凶灾于四海之内。您开创大业，传于子孙，媲美天地以立德；发布号召，施行政令，言行顺应万物之理。您圣心独察，永远缅怀古代先贤，将恢复五等爵位，遵循古代圣王旧制，封赏诸侯。我认为自从汉、魏以来，流弊未歇；尧舜既逝，天下至公的思想已变。晋代失去权柄，国家分崩离析，后魏趁机兴起，致使华夏民族与异族杂居。纵然南北分治，相隔遥远，文人还在学习经国之术，武将仍是壮心不已，但毕竟江山已失，故土难返。隋文帝是后周外戚，在战乱中成为乱世枭雄。他的统治持续了二纪，百姓没有感受到他的恩德。等到隋炀帝即位，世道败坏，道德沦丧，当时的人物，几乎全都被摧毁。虽然陛下用自己天赋的神勇，平定了四方祸乱，然而战争的创伤并未愈合，百姓的疲弊也尚未安宁。

【原文】

　　自陛下仰顺圣慈①，嗣膺宝历，情深致理，综核前王。虽至道无名②，言象所纪，略陈梗概，安所庶几。爱敬烝烝，劳而不倦，大舜之孝也。访安内竖，亲尝御膳，文王之德也。每宪司谳罪③，尚书奏狱，大小必察，枉直咸举，以断趾之法，易大辟之刑④，仁心隐恻，贯彻幽显，大禹之泣辜也。正色直言，虚心受纳，不简鄙讷，无弃刍荛，帝尧之求谏也。弘奖名教，劝励学徒，既擢明经于青紫⑤，将升硕儒于卿相，圣人之善诱也。群臣以宫中暑湿，寝膳或乖，请移御高明，营一小阁。遂惜十家之产⑥，竟抑子来之愿，不吝阴阳之感⑦，以安卑陋之居。顷岁霜俭，普天饥馑，丧乱甫尔，仓廪空虚。圣情矜愍，勤加赈恤⑧，

【注释】

①仰顺圣慈：仰顺太上皇的旨意。圣慈，指唐高祖李渊。

②无名：难以用语言形容。

③谳（yàn）罪：定罪。

④大辟：死刑。

⑤擢（zhuó）：选拔。青紫：古时指高官的服饰，借指高官。

⑥十家之产：十户人家的财产。

⑦吝:顾惜。阴阳:引申为气候的冷热。
⑧赈恤:救济。
⑨款附:诚心归附。
⑩山河之赏:分封诸侯土地。

竟无一人流离道路,犹且食惟藜藿,乐彻簨簴,言必凄动,貌成癯瘦。公旦喜于重译,文命矜其即叙。陛下每见四夷款附⑨,万里归仁,必退思进省,凝神动虑,恐妄劳中国,以求远方,不藉万古之英声,以存一时之茂实。心切忧劳,志绝游幸,每旦视朝,听受无倦,智周于万物,道济于天下。罢朝之后,引进名臣,讨论是非,备尽肝膈,惟及政事,更无异辞。才日昃,必命才学之士,赐以清闲,高谈典籍,杂以文咏,间以玄言,乙夜忘疲,中宵不寐。此之四道,独迈往初,斯实生民以来,一人而已。弘兹风化,昭示四方,信可以期月之间,弥纶天壤。而淳粹尚阻,浮诡未移,此由习之久,难以卒变。请待斫雕成器,以质代文,刑措之教一行,登封之礼云毕,然后定疆理之制,议山河之赏⑩,未为晚焉。《易》称:"天地盈虚,与时消息,况于人乎?"美哉斯言也。

**【译文】**

　　自从陛下顺应太上皇的意旨,继承大统,便将全部身心用于治理国家,统观前代君王的经验得失。虽然您的至善之道难以名状,希望我的言语能像丝缕的头绪一样,可以粗略地陈述出梗概。陛下爱敬敦厚,对待父母操劳侍奉而不知疲倦,这是大舜一样的孝道。陛下寝门三朝,亲自品尝饭菜,这是周文王一样的德行。陛下每有官司,必定亲自审查,以免产生冤情,用断趾的刑罚代替斩刑,可见陛下的恻隐之心,这是大禹一样见罪人而流泪的心怀。陛下表情庄重,言行率直,虚怀若谷,接受意见,对鄙俗之言不怠慢,对山野之人不忽视,这是像帝尧一样乐于接受意见。陛下推崇教化,鼓励求学,通过科举选拔人才,并将大儒任命为卿相,这是像圣人一样循循善诱。由于夏天宫中湿热,不利于食宿,臣子们请陛下另修一座小宫殿居住。陛下却害怕浪费钱财,抑制了臣民的心愿,不顾及自身的冷热,而安于简陋的居所。最近几年又遇霜灾歉收,饥荒四起,仓库空虚。陛下怜惜百姓,就开粮仓拯济灾民,使全国没有一个人流离失所,您自己却只吃野菜,撤去钟鼓之乐不听,言语总是凄楚动容,容貌变得消瘦。古时周公因为远方有人前来朝贡而欣喜,大禹也因为四方安定而感到自豪。陛下即位后,四方少数民族纷纷臣服,万里迢迢归顺我们的仁德之君,但陛下依然谨慎小心,没有驱使百姓开拓疆土。陛下心怀贤德,不图千古英名,只求为百姓赢得生活的安宁。陛下因为天下的忧患劳苦而心急如焚,杜绝自身的巡行玩乐。每次上朝听政,都精神抖擞,听取接纳百官之谏毫无倦意,智慧遍及万物,道义惠及天下。下朝之后,还要与亲近的大臣讨论政教得失,言谈出于肺腑,全都只涉及政事,其余一概不谈。午后太阳开始偏西,必定下令让才学之士进宫,赐予闲职,与其畅谈典籍,或作诗谈玄,以至深夜,到了废寝忘食的地步。这四个方面,您已经超越了以往的圣贤,是有史以来的第一人了。弘扬这样的风气教化,昭示四方百姓,定能在很短的时间内改换天地。而现在淳朴的德行没有推行开来,浮夸诡诈的风气也没有去除,是积习太久、难以一下子改变的缘故。请耐心等待移风易俗,质朴取代浮华,刑罚不再使用,教化大行天下。等您登上泰山举行封禅的大典,然后去制定划分疆域治理天下的制度,讨论诸侯土地的分封问题,也为时不晚。《周易》有言:"天地浩大,充满了四季更替变化的规律,更何况人事呢?"说得多好啊!

## 【原文】

中书舍人马周又上疏曰:

伏见诏书令宗室勋贤作镇藩部,贻厥子孙,嗣守其政,非有大故,无或黜免。臣窃惟陛下封植之者①,诚爱之重之,欲其绪裔承守,与国无疆,可使世官也。何则?以尧、舜之父,犹有朱、均之子?况下此以还,而欲以父取儿,恐失之远矣。傥有孩童嗣职,万一骄逸,则兆庶被其殃,而国家受其败。政欲绝之也,则子文之治犹在;政欲留之也,而栾黡之恶已彰。与其毒害于见存之百姓,则宁使割恩于已亡之一臣,明矣。然则向之所谓爱之者,乃适所以伤之也。臣谓宜赋以茅土,畴其户邑,必有材行,随器方授②,则翰翮非强③,亦可以获免尤累。昔汉光武不任功臣以吏事,所以终全其世者,良由得其术也。愿陛下深思其宜,使夫得奉大恩,而子孙终其福禄也。

## 【注释】

①封植:封立。

②随器方授:根据才能授予官职。器,才能。

③翰翮(hé):鸟的羽翼。这里指能力。

**太宗并嘉纳其言。于是竟罢子弟及功臣世袭刺史。**

【译文】

中书舍人马周上书说：

我见陛下下诏让皇宫贵族和有功的大臣都做镇藩统帅，并且可以传位给子孙，使其政权世代得以保守，没有大的变故，不能罢免。我认为陛下分封皇族，是爱护重视他们，让他们的王位得到世袭，与大唐的政权一样万寿无疆。为什么呢？像尧、舜这样圣明的君王，尚且有丹朱、商均这样无能的儿子，更何况一般君王呢？而要还像对待他们的父辈那样对待他们，恐怕会造成很大的失误。如果后辈继承父业，万一骄奢放纵，那么不仅百姓遭殃，同时会连累国家。如果消灭他的封国，而其先祖的功业还在；如果保留他的封国，而他本人已经罪恶昭彰。与其这样危害百姓，还不如割断已死的大臣的恩情，这个道理是很明显的。如此一来，过去的所谓爱重，恰恰成了伤害。所以，我认为应该对宗亲和功臣只分封土地、犒赏封邑就可以了，确实有才能的，就根据其特长授予官职，那么就算其能力不强也可以免除过失。过去汉光武帝不让功臣的儿子担任官职，所以忠臣得以保全名节与性命，实在是因为方法得当。望陛下深思，使宗亲和功臣能够蒙受大恩，同时使其后代能终生享受福禄。

唐太宗十分欣赏并采纳了李百药和马周的意见，于是下令取消皇族及功臣世袭刺史的制度。

# 太子诸王定分第九

【原文】

贞观七年,授吴王恪齐州都督。太宗谓侍臣曰:"父子之情,岂不欲常相见耶?但家国事殊,须出作藩屏①。且令其早有定分②,绝觊觎之心,我百年后,使其兄弟无危亡之患也。"

【注释】

①藩屏:国家的藩篱屏障。这里比喻诸侯的封国。
②定分:一定的名分。

【译文】

贞观七年,唐太宗封吴王李恪为齐州都督。唐太宗对侍臣们说道:"父子之间感情深厚,哪有不想经常团聚在一起的呢?但家事国事应该有所区别,必须让他们出去担当重任,作为国家的屏障,保卫国家。并且要让他们早早明白自己的职责,断绝他们对太子位置的想法。这样,我死了之后,也用不着为他们兄弟之间的隐患担忧。"

【原文】

贞观十一年,侍御史马周上疏曰:"汉、晋以来,诸王皆为树置失宜①,不预立定分,以至于灭亡。人主熟知其然,但溺于私爱,故前车既覆而后车不改辙也。今诸王承宠遇之恩有过厚者,臣之愚虑,不惟虑其恃恩骄矜也。昔魏武帝宠树陈思,及文帝即位,防守禁闭,有同狱囚,以先帝加恩太多,故嗣王从而畏之也。此则武帝之宠陈思,适所以苦之也。且帝子何患不富贵,身食大国,封户不少,好衣美食之外,更何所须?而每年别加优赐,曾无纪极②。俚语曰:'贫不学俭,富不学奢。'言自然也。今陛下以大圣创业,岂惟处置见在子弟而已,当须制长久之法,使万代遵行。"疏奏,太宗甚嘉之,赐物百段。

【注释】

①树置:树立。这里指封授职务。
②纪极:限度。引申为穷尽。

【译文】

贞观十一年,侍御史马周上书说:"汉、晋以来,所分封的诸王都因为所给的权势过了头,才会有灭亡的灾祸。君主大都很清楚这种情况，但沉溺于私爱，因而行事中没有全面理解"前车之鉴，后车之覆"的道理。我忧虑如今诸王所受到的恩宠太过了，还不仅仅是他们恃恩骄矜。从前魏武帝曹操宠爱陈思王曹植，到文帝曹丕即位后，对陈思王监视禁闭，把他当成监狱里的囚犯，这是老皇帝加恩太多，继位的君主害怕他的缘故。这说明魏武帝宠爱陈思王，其实是害了他啊！而且皇帝的儿子何愁不富贵，身封大国，食邑户数不少，衣食无愁，还需要什么呢？况且陛下每年还另外给予他们优厚的赏赐，全无规定限制。俗话说：'穷了不用学节俭，富了不用学奢侈。'这是自然而然的道理。如今陛下创业的目的，难道仅仅是处理安置现在的子弟吗？陛下现在应该制定长远的规章，让万世遵照执行。"奏章呈上后，太宗相当赞赏，于是赏赐马周绢帛百段。

## 【注释】

① 储君：君位的继承者。
② 正体：指承宗的嫡长子。
③ 翻：通"反"，反而。
④ 复道：楼阁之间架空的上下两重通道。
⑤ 镪（qiǎng）：穿钱的绳子，引申为铜钱。

## 【原文】

贞观十三年，谏议大夫褚遂良以每日特给魏王泰府料物，有逾于皇太子，上疏谏曰："昔圣人制礼，尊嫡卑庶。谓之储君①，道亚霄极，甚为崇重，用物不计，泉货财帛，与王者共之。庶子体卑，不得为例，所以塞嫌疑之渐，除祸乱之源。而先王必本于人情，然后制法，知有国家，必有嫡庶。然庶子虽爱，不得超越嫡子，正体特须尊崇②。如不能明立定分，遂使当亲者疏，当尊者卑，则佞巧之徒承机而动，私恩害公，惑志乱国。伏惟陛下功超万古，道冠百王，发施号令，为世作法。一日万机，或未尽美，臣职谏诤，无容静默。伏见储君料物，翻少魏王③，朝野见闻，不以为是。臣闻《传》曰：'爱子教以义方。'忠、孝、恭、俭，义方之谓。昔汉窦太后及景帝并不识义方之理，遂骄恣梁孝王，封四十余城，苑方三百里，大营宫室，复道弥望④，积财镪巨万计⑤，出警入跸，小不得意，发病而死。宣帝亦骄恣淮阳王，几至于败，赖其辅以退让之臣，仅乃获免。且魏王既新出阁，伏愿恒存礼训，妙择师傅，示其成败，既敦之以节俭，又劝之以文学。惟忠惟孝，因而奖之；道德齐礼，乃为良器。此所谓'圣人之教，不肃而成'者也。"太宗深纳其言。

## 【译文】

贞观十三年,谏议大夫褚遂良因为每天供给魏王府的东西远远超过了太子,于是向唐太宗进谏,说:"古代圣人制定了礼节制度,尊卑亲疏各有不同。作为太子,地位极其尊贵,但日用的东西与钱财货物,跟一般人没有什么两样。一般人地位低下,不得与太子一样享受同样多的俸禄,这也是用来防止嫌疑,以便根除祸乱。可是古代的圣王以人与人之间的感情为基础,然后才制定国家法律。他们知道有国家,必然有亲疏贵贱,虽然一般的子女也值得疼爱,但不得超过尊贵的太子,这是正当的法体,必须尊崇。如果不能确立各人的名分,就会造成应当亲近的人却疏远,应当尊敬的人却卑贱的局面。这样,谄媚取巧之徒就会乘机兴风作浪,以个人恩怨危害国家。臣请陛下为国家制定明确的法令,再颁布执行,让你的功勋能流传千代,成为后世百王的楷模。皇上每天日理万机,即使这样,或许还有些事情做得不够完美。我的职责是指出您的过失,因此不允许有沉默不言的时候。我发觉供奉给太子的东西,比魏王还少,朝廷上下听说了这件事后,都觉得做得不对。《左传》上说:'我听说爱孩子要用礼义来教导他。'忠、孝、恭、俭,这是做人的基本准则。过去汉代窦太后和汉景帝不知道'义'中所蕴含的道理,于是娇宠梁孝王,封给他四十余座城池,封地达到方圆三百余里。梁孝王骄纵奢侈,大肆修建宫室,他的宫室四处可见,所费钱财更是数以万计。他出入都城威风凛凛,不可一世,谁知他遇上不得意的事情,竟然发病而死。宣帝亦娇惯淮阳王,差点儿造成汉的败落,最后仰赖退让之臣的辅佐,才仅仅获得幸免。何况魏王年龄还小,才刚刚懂事,我希望皇上经常用礼义加以训导,选择好师傅,教他兴亡成败的道理。让他既接受礼义方面的教导,又接受文学方面的熏陶。这样尽忠尽孝既予以奖励,又用道德礼义加以约束,必然能使他成为有用的人才。这就是我们所说的'圣人的教化,不用疾言厉色就能使人成器'的道理。"太宗听了他的话,十分赞许。

## 【注释】

①窥觎(yú):这里指窥视帝位。

②四考:四次考核。

## 【原文】

贞观十六年，太宗谓侍臣曰："当今国家何事最急？各为我言之。"尚书右仆射高士廉曰："养百姓最急。"黄门侍郎刘洎曰："抚四夷急。"中书侍郎岑文本曰："《传》称：'道之以德，齐之以礼。'由斯而言，礼义为急。"谏议大夫褚遂良曰："即日四方仰德，不敢为非，但太子、诸王，须有定分，陛下宜为万代法以遗子孙，此最当今日之急。"太宗曰："此言是也。朕年将五十，已觉衰怠。既以长子守器东宫，诸弟及庶子数将四十，心常忧虑在此耳。但自古嫡庶无良，何尝不倾败家国。公等为朕搜访贤德，以辅储宫，爰及诸王，咸求正士。且官人事王，不宜岁久。岁久则分义情深，非意窥窬①，多由此作，其王府官寮，勿令过四考②。"

**【译文】**

贞观十六年，太宗对侍臣们说："当今国家中，哪些事情最为迫切？请你们每个人对我说说。"尚书右仆射高士廉说："使百姓得到休养最急迫。"黄门侍郎刘洎说："安抚边境的少数民族最要紧。"中书侍郎岑文本说："《左传》说：'用德来感化他们，用礼来规范他们。'从这方面来说，礼义的建立最为紧迫。"谏议大夫褚遂良说："不久整个中国都会慑服于陛下的恩威，一个个循规蹈矩，不敢胡作非为。但太子、诸王，都必须有各自的名分，陛下应该制定一个法令，留给子孙万代，这是当今最为紧迫的。"太宗说："这话说得对。我快五十岁了，已经感觉到衰老和倦怠。我让大儿子做东宫太子，他的弟兄和儿子将近四十人，我常常为此担忧。但自古以来，无论太子还是皇子都没有好的大臣辅佐，怎么会不让国家衰败？你们得为我寻访有才德的人，来辅佐太子，还有各个皇子，也都需要正直之士来辅佐。不过侍奉诸王的官员，时间不宜过长，时间一久就会加深情感。王室祸乱，大多因此而产生。所以，诸王府的官员，不要让他们的任期超过四年。"

# 尊敬师傅第十

【原文】

贞观三年,太子少师李纲有脚疾,不堪践履①。太宗赐步舆,令三卫举入东宫,诏皇太子引上殿②,亲拜之,大见崇重。纲为太子陈君臣父子之道,问寝侍膳之方,理顺辞直,听者忘倦。太子尝商略古来君臣名教③,竭忠尽节之事,纲懔然曰:"托六尺之孤,寄百里之命,古人以为难,纲以为易。"每吐论发言,皆辞色慷慨,有不可夺之志,太子未尝不耸然礼敬。

【注释】

①践履:穿鞋行走。
②引:搀扶。
③商略:商讨,探讨。

【译文】

贞观三年,太子少师李纲的脚有病痛,不能穿鞋走路。于是唐太宗送他一辆代替行走的车子,并命令侍卫抬着他到东宫。另外唐太宗还下诏命令皇太子亲自迎接李纲上殿,亲自行礼作揖,十分尊敬和器重他。李纲为太子讲述君臣父子之间的礼仪,还有日常饮食起居方面的礼节,道理明畅,言语直白,让听讲的人十分着迷,都忘记了疲倦。太子曾经与李纲商讨自古以来君臣之间的伦理纲常,以及效忠尽节之事。李纲正气凛然地说:"受托于先王,身负辅佐君主的使命,古人认为这件事十分困难,臣却以为十分容易。"每当论起此事,李纲一脸正气,言语激昂,透露出一种刚正坚定的志向,太子每次都为之肃然起敬。

【原文】

贞观六年,诏曰:"朕比寻讨经史,明王圣帝,曷尝无师傅哉?前所进令遂不睹三师之位①,意将未可,何以然?黄帝学大颠,颛顼学录图,尧学尹寿,舜学务成昭,禹学西王国,汤学威子伯,文王学子期,武王学虢叔。前代圣王,未遭此师,则功业不著乎天下,名誉不传乎载籍。况朕接百王之末,智不同圣人,其无师傅,安可以临兆民者哉?《诗》不云乎:'不愆不忘②,率由旧章。'夫不学,则不明古道,而能政致太平者未之有也!可

【注释】

①三师:太师、太傅、太保的合称。
②愆(qiān):过失,差错。

即著令，置三师之位。"

【译文】

贞观六年，唐太宗下诏说："我近来研读史书，知道古代英明的帝王、圣贤的君子曾经没有师傅。我们以往有关礼仪的书中看不到三师所写的文章，我认为这样不好，为什么呢？昔日，黄帝向大颠求教，颛顼向录图问学，尧以尹寿为师。此外，舜向成昭学习，禹在西王国求学，商汤学威子伯，文王学子期，武王学虢叔。前代圣明的君王，如果没有遇到这些名师，那么他们的功绩就不能广布天下，自己的声名也不能载入史册。何况我在百王之后统领天下，才智与圣人也有所差别，要是没有师傅，怎么能够君临天下呢？《诗经》上不是说'要想不犯错误不忘教训，都必须从旧的规章制度入手'吗？不学习，就不能明白古时治国的道理。像现在这样就能统领天下，获得太平的，历史上还不曾有过啊。应该马上发布命令，设立三师的职位。"

【原文】

贞观八年，太宗谓侍臣曰："上智之人，自无所染，但中智之人无恒①，从教而变，况太子师保，古难其选。成王幼小，周、召为保傅。左右皆贤，日闻雅训，足以长仁益德，使为圣君。秦之胡亥，用赵高作傅，教以刑法，及其嗣位，诛功臣，杀亲族，酷暴不已，旋踵而亡。故知人之善恶诚由近习。朕今为太子、诸王精选师傅，令其式瞻礼度②，有所裨益。公等可访正直忠信者，各举三两人。"

【注释】

① 无恒：这里指不稳定。
② 式瞻礼度：向师傅学习礼节法度。式瞻，瞻仰效法。

【译文】

贞观八年，唐太宗对侍从的大臣们说："上等智能的圣人，当然不会沾染恶习，但中等智能的人不稳定，他们的性情会随着教育而起变化，况且太子的师傅，在古代就很难挑选。周成王即位时年纪幼小，周公、召公做他的太保太傅，左右都是贤人，每天他都能听到有益的教诲，这足以增长他的仁义道德，使他成为圣君。秦二世胡亥，用赵高做师傅，赵高教他刑法，到胡亥继位后，就诛戮功臣，屠杀亲族，残酷暴虐到极点，结果很快就灭亡了。由此可知，人的善恶确实受身边近臣的影响。我如今要给太子、诸王精心挑选师傅，让他们观看学习礼仪法度，对自身的修养有所帮助。诸位大臣，你们可访求正直忠信的人，各自推荐三两人作为候选。"

## 【原文】

贞观十一年，以礼部尚书王珪兼为魏王师。太宗谓尚书左仆射房玄龄曰："古来帝子，生于深宫，及其成人，无不骄逸，是以倾覆相踵①，少能自济②。我今严教子弟，欲皆得安全。王珪我久驱使，甚知刚直，志存忠孝，选为子师。卿宜语泰，每对王珪，如见我面，宜加尊敬，不得懈怠。"珪亦以师道自处，时议善之也。

【注释】

① 倾覆相踵：失败相随。
② 自济：自立自强。

## 【译文】

贞观十一年，太宗任命礼部尚书王珪兼任魏王的老师。唐太宗对尚书左仆射房玄龄说："自古以来的帝王之子，生长于深宫之中，等到他们长大成人，没有一个不是骄奢淫逸的，因此一个个相继使国家衰败灭亡，很少有能够自救的。我现在严格教育子弟，希望他们都能够保全自己。王珪是我长期任用的人，我非常了解他刚直的个性，他心存忠孝，因此我选择他来担任王子的老师。你应该告诉魏王李泰：每次见到王珪，就如同见到我一样，应该倍加尊敬，不能懈怠。"王珪也用为师之道来要求自己，得到了时人的好评。

## 【原文】

贞观十七年，太宗谓司徒长孙无忌、司空房玄龄曰："三师以德道人者也①。若师体卑，太子无所取则。"于是诏令撰太子接三师仪注②。太子出殿门迎，先拜三师，三师答拜，每门让三师。三师坐，太子乃坐。与三师书，前名，"惶恐"，后名，"惶恐再拜"。

【注释】

① 道：通"导"，教导。
② 仪注：礼仪细则。

## 【译文】

贞观十七年，唐太宗对司徒长孙无忌、司空房玄龄说："三师是以德行来教导太子的人。如果三师的身份卑下，太子就没有学习的榜样。"于是下诏，让人编撰太子接待三师的礼仪细则，诸如：太子要走出殿门迎接师父，先礼拜三师，然后三师答拜，每当出入大门时要让三师在前。三师坐下后，太子才能坐。写给三师的书信，前边称"惶恐"，后边再写上"惶恐再拜"。

## 【原文】

贞观十八年，高宗初立为皇太子，尚未尊贤重道，太宗又尝令太子居寝殿之侧，绝不往东宫。散骑常侍刘洎上书曰：

臣闻郊迎四方，孟侯所以成德；齿学三让，元良由是作贞。斯皆屈主祀之尊，申下交之义。故得刍言咸荐①，睿问旁通②，不出轩庭，坐知天壤，率由兹道，永固鸿基者焉。至若生乎深宫之中，长乎妇人之手，未曾识忧惧，无由晓风雅。虽复神机不测，天纵生知，而开物成务，终由外奖③。匪夫崇彼干籥，听兹谣颂，何以辨章庶类，甄核彝伦④？历考圣贤，咸资琢玉。是故周储上哲，师望、奭而加裕；汉嗣深仁，引园、绮而昭德。原夫太子，宗祧是系，善恶之际，兴亡斯在，不勤于始，将悔于终。是以晁错上书，令通政术，贾谊献策，务知礼教。窃惟皇太子玉裕挺生⑤，金声凤振，明允笃诚之美，孝友仁义之方，皆挺自天姿，非劳审谕，固以华夷仰德，翔泳希风矣。然则寝门视膳，已表于三朝，艺宫论道，宜弘于四术⑥。虽富于春秋，饬躬有渐⑦，实恐岁月易往，堕业兴讥，取适晏安，言从此始，臣以愚短，幸参侍从，思广储明，暂愿闻彻，不敢曲陈故事，切请以圣德言之。

## 【注释】

① 刍言：卑贱者的言论。咸：都。荐：进奏。
② 旁通：四通八达。
③ 外奖：外来的奖励。
④ 甄（zhēn）核：鉴定，甄别。
⑤ 玉裕：如玉的姿容。挺生：挺拔而生。
⑥ 四术：《诗》《书》《礼》《乐》四种经书。
⑦ 饬（chì）躬：修身养性。

## 【译文】

贞观十八年，高宗刚被立为太子时，尚未尊贤重道。太宗还曾经命令太子居住在自己寝宫的旁边，并且不准太子在宫殿四处走动。对此，散骑常侍刘洎上书说：

我听说：四季郊迎四方，这是太子成就人格修养的方法；不学但懂得礼义"三让"的法则，国家就能享受太平。历代皇子都不怕降低自己的身份，推行广泛的大义。所以，不管是粗浅的言论，还是睿智的学问，只要有益，都要学习，以求触类旁通。不走出自己的住所，便能知道天下的大事，大概就是通过这些方法来获得的。对于从小生长在皇宫之中的太子，他一直在女人的身边长大，从未经历过忧患恐惧，也不懂得雅正之道。一个人即使生性聪明，能够悟得天机，然而应对世事的能力，也都是从外界获得的。如果不重视诗书礼乐的教化，那他凭什么去辨别世理人伦？历代成就圣王的过程，就像雕琢玉一样。周成王崇尚贤明，太公、召公让他的美德得以保全；惠帝仁义，引园、绮里奇等四位贤人让他的威德显扬。太子维系着国家和宗庙的兴亡，国家的命运与他自己的善恶息息相关。如果一开始就不勤于世事，临老必定后悔。所以晁错上书，是为了要求太子通晓治国方略；贾谊进献策论，是想让太子辨明礼教，教化天下。我认为，皇太子天资聪明俊朗、清明公允、性格诚实、孝敬父母、心性仁义，这些来自他的天性，而不是通过受教育得来的，国家的江山社稷都须仰仗其德行加以巩固。太子在陛下身边侍奉寝食，在朝廷上已做出了表率，他在谈论艺术时体现出来的聪明才智，也应在诗书礼乐方面加以弘扬。太子虽然年轻力盛，修为日益增进，但我实在担心随着岁月的流逝，他荒废了学业，引起讥谤，需求安逸之风会从此开始。我见识短浅，有幸侍奉圣上，想要使太子思虑开阔，使其在不久的将来闻名四方。我不敢故意陈述旧事，只是以陛下的圣明为例来作为说明。

## [原文]

伏惟陛下庭睿膺图①，登庸历试。多才多艺，道著于匡时；允文允武，功成于纂祀②。万方即叙，九围清晏。尚且虽休勿休，日慎一日，求异闻于振古，劳睿思于当年。乙夜观书，事高汉帝；马上披卷，勤过魏王。陛下自励如此，而令太子优游弃日，不习图书，臣所未谕一也。加以暂屏机务，即寓雕虫。纡宝思于天文，则长河韬映③；摛玉华于仙札④，则流霞成彩。固以镕铄

## 【注释】

①庭睿膺图：天生睿智，承受天命。

②纂祀：继承帝王大业。纂，继承。祀，祭祀。

③韬映：掩藏光芒。

④摛（chī）：舒展，散布。

⑤升堂：比喻刚刚入门。
⑥入室：比喻学问精深。
⑦睿范：圣明的典范，榜样。

万代，冠冕百王，屈、宋不足以升堂⑤，钟、张何阶于入室⑥。陛下自好如此，而太子悠然静处，不寻篇翰，臣所未谕二也。陛下备该众妙，独秀寰中，犹晦天聪，俯询凡识。听朝之隙，引见群官，降以温颜，访以今古。故得朝廷是非，闾里好恶，凡有巨细，必关闻听。陛下自行如此，而令太子久趋入侍，不接正人，臣所未谕三也。陛下若谓无益，则何事劳神；若谓有成，则宜申贻厥。蔑而不急，未见其可。伏愿俯推睿范⑦，训及储君，授以良书，娱之嘉客。朝披经史，观成败于前踪；晚接宾游，访得失于当代。问以书札，继以篇章，则日闻所未闻，日见所未见。副德愈光，群生之福也。

**【译文】**

　　陛下雄才伟略，蒙受天命，荣登帝位，屡经考验。您多才多艺，匡补时弊；文武双才，建功立业。因此万方有序，天下太平。即使这样，陛下仍不敢懈怠，一日比一日谨慎，从历史兴亡中获得新知，在当下劳神苦思政务。陛下夜夜阅读典籍，比汉武帝还卓著；在马上阅览经史，比魏武帝还勤勉。陛下能自我鞭策，如此勤奋，却让太子整日悠闲，荒废时间，不修习书文，这是臣子我第一个不明白的地方。另外，陛下一搁下政务，马上投入文学写作。思接千古，文采斐然，足以俯视百代，称雄百王，即使屈原、宋玉都不足以升堂，钟繇、张芝也难以入室。陛下能够如此热爱文学，太子却悠然自处，不修习书文，这是我第二个不明白的地方。陛下博采众长，亘古未有，虚怀若谷，不耻下问，朝会之余，接见百官，和颜悦色，广闻博取，询问古今之理。所以您能知道朝廷上的对错，民间的好恶，事不论大小，都必须亲自过问。陛下身体力行，却让太子长久地陪伴自己左右，不接触正人君子，这是我第三个不明白的地方。陛下如果认为这些没有好处，为何还对此事费尽心思呢？如果认为这些有益，那就应该加以申明，留给子孙作为榜样。陛下轻视了此事，对此不着急，恐怕是不可以的。我希望陛下推行您的风范，教诫太子，用好书教授他，使他以与良友相处为乐。应该使太子能在朝上披阅经史，探索前朝成败的经验；夜里接待宾客，考察当代社会的得失。有时间经常通信写文章，那么太子就会天天有进步，增加见闻、开阔眼界。他的德行就会愈来愈完美，这将是百姓的洪福啊！

## 【原文】

窃以良娣之选，遍于中国。仰惟圣旨，本求典内①，冀防微，慎远虑，臣下所知。暨乎征简人物②，则与聘纳相违，监抚二周，未近一士。愚谓内既如彼，外亦宜然者，恐招物议③，谓陛下重内而轻外也。古之太子，问安而退，所以广敬于君父；异宫而处，所以分别于嫌疑。今太子一侍天闱，动移旬朔，师傅已下，无由接见。假令供奉有隙，暂还东朝，拜谒既疏，且事俯仰，规谏之道，固所未暇。陛下不可以亲教，宫寀无因以进言④，虽有具寮，竟将何补？

伏愿俯循前躅⑤，稍抑下流，弘远大之规，展师友之义。则离徽克茂，帝图斯广，凡在黎元，孰不庆赖。太子温良恭俭，聪明睿哲，含灵所悉，臣岂不知，而浅识勤勤⑥，思效愚忠者，愿沧溟益润，日月增华也。

太宗乃令洎与岑文本、马周递日往东宫，与皇太子谈论。

## 【注释】

①典内：掌管内务。
②征简：征求选拔。
③物议：众人的议论。
④宫寀(cǎi)：太子的属官。
⑤前躅(zhú)：前人的典范。躅，足迹。
⑥勤勤：恳切至诚。

## 【译文】

我认为太子嫔妃的选择，应该遍及全国。而了解陛下的圣旨，在于寻找出掌管太子宫内事务的适合之人，希望能够防微杜渐，慎重做好长远打算，这些是我所知道的。如果是选拔人才，就跟聘娶太子嫔妃又不同了。太子已经监国抚军两年，却一个贤士都没有接近过。我以为选取内宫的妃嫔都如此重视，那么选拔朝野的人才也应该如此。否则恐怕招致非议，说陛下重内轻外呀！古代的太子，向皇上问安后就退回，从而更加孝敬君父；皇上和太子居住在不同的地方，是为了避免嫌疑。现在太子侍奉陛下，动辄十多天，太师、太傅等人都无从接见。即使太子在侍奉的空隙时间，暂时回到东宫，拜访和接见官员的时间也很少。而且要按照各种礼仪来进行，规劝、进谏之道一定无暇顾及。陛下不能亲自教导太子，官员又没有机会进言，虽然朝廷辅佐人员众多，可有什么用呢？

我恳请陛下教导太子遵循前人的足迹，稍微压制一些不重要的事，以弘扬远大的志向，使师友切磋的情义和道理得以伸张。那么太子的美德就会更盛，宏图帝业将会更加宽广，普天之下的百姓，有谁会不庆幸信赖呢？太子性情温和、谦逊节俭、聪明睿智，尽人皆知，对此，我怎么会不知道呢？我才识疏浅，但希望仿效古代忠臣，愿为沧海添一滴水，给日月增一丝光华。

唐太宗于是下诏命令刘洎、岑文本、马周轮流到东宫，与皇太子谈论经世治国之道。

# 教戒太子诸王第十一

【原文】

贞观七年,太宗谓太子左庶子于志宁、杜正伦曰①:"卿等辅导太子,常须为说百姓间利害事。朕年十八,犹在民间,百姓艰难,无不谙练。及居帝位,每商量处置,或时有乖疏,得人谏诤,方始觉悟。若无忠谏者为说,何由行得好事?况太子生长深宫,百姓艰难,都不闻见乎!且人主安危所系,不可辄为骄纵。但出敕云,有谏者即斩,必知天下士庶无敢更发直言。故克己励精,容纳谏诤,卿等常须以此意共其谈说。每见有不是事,宜极言切谏,令有所裨益也。"

【注释】

①庶子:官名。太子官署。汉代以后为太子侍从官之一,南北朝时称中庶子。唐以后于太子官署中设左、右春坊,以左、右庶子分隶之。

【译文】

贞观七年,唐太宗对太子左庶子于志宁、杜正伦说:"你们辅导太子,平常应该为他讲述百姓生活在民间的种种艰难困苦。我十八岁时还在民间,百姓的艰难困苦,无不熟悉。登上帝位后,每逢商量处理事情的时候,有时还出现错误疏漏,由于得到别人的谏诤,才有所醒悟。如果没有忠心谏诤的人对我直言进谏,我如何能做到为百姓办好事呢?何况太子长期生长在深宫之中,百姓的艰难困苦都看不见、听不到。而且君主是关系到天下安危的人,更不能动辄骄奢放纵。只要发个敕命说有敢谏诤的就杀头,那么天下官员百姓肯定没有人再敢讲真话。所以要克制私欲,振作精神,容纳别人的忠言直谏。你们应该经常把这些道理讲给太子听,每当看到他有做得不对的地方,应该勇敢直谏,使他能获益。"

【原文】

贞观十八年,太宗谓侍臣曰:"古有胎教世子,朕则不暇。但近自建立太子,遇物必有诲谕。见其临食将饭,谓曰:'汝知饭乎?'对曰:'不知。'曰:'凡稼穑艰难,皆出人力,

【注释】

①消息:这里指有劳有逸。

②绳:木工的绳墨。

不夺其时，常有此饭。'见其乘马，又谓曰：'汝知马乎？'对曰：'不知。'曰：'能代人劳苦者也，以时消息①，不尽其力，则可以常有马也。'见其乘舟，又谓曰：'汝知舟乎？'对曰：'不知。'曰：'舟所以比人君，水所以比黎庶，水能载舟，亦能覆舟。尔方为人主，可不畏惧？'见其休于曲木之下，又谓曰：'汝知此树乎？'对曰：'不知。'曰：'此木虽曲，得绳则正②，为人君虽无道，受谏则圣。此傅说所言，可以自鉴。'"

**【译文】**

贞观十八年，唐太宗对大臣们说："古时候有胎教世子的说法，我却没有时间考虑这事。但最近自设立太子以来，遇到事情都要对他教诲。见他准备吃饭时，便问他：'你知道饭是怎样来的吗？'太子回答说：'不知道。'我说：'凡是播种、收获等农事都很艰难辛苦，这些活儿全靠农民努力耕种。只有不去占用他们劳作的时间，才会常有这样的饭吃。'看到他骑马，我又问他：'你知道马是用来干什么的吗？'太子回答说：'不知道。'我说：'这是能够替人代劳的东西，要使它既劳作又得到休息，不耗尽气力，这样就可以常有马骑。'看到他乘船，我又问他：'你知道船是怎样运行的吗？'太子回答说：'不知道。'我说：'船好比君主，水好比是百姓，水能浮载船，也能推翻船，你不久将做君主了，能不畏惧吗？'我看到他在弯曲的树下休息，又问他：'你知道这弯曲的树如何能正直吗？'太子回答说：'不知道。'我说：'这树虽然弯曲，打上墨线就可以正直成材。做君主的虽然有时难免会做出一些荒唐的事，但是虚心接受谏诤就可以圣明，这是傅说讲的道理，可以对照自己的行为作为鉴戒。'"

**【注释】**

① 膺（yīng）期受命：指受命登基，受天命为帝王。膺期，承受期运。

**【原文】**

贞观七年，太宗谓侍中魏徵曰："自古侯王能自保全者甚少，皆由生长富贵，好尚骄逸，多不解亲君子远小人故尔。朕所有子弟欲使见前言往行，冀其以为规范。"因命徵录古来帝王子弟成败事，名为《自古诸侯王善恶录》，以赐诸王。其序曰：

观夫膺期受命①,握图御宇,咸建懿亲②,藩屏王室,布在方策③,可得而言。自轩分二十五子,舜举一十六族,爰历周、汉,以逮陈、隋,分裂山河,大启磐石者众矣。或保乂王家④,与时升降;或失其土宇,不祀忽诸⑤。然考其隆替,察其兴灭,功成名立,咸资始封之君,国丧身亡,多因继体之后。其故何哉?始封之君,时逢草昧,见王业之艰阻,知父兄之忧勤,是以在上不骄,夙夜匪懈,或设醴以求贤⑥,或吐飧而接士⑦。故甘忠言之逆耳,得百姓之欢心,树至德于生前,流遗爱于身后。暨夫子孙继体,多属隆平,生自深宫之中,长居妇人之手,不以高危为忧惧,岂知稼穑之艰难?昵近小人,疏远君子,绸缪哲妇,傲狠明德,犯义悖礼,淫荒无度,不遵典宪,僭差越等⑧。恃一顾之权宠,便怀匹嫡之心;矜一事之微劳,遂有无厌之望。弃忠贞之正路,蹈奸宄之迷途。覆谏违卜,往而不返。虽梁孝、齐冏之勋庸⑨,淮南、东阿之才俊,摧摩霄之逸翮,成穷辙之涸鳞,弃桓、文之大功,就梁、董之显戮。垂为炯戒,可不惜乎?皇帝以圣哲之资,拯倾危之运,耀七德以清六合,总万国而朝百灵,怀柔四荒,亲睦九族。念华萼于《棠棣》,寄维城于宗子。心乎爱矣,靡日不思,爰命下臣,考览载籍,博求鉴镜,贻厥孙谋。臣辄竭愚诚,稽诸前训。凡为藩为翰⑩,有国有家者,其兴也必由于积善,其亡也皆在于积恶。故知善不积不足以成名,恶不积不足以灭身。然则祸福无门,吉凶由己,惟人所召,岂徒言哉!今录自古诸王行事得失,分其善恶,各为一篇,名曰《诸王善恶录》,欲使见善思齐,足以扬名不朽;闻恶能改,庶得免乎大过。从善则有誉,改过则无咎。兴亡是系,可不勉欤?

太宗览而称善,谓诸王曰:"此宜置于座右,用为立身之本。"

② 懿(yì)亲:至亲。这里指皇室宗亲。
③ 方策:同"方册",典籍。
④ 保乂王家:保国安邦。
⑤ 不祀:不为人奉祀。比喻亡国。
⑥ 醴(lǐ):一种甜酒。
⑦ 吐飧(sūn):吐哺,极言殷勤待士。
⑧ 僭(jiàn)差:僭越失度,超越本分。
⑨ 勋庸:功勋。
⑩ 藩:篱笆。这里指封建王朝的属国或属地。

**【译文】**

贞观七年,太宗对侍中魏徵说:"自古以来,侯王能够自己保全的很少,都是由于他们从小生长在富贵的环境中,骄傲懒惰,贪图个人享受,大多不了解亲近君子疏远小人的道理。我想让所有的子女都能够见识古人的言行，希望他们以此作为自己的行为规范。"于是他命令魏徵辑录古代帝王子弟成功与失败的事迹，编成《自古诸侯王善恶录》，把它赠送给各个皇子。序中写道：

看那些接受天命、统治国家的君王，没有一个不是分封自己的宗亲，来守卫王室的。这些都记载于史册，可以拿来讨论探究。自黄帝分封二十五子，舜帝任命八元、八凯，经过周朝、汉代，直到陈代、隋朝，分裂河山，大动国家根基的为数算是不少了。这些被分封的诸侯有的得以保全，随时代沉浮；有的失去封地，瞬间衰亡。然而考察他们的兴衰成败，那些功成名就的，靠的都是建国之君；国破家亡的，大都是后世继位的子孙。建国之君，经历乱世，知道王国创建的艰难，知道父兄为建立国家所付出的辛勤劳苦，所以即使在位时也不骄纵。白天夜晚他都能不懈怠政务，礼贤下士，优待人才，忠心的话即使听起来刺耳不好受，他也能接受。这种做法得到了百姓的欢心。到了子孙继承王位的时候，多属于兴盛太平时期，他们从小深居宫中，备受妇人呵护长大，想不到处于高位有危险，哪里还能知道老百姓的苦乐呢？他们亲近小人，疏远君子，宠爱美妾，轻视道德，违背礼法，胡作非为，藐视法令，不安本分。自恃皇帝的恩宠，萌生抗击嫡子的野心；倚仗一事的细微功劳，生出无穷的欲望。他们不遵循忠贞的正道，误入为非作歹的歧途。武断专横，违背天命，迷而不返。即便有汉代梁孝王刘武、晋代齐王司马同那样的功勋，有汉代淮南王刘安、曹魏东阿王曹植那样的才华，也会摧毁了摩天的羽翼，沉入涸辙之鲋的尴尬。丢弃齐桓公、晋文公那样的丰功伟业，落得梁冀、董卓那样斩首示众的下场，成为后世的警戒，不可惜吗？皇上应以圣人般的天赋，挽救危亡，功耀千秋，廓清宇宙，统一中原，民众拥戴，安抚四方，亲睦九族。吟诵《棠棣》之诗来增进兄弟之情，把维系宗庙的责任系于子孙。心中爱子之情，没有一天不充满胸怀。于是命令下臣，考证历代历史记载，用来作为行为处世的标准，交与子孙。我尽自己的愚忠，收集古代遗训。凡诸侯君王有国有家者，他们的兴盛是从不断地做善事开始，他们的衰亡也是从不断地作恶开始的。所以从这里可以知道，不行善不足以成就一个人的声名，不作恶不至于让自己灭亡。可是祸与福都没有定数，一个人吉凶的关键在于自己，是人自己造成的，这仅仅是说说空话吗？现在我收录自古以来各个帝王做事的得失情况，根据善恶不同分类，一百家为一类，书名叫作《诸王善恶录》，目的是想使太子和诸皇子看到善的地方就不断修正自己，可以扬名百代，永垂不朽；看到不好的地方就及时加以改正，免得造成更大的错误。跟从好的东西就能获得好的名声，改正过错就没有什么危害。这些东西都关系着国家的兴亡，岂能不以此共勉呢？

太宗看了连声称好，对诸位王子说："这个应放在你们书桌的座右，用作你们立身处世的根本。"

### [原文]

贞观十年，太宗谓荆王元景、汉王元昌、吴王恪、魏王泰等曰："自汉已来，帝弟帝子，受茅土、居荣贵者甚众，惟东平及河间王最有令名，得保其禄位，如楚王玮之徒，覆亡非一，并为生长富贵，好自骄逸所致。汝等鉴诫，宜熟思之。拣择贤才，为汝师友，须受其谏诤，勿得自专。我闻以德服物，信非虚说。比尝梦中见一人云虞舜，我不觉竦然敬异，岂不为仰其德也！向若梦见桀、纣，必应斫之①。桀、纣虽是天子，今若相唤作桀、纣，人必大怒。颜回、闵子骞、郭林宗、黄叔度，虽是布衣，今若相称赞道类此四贤，必当大喜。故知人之立身，所贵者惟在德行，何必要论荣贵。汝等位列藩王，家食实封②，更能克修德行，岂不具美也？且君子小人本无常，行善事则为君子，行恶事则为小人，当须自克励，使善事日闻，勿纵欲肆情，自陷刑戮。"

### [注释]

①斫(zhuó)：用刀、斧等砍劈。

②实封：古代封建国家名义上封赐给功臣贵戚食邑的户数与实际封赏数往往不符，实际上赐予的封户叫"实封"。

### [译文]

贞观十年，唐太宗对荆王元景、汉王元昌、吴王恪、魏王泰等皇子说："从汉代以来，帝王的兄弟儿子处于荣华富贵之中的很多，唯有东汉的东平和西汉的河间王最有名，他们能够保全自己的禄位。如西晋的楚王司马玮这等奸佞之人，死亡的不止一个，原因是他们都生长于富贵之中，骄傲自大、好逸恶劳。你们应该引以为戒，深思熟虑。我挑选有才能的人，作为你们的师友，你们必须听从他们的敬告规劝，不要擅作主张，自以为是。我听说只有德行能使人信服，相信这都不是信口乱说。我不久前曾梦见一人叫虞舜，不禁肃然起敬，这不是我敬仰他品德的缘故吗？要是梦见桀、纣，我一定会感到愤慨。桀、纣虽然是天子，要是今天称别人为桀、纣，他一定会十分生气。颜回、闵子骞、郭林宗、黄叔度等人，虽然是普通老百姓，今天要是大家称赞别人像这四个贤人，别人一定会很高兴。可见，一个人立身处世，可贵的是德行，哪用得着谈及富贵呢？你们位列王公，衣食丰足，更应加强德行修养，这岂不两全其美？况且君子小人本来就不是永远固定不变的。做善事就是君子，做恶事就是小人。你们应当自我克制、自我勉励，使你们的善行一天天地递增，不要放纵自己的私欲，使自己陷入刑戮之中。"

【注释】

① 情伪：真假。
② 藩弼：藩王的辅助。

【原文】

贞观十年，太宗谓房玄龄曰："朕历观前代拨乱创业之主，生长民间，皆识达情伪①，罕至于败亡。逮乎继世守文之君，生而富贵，不知疾苦，动至夷灭。朕少小以来，经营多难，备知天下之事，犹恐有所不逮。至于荆王诸弟，生自深宫，识不及远，安能念此哉？朕每一食，便念稼穑之艰难；每一衣，则思纺绩之辛苦，诸弟何能学朕乎？选良佐以为藩弼②，庶其习近善人，得免于愆过尔。"

【译文】

贞观十年，唐太宗对房玄龄说："我看历代平乱创业的帝王，都生长在民间，都通情达理，能识别人情真假，少有导致败亡的。到了后来继承王位的君主，生下来享受荣华富贵，不知道人间疾苦，导致国家动乱灭亡。我从小以来，经历了很多艰难险阻，知道天下很多的事情，但仍然害怕自己还有做得不够的地方。至于像荆王他们这些人，从小在宫中长大，见识短浅，哪能想到这些问题呢？我每天一吃饭，就要想到耕种的艰难；每天一穿衣，就想到纺线的辛苦，我那些皇子兄弟能学我吗？你要选一些贤良的人作为他们的老师，使他们的习惯与品德高尚的人接近，这样才能使他们少犯错误。"

**【原文】**

贞观十一年，太宗谓吴王恪曰："父之爱子，人之常情，非待教训而知也。子能忠孝则善矣！若不遵诲诱，忘弃礼法，必自致刑戮，父虽爱之，将如之何？昔汉武帝既崩，昭帝嗣立，燕王旦素骄纵，诪张不服①，霍光遣一折简诛之②，则身死国除。夫为臣子不得不慎。"

**【注释】**

①诪（zhōu）张：欺诈放肆。
②折简：书信。这里指皇帝玺书。

**【译文】**

贞观十一年，太宗对吴王恪说："父亲疼爱子女，这是人之常情，是不通过教育就可以知道的。儿子能尽忠尽善就好了，如果儿子不遵循教诲，废弃礼法，必然自取灭亡，父亲即使疼爱他，那又有什么办法呢？从前汉武帝驾崩了以后，昭帝继位，燕王旦向来自高自大，不愿服人。霍光派一人拿着一个书简就诛杀了他，使他身亡国灭。所以作为臣子不得不谨慎。"

**【原文】**

贞观中，皇子年小者多授以都督、刺史，谏议大夫褚遂良上疏谏曰："昔两汉以郡国治人，除郡以外，分立诸子，割土封疆，杂用周制。皇唐郡县，粗依秦法。皇子幼年，或授刺史。陛下岂不以王之骨肉，镇捍四方，圣人造制，道高前古？臣愚见有小未尽。何者？刺史师帅，人仰以安。得一善人，部内苏息；遇一不善人，阖州劳弊。是以人君爱恤百姓，常为择贤。或称河润九里①，京师蒙福；或与人兴咏②，生为立祠。汉宣帝云：'与我共理者，惟良二千石乎！'如臣愚见，陛下子内年齿尚幼，未堪临民者，请且留京师，教以经学。一则畏天之威，不敢犯禁；二则观见朝仪，自然成立。因此积习，自知为人，审堪临州，然后遣

**【注释】**

①河润九里：如河水浸润土地。比喻施恩于人。
②与人兴咏：深得民心，被百姓传颂。
③准的：箭靶。引申为"准则"。
④冲和深粹：指为人谦和，品德优良。冲和，淡泊平和。深粹，深厚纯粹。

出。臣谨按汉明、章、和三帝，能友爱子弟，自兹以降，以为准的③。封立诸王，虽各有土，年尚幼小者，召留京师，训以礼法，垂以恩惠。讫三帝世，诸王数十百人，惟二王稍恶，自余皆冲和深粹④。惟陛下详察。"太宗嘉纳其言。

**【译文】**

  贞观年间，即使年龄小的皇子都会被授予都督、刺史的爵位。谏议大夫褚遂良上书进谏道："过去汉代都用郡国的方法治理国家，除郡国外，分封诸子，一个个割地封爵，沿用周代的做法。现在我们唐代采用郡县制，沿用的是秦的体制。皇子年龄小，都授予刺史的爵位。陛下难道不是想用骨肉的亲情来安定四方，认为圣人创设的制度，都很高明吗？但是我认为这种方法有一些不完善的地方。为什么呢？刺史和都督，人们仰仗他得以安宁。这些职位若遇上好人担任，那么管辖之地就太平；如果遇到一个不好的人来管理，整个州县就民生凋敝。所以皇上爱抚体恤百姓，常常选择贤能的人。他们有的被称为如同河流一样泽被一方，即使京城也会享受到他的好处；有的被百姓歌颂赞美，并且立下生祠纪念。汉宣帝说：'与我一同治理国家的，是享受两千石俸禄的有才能的人。'按我的想法，陛下的皇子中年龄尚小、还不能统领百姓的，请暂时留在京城，用经学教导他们。一则他们畏惧您的威严，不敢违法乱纪；二则出入观习朝堂仪式，自然会成长自立。时间长了，自然养成习惯，懂得为人处世的方法。能符合条件的，再派遣他们到州郡任职。我认为汉明帝、章帝、和帝三帝，能够让子弟友爱，所以，后世都以此作为准则。分封设立诸多王位，虽然各有不同，而且年龄幼小，便让他们留守在京师，进行古代礼法的教育和恩德惠行的培养。从帝王三代来看，诸王数百人当中，只有两个王稍微不好，其余的性格都正直谦和，请陛下详察。"太宗表扬了他，并且采纳了他的言论。

# 规谏太子第十二

【原文】

贞观五年,李百药为太子右庶子。时太子承乾颇留意典坟,然闲宴之后,嬉戏过度。百药作《赞道赋》以讽焉,其词曰:

下臣侧闻先圣之格言,尝览载籍之遗则,伊天地之玄造①,洎皇王之建国,曰人纪与人纲,资立言与立德②。履之则率性成道③,违之则罔念作忒④。望兴废如从钧,视吉凶如纠缦⑤。至乃受图膺箓⑥,握镜君临。因万物之思化,以百姓而为心。体大仪之潜运,阅往古于来今。尽为善于乙夜,惜勤劳于寸阴。故能释层冰于瀚海,变寒谷于骀林⑦。总人灵以胥悦⑧,极穹壤而怀音⑨。

【注释】

① 玄造:造化。
② 资:资助,帮助。
③ 履:实行,执行。率性:尽情任性。成道:成就道德。
④ 罔念:不思。忒:差错。
⑤ 纠缦(mò):绳索。引申为缠绕联结。
⑥ 受图膺箓(lù):承受天命。图,河图。膺,受。箓,符命。
⑦ 骀(dài):绕,环绕。
⑧ 胥:都。
⑨ 极:尽。穹壤:天地。穹,指天。壤,指地。

【译文】

贞观五年,李百药为太子右庶子。当时太子承乾对三坟五典这些古代典籍学习较为认真,可是闲饮宴乐之后,游乐嬉戏稍微过分。于是李百药作《赞道赋》来进行讽谏规劝,里面写道:

我听说过古代圣贤遗留下来的格言,也曾经看过记载在典籍上的遗训。无论天地运行,抑或国家的建立,都必须有人与人之间的准则纲常,用来立言、立德。按照法则办事就能依附本性成就大道,违背了它就会思想混乱,作恶酿祸。看待历史的兴亡如同自然的天工造化,观察人事的吉凶如同绳索的缠绕纠结。现在我们大唐帝国承受天命,应运而生,秉承清明之道,君临天下。您应根据事物变化的规律,把老百姓放在自己心中,体会天下暗藏的变化规律,细细地研读古往今来的历史。要尽量为天下多做好事,珍惜分分秒秒的光阴。只有这样才能够融化浩瀚海洋中的坚冰,将阴冷的山谷变成祭祀的秋林。这样才能让万民欢悦,让天地都沐浴您的恩宠。

## 【注释】

①运:运气。钟:逢。

②天文:这里指圣旨。明命:圣明的命令。

③元龟:比喻可资借鉴的往事。

④烛:照耀。

⑤群后:指众诸侯王。

⑥匕鬯(chàng):这里指宗庙。

⑦矜尚:骄矜自大。

⑧休咎:吉与凶,祸与福。

⑨披文:分析文辞。相质:观察实质。

## 【原文】

赫矣圣唐,大哉灵命;时维大始,运钟上圣①。天纵皇储,固本居正;机悟宏远,神姿凝映。顾三善而必弘,祗四德而为行。每趋庭而闻礼,常问寝而资敬。奉圣训以周旋,诞天文之明命②。迈观乔而望梓,即元龟与明镜③。自大道云革,礼教斯起,以正君臣,以笃父子。君臣之礼,父子之亲,尽情义以兼极,谅弘道之在人。岂夏启与周诵,亦丹朱与商均。既雕且琢,温故知新。惟忠与敬,曰孝与仁。则可以下光四海,上烛三辰④。昔三王之教子,兼四时以齿学;将交发于中外,乃先之以礼乐。乐以移风易俗,礼以安上化人。非有悦于钟鼓,将宣志以和神。宁有怀于玉帛,将克己而庇身。生于深宫之中,处于群后之上⑤,未深思于王业,不自珍于匕鬯⑥。谓富贵之自然,恃崇高以矜尚⑦。必恣骄狠,动愆礼让。轻师傅而慢礼仪,狎奸谄而纵淫放。前星之耀遽隐,少阳之道斯谅。虽天下之为家,蹈夷俭之非一。或以才而见升,或见谗而受黜。足可以省厥休咎⑧,观其得失。请粗略而陈之,觊披文而相质⑨。

## 【译文】

我盛唐赫赫天威,上承天命;开创帝业,遇到圣明的贤人。天派遣你作为皇位的继承人,巩固国家的根本,居于正位。你心地聪颖,光彩照人。你要每天都多次审视自己的善行,用四德来规范自己的行为,那么好的东西必然发扬光大。你要像孔子的儿子孔鲤那样听从父训而学习礼仪,问候起居来表示敬爱。你要随时以英明的圣旨来应酬礼仪,遵从父子之道,按照前车之鉴来行事。自从大道消失以后,礼就兴起来了,这使君臣各得其所,使父与子之间的感情更加笃厚。君臣之间的礼义,父子之间的亲情,达到情义兼至,都在于人为。怎能说夏启、周诵与丹朱、商均是一样的呢?你要反复不断地温习旧的知识,让心灵受到启发而获得新的知识。如能用忠、敬、孝、仁来治理国家,就可以使国家安定与兴盛。过去三王教育子女,用四时之法按年来学习;将要让太子出宫就位,都是先用礼乐来教育他们。乐用来改变风俗,礼用来安定统治、教化大众。学习音乐并非喜欢乐音，而是用它来表明志向，使心神安宁。学习礼法难道是想要得到玉帛吗？只是为了用它来克制自己的贪欲而让自己得以保全。如果生长在宫廷之中，地位处于诸侯之上，就不认真思考帝王的基业得之不易，就不会去珍惜，认为富贵天定，自高自大。必然产生骄横的念头，从而使行为违背礼节。产生像轻视师傅、怠慢礼仪、亲近奸妄谄媚之人而放纵淫乱等可耻行为。如果这样，那么先王的光芒就会隐没，充满阳光的大道就会阴暗，即使天下表面仍是一家，所处的安全、危险情况却不一样。有的人可能凭借才华得到任用，有的却可能因为诬陷而遭到贬谪。让我粗略地陈述一下过去的历史，让你从中体会到我要说的东西。

## 【原文】

在宗周之积德，乃执契而膺期①；赖昌、发而作贰，启七百之鸿基。逮扶苏之副秦，非有亏于闻望；以长嫡之隆重，监偏师于亭障。始祸则金以寒离，厥妖则火不炎上；既树置之违道，见宗祀之遄丧。伊汉氏之长世，固明两之递作②。高惑戚而宠赵，以天下而为谑。惠结皓而因良，致羽翼于寥廓。景有惭于邓子，成从理之淫虐；终生患于强吴，由发怒于争博③。彻居储两，时犹幼冲，防衰年之绝议，识亚夫之矜功④；故能恢弘祖业，绍三代之遗风。据开博望，其名未融。哀时命之奇舛，遇谗贼于江充；虽备兵以诛乱，竟背义而凶终。宣嗣好儒，大猷行阐，嗟被尤于德教，美发言于忠謇。始闻道于匡、韦，终获戾于恭、显。太孙杂艺，虽异定陶，驰道不绝⑤，抑惟小善。犹见重于通人，当传芳于前典。中兴上嗣，明、章济济，俱达时政，咸通经礼，极至情于敬爱，惇友于于兄弟；是以固东海之遗堂，因西周之继体。五官在魏，无闻德音。或受讥于妲己，且自悦于从禽⑥。虽才高而学富，竟取累于荒淫。暨贻厥于明皇，构崇基于三世。得秦帝之奢侈，亚汉武之才艺。遂驱役于群臣，亦无救于凋弊。中抚宽爱，相表多奇。重桃符而致惑，纳巨鹿之明规。竟能扫江表之氛秽，举要荒而见羁⑦。惠处东朝，察其遗迹。在圣德其如初，实御床之可惜。悼愍怀之云废，

## 【注释】

① 执契：把握契机。
② 递作：相继而起。
③ 博：古代的一种棋戏。
④ 矜功：恃功。
⑤ 驰道：古代供君王行驶车马的道路。
⑥ 从禽：追逐禽兽。
⑦ 见羁：被控制。
⑧ 粢（zī）盛：盛在祭器内以供祭祀的谷物。这里指奉祀宗庙。

遇烈风之吹沙。尽性灵之狎艺，亦自败于凶邪。安能奉其烝盛⑧，承此邦家。

**【译文】**

周代以德治人，于是能把握时机承受天命；依靠文王、武王开创了七百年的宏伟基业。扶苏作为秦国的太子，并不是声名有什么贬损之处，而是自己作为嫡长子，却在外面监军。祸患由此产生，太子被疏远，灾难降临，太子被杀害。由于册立君主违背了正道，秦朝基业很快就遭到灭亡。汉代统治久远，实则是太子继起的缘故。汉高祖被戚夫人迷惑而宠爱其子赵王，被天下看成一个笑话。惠帝用张良的计策结交商山四皓，使得自己羽翼丰满得以翱翔九天之上。汉景帝正因为侍奉父皇比不上宠臣，造成了邓通的淫乱暴虐，从而终生以强大的吴国为患，由于博弈的争执错杀了吴太子。汉武帝刘彻为太子时，年纪尚幼，就能提防老年不听劝谏的缺点，看穿了周亚夫必然居功自傲；因此他能够巩固拓展国家疆土，使三代遗风更加明显。戾太子刘据设立博望苑广交宾客，名望尚未彰显。可叹的是他的命运不济，遇到谗臣江充的诽谤；虽然诛杀了引起内乱的江充，但也因违背礼仪而遭到杀身之祸。汉元帝喜爱儒术，大道得以昌明。感叹他因为施行道德教化而被指责，赞赏他所发表的意见忠诚正直。他起初任用匡衡、韦玄成为丞相，使他能够闻取治国正道，但他又因为任用弘恭、石显从而导致滥杀忠臣的错误行为。汉元帝太子成帝的才艺虽然不及元帝庶子定陶，但仁义为重，身为太子时不敢在御道上奔跑，不失为小的优点。而他仍得到当时贤者的辅助，从而流芳史册。东汉的诸太子中，汉明帝、汉章帝端庄诚敬，都通晓政务和儒术。他们个个情感笃厚，兄弟和睦，因此能使东海王的遗业稳固，继承了西周的传位制度。魏文帝曹丕为魏世子时，没有听到他好的德行。他不是因为爱好美女而遭到别人指责，就是放纵于打猎游玩。虽然他才能高、学问好，却被自己的荒淫牵连。到魏明帝时，他在御花园中建筑土山长达三年。他有秦始皇那样的奢侈，却无汉武帝那样的才艺。于是驱使群臣负土筑山，导致国家衰落，百姓凋疲。晋武帝司马炎宽厚仁德，相貌奇伟。其父虽然当初重视其弟司马攸，因为立世子之事而产生疑惑，但又最终接受了大臣裴秀的规劝，立司马炎为世子。最后司马炎终于取代魏国平定东吴，一统天下。晋惠帝为太子时，我观察他的言行，其品行还和原来一样昏愚，继承帝位实在让人感到痛惜。我伤悼晋惠王的长子愍怀被废掉太子之位，如同狂风吹沙般溃散无迹。但是他因此自暴自弃，将聪明才智全都用于嬉戏，面对奸诬谗佞而自毁前程。这样的人怎能让他保其祖业，担当国家重任？

**[原文]**

惟圣上之慈爱，训义方于至道。同论政于汉幄，修致戒于京郜。鄙《韩子》之所赐，重经术以为宝。咨政理之美恶，亦文身之黼藻①。庶有择于愚夫，惭乞言于遗老。致庶绩于咸宁，先得人而为盛。帝尧以则哲垂谟②，文王以多士兴咏。取之于正人，鉴之于灵镜。量其器能，审其检行。必宜度机而分职，不可违方以从政。若其惑于听受，暗于知人，则有道者咸屈，无用者必伸。谀谀竞进以求媚，玩好不召而自臻。直言正谏，以忠信而获罪；卖官鬻狱③，以货贿而见亲。于是亏我王度，致我彝伦④。九鼎遇奸回而远逝，万姓望抚我而归仁。盖造化之至育，惟人灵之为贵。狱讼不理，有生死之异涂；冤结不伸，乖阴阳之和气。士之通塞，属之以深文；命之修短，悬之于酷吏。是故帝尧画像，陈恤隐之言；夏禹泣辜，尽哀矜之志。因取象于《大壮》，乃峻宇而雕墙。将瑶台以琼室，岂画栋与虹梁。或凌云以遐观，或通天而纳凉。极醉饱而刑人力，命痿蹶而受身殃⑤。是以言惜十家之产，汉帝以昭俭而垂裕；虽成百里之囿，周文以子来而克昌。彼嘉会而礼通，重旨酒之为德。至忘归而受祉，在齐圣而温克。若其酗酋以致昏⑥，酖湎而成忒，痛殷受与灌夫，亦亡身而丧国。是以伊尹以醋歌而作戒，周公以乱邦而贻则。咨幽闲之令淑，实好逑于君子。辞玉辇而割爱，固班姬之所耻；脱簪珥而思愆，亦宣姜之为美。乃有祸晋之骊姬，丧周之褒姒。尽妖妍于图画，极凶悖于人理。倾城

**[注释]**

① 黼（fǔ）藻：修饰使臻完美。

② 垂谟：垂视法则。

③ 鬻（yù）狱：受贿而枉断官司。

④ 致（dù）：败坏。彝伦：伦常。

⑤ 痿蹶：手足萎弱无力、行走不便的病症。

⑥ 酗酋（yǒng）：酗酒。

⑦ 禽荒：沉迷于田猎。

⑧ 鞴绁（bèixiè）：借指纨绔子弟放荡游乐的生活。

⑨ 逸辔（pèi）：疾驶的马车。

⑩ 靦（miǎn）：羞愧，不好意思。

倾国，思昭示于后王；丽质冶容，宜永鉴于前史。复有蒐狩之礼，驰射之场，不节之以正义，必自致于禽荒⁷。匪外形之疲极，亦中心而发狂。夫高深不惧，胥靡之徒；鞴绁为娱⁸，小竖之事。以宗社之崇重，持先王之名器，与鹰犬而并驱，凌艰险而逸辔⁹。马有衔橛之理，兽骇不存之地，犹有觋于获多⑩，独无情而内愧。

### 【译文】

　　只是当今圣上对您慈祥仁爱，用最好的道德准则来对您进行教诫。好像汉代的论政，遵循周代的致戒。鄙视晋元帝好用刑法，以《韩非子》赐太子的做法，看重儒家的经世致用之术，将它作为治国的法宝。学习儒学，可以了解政事的得失，也可以提高自身的修养；因为知书达理而欣喜，可以用来识辨愚蠢的人；因为不知道典故而惭愧，需要去请教有学问的长者。要让国家政通人和，最关键的是得人心、得人才。尧帝懂得知人善任而成为世代的楷模，文王广揽贤才而为世人赞颂。要从正人君子中选取人才，然后用慧眼来加以鉴别对照，正确地判断一个人的才能，检验他的德行。必须根据这个人的实际情况来确定职位，不可以违背法制原则。如果被偏听迷惑，不能正确地了解人，那么有德行的人必然会受到压抑，没有才德的人必然能得到显贵。奸谗之人竞相去献媚讨好来寻求宠幸，玩乐之物不招自来。正直忠谏的人，可能因为他的忠心而招致罪过；卖官徇私之人，可能因为贿赂而得以亲近。这就会使王道亏损，人伦败坏。国家遇到奸臣就要遭到灭亡，黎民百姓都希望得到安抚而愿意归顺仁义之人。天地生育的万种生灵，只有人最为宝贵。诉讼判断不合理，使人的生死适得其反；冤情得不到平反，就会违背阴阳之气的调和。贤才是否被任用，交付于苛责的刑法；百姓生命的长短，全维系在酷吏的身上。所以尧帝画五刑图像的目的，正是表达对违法者的一种安抚；夏禹哀怜犯人，在道路上哭泣，是为了反省自身，根据《大壮》卦象的启发，于是建造楼宇亭台、雕梁画栋。像桀那样做瑶台，像纣王那样做琼室，怎会单单是雕梁画栋呢！魏文帝修建凌云台远望，汉武帝修建通天台纳凉。穷奢极欲而使黎民遭受苦难，而最后必遭天怒人怨，性命遭殃。所以汉文帝听说造露台要耗费十家人的家产而罢手，他以俭约的美名促使了国家的富强；周文王虽然修建成了方圆百里的园苑，却因为老百姓的自愿帮助而更加强大。至于美好的宴会应用礼来加强往来，喜欢美酒也应注重酒德。酒酣忘返却能得福的境界，在于自身的聪明和自制。如果沉溺于酒色，因酗酒而酿成错误，就会像殷纣与灌夫那样因酒妄为、国亡身死，令人感到痛惜。所以伊尹以酗歌为名做出训诫，周公因为酒能使国家混乱，而确立了行为的准则。温婉贤淑的女子，实在是君子的美好伴侣。坚决不愿与皇帝同车游览，这是班婕妤知道仅仅作为宠妾的耻辱；拔掉簪子思考皇上沉溺后宫的罪过，这也是宣姜的美德。但也有让晋国发生内乱的骊姬，让周幽王丧命的褒姒。这些人极其妖艳，赛过美丽的图画，行为却极其违背人的纲常伦理。面对倾城倾国的美貌，应想想这些给后王留下的启示，应该永远以前代的历史为鉴。至于狩猎驰射，如果不用道义加以节制，必然导致沉迷于此。这样不但形体疲惫，而且内心也会放纵失常。高山深谷都不害怕，这是无知囚徒；以打猎作为人生的欢乐，这是庸俗之辈所为。自己身系宗庙社稷等崇高的事情，担负着先王传下来的治国重任，却与打猎的鹰犬并排奔跑，翻越危险之地策马飞奔。而马也有失前蹄的时候，连野兽也会为没有生存之地而变得恐慌好斗，自己却不念及于此，反而贪得无厌，内心难道真的不感到惭愧吗？

## 【原文】

以小臣之愚鄙，忝不赀之恩荣①。擢无庸于草泽，齿陋质于簪缨②。遇大道行而两仪泰，喜元良会而万国贞。以监抚之多暇，每讲论而肃成。仰惟神之敏速，叹将圣之聪明。自礼贤于秋实③，足归道于春卿。芳年淑景，时和气清。华殿邃兮帘帏静，灌木森兮风云轻，花飘香兮动笑口，娇莺啭兮相哀鸣。以物华之繁靡④，尚绝思于将迎。犹允蹈而不倦⑤，极耽玩以研精⑥。命庸才以载笔，谢摛藻于天庭⑦。异洞箫之娱侍，殊飞盖之缘情。阙雅言以赞德，思报恩以轻生。敢下拜而稽首，愿永树于风声。奉皇灵之

## 【注释】

① 忝(tiǎn)：表示愧于进行某事。谦词。不赀(zī)：不可比量，不可计数。
② 齿：录用。
③ 秋实：比喻人的德行成就。
④ 繁靡：繁华。
⑤ 允蹈：恪守，遵循。

⑥耽玩：迷恋，赏玩。研精：专心穷究精义。
⑦摛（chī）藻：铺陈辞藻。

遐寿，冠振古之鸿名。

太宗见而遣使谓百药曰："朕于皇太子处见卿所作赋，述古来储贰事以诫太子，甚是典要。朕选卿以辅弼太子，正为此事，大称所委，但须善始令终耳。"因赐厩马一匹，采物三百段。

**【译文】**

我见识短小浅陋，却受到如此隆恩。皇上从草野之中把我这没才能的人提拔上来，位于百官之列。有幸遇到大道即行而国泰民安，欣喜于与太子相会而使四海归正。我在任监抚的空闲时间，每每在书房讨论学问。为您如神的敏捷而仰慕，为您如圣的聪慧而赞叹。如果想要在道德方面礼贤下士，就要在礼仪方面归于道德。您正值美好年华，一切光阴都值得珍惜。宫殿深邃，帘帷清静；灌木苍盛，飞云轻绕；花香四溢，笑语盈盈；莺歌燕舞，骤成哀鸣。面对生活的富贵奢华，您尚且无心留恋，仍然能做到恪守德行孜孜不倦，沉迷于学问而精于钻研。您命不才的我执笔作文，在朝廷之上铺陈辞藻。这不同于文帝时王褒上的《洞箫赋》那样讨人欢心，也不同于曹植"飞盖相追随"的诗赋。我不擅长用优美的言辞来赞美您高尚的德行，只是想着报答知遇之恩而不惜牺牲自己的生命。请允许我下拜叩首，愿您英名永树。我愿努力侍奉皇上，让您的美名千古流传。

太宗看了这篇词赋后，派遣使者对李百药说："我在皇太子居住的地方看到了你所作的词赋，你叙述古往今来太子的事情来告诫太子，十分简明得当。我选用你来辅佐太子，正是为了这件事。你很称职，但你必须让自己有始有终。"于是赏赐他骏马一匹，彩帛三百段。

**【注释】**
①亏：使受损失。
②面折：当面指责。

**【原文】**

贞观中，太子承乾数亏礼度①，侈纵日甚，太子左庶子于志宁撰《谏苑》二十卷讽之。是时太子右庶子孔颖达每犯颜进谏。承乾乳母遂安夫人谓颖达曰："太子长成，何宜屡得面折②？"对曰："蒙国厚恩，死无所恨。"谏诤愈切。承乾令撰《孝经义疏》，颖达又因文见意，愈广规谏之道。太宗并嘉纳之，二人各赐帛五百匹，黄金一斤，以励承乾之意。

**【译文】**

贞观年间，太子承乾屡次违犯礼仪法度，一天比一天奢侈放纵。太子左庶子于志宁撰写了《谏苑》共二十卷对他进行劝谏。当时太子右庶子孔颖达经常冒犯威严进行谏诤。承乾的乳母遂安夫人对孔颖达说："太子已长大成人，怎好屡次当面指责他？"孔颖达回答："我蒙受国家的厚恩，即使死也无怨恨。"于是谏诤得更加激切。承乾命孔颖达撰写《孝经义疏》，孔颖达又通过经文表达自己的意见，获得了更多的劝谏机会。太宗对两人的做法都很赞赏，赏赐这两位大臣帛各五百匹，黄金各一斤，借此来勉励承乾。

**【原文】**

贞观十三年，太子右庶子张玄素以承乾颇以游畋废学，上书谏曰：

臣闻皇天无亲，惟德是辅，苟违天道，人神同弃。然古三驱之礼，非欲教杀，将为百姓除害，故汤罗一面，天下归仁。今苑内娱猎，虽名异游畋，若行之无恒①，终亏雅度。且傅说曰："学不师古，匪说攸闻②。"然则弘道在于学古，学古必资师训。既奉恩诏，令孔颖达侍讲，望数存顾问③，以补万一。仍博选有名行学士，兼朝夕侍奉。览圣人之遗教，察既往之行事，日知其所不足，月无忘其所能。此则尽善尽美，夏启、周诵焉足言哉！夫为人上者，未有不求其善，但以性不胜情，耽惑成乱④。耽惑既甚，忠言尽塞，所以臣下苟顺，君道渐亏。古人有言："勿以小恶而不去，小善而不为。"故知祸福之来，皆起于渐。殿下地居储贰，当须广树嘉猷⑤。既有好畋之淫，何以主斯匕鬯？慎终如始，犹恐渐衰，始尚不慎，终将安保！

**【注释】**

①无恒：无常。此指没有节制。

②匪：通"非"。攸：所。

③顾问：咨询。

④耽惑：迷惑。

⑤嘉猷：治国的好规划。这里指好的德行。

**【译文】**

贞观十三年,太子右庶子张玄素因为太子李承乾喜欢打猎,荒废了学业,于是上书进谏说:

我听说老天不会偏私,只会辅佐有德之人。如果违背了天道,不管是人是神都会遗弃他。古代打猎三驱的礼制,并不是要人杀生,只是为老百姓除害而已。所以商汤撤除捕捉野兽的四面网,只用一面网,如此仁义之举终于使百姓归心。如今您在御苑之内打猎,虽然名义上不同于在野外游猎,但是如果放纵无度,终究不雅。所以傅说说:"学习不遵循古训,这是闻所未闻的。"因此要弘扬德行必须学习古礼,学习古礼必须依靠老师教诲。现在我既然奉旨教太子读书,让孔颖达做侍讲,是希望您能询问古代的事迹和学问,以弥补学问的不足。另外再选一些博学多才之士,朝夕侍奉太子。阅读圣人的遗训,知道历史变迁,发现国亡的原因,每天都能发现自己不足的地方,每月都能不忘记自己所学的东西,这样就尽善尽美了。夏启、周诵这样的贤太子又何足称道呢?为人君主,没有谁不心念向善的,只是因为理智难以控制感情,沉溺惶惑才造成了昏乱。沉溺惶惑过于厉害,就会使忠言全部堵塞,从而使臣下苟且偷生、投其所好,损害为君之道。古人说:"不要因为过失小的就不加以改正,也不要因为好事小就不愿去做。"应该知道,祸福都是渐渐产生的。您身为皇储,应该树立自己美好的形象。如果有喜爱打猎的癖好,又如何能专心主持国事呢?谨慎从事,善始善终,尚且担心会逐渐衰退;如若一开始就不谨慎,最终又如何去保持呢?

【注释】

①方寸:指人的内心。
②光被:广泛传布。
③物理:事物的道理、规律。

【原文】

承乾不纳。玄素又上书谏曰:

臣闻称皇子入学而齿胄者,欲令太子知君臣、父子、尊卑、长幼之道。然君臣之义,父子之亲,尊卑之序,长幼之节,用之方寸之内①,弘之四海之外者,皆因行以远闻,假言以光被②。伏惟殿下,睿质已隆,尚须学文以饰其表。窃见孔颖达、赵弘智等,非惟宿德鸿儒,亦兼达政要。望令数得侍讲,开释物理③,览古论今,增辉睿德。至如骑射畋游,酣歌妓玩,苟悦耳目,终秽心神。渐染既久，必移情性。古人有言："心为万事主，动而无节即乱。"恐殿下败德之源，在于此矣。

承乾览书愈怒，谓玄素曰："庶子患风狂耶？"

## 【译文】

李承乾不接受张玄素的意见，于是张玄素又呈上一篇奏书说：

我听说皇子入学和同学之间是按照年龄大小来排列次序的，这样是为了使太子知晓君臣、父子、尊卑、长幼之间的道理。然而君臣之间的礼义，父子之间的亲情，尊卑的等级，长幼的秩序，要从内心去奉行，使之广布于天下，都要依靠自身的行为使自身闻名久远，凭借言辞而使其广泛传播。现在您已经长大成人，但仍需要学习知识以提高自身修养。我认为孔颖达、赵弘智等人，不仅是当今鸿儒，具有很高的德行修养，而且他们通晓政治之道。希望您时常听他们授课，让他们讲授人情物理，谈古论今，以增加您的才智。至于骑马射击、音乐美女之类的逸乐，只会满足一时的耳目之娱，终将会扰乱心神。如果过多沉溺其中，必将改变您的性情。古人说："心是万事的主宰，如果心无节制地骚动必然会产生祸乱。"我是害怕这些逸乐会成为败坏殿下德行的根源啊！

李承乾看了奏书，更加愤怒，对张玄素说："你得了癫病吗？"

## 【原文】

十四年，太宗知玄素在东宫频有进谏，擢授银青光禄大夫，行太子左庶子。时承乾尝于宫中击鼓，声闻于外，玄素叩阁请见①，极言切谏。承乾乃出宫内鼓对玄素毁之，遣户奴伺玄素早朝，阴以马挝击之②，殆至于死。是时承乾好营造亭观，穷极奢侈，费用日广。玄素上书谏曰：

臣以愚蔽，窃位两宫，在臣有江海之润，于国无秋毫之益，是用必竭愚诚③，思尽臣节者也。伏惟储君之寄，荷载殊重，如其积德不弘，何以嗣守成业？圣上以殿下亲则父子，事兼家国，所应用物不为节限。恩旨未逾六旬，用物已过七万，骄奢

## 【注释】

①叩：敲门。阁(hé)：宫中小门。

②马挝(zhuā)：马鞭子。

③是用：因此。用：以，为。

④宣猷：发布政令。禁门：宫门。

⑤阛阓(huánhuì)：街市，街道。

⑥徽猷：美善之道。猷，道，指修养。

⑦俄：在短时间内。

之极，孰云过此？龙楼之下，惟聚工匠；望苑之内，不睹贤良。今言孝敬，则阙侍膳问竖之礼；语恭顺，则违君父慈训之方；求风声，则无学古好道之实；观举措，则有因缘诛戮之罪。宫臣正士，未尝在侧，群邪淫巧，昵近深宫。爱好者皆游伎杂色，施与者并图画雕镂。在外瞻仰，已有此失；居中隐密，宁可胜计哉！宣猷禁门④，不异阛阓⑤，朝入暮出，恶声渐远。右庶子赵弘智经明行修，当今善士，臣每请望数召进，与之谈论，庶广徽猷⑥。令旨反有猜嫌，谓臣妄相推引。从善如流，尚恐不逮；饰非拒谏，必是招损。古人云："苦药利病，苦口利行。"伏愿居安思危，日慎一日。

书入，承乾大怒，遣刺客将加屠害，俄属宫废⑦。

### 【译文】

贞观十四年，唐太宗得知张玄素在太子东宫频频进谏，于是授予他银青光禄大夫，兼任太子左庶子。一次李承乾在宫中击鼓作乐，声音传至宫外，张玄素敲宫门请求见，极力劝谏。太子气急败坏，出宫将鼓摔毁在张玄素面前。他又派奴仆等张玄素上早朝的时候，暗中用马棁袭击他，差点儿将他置于死地。那时李承乾喜好营造楼阁，穷奢极欲，耗资巨大。张玄素又上书进谏：

我生性愚钝，却担当朝廷和东宫的要职，皇恩浩荡，我却对国家没有一丝一毫的贡献。所以我一定要尽职尽忠，想要尽到人臣的责任。太子的使命，责任十分重大，如果积德不深厚，又怎么能担当守护祖宗基业的大任呢？陛下因为你们是父子之亲，您的言行于家于国关系重大，所以对您的日常用度没有限制。陛下圣旨下来不到六旬，而殿下的东宫之内的财物用度已超过七万，骄奢至极，到了无以复加的地步。太子宫殿下聚集无数工匠，内苑之中却不见贤才良臣半点儿踪影。论孝敬，殿下有违晚辈向长辈嘘寒问暖的礼节；论恭顺，殿下则与慈父的训导背离；论名声，殿下没有学习古道的事实；论行为，殿下又顺从性情滥施刑罚。正直的人，没在身边，而哗众取宠的弄臣，不离左右。您喜欢的不外乎声色犬马，所赏赐的都是图画雕刻。从表面看，殿下已有如此多的过失；何况朝中隐秘的大事，可能已经不可胜数了。宣布法令的宫门无异于街市，形形色色的人时刻出入其中，坏名声已经传播得很广了。右庶子赵弘智精通经术，德行高尚，是当今贤才。我常常劝告殿下，希望您经常召见他，与他谈论，以增进您的美德。如今殿下却对他猜疑嫌弃，认为用错了人才。一个人从善如流，恐怕还来不及，如果掩饰过错，拒绝进谏，必然会招来损失。古人说："良药苦口利于病，忠言逆耳利于行。"希望殿下居安思危，千万谨慎啊。

奏书送入东宫，李承乾看后大怒，派刺客想加害张玄素。不久李承乾被废黜。

### [原文]

贞观十四年，太子詹事于志宁，以太子承乾广造宫室，奢侈过度，耽好声乐，上书谏曰：

臣闻克俭节用，实弘道之源；崇侈恣情，乃败德之本。是以凌云概日，戎人于是致讥；峻宇雕墙，《夏书》以之作诫。昔赵盾匡晋，吕望师周，或劝之以节财，或谏之以厚敛①。莫不尽忠以佐国，竭诚以奉君，欲使茂实播于无穷②，英声被乎物听③。咸著简策，用为美谈。且今所居东宫，隋日营建，睹之者尚讥其侈，见之者犹叹甚华。何容于此中更有修造，财帛日费，土木不停，穷斤斧之工，极磨礱之妙④？且丁匠官奴入内，比者曾无复监。此等或兄犯国章，或弟罹王法，往来御苑，出入禁闱，钳凿缘其身，槌杵在其手。监门本防非虑，宿卫以备不虞，直长既自不知，千牛又复不见。爪牙在外，厮役在内，所司何以自安，臣下岂容无惧？

### [注释]

① 厚敛：征收重税。
② 茂实：盛美的德业。
③ 物听：众人的言论。这里指人们的听闻。
④ 磨礱（lóng）：磨治。

### [译文]

贞观十四年，太子詹事于志宁因太子李承乾大造宫室，奢侈无度，又沉溺于声色犬马，于是上书进谏：

我听说克制节俭，是弘扬德行的根本；穷奢极欲，是败坏品德的根源。所以秦穆公夸耀自己豪华的宫殿，遭到西戎由余的耻笑；高楼雕墙，《夏书》将其作为国家危亡的警戒。过去赵盾匡扶晋灵公，姜太公辅佐周文王，或者劝告他们节约财物，或者建议他们免征重税。无不尽忠竭力为国效劳、为君分忧，希望使功业流传无穷，英名广播；载入史册，成为千古美谈。今天殿下居住的东宫，乃隋代所建，看到的人已经觉得非常奢侈，感叹其过于富丽堂皇了。为什么要再修宫室，天天浪费资财，大兴土木，极尽雕琢精妙之能事呢？而且如此多的工匠出入东宫，又没人监视。这些人中有的人或是他的兄弟犯法而沦为奴隶，他们却可以自由出入东宫禁地，身上携带斧凿等器具。守门值班的人是为了防止意外发生，然而这种情况负责守卫的直长和千牛这些官员都不知道也看不见。武官们在宫外，奴隶们在宫内，负责禁卫的部门又怎么能够安心？这又怎么不让我感到恐惧忧虑呢？

【注释】

①口敕：帝王口头的诏令。

②殷勤：恳切叮咛。

【原文】

又郑、卫之乐，古谓淫声。昔朝歌之乡，回车者墨翟；夹谷之会，挥剑者孔丘。先圣既以为非，通贤将以为失。顷闻宫内，屡有鼓声，大乐伎儿，入便不出。闻之者股栗，言之者心战。往年口敕①，伏请重寻，圣旨殷勤②，明诫恳切。在于殿下，不可不思；至于微臣，不得无惧。

【译文】

再者，郑国、卫国的音乐，自古以来就被称作亡国的靡靡之音。过去墨子经过商代的朝歌之地，要回车转向；鲁定公与齐侯会于夹谷，孔子挥剑斩杀戏子。歌舞失去礼法，古代圣人认为是大逆不道的，通达的贤者也认为过失。而如今的东宫，时常传出寻欢作乐的鼓乐声，歌伎舞伎只见进不见出。听者双腿发抖，说者心惊胆战。往年陛下对太子的教谕，请您重新温习。圣旨关注，殷勤有加。这些之于殿下不可不深思，对于我来说也不能不感到害怕。

【注释】

①鉴：观察，明察。

【原文】

臣自驱驰宫阙，已积岁时，犬马尚解识恩，木石犹能知感，臣所有管见，敢不尽言。如鉴以丹诚①，则臣有生路；若责其忤旨，则臣是罪人。但悦意取容，臧孙方以疾疢②；犯颜逆耳，《春秋》比之药石③。伏愿停工巧之作，罢久役之人，绝郑、卫之音，斥群小之辈。则三善允备④，万国作贞矣。

承乾览书不悦。

② 疾疢（chèn）：病害。
③ 药石：比喻规诫。引申为规诫他人改过之言。
④ 允备：齐备。

## [译文]

我自从承蒙圣恩，为朝廷效劳已有多年。犬马尚且知道感恩，木石尚且能够感知，我有一点儿狭小见识，怎敢不去竭尽所能进言呢？如果我能得到您的明察，您能看到我的忠诚，那么我就有了生路；如果您指责我违抗旨意，那么我就罪名难逃。只是阿谀逢迎，鲁国大夫臧仲武将它比作疾病；冒犯尊严，逆耳忠言，《春秋》里面将它比作良药。希望殿下停止营造宫殿，释放那些久做劳役的人，不听郑、卫的音乐，斥退卑鄙小人。这样就会使事君、事父、事长这三种善行完备了，家国天下也将归于中正。

李承乾看过奏书很不高兴。

## [原文]

十五年，承乾以务农之时，召驾士等役，不许分番①，人怀怨苦。又私引突厥群竖入宫。志宁上书谏曰：

臣闻上天盖高，日月光其德；明君至圣，辅佐赞其功。是以周诵升储，见匡毛、毕；汉盈居震，取资黄、绮。姬旦抗法于伯禽，贾生陈事于文帝，咸殷勤于端士②，皆恳切于正人。历代贤君，莫不丁宁于太子者，良以地膺上嗣，位处储君。善则率土沾其恩，恶则海内罹其祸。近闻仆寺、司驭、驾士、兽医，始自春初，迄兹夏晚，常居内役，不放分番。或家有尊亲，阙于温凊③；或室有幼弱，绝于抚养。春既废其耕垦，夏又妨其播殖。事乖存育，恐致怨嗟。倘闻天听，后悔何及？又突厥达哥支等，咸是人面兽心，岂得以礼义期，不可以仁信待。心则未识于忠孝，言则莫辩其是非，近之有损于英声，昵之无益于盛德。引之入阁，人皆惊骇，岂臣庸识，独用不安？殿下必须上副至尊圣情，下允黎元本望，不可轻微恶而不避，无容略小善而不为。理敦杜渐之

## [注释]

① 分番：分组轮流值勤。
② 端士：品德端正之人。
③ 温凊（qìng）：冬温夏凊（凉）的省称。后指侍奉父母之礼。
④ 敦：治理。
⑤ 起复：守丧期满复职。
⑥ 苫（shān）庐：古代在亲丧中所居之室。

方④,须有防萌之术。屏退不肖,狎近贤良。如此,则善道日隆,德音自远。

承乾大怒,遣刺客张师政、纥干承基就舍杀之。是时丁母忧,起复为詹事⑤。二人潜入其第,见志宁寝处苫庐⑥,竟不忍而止。及承乾败,太宗知其事,深勉劳之。

**【译文】**

贞观十五年,李承乾在百姓农忙之时,摊派杂役,臣民无不心怀怨恨,苦不堪言。后来他私自将突厥人带入宫中,于是于志宁上书进谏:

我听说苍天高远,日月显耀它的德行;君王圣明,臣下匡扶他的功业。所以周代姬诵升为太子,有毛叔、郑毕公的鼎力辅佐;西汉的刘盈位居太子,得到夏黄公、绮里季等四位贤士的帮助。周成王有过失,丞相周公旦就鞭打自己的儿子伯禽,以告诫成王;汉代贾谊抗直,都要求其亲近品德高尚的贤臣,真诚对待正直的人。历代的君王也无不再三叮嘱太子,因为太子身为王储,将要担当继承帝业的大任。太子良善,那么老百姓都会感谢他的恩德;太子作恶,那么就会殃及万民。现在,我听说僧侣、马夫、兽医等人,从初春到夏末,长期居住在宫内服役,不让他们轮番值勤。他们中有的人家中双亲尚在,却因此得不到应有的侍奉;有的人家中有幼小的儿女,也因此得不到父亲的照顾抚育。这样做荒废了他们的春耕,又妨碍了他们的夏种。这样做与抚养百姓之道相违背,久而久之恐怕招来怨言。如果民怨传到圣上耳中,只怕您后悔也晚了。另外突厥达哥支等人,都是人面兽心,怎么能够用仁义诚信来期望和对待他们呢?他们的本心不知忠孝,言行不辨是非,接近他们会败坏自己的英名,宠信他们也对增加您的盛德毫无益处。现在把他们带入宫中,没有人不惊恐万分,这不仅仅是我一个人的见识平庸,独自忧虑。殿下做事应该符合国王至尊的身份,与黎民百姓的愿望相符,勿以恶小而为之,勿以善小而不为。您理应遵守防微杜渐之道。斥退小人,任用忠良。如果能做到这样,那么美德就能日见昌盛,美名也会自然远扬。

李承乾看后大怒，派刺客张师政、纥干承基到于志宁家刺杀他。当时于志宁正在为母守丧，被任命为太子詹事。两个刺客偷偷潜入于府，看见他睡着草苫、枕着土块为亡亲守丧，最终没忍心下手。

　　等到后来李承乾劣迹败露，唐太宗得知了于志宁的事迹，犒劳了他。

# 仁义第十三

【原文】

贞观元年,太宗曰:"朕看古来帝王以仁义为治者,国祚延长,任法御人者①,虽救弊于一时,败亡亦促。既见前王成事,足是元龟。今欲专以仁义诚信为治。望革近代之浇薄也②。"黄门侍郎王珪对曰:"天下凋丧日久,陛下承其余弊,弘道移风,万代之福。但非贤不理,惟在得人。"太宗曰:"朕思贤之情,岂舍梦寐③!"给事中杜正伦进曰:"世必有才,随时听用,岂待梦傅说,逢吕尚,然后为治乎?"太宗深纳其言。

【注释】

①御:制,统治。
②浇薄:人情轻薄,风气虚浮。
③岂舍梦寐:梦中也不会忘记。

【译文】

贞观元年,太宗说:"我看古代的帝王,凡以仁义治理国家的,都国运久远。任用严刑峻法统领人民的,虽然能挽救一时的弊端,但国家很快就会灭亡。既然我们看到了前代帝王成事的办法,就可以把它们用作统治国家的镜鉴。现在,我们要以诚信、仁义作为治理国家的方针,希望这有助于铲除近代的虚伪之风。"黄门侍郎王珪回答说:"天下荒废凋疲的时间已经很长了,陛下在天下积弊之时统领国家,弘扬古代圣贤的遗风,实乃万民之福。现在,我们面临的问题并不是贤能的人不施展才华,而是用人是否得当。"太宗说:"我求贤若渴,想得到他们的心,即使夜晚做梦都梦到贤才。"给事中汪正伦说:"世上有才能的人很多,随时等候陛下的任用,哪里用得着去梦傅说,去遇吕尚,然后才治理天下呢?"太宗十分赞赏他的话。

【原文】

贞观二年,太宗谓侍臣曰:"朕谓乱离之后①,风俗难移,比观百姓渐知廉耻,官人(民)奉法,盗贼日稀,故知人无常俗,但政有治乱耳。是以为国之道,必须抚之以仁义,示之以威信,

【注释】

①乱离:遭战乱而流离失所。
②异端:违背正道的事情。

因人之心，去其苛刻，不作异端②，自然安静。公等宜共行斯事也！"

**【译文】**

贞观二年，唐太宗对侍从的大臣们说："我原来认为在离乱之后，民间的风俗习惯会很难改变。近来我发现百姓逐渐懂得了廉洁和羞耻，官员庶民都能遵守法纪，盗贼一天比一天少，我才知道民间没有不变的风俗习惯，关键要看施政方面是治还是乱。所以，治理国家，必须用仁义来抚慰百姓，同时要显示出朝廷的威信，要顺应民心，废除苛刻的法令，不做背离正道的事情，这样社会自然会平定安宁。你们应该共同来做好这件事！"

**【原文】**

贞观四年，房玄龄奏言："今阅武库甲仗①，胜隋日远矣。"太宗曰："饬兵备寇虽是要事②，然朕唯欲卿等存心理道，务尽忠贞，使百姓安乐，便是朕之甲仗。隋炀帝岂为甲仗不足，以至灭亡？正由仁义不修，而群下怨叛故也。宜识此心。"

**【注释】**

① 甲仗：亦作"甲杖"。指武器。
② 饬（chì）兵：整顿军队。

**【译文】**

贞观四年，房玄龄上奏说："最近，我检查武器库里的铠甲兵器，发现已远远超过隋朝了。"唐太宗说："整修兵器防御寇乱，虽然是紧要的事情，但我主要要求你们用心于治国之道，你们务必各自竭尽忠贞，使老百姓安居乐业，这才是我真正的铠甲兵器。隋炀帝难道是因为铠甲兵器不足才灭亡的吗？正是由于他不修仁义，下边的人才怨恨叛离他。你们应该理解我的想法啊！"

**【原文】**

贞观十三年，太宗谓侍臣曰："林深则鸟栖，水广则鱼游，仁义积则物自归之。人皆知畏避灾害，不知行仁义则灾害不生。夫仁义之道，当思之在心，常令相继，若斯须懈怠①，去之已远。

**【注释】**

① 斯须：片刻。
② 顿首：叩头。

犹如饮食资身，恒令腹饱，乃可存其性命。"王珪顿首曰②："陛下能知此言，天下幸甚！"

**【译文】**

贞观十三年，唐太宗对侍从的大臣们说："树大林深就有鸟飞来栖集，水域深广就会有鱼儿来游弋，多施仁义百姓自然会归顺。人们都知道害怕而逃避灾害，却不知施行仁义，灾害就不会产生。仁义之道，一刻也不能放弃，我们要不断地将仁义推行下去，如有片刻懈怠，就会远离仁义之道。这就好比用饮食来滋养身体，要让肚子经常吃饱，才能维持生命。"王珪叩头说："陛下能知道这些道理，真是天下的大幸啊！"

# 忠义第十四

【原文】

　　冯立，武德中为东宫率，甚被隐太子亲遇。太子之死也，左右多逃散，立叹曰："岂有生受其恩，而死逃其难！"于是率兵犯玄武门，苦战，杀屯营将军敬君弘。谓其徒曰："微以报太子矣。"遂解兵遁于野。俄而来请罪，太宗数之曰①："汝昨者出兵来战，大杀伤吾兵，将何以逃死？"立饮泣而对曰："立出身事主，期之效命，当战之日，无所顾惮。"因歔欷悲不自胜②，太宗慰勉之，授左屯卫中郎将。立谓所亲曰："逢莫大之恩幸而获免，终当以死奉答。"未几，突厥至便桥，率数百骑与虏战于咸阳，杀获甚众，所向皆披靡，太宗闻而嘉叹之。时有齐王元吉府左车骑谢叔方率府兵与立合军拒战，及杀敬君弘、中郎将吕衡，王师不振，秦府护军尉尉迟敬德乃持元吉首以示之，叔方下马号泣，拜辞而遁。明日出首，太宗曰："义士也。"命释之，授右翊卫郎将。

【注释】

①数：数落，责备。
②歔欷（xūxī）：悲叹抽泣。悲不自胜：悲伤到自己都不能承受。

【译文】

　　冯立，武德年间为东宫禁军统率，隐太子李建成十分亲近礼待他。隐太子死了之后，左右的人四处逃散，冯立叹息着说："岂能在别人活着的时候，享受他的恩惠；而在他死了的时候，为了避难而跑呢？"于是率领军队攻打玄武门，苦苦激战，杀死屯营将军敬君弘。然后，冯立对他的手下说："我略微地报答了太子的知遇之恩。"于是解散军队，逃到野外。不久，冯立来请罪，太宗罗列他的罪状说："你先前出兵与我作战，杀死了我军中很多人，你说你凭什么逃脱一死呢？"冯立泪流满面地回答说："我侍奉主人，只是希望为他效命，作战的时候，根本无所顾忌。"冯立越说越悲伤，几乎不能控制自己。太宗安慰并鼓励他，还封他为左屯中郎将。冯立对他所亲近的人说："我蒙受皇恩，获得幸免，这种知遇之情应当以死来报答。"没过多久，突厥侵犯至便桥，冯立率领数百人与外房战于咸阳，杀死了很多敌人。所到之处，敌人无不纷纷投降。太宗听说这件事后，对他大加赞扬。当时齐王元吉府左车骑谢叔方，曾率兵与冯立一道抵抗太宗的军队。当时他们杀了敬君弘、中郎将吕衡，使太宗的军队士气低落。秦王府护军尉尉迟敬德拿着元吉的头给他看，谢叔方于是下马大哭，行礼之后就逃跑了。第二天谢叔方出来自首，太宗说："你真是义士啊。"于是下令释放了他，授予他右翊卫郎将一职。

【注释】

① 从容：随便。
② 物：杂色的锦物。

【原文】

贞观元年，太宗尝从容言及隋亡之事①，慨然叹曰："姚思廉不惧兵刃，以明大节，求诸古人，亦何以加也！"思廉时在洛阳，因寄物三百段②，并遗其书曰："想卿忠节之风，故有斯赠。"初，大业末，思廉为隋代王侑侍读，及义旗克京城时，代王府僚多骇散，惟思廉侍王，不离其侧。兵士将升殿，思廉厉声谓曰："唐公举义兵，本匡王室，卿等不宜无礼于王！"众服其言，于是稍却，布列阶下。须臾，高祖至，闻而义之，许其扶代王侑至顺阳阁下，思廉泣拜而去。见者咸叹曰："忠烈之士，仁者有勇，此之谓乎！"

【译文】

贞观元年，太宗曾经谈论到隋朝灭亡的事情，感慨地说："姚思廉不害怕生命危亡，用来表明臣子应有的节操，即使向古人搜求词句，也不知如何表达这种节操。"当时姚思廉正在洛阳，太宗于是寄给他三百段丝帛，并写了一封信："想着你忠孝大节的风骨，因此给你这些馈赠。"隋朝末年，姚思廉是隋代王侑的侍读。到义军攻克京城时，代王府的许多幕僚都逃散了，只有姚思廉侍奉代王，不离其左右。兵士要到殿上捉拿代王，思廉严厉地叫道："唐公举义兵，本意在于匡复王室，你们在代王面前不得无礼！"众人敬服他的言行，稍稍退却后排列在殿堂的台阶下。没过多久，高祖来了，听了别人的讲述后认为他很忠义，允许他扶代王侑到顺阳阁，姚思廉哭泣着拜谢而去。看到这事的人都感叹地说:"他真是忠义刚烈的人啊!人们说仁义的人有勇气,不就是说他吗?"

【原文】

贞观二年,将葬故息隐王建成、海陵王元吉,尚书右丞魏徵与黄门侍郎王珪请预陪送。上表曰:"臣等昔受命太上,委质东宫,出入龙楼,垂将一纪。前宫结衅宗社①,得罪人神,臣等不能死亡,甘从夷戮,负其罪戾,置录周行,徒竭生涯,将何上报?陛下德光四海,道冠前王,陟冈有感,追怀棠棣,明社稷之大义,申骨肉之深恩,卜葬二王,远期有日。臣等永惟畴昔②,忝曰旧臣,丧君有君,虽展事君之礼;宿草将列③,未申送往之哀。瞻望九原,义深凡百,望于葬日,送至墓所。"太宗义而许之,于是宫府旧僚吏,尽令送葬。

【注释】

①结衅:造成祸乱、罪过。宗社:借指国家。
②永惟:深思,常念。畴昔:往日。
③宿草:隔年的草。

【译文】

贞观二年,唐太宗要埋藏隐王建成、海陵王元吉。尚书右丞魏徵与黄门侍郎王珪请求陪送。他们向太宗上表说:"我们受命于太上皇,在东宫做事,出入皇帝居住之地,将近十二年。隐太子与皇室一些人勾结,想要叛乱,得罪了人神,我们都甘愿受罚受死,担负罪过,却没有如愿。陛下德义广播,道义超过历代国君,想着过去之情,能够明晓国家大义,展示骨肉间的深情,重新安葬二王。现在离安葬的日子不远了,我们是二王旧臣,他们的丧事,我们应该展现作为臣子的礼节。万事尽毕,可是我们还没表达送葬的哀思。希望在安葬的当天,我们能送二王的灵柩到墓地。"太宗感于魏徵等人的情义,批准了他们的请求。于是太宗下令,凡是二王宫中的宫吏都去送葬。

【原文】

贞观五年,太宗谓侍臣曰:"忠臣烈士,何代无之,公等知隋朝谁为忠贞?"王珪曰:"臣闻太常丞元善达在京留守,见群贼纵横,遂转骑远诣江都,谏炀帝,令还京师。既不受其言,后更涕泣极谏,炀帝怒,乃远使追兵①,身死瘴疠之地。有虎贲郎中

【注释】

①追兵:征召、调集军队。
②起逆:发动叛乱。
③死节:为保全节操而死。

独孤盛在江都宿卫，宇文化及起逆②，盛惟一身，抗拒而死。"太宗曰："屈突通为隋将，共国家战于潼关，闻京城陷，乃引兵东走。义兵追及于桃林，朕遣其家人往招慰，遽杀其奴。又遣其子往，乃云：'我蒙隋家驱使，已事两帝，今者吾死节之秋③，汝旧于我家为父子，今则于我家为仇雠。'因射之，其子避走，所领士卒多溃散。通惟一身，向东南恸哭尽哀，曰：'臣荷国恩，任当将帅，智力俱尽，致此败亡，非臣不竭诚于国。'言尽，追兵擒之。太上皇授其官，每托疾固辞。此之忠节，足可嘉尚。"因敕所司，采访大业中直谏被诛者子孙闻奏。

【译文】

贞观五年，太宗对侍臣们说："忠臣烈士，哪一个朝代没有呢？你们知道隋朝谁是忠孝贞良的人吗？"王珪说："我听说太常丞元善达留守京城，见群贼乘机叛乱，于是到江都，向隋炀帝进谏，让他还师京城。炀帝不听劝告，元善达哭着极力劝谏，炀帝大怒，于是派遣他到边塞，最后他死在极为偏僻的地方。还有虎贲郎中独孤盛在江都做卫士，当宇文化及起兵叛逆时，独孤盛一人抗拒而死。"太宗说："屈突通为隋将，在潼关作战，听说京城陷落，便领兵向东逃窜。当我们的军队追到桃林的时候，我派遣他的家奴前去招安，他就杀掉他的家奴。后来我们又派遣他儿子去，他却说：'我蒙受隋朝任用，已经侍奉两代帝王。现在是我以死保全气节的时候，你我过去是父子关系，现在我们是仇敌。'于是拿箭射他儿子，他的儿子只好逃走了。最后他所带领的士兵全都逃走。屈突通向东南方向大声痛哭着说：'我承受国恩，担当统帅，智能与力量都用完了，才导致今天的失败，绝不是我对国家不忠诚。'话没说完，我们追上的兵士就擒住了他。太上皇授给他官职，他托病拒绝了。这种忠义操守，足堪嘉奖。"于是下令有关部门，查访在隋炀帝大业年间因敢于直谏而被诛者之子孙，上奏朝廷。

【注释】

① 克定：平定天下。

【原文】

贞观六年，授左光禄大夫陈叔达礼部尚书，因谓曰："武德中，公曾进直言于太上皇，明朕有克定大功<sup>①</sup>，不可黜退云<sup>②</sup>。朕本性刚烈，若有抑挫，恐不胜忧愤，以致疾毙之危。今赏公忠謇<sup>③</sup>，有此迁授。"叔达对曰："臣以隋氏父子自相诛戮，以致灭亡，岂容目睹覆车，不改前辙？臣所以竭诚进谏。"太宗曰："朕知公非独为朕一人，实为社稷之计。"

② 黜（chù）退：贬黜，罢免。
③ 忠謇（jiǎn）：忠诚正直。

**【译文】**

贞观六年，唐太宗加封左光禄大夫陈叔达为礼部尚书，对他说："武德年间，你曾向太上皇直言进谏，申明我有打败敌人平定疆土的功劳，不可以罢免我。我本性刚烈，如碰到挫折，恐怕承受不起忧愤之情，从而导致疾病而死亡。今天为了表彰你的忠心正直，所以将升迁你。"陈叔达回答："我认为隋朝父子自相残害，是导致灭亡的灾祸，我那时怎么能眼看车要翻，而不改变车的路途呢？这正是我极力进谏的原因。"太宗说："我知道你并不是为我一个人，而是为了整个国家大计。"

**【原文】**

贞观八年，先是桂州都督李弘节以清慎闻<sup>①</sup>，及身殁后，其家卖珠。太宗闻之，乃宣于朝曰："此人生平，宰相皆言其清，今日既然，所举者岂得无罪<sup>②</sup>？必当深理之<sup>③</sup>，不可舍也。"侍中魏徵承间言曰<sup>④</sup>："陛下生平言此人浊，未见受财之所，今闻其卖珠，将罪举者，臣不知所谓。自圣朝以来，为国尽忠，清贞慎守，终始不渝，屈突通、张道源而已。通子三人来选，有一匹羸马，道源儿子不能存立，未见一言及之。今弘节为国立功，前后大蒙赏赉，居官殁后，不言贪残，妻子卖珠，未为有罪。审其清者，无所存问<sup>⑤</sup>，疑其浊者，旁责举人，虽云疾恶不疑，是亦好善不笃。臣窃思度，未见其可，恐有识闻之，必生横议<sup>⑥</sup>。"太宗抚掌曰："造次不思<sup>⑦</sup>，遂有此语，方知谈不容易。并勿问之。其屈突通、张道源儿子，宜各与一官。"

**【注释】**

① 清慎：清廉、谨慎。
② 举：举荐。
③ 深理：严厉惩治。
④ 承间：趁机会。
⑤ 存问：慰问。
⑥ 横议：非议。
⑦ 造次：仓促，匆忙。

**【译文】**

贞观八年，桂州都督李弘节以清廉谨慎闻名。李弘节死后，他的家里要变卖珠宝。太宗听了这件事，在朝堂上说："此人在世的时候，宰相都说他清廉，今天既然这样，那么推举他的人不一定没有罪过。必须好好地查证一下，不可掉以轻心哪。"侍中魏徵乘机说道："陛下一直说这个人不清白，但没有看到他接受财物。现在你听说他的妻子卖珠宝，又要治他的罪，我不知道这是什么原因。自圣朝以来，为国尽忠，清廉谨慎，自始至终不改的，只不过是屈突通、张道源罢了。突通三个儿子来应选，有一匹不好的马，没有见他们有一句话涉及这件事。现在弘节为国家立下汗马功劳，前前后后都大受奖赏。弘节死后，并没有什么关于他贪婪的言论，他妻子卖掉珠宝首饰，也并没有什么罪过。你认为一个人清白，就什么都好；怀疑一个人不清白，就连举荐的人都要受到责备。虽然说痛恨邪恶没有什么过错，但是喜欢善行却也不见得深厚。我暗暗思量这种做法，没有见到其中有值得称道的，我担心有见识的人听到这些事，必然产生许多不好的议论。"太宗听了拍手称赞道："这是我做事不好，没有思考成熟，说错了话。现在才知道一个人要不说错话也不容易呀，李弘节的事不要再过问了。像屈突通、张道源的儿子，都应该各授予一个官职。"

【注释】

① 黜陟（chùzhì）：指人才的进退，官吏的升降。
② 畿（jī）内道：关内道。畿，古称王都所在处的千里地面，后指京城管辖的地区。
③ 作色：指神情变严肃或发怒。

【原文】

贞观八年，太宗将发诸道黜陟使①，畿内道未有其人②，太宗亲定，问于房玄龄等曰："此道事最重，谁可充使？"右仆射李靖曰："畿内事大，非魏徵莫可。"太宗作色曰③："朕今欲向九成宫，亦非小，宁可遣魏徵出使？朕每行不欲与其相离者，适为其见朕是非得失。公等能正朕不？何因辄有所言，大非道理。"乃即令李靖充使。

【译文】

贞观八年，太宗将在各个地方任命重要官吏，唯独京城这个地方没有找到合适的人选，太宗决定亲自确定这方面的人选。太宗问房玄龄："这个地方的事务最为重要，谁可以担当这个重任?"右仆射李靖说:"京城的事务重大,只有魏徵才行。"太宗生气地说:"我要到九成宫,这也不是小事,怎么可以派遣魏徵出任?我每次出行都不想与他分开,实在是为了让他观察我的是非得失。你们能够正视我的错误吗?为什么刚才所说的却没有道理?"于是命令李靖前往。

### 【原文】

贞观九年,萧瑀为尚书左仆射。尝因宴集,太宗谓房玄龄曰:"武德六年已后,太上皇有废立之心,我当此日,不为兄弟所容,实有功高不赏之惧①。萧瑀不可以厚利诱之,不可以刑戮惧之,真社稷臣也。"乃赐诗曰:"疾风知劲草,板荡识诚臣②。"瑀拜谢曰:"臣特蒙诫训,许臣以忠谅,虽死之日,犹生之年。"

### 【注释】

①功高不赏之惧:惧怕功劳极大,无法赏赐,反被加害。
②板荡:指政局混乱、社会动荡不安。

### 【译文】

贞观九年,萧瑀任尚书左仆射。一次与一些大臣在一起宴饮,太宗对房玄龄说:"武德六年以后,太上皇有废立储君的意思。我在这个时候的确功劳很大,却不能够被兄弟们容忍,的确是害怕赏罚不分明。萧瑀这个人不能用财物引诱他,不能用刑罚威胁他,真是国家的人才啊。"于是赐诗写道:"大风能够知晓劲草的品格,患难能够考验大臣的忠心。"萧瑀拜谢说:"诚蒙您的训诫,赞许我的忠贞,我死而无憾。"

### 【原文】

贞观十一年,太宗行至汉太尉杨震墓,伤其以忠非命,亲为文以祭之。房玄龄进曰:"杨震虽当年夭柱①,数百年后方遇圣明,停舆驻跸②,亲降神作,可谓虽死犹生,没而不朽。不觉助伯起幸赖欣跃于九泉之下矣。伏读天文,且感且慰,凡百君子,焉敢不勖励名节③,知为善之有效!"

### 【注释】

①夭柱:短命早死。
②停舆驻跸(bì):帝王出行在途中停留或暂住。舆、跸,指帝王出门的车驾。
③勖(xù)励:勉励。

### 【译文】

贞观十一年，太宗来到汉太尉杨震墓，为他忠贞而死于非命感到十分悲伤，亲自撰诔文祭奠他。房玄龄进言道："杨震虽然生不逢时，但他今天遇到英明的圣主。圣主停下高贵的车马，与神一同拜祭他，这真是虽死犹生。我不禁为他在九泉之下感到高兴。凡是有德行节操的君子，谁不感到欣慰？还有谁敢不重视自己的名节，有谁不争相效仿呢？"

【原文】

贞观十一年，太宗谓侍臣曰："狄人杀卫懿公，尽食其肉，独留其肝。懿公之臣弘演呼天大哭，自出其肝，而内懿公之肝于其腹中①。今觅此人，恐不可得。"特进魏徵对曰："昔豫让为智伯报仇，欲刺赵襄子，襄子执而获之，谓之曰：'子昔事范、中行氏乎？智伯尽灭之，子乃委质智伯，不为报仇；今即为智伯报仇，何也？'让答曰：'臣昔事范、中行，范、中行以众人遇我，我以众人报之。智伯以国士遇我，我以国士报之②。'在君礼之而已。亦何谓无人焉？"

【注释】

① 内：通"纳"，放入。
② 国士：一国中才能优秀的人物。

【译文】

贞观十一年，太宗对侍臣们说："夷狄杀掉卫懿公，吃掉他身上所有的肉，只留下他的肝。懿公的臣子弘演呼天抢地地大哭，用刀取出自己的肝，而把懿公的肝藏在自己的腹中。今天要找到这类人，恐怕不容易了。"魏徵回答说："古代豫让为智伯报仇，想刺杀赵襄子，襄子抓获了他，对他说：'你曾经在范氏、中行氏的名下做臣子，可是智伯把他们全杀光了，你于是投奔智伯，你不为你的主人报仇，现在却要为智伯报仇，这是为什么呢？'豫让回答说：'我辅佐范氏、中行氏时，他们像对待普通人那样对待我，所以我用普通人报答人的方法报答他们。智伯用对待贤士的礼节对待我，当然我也要以贤士的方式报答他。'这一切都取决于国君的礼节，怎么能说没有这种人呢？"

【原文】

贞观十二年，太宗幸蒲州，因诏曰："隋故鹰击郎将尧君素，

【注释】

① 桀犬吠尧：比喻一心为他的主子效劳。
② 岁寒之心：比喻困境不屈的节操。
③ 锡：通"赐"，赐予，赏给。

往在大业，受任河东，固守忠义，克终臣节。虽桀犬吠尧①，有乖倒戈之志，疾风劲草，实表岁寒之心②。爰践兹境，追怀往事，宜锡宠命③，以申劝奖。可追赠蒲州刺史，仍访其子孙以闻。"

### 【译文】

贞观十二年，太宗游幸蒲州，下诏说："隋朝已故鹰击郎将尧君素，过去在隋代，受命守护黄河以东的地区。他恪守忠义，尽忠臣节。虽然他明珠暗投，确实违背了弃恶投明的做法，但惺惺相惜，迅疾的风是了解劲草的品格的。现在重蹈旧境，回忆往事，想起来应该给予他奖励。可追封他为蒲州刺史，寻访调查一下他子孙的情况报上来。"

### 【原文】

贞观十二年，太宗谓中书侍郎岑文本曰："梁、陈名臣，有谁可称？复有子弟堪招引否？"文本奏言："隋师入陈，百司奔散①，莫有留者，惟尚书仆射袁宪独在其主之傍。王世充将受隋禅，群僚表请劝进，宪子国子司业承家托疾独不署名。此之父子，足称忠烈。承家弟承序，今为建昌令，清贞雅操，实继先风。"由是召拜晋王友，兼令侍读，寻授弘文馆学士。

### 【译文】

贞观十二年，唐太宗对中书侍郎岑文本说："梁、陈两朝有名望的大臣，有谁可以值得称道？他们还有子弟可以推荐任用吗？"岑文本启奏道："隋军攻入陈朝时，陈朝百官逃奔散离，只有尚书仆射袁宪独自留在他的主子身边。王世充将要接受隋越王杨侗的禅让，百官纷纷上表劝他当皇帝，只有袁宪的儿子袁承家借口有病未在劝进表上签名。这样的父子，足可称为忠烈。袁承家的弟弟袁承序，现做建昌县令，为官清廉，情操雅正，的确继承了父兄的风骨。"于是太宗召见袁承序，任命他为晋王友，并叫他陪侍指导晋王读书，不久又提拔他为弘文馆学士。

### 【原文】

### 【注释】

①百司：百官。

### 【注释】

①胤（yìn）绪：后代。
②遐裔：远方，边远之地。
③矜宥（jīnyòu）：矜怜宽宥。

贞观十五年，诏曰："朕听朝之暇，观前史，每览前贤佐时，忠臣徇国，何尝不想见其人，废书钦叹！至于近代以来，年岁非远，然其胤绪①，或当见存，纵未能显加旌表，无容弃之遐裔②。其周、隋二代名臣及忠节子孙，有贞观已来犯罪配流者，宜令所司具录奏闻。"于是多从矜宥③。

**【译文】**

贞观十五年，唐太宗下诏说："我处理朝政的空闲时间，每看到古代的贤臣辅助国家，忠义的臣子以死为国效命，我真恨不得与他们相见，然而只能掩卷叹息！近代以来，时间距离现在不算久远，我们还可以找到忠臣烈士的子孙加以表彰的，就不要有所遗弃。周、隋两代名臣和以忠尽节的臣子的后代，在贞观以后犯了罪被流放发配的，命令负责管辖他们的人把情况整理好报上来。"于是朝廷对这些人从轻发落，并予以抚慰。

**【注释】**

①乘城：登城。鼓噪：击鼓呐喊。

**【原文】**

贞观十九年，太宗攻辽东安市城，高丽人众皆死战，诏令耨萨延寿、惠真等降，众止其城下以招之，城中坚守不动。每见帝幡旗，必乘城鼓噪①。帝怒甚，诏江夏王道宗筑土山，以攻其城，竟不能克。太宗将旋师，嘉安市城主坚守臣节，赐绢三百匹，以劝励事君者。

**【译文】**

贞观十九年，太宗攻打辽东安城市，很多高丽人都战死了。于是太宗下诏命令耨萨延寿、惠真等人投降。太宗的军队到了城下，招降他们，城中的人却坚守城池，毫不动摇。甚至每当他们看到皇帝的龙旗，一定大声鼓噪呐喊。太宗很生气，下诏命令江夏王道宗筑成土山，用来攻打城池，却还不能攻破。太宗即将撤师回还时，命令嘉奖安市城守卫的忠贞气节，赏赐他们三百匹丝，用以劝勉那些一心侍奉君主的人。

# 孝友第十五

**【原文】**

司空房玄龄事继母,能以色养①,恭谨过人。其母病,请医人至门,必迎拜垂泣。及居丧,尤甚柴毁②。太宗命散骑常侍刘洎就加宽譬③,遗寝床、粥食、盐菜。

**【译文】**

司空房玄龄侍奉继母,非常细致周到,对继母恭敬谦谨超过一般人。继母生病时,他每次请大夫上门,总会流泪迎拜大夫。在居丧期间,房玄龄更是悲伤过度,骨瘦如柴。太宗叫散骑常侍刘洎前往安慰劝解,并送去寝床、粥食和咸菜。

**【注释】**

①色养:指承顺父母颜色。

②柴毁:指居丧哀甚,瘦损如柴。

③宽譬(pì):宽慰劝解。

**【原文】**

虞世南,初仕隋,历起居舍人①,宇文化及杀逆之际,其兄世基时为内史侍郎,将被诛,世南抱持号泣,请以身代死,化及竟不纳。世南自此哀毁骨立者数载,时人称重焉。

**【译文】**

虞世南起初在隋朝做官,后来升迁为起居舍人。当宇文化及杀死隋炀帝的时候,他的哥哥虞世基任内史侍郎,也要被一同诛杀。见到这种情况,虞世南抱着哥哥号啕痛哭,一再请求让自己代替哥哥去死,宇文化及却不同意。从此以后的好几年,虞世南都悲痛万分,并且消瘦得只剩骨架,他的这种品行为当时人所尊重推崇。

**【注释】**

①起居舍人:官名。掌记录皇帝日常行动与国家大事。

**【原文】**

韩王元嘉,贞观初,为潞州刺史。时年十五,在州闻太妃有疾,便涕泣不食,及至京师发丧,哀毁过礼。太宗嘉其至性①,屡慰勉之。元嘉闺门修整②,有类寒素士大夫,与其弟鲁哀王灵

**【注释】**

①至性:指天性淳厚。

②闺门修整:意谓治家有礼。闺门,室内之门。

夔甚相友爱，兄弟集见，如布衣之礼。其修身洁己，内外如一，当代诸王莫能及者。

**【译文】**

韩王李元嘉在贞观初年任潞州刺史。当时他十五岁，在潞州听说他的母亲生病亡故，于是痛哭流泣，不能进食，后来到京城为母发丧，尽到了一个儿子的礼仪。唐太宗称赞他至情至性，常常安慰劝勉他。李元嘉家里非常朴素简洁，像寒门士大夫的家一样。他和弟弟鲁哀王李灵夔手足情深，每次兄弟相见，施之礼如同百姓。他这样洁身自好，内外如一，在亲王之中再没有人能比得上。

**【原文】**

霍王元轨，武德中，初封为吴王。贞观七年，为寿州刺史，属高祖崩①，去职，毁瘠过礼②。自后常衣布服，示有终身之戚。太宗尝问侍臣曰："朕子弟孰贤？"侍中魏徵对曰："臣愚暗，不尽知其能，惟吴王数与臣言，臣未尝不自失③。"太宗曰："卿以为前代谁比？"徵曰："经学文雅，亦汉之间、平，至如孝行，乃古之曾、闵也。"由是宠遇弥厚，因令妻徵女焉。

**【注释】**

① 属(zhǔ)：及，到。
② 毁瘠：因居丧过哀而极度瘦弱。
③ 自失：因感空虚不足而内心若有所失。

**【译文】**

霍王李元轨在武德年间，被封为吴王。贞观七年，他出任寿州刺史。唐高祖死后，他放弃了官职，并且常常穿粗布衣服，以此表示对高祖的悲戚和怀念。唐太宗曾经问侍臣："皇族中，谁最贤德？"魏徵回答说："我愚钝，不能全知道。我和许多皇叔交谈过，只有吴王和我谈的那几次话，让我感到汗颜。"唐太宗说："你可以把他比作前代的哪位贤人呢？"魏徵说："论经通礼仪，博学文雅，他相当于汉代河间献王德、东平献王苍；若论孝道，他可与古代的曾参、闵损相媲美。"从此，唐太宗对霍王更加宠爱信任，并把魏徵的女儿嫁给了他。

【原文】

　　贞观中，有突厥史行昌直玄武门，食而舍肉①，人问其故，曰："归以奉母。"太宗闻而叹曰："仁孝之性，岂隔华夷？"赐尚乘马一匹②，诏令给其母肉料。

【译文】

　　贞观年间，有个突厥人史行昌在玄武门当值，吃饭时留下肉不吃。别人问他什么原因，他说："带回家去奉献给母亲。"唐太宗听到这事后感叹地说："仁孝之本性，哪会因汉人和少数民族而不同呢？"于是赐他一匹皇上养的马，还下令为他母亲送去食物。

【注释】

①舍：放在一边。
②尚乘：尚乘局，官署名。管理皇家马匹的官署。

# 公平第十六

【注释】

①平恕：持平正义，宽厚仁慈。

②称：通"秤"。

③顿：立刻。

④嗟（jiē）怨：嗟叹怨恨。

【原文】

太宗初即位，中书令房玄龄奏言："秦府旧左右未得官者，并怨前宫及齐府左右处分之先己。"太宗曰："古称至公者，盖谓平恕无私①。丹朱、商均，子也，尧、舜废之。管叔、蔡叔，兄弟也，而周公诛之。故知君人者，以天下为公，无私于物。昔诸葛孔明，小国之相，犹曰'吾心如称②，不能为人作轻重'，况我今理大国乎？朕与公等衣食出于百姓，此则人力已奉于上，而上恩未被于下，今所以择贤才者，盖为求安百姓也。用人但问堪否，岂以新故异情？凡一面尚且相亲，况旧人而顿忘也③！才若不堪，亦岂以旧人而先用？今不论其能不能，而直言其嗟怨④，岂是至公之道耶？"

【译文】

唐太宗刚即位时，中书令房玄龄上奏说："秦王府的老部下没有做上官的，都在埋怨陛下，说前太子宫和齐王府的部下都比他们先安排了官职。"太宗说："古时候所谓的大公无私，是指宽容公正而无私心。丹朱、商均，分别是尧和舜的儿子，而尧、舜却把他们废掉了。管叔、蔡叔，都是周公的兄弟，而周公把他们杀掉了。由此可知，作为治理百姓的君主，要以天下为公，不存偏私之心。从前诸葛孔明，只是小国的丞相，他还说'我的心好像秤那样公平，不能因人而轻重有别'，何况我如今治理的是一个大国呢？我与你们的衣食都出自百姓，这就是说，百姓的人力已奉献给了朝廷，而上面的恩泽现在还没有遍及民间。如今朝廷之所以要挑选贤才，就是要安抚百姓。用人只应问他是否有能力胜任，怎能因新旧人事关系而区别对待呢？凡是见过一面的人尚且感到亲近，何况是旧的下属，怎么会一下子就忘掉呢？如果他的才能不能胜任，怎能因为是旧的下属而优先任用呢？如今你们不谈论他们能不能胜任，而只说他们有怨言,这难道公平吗?"

### 【原文】

贞观元年,有上封事者,请秦府旧兵并授以武职,追入宿卫。太宗谓曰:"朕以天下为家,不能私于一物,惟有才行是任,岂以新旧为差?况古人云:'兵犹火也,弗戢将自焚①。'汝之此意,非益政理。"

### 【译文】

贞观元年,有人上书请求向秦府旧兵授武官之职,调进宫中做侍卫。太宗对他说:"我以天下为家,不能偏私于一人。只要有才德的人就任用,怎能因为新旧关系而有所分别呢?何况古人说:'兵,就像火一样,不控制就会把自己烧死。'你的提议,对治理国家没有好处。"

### 【注释】

① 戢(jí):收敛。引申为停止战争。

### 【原文】

贞观元年,吏部尚书长孙无忌尝被召,不解佩刀入东上阁门,出阁门后,监门校尉始觉。尚书右仆射封德彝议,以监门校尉不觉,罪当死,无忌误带刀入,徒二年,罚铜二十斤。太宗从之。大理少卿戴胄驳曰:"校尉不觉,无忌带刀入内,同为误耳。夫臣子之于尊极,不得称误,准律云:'供御汤药、饮食、舟船,误不如法者,皆死。'陛下若录其功,非宪司所决①;若当据法,罚铜未为得理。"太宗曰:"法者非朕一人之法,乃天下之法,何得以无忌国之亲戚,便欲挠法耶②?"更令定议。德彝执议如初,太宗将从其议,胄又驳奏曰:"校尉缘无忌以致罪,于法当轻,若论其过误,则为情一也,而生死顿殊,敢以固请。"太宗乃免校尉之死。

是时,朝廷大开选举,或有诈伪阶资者③,太宗令其自首,不首,罪至于死。俄有诈伪者事泄,胄据法断流以奏之④。太宗曰:"朕初下敕,不首者死,今断从法,是示天下以不信矣。"胄曰:"陛下当即杀之,非臣所及,既付所司,臣不敢亏法。"太宗曰:"卿自守法,而令朕失信耶?"胄曰:"法者,国家所以布大

### 【注释】

① 宪司:指司法机关。
② 挠法:枉法。
③ 阶资:级别和资历。
④ 流:流利、流放。

信于天下，言者，当时喜怒之所发耳！陛下发一朝之忿，而许杀之，既知不可，而置之以法，此乃忍小忿而存大信，臣窃为陛下惜之。"太宗曰："朕法有所失，卿能正之，朕复何忧也？"

### [译文]

  贞观元年，吏部尚书长孙无忌曾被召见，他没有解下佩刀就进入了东上阁门。走出阁门后，监门校尉方才发觉。尚书右仆射封德彝要对他们定罪量刑，他认为监门校尉没有发觉，罪当处死；长孙无忌误带刀入内，应处以两年徒刑，并罚铜二十斤。唐太宗同意这样处置。大理少卿戴胄反驳说："校尉没有发觉与长孙无忌带刀入内，同属错误。臣子对于皇上，是不能有过失的。按照律文的规定，供皇上用的汤药、饮食、舟船，因不符合规定而犯了错误的人，都处以死刑。可是，如果按照长孙无忌的功劳，司法部门是不能对他进行判决的，根据法律，对他实行罚铜处置也不算合理。"太宗说："法不是我一个人的法，是天下人的法，怎能因为长孙无忌是皇亲国戚，就要曲解法律呢？"于是，太宗命人重新拟议论罪。封德彝坚持原议，当太宗准备接受他的主张时，戴胄又上奏反驳道："校尉因长孙无忌而获罪，从法律上讲应当从轻处理。如果论他们的过错，情节是一样的，所以不应该是一生一死这么大的差别。因此，请陛下一定要考虑我的意见。"太宗于是免除了监门校尉的死罪。

  当时，朝廷大力选拔举荐人才，有人伪造官阶资历，太宗命令他们自首，若不自首，便要被判死罪。不久，伪造官阶资历的事情泄露了，戴胄根据法律判处他们流刑，并上奏太宗。太宗说："当初我下令说不自首的人要被处以死刑，但如今你依法律判处他们流刑，这是向天下宣布我说话不算数啊！"戴胄说："陛下发布的命令，臣不敢干预，不过既然交付我部处置，臣就不敢不依法办事。"太宗说："你这是自己守法，却叫我失信吗？"戴胄说："法律是国家用来规范天下、取信于民的，而陛下的话只是凭一时的喜怒说出来的，这二者是有差别的！在处理政务时，陛下也知道不能因一时的喜怒随便实施刑法，这是克制小怒而存大信。我私下也为陛下感到庆幸。"太宗说："我在法律上有所失误，你能纠正，我还有什么可以担忧的呢？"

### 【原文】

贞观二年，太宗谓房玄龄等曰："朕比见隋代遗老，咸称高颎善为相者，遂观其本传，可谓公平正直，尤识治体，隋室安危，系其存没。炀帝无道，枉见诛夷，何尝不想见此人，废书钦叹！又汉、魏已来，诸葛亮为丞相，亦甚平直，尝表废廖立、李严于南中，立闻亮卒，泣曰：'吾其左衽矣①！'严闻亮卒，发病而死。故陈寿称：'亮之为政，开诚心，布公道，尽忠益时者，虽仇必赏；犯法怠慢者，虽亲必罚。'卿等岂可不企慕及之？朕今每慕前代帝王之善者，卿等亦可慕宰相之贤者，若如是，则荣名高位，可以长守。"玄龄对曰："臣闻理国要道，在于公平正直，故《尚书》云：'无偏无党，王道荡荡。无党无偏，王道平平。'又孔子称'举直错诸枉，则民服'。今圣虑所尚，诚足以极政教之源，尽至公之要，囊括区宇，化成天下。"太宗曰："此直朕之所怀，岂有与卿等言之而不行也？"

### 【注释】

① 左衽：衣襟向左掩。衽，衣襟。古时披头散发，衣襟左开，借指亡国而异族入侵为主。

### 【译文】

贞观二年，唐太宗对房玄龄等人说："近来我见到隋代的旧臣遗老，他们都称赞高颎是做宰相的人才，于是我去翻阅他的本传。此人真可以说是公平正直，尤其在治国方面能识大体，隋室的安危，跟他的生死有很大关系。可惜遇到隋炀帝这样的无道昏君，高颎被冤枉诛杀了。我何尝不想见到这样的人呢？就连读书时也经常放下书来对他表达钦仰、叹息之情。再者，汉、魏以来，诸葛亮做丞相，也非常公平正直。他曾经上表把廖立、李严罢官放逐到南中。后来廖立听到诸葛亮逝世的消息，哭着说：'我们大概要亡国了！'李严听到诸葛亮逝世的消息，也发病而死。所以陈寿称：'诸葛亮执政，开诚心，布公道，对尽忠国家、有益于国家的人，即使是仇人，该赏的也必须奖赏；对违犯法纪、玩忽职守的人，即使是最亲近的人，也必须惩罚。'你们难道不应该仰慕并向他学习吗？我如今常仰慕前代那些贤德的帝王，你们也可仰慕那些贤德的宰相，如果能这样做，就可以长久保持荣耀的名声和高贵的地位。"房玄龄回答道:"臣听说治理国家的关键,在于公平正直。所以《尚书》说:'不结党营私,王道就浩浩荡荡,平平坦坦。'此外,孔子还说:'举用正直的人而废弃邪恶的人,百姓就心服归顺。'如今圣上推崇的治国原则,确实体现了政教的根本,极尽至公的要义,可以用来囊括宇内,教化天下。"太宗说:"你说到了我心里,而我怎能只对你们说说却不去实行呢?"

【注释】

①出降:公主下嫁。
②中使:官中派出的使者,多指宦官。赍(jī):赏赐,以物赐人。

【原文】

　　长乐公主,文德皇后所生也。贞观六年将出降①,敕所司资送倍于长公主。魏徵奏言:"昔汉明帝欲封其子,帝曰:'朕子岂得同于先帝子乎?可半楚、淮阳王。'前史以为美谈。天子姊妹为长公主,天子之女为公主,既加长字,良以尊于公主也,情虽有殊,义无等别。若令公主之礼有过长公主,理恐不可,实愿陛下思之。"太宗称善。乃以其言告后,后叹曰:"尝闻陛下敬重魏徵,殊未知其故,而今闻其谏,乃能以义制人主之情,真社稷臣矣!妾与陛下结发为夫妻,曲蒙礼敬,情义深重,每将有言,必候颜色,尚不敢轻犯威严,况在臣下,情疏礼隔?故韩非谓之说难,东方朔称其不易,良有以也。忠言逆耳而利于行,有国有家者深所要急,纳之则世治,杜之则政乱,诚愿陛下详之,则天下幸甚!"因请遣中使赍帛五百匹②,诣徵宅以赐之。

【译文】

　　长乐公主是太宗文德皇后所生。贞观六年将要出嫁给长孙冲,太宗敕令有司陪送的财礼,比当年高祖之女永嘉长公主出嫁时高出一倍。魏徵上奏说:"以前东汉明帝准备封赏他的儿子,说道:'我的儿子怎么能跟先帝的儿子得到同样多的封赏呢?参照先帝之子楚王、淮阳王的一半去封赏吧。'以前的史家以此作为美谈。现在皇帝的姐妹称为长公主,女儿称为公主,既然在前面多了一个长字,那么就说明要比公主的身份尊贵,虽然具体的情况不尽相同,可是道理是一样的,没有什么差别。如果使公主的礼节逾越了长公主,道理上恐怕是不妥的,希望您能够三思。"

太宗十分赞同。于是他将这些话告诉了皇后，皇后听完赞叹道："曾经听说您对魏徵十分敬重，可是对于其中的缘故知之甚少，现在听到他进谏的这番话，可见他能够用道义来抑制帝王的私欲，真是国家的忠臣啊！我和您结发做了夫妻，承蒙您的敬重礼待，情深意重，每当有话要说的时候，也要察言观色，尚且不敢轻易触犯您的威严，何况作为臣下，情谊疏远、礼仪相隔呢？因此韩非子将此称为'说难'，东方朔将其称为'不易'，真的是非常有道理的。忠言逆耳利于行，对于拥有家国的人来说是最重要的事，如果能采纳这些忠言，国家就能长治久安，如果杜绝这些忠言，政局就会混乱不堪。我真诚地希望您能够仔细体会其中的含义，那就是天下的大幸了。"于是请求派遣中使带五百匹锦帛送到魏徵家中赏赐他。

## 【原文】

刑部尚书张亮坐谋反下狱，诏令百官议之，多言亮当诛，惟殿中少监李道裕奏亮反形未具①，明其无恶。太宗既盛怒，竟杀之。俄而刑部侍郎有阙，令宰相妙择其人，累奏不可。太宗曰："吾已得其人矣。往者李道裕议张亮云'反形未具'，可谓公平矣。当时虽不用其言，至今追悔。"遂授道裕刑部侍郎。

【注释】

①未具：不明确，即证据不足。

## 【译文】

刑部尚书张亮因谋反罪被关进监狱，唐太宗下诏叫百官拟议惩办，许多人都说张亮应该杀头，只有殿中少监李道裕上奏说张亮谋反的证据不足，说明他无罪。但唐太宗一时大怒，竟把张亮给杀掉了。不久，刑部侍郎空缺，唐太宗叫宰相精心选择称职的人，可宰相多次上奏推荐人才，唐太宗都没有同意。太宗说："其实，我已找到合适的人了。先前李道裕在拟议处置张亮时说他'谋反的证据不足'，可见他很公平。我当时没有采用他的意见，至今仍追悔莫及。"于是任命李道裕为刑部侍郎。

## 【原文】

贞观初，太宗谓侍臣曰："朕今孜孜求士，欲专心政道①，闻

【注释】

①政道：为政之道。

有好人,则抽擢驱使②。而议者多称'彼者皆宰臣亲故',但公等至公,行事勿避此言,便为形迹③。古人'内举不避亲,外举不避仇',而为举得其真贤故也。但能举用得才,虽是子弟及有仇嫌④,不得不举。"

②抽擢(zhuó):提拔。
③形迹:办事无拘无束。
④仇嫌:怨仇,怨恨。

**【译文】**

贞观初年,唐太宗对侍臣说:"我现在千方百计寻找贤才,想要专心处理政事,一听说哪里有俊才,就派使者前去打探。但人们还是议论纷纷,说某某官员是某某大臣的亲戚、朋友,等等。但你们做事不要因此而有所忌讳和回避,就去做吧。古人推举人才对内不避亲,外举不避仇,只要推举的是真正的贤才。唯才是举,只要是人才,即使是自己的孩子或仇人,也不可不推举。"

**【原文】**

贞观十一年,时屡有阉宦充外使,妄有奏,事发,太宗怒。魏徵进曰:"阉竖虽微,狎近左右①,时有言语,轻而易信,浸润之谮②,为患特深。今日之明,必无此虑,为子孙教,不可不杜绝其源。"太宗曰:"非卿,朕安得闻此语?自今已后,充使宜停。"魏徵因上疏曰:

臣闻为人君者,在乎善善而恶恶,近君子而远小人。善善明,则君子进矣;恶恶著,则小人退矣。近君子,则朝无秕政③;远小人,则听不私邪④。小人非无小善,君子非无小过。君子小过,盖白玉之微瑕;小人小善,乃铅刀之一割。铅刀一割,良工之所不重,小善不足以掩众恶也;白玉微瑕,善贾之所不弃,小疵不足以妨大美也。善小人之小善,谓之善善,恶君子之小过,谓之恶恶,此则蒿兰同嗅,玉石不分,屈原所以沉江,卞和所以泣血者也。既识玉石之分,又辨蒿兰之臭,善善而不能进,恶恶而不能去,此郭氏所以为墟,史鱼所以遗恨也。

**【注释】**

①狎(xiá)近:亲近。这里指经常侍奉在天子身旁。
②浸润:指谗言逐渐发生作用。
③秕(bǐ)政:弊政。指不良的、有害的政治措施。
④私邪:偏信谗言。

**【译文】**

贞观十一年,当时常常有宦官外出担任使者,他们胡乱奏报政务，事情败露后，唐太宗非常生气。魏徵说："宦官虽然地位卑微，但他们侍奉在天子左右，常常发表议论，容易使天子轻信，慢慢地，便造成很大的危害。现在陛下圣明，可以无此顾虑，可是为了子孙后代，不可不断绝这种祸患。"唐太宗说："不是你，我怎么会听到如此中肯的意见呢？从今以后，宦官不可再担任使者。"魏徵事后又写了一篇奏书，进献唐太宗：

我听说国君贵在表扬善事，贬斥劣迹，亲近君子，远离小人。如果善事得到发扬，那么君子就会为国效劳；贬斥劣迹，那么小人就会自行隐退。亲近君子，那么朝廷不会有劣政；远离小人，则不会偏听。小人并非没有小小的优点，君子并非没有小小的过失。君子小小的过失，是白玉上小小的瑕疵；小人那小小的优点，则如铅刀上一小处锋利的地方。铅刀的锋利，能工巧匠是不会看重的，这小小的优点不足以掩盖许多缺点；白玉微瑕，好的商人不会嫌弃，小小的斑点不会妨碍白玉整体的美丽。赞扬小人的优点，而认为这是对善的正确判断；贬斥君子的过失，而认为这是对恶的正确判断，这就如同认为蒿草和兰花的香味一致，白玉和顽石的质地一样，是美丑不分，善恶不辨，这就是屈原投江自尽、卞和吐血的原因。如果认识了白玉和顽石的差别，蒿草和兰花的不同，但不能进善退恶，也是不明智的，这也是郭氏的房子成为废墟，史鱼抱恨终生的原因。

## 【原文】

陛下聪明神武，天姿英睿，志存泛爱，引纳多涂①，好善而不甚择人，疾恶而未能远佞。又出言无隐，疾恶太深，闻人之善或未全信，闻人之恶以为必然。虽有独见之明，犹恐理或未尽。何则？君子扬人之善，小人讦人之恶②，闻恶必信，则小人之道长矣，闻善或疑，则君子之道消矣。为国家者，急于进君子而退小人，乃使君子道消，小人道长，则君臣失序，上下否隔③，乱亡不恤，将何以理乎？且世俗常人，心无远虑，情在告讦，好言朋党。夫以善相成谓之同德，以恶相济谓之朋党。今则清浊共流，善恶无别，以告讦为诚直，以同德为朋党。以之为朋党，则谓事无可信；以之为诚直，则谓言皆可取。此君恩所以不结于

## 【注释】

①多涂：各种途径。涂：通"途"，途径。

②讦(jié)：攻击别人的短处或揭发别人的隐私。

③否隔：亦作"否膈"，隔绝不通。

④时逢少隳(huī)：碰上了混乱的世道。隳，毁坏。

⑤司过：掌纠察群臣过失的官吏。

下，臣忠所以不达于上。大臣不能辩正，小臣莫之敢论，远近承风，混然成俗，非国家之福，非为理之道。适足以长奸邪，乱视听，使人君不知所信，臣下不得相安。若不远虑，深绝其源，则后患未之息也。今之幸而未败者，由乎君有远虑，虽失之于始，必得之于终故也。若时逢少隳④，往而不返，虽欲悔之，必无所及。既不可以传诸后嗣，复何以垂法将来？且夫进善黜恶，施于人者也；以古作鉴，施于己者也。鉴貌在乎止水，鉴己在乎哲人。能以古之哲王，鉴于己之行事，则貌之妍丑宛然在目，事之善恶自得于心，无劳司过之史⑤，不假刍荛之议，巍巍之功日著，赫赫之名弥远。为人君者可不务乎？

### 【译文】

陛下聪明神武，天姿英明睿智，爱护百姓，广开言路。陛下鼓励进谏，但还不能完全选择得当的人；陛下痛恨邪恶，但还没能远离小人。并且，陛下言语急切，疾恶如仇，听到善行未必全信，听到劣迹就认为绝无错误。虽有远见卓识，但臣恐怕陛下有些地方还有不妥之处。为什么呢？君子会表扬别人的善行，小人会诋毁别人的缺点。如果听到劣迹就确信无疑，那么就会助长小人的气焰；听到善行就怀疑，那么君子会很失望。如果君子受怀疑，小人得志，就会君臣失序，上下混乱，那么将用什么方法来治理国家呢？并且，世俗之人，缺乏深思熟虑，喜欢搬弄是非。一般而言，我们把戮力同心做好事称作同德，把一起参与做坏事称作朋党。可现在清浊同流，善恶无别，把奸邪的人视为诚实正直，把同心同德的人称作朋党。被称作朋党的人，他们的言行就不被信任；被称作诚实正直的人，那么他们的一切都是可取的。这就是陛下的恩德没有散布到臣子中间，臣子的忠诚没有传达到朝廷上的原因。地位高的大臣们不敢矫正朝廷的偏差，地位低的臣子们又不敢指出来，于是这种做法形成风气，既不是国家之福，也不是治国之道。这足以助长奸邪，扰乱视听，使君主不知相信什么，大臣们不能安心做事。如果不深远地谋划，断绝这种风气的根源，将贻害无穷。幸运的是，如今国家还没有出现大的祸害，这完全归功于陛下的深谋远虑，国政虽然起初有所偏差，可是必然能够善终。如果现在遇到小的祸害，不加以制止，任由其发展，将来定会追悔莫及，这样的话，既不能将社稷传给后代，也不足以成为后世的楷模。扬善除恶，有利于人；以古为鉴，有利于己。如果能以古代圣明的帝王作为自己的借鉴，那么自己行为的美丑就一目了然，所做的事是好是坏人们的心里自会知道，何须史官的评判，何须大臣们的进谏，帝王自然会功勋卓著，声名远扬。作为君王，能不这样追求吗？

### 【原文】

臣闻道德之厚，莫尚于轩、唐；仁义之隆，莫彰于舜、禹。欲继轩、唐之风，将追舜、禹之迹，必镇之以道德，弘之以仁义，举善而任之，择善而从之。不择善任能，而委之俗吏，既无远度，必失大体。惟奉三尺之律，以绳四海之人，欲求垂拱无为①，不可得也。故圣哲君临，移风易俗，不资严刑峻法，在仁义而已。故非仁无以广施，非义无以正身。惠下以仁，正身以义，则其政不严而理，其教不肃而成矣。然则仁义，理之本也；刑罚，理之末也。为理之有刑罚，犹执御之有鞭策也，人皆从化，而刑罚无所施；马尽其力，则有鞭策无所用。由此言之，刑罚不可致理，亦已明矣。故《潜夫论》曰："人君之理莫大于道德教化也。民有性、有情、有化、有俗。情性者，心也，本也；俗化者，行也，末也。是以上君抚世，先其本而后其末，顺其心而履其行。心情苟正，则奸慝无所生，邪意无所载矣。是故上圣无不务理民心，故曰：'听讼，吾犹人也，必也使无讼乎？'道之以礼，务厚其性而明其情。民相爱，则无相伤害之意；动思义，则无畜奸邪之心。若此，非律令之所理也，此乃教化之所致也。圣人甚尊德礼而卑刑罚，故舜先敕契以敬敷五教②，而后任咎繇以五刑也。凡立法者，非以司民短而诛过误也，乃以防奸恶而救祸患，检淫邪而内正道。民蒙善化，则人有士君子之心；被恶政，则人有怀奸乱之虑。故善化之养民，犹工之为曲豉也。六合之民，犹一荫也③，黔首之属④，犹豆麦也，变化云为⑤，在将者耳！遭良吏，则怀忠信而履仁厚；遇恶吏，则怀奸邪而行浅薄。忠厚积，则致太平；浅薄积，则致危亡。是以圣帝明王，皆敦德

### 【注释】

① 垂拱无为：垂衣拱手，不做什么事，就可以无为而活。
② 敷：推行。
③ 荫：庇护。
④ 黔首：平民百姓。
⑤ 云为：言论行为。
⑥ 镕（róng）：铸器使用的模型。
⑦ 醇酽（chúnyàn）：酒味浓厚，比喻风俗淳厚敦和。

化而薄威刑也。德者，所以循己也，威者，所以理人也。民之生也，犹铄金在炉，方圆薄厚，随镕制耳⑥！是故世之善恶，俗之薄厚，皆在于君。世之主诚能使六合之内、举世之人，感忠厚之情而无浅薄之恶，各奉公正之心，而无奸险之虑，则醇酽之俗⑦，复见于兹矣。"后王虽未能遵古，专尚仁义，当慎刑恤典，哀敬无私，故管子曰："圣君任法不任智，任公不任私。"故王天下，理国家。

### 【译文】

  我听说，若论道德的崇高，没人可以超过黄帝、尧帝；若论仁义的深厚，没人可比得上舜帝、大禹。如果要追慕古代圣君的风范，只有推行道德仁义，择善而从。如果不能选拔有才能的臣子，而把政务委托给凡庸的人，他们没有眼光和胸襟，必然会使国家的大体丧失殆尽。只用严刑峻法来控制天下的百姓，要想无为而治，是不可能的。所以，圣明的君王重在用仁义去移风易俗，只依靠刑法是不行的。君王应该施恩于百姓，用道义来约束自己。因此，政治不严厉，国家却能够获得治理，教化不苛刻，却能够使民风淳朴。仁义，是治理国家的根本；刑罚，只是枝节。刑罚对于治国，就像骑马用的鞭子，如果百姓都得到了教化，那么刑罚也就失去了作用；如果马尽力奔跑，鞭子又有何用呢？因此，刑法不能使国家获得治理。所以王符在《潜夫论》中写道："帝王的治国之道没有比道德教化更重要的了。百姓有自己的本性、情感、行为、风俗。本性、情感是根本；行为、风俗是枝节。因此圣明的君主治国，崇本抑末，顺应民心，从而矫正他们的行为。百姓本性纯正，那么奸邪之念就不会产生。所以有着上智的圣人，无不关注和教化民心，孔子说：'听诉讼审理案子，我和别人一样，目的在于使诉讼不再发生。'君王用礼去教化百姓，使他们本性淳厚，明白他们的情感。百姓相互爱护，坚守仁义之道，那么就不会彼此伤害怀疑。这些都不是刑罚能够办得到的，只有依赖教化之功。圣人崇尚道德礼仪，轻视刑罚，所以舜命令契推行五教，可是后来又让咎繇设置了五种酷刑。凡是设立刑罚，其目的不是纠偏改过，而是预防奸诈邪恶，挽救祸害。

如果百姓有幸遇到仁政，那么他们就会怀有君子之心；如果遇到暴政，就会人人自危，害怕奸邪淫乱。所以善于教化百姓的，如同工匠做酒曲。天下的百姓，如同做酒曲所需的材料，怎样变化，在于如何引导。遇到好官，就会心怀忠信，对老百姓仁厚。遇到坏官，就会心怀奸邪，鱼肉百姓。将忠厚仁义推而广之，就会天下太平；鱼肉百姓愈演愈烈，就会自取灭亡。所以圣明的君王，都重视以德教化天下人，轻视刑法。道德，即严于律己，威严，在于苛责别人。民风的形成，犹如用炉子炼金，金子的形状完全依赖于冶炼器具的形状！因此，民风民俗的善恶厚薄，完全取决于君主。"君主仁义，就能感化天下苍生。使之从善，消除小人奸诈之心，使民风淳朴。所以管子说："圣明的君王坚守法令不用智能，天下为公不牟取私利。"因此才能够称霸天下，治理国家。

## 【原文】

贞观之初，志存公道，人有所犯，一一于法。纵临时处断或有轻重，但见臣下执论，无不忻然受纳。民知罪之无私，故甘心而不怨；臣下见言无忤，故尽力以效忠。顷年以来①，意渐深刻②，虽开三面之网，而察见川中之鱼，取舍在于爱憎，轻重由乎喜怒。爱之者，罪虽重而强为之辞；恶之者，过虽小而深探其意。法无定科③，任情以轻重；人有执论，疑之以阿伪。故受罚者无所控告，当官者莫敢正言。不服其心，但穷其口，欲加之罪，其无辞乎？又五品已上有犯，悉令曹司闻奏。本欲察其情状，有所哀矜；今乃曲求小节，或重其罪，使人攻击惟恨不深。事无重条，求之法外所加，十有六七，故顷年犯者惧上闻，得付法司，以为多幸。告讦无已，穷理不息，君私于上，吏奸于下，求细过而忘大体，行一罚而起众奸，此乃背公平之道，乖泣辜之意，欲其人和讼息，不可得也。

## 【注释】

①顷年：近年。
②深刻：苛刻严峻。
③定科：明确规定的法令条例。

## 【译文】

贞观初年，国家的法令一视同仁，臣子如果有违法乱纪的，都依法严办了。即使临时断案时有轻重不同，朝廷听到臣下议论，也会欣然接受意见。百姓知道皇帝惩罚他们并非出于私心，所以都心悦诚服；臣子看到自己直言进谏并没有触犯龙颜，于是也更加尽职尽忠。可是近年来，您处理政事慢慢变得严苛，即使像成汤那样网开一面，但是仍然过分明察，好像能看到潜藏在深渊中的小鱼，常根据自己的好恶来判断事物、做出取舍，按照自己的喜好来决定赏罚的轻重。对于自己喜爱的人，即使罪过再大也会网开一面，寻找各种理由为他开脱；对于厌恶的人，即使过失非常微小，也会挖空心思加重他的刑罚。执法失去了准确的定罪法则，凭着自己的心情和好恶来减轻或者加重罪名；臣子如果直言进谏，就会被怀疑结党营私，欺瞒圣上。因此受冤枉的人有口难辩，知情的官员不敢直言。不去想如何使他们心服，反而只是强逼他们闭嘴，这样一来，欲加之罪又何患无辞呢？另外，五品以上的官员犯罪，曹司必须上奏圣上。这样做的本意是想明察真实的情况，从而酌情减刑；现在却是一味探求小节，甚至有些反而加重了刑罚，致使掌管司法的官员加大了对那些犯法官吏的打击，甚至因为自己的打击力度不够而深感遗憾。有的事情并没有重罚的法律规定，就在法律之外寻找理由重罚，十有六七都是这样做的，所以近年来犯法的官员都害怕被皇帝知道，一旦得知自己被交付司法纠察的部门，都觉得侥幸。这致使告讦的人接踵而来，加大治理却不能平息，君主在上面按照私心办事，官吏则在下面心怀欺诈，过于追究细节，不顾大体，对一个人处罚，却引起了众人的营私舞弊，这是与刑罚的公正背道而驰的，背弃了大禹对罪人哭泣的初衷，这样却希望人们和睦相处，使诉讼平息，是办不到的。

## 【注释】

①怨：指无夫之女子。旷：指无夫之男子。
②宽宥：宽恕，饶恕。
③微旨：隐含未露的旨意。

## 【原文】

故《体论》云："夫淫泆盗窃，百姓之所恶也，我从而刑罚之，虽过乎当，百姓不以我为暴者，公也。怨旷饥寒①，亦百姓之所恶也，遁而陷之法，我从而宽宥之②，百姓不以我为偏者，公也。我之所重，百姓之所憎也；我之所轻，百姓之所怜也。是故赏轻而劝善，刑省而禁奸。"由此言之，公之于法，无不可也，过轻亦可。私之于法，无可也，过轻则纵奸，过重则伤善。圣人之于法也公矣，然犹惧其未也，而救之以化，此上古所务也。后之理狱者则不然：未讯罪人，则先为之意，及其讯之，则驱而致之意，谓之能；不探狱之所由，生为之分，而上求人主之微旨以为制③，谓之忠。其当官也能，其事上也忠，则名利随而与之，驱而陷之，欲望道化之隆，亦难矣。

### 【译文】

所以《体论》上说："奸淫盗窃，是百姓所痛恨的。我顺从百姓的心意处罚那些人，即便过重，百姓也不会认为残暴，这是因为我是出于公心。鳏寡饥寒，也是百姓所痛恨的，为了摆脱这种境遇而触犯法律，我体谅他们而宽大处理，百姓也不会认为偏私，这也是因为我是出于公心。法律重处的是百姓憎恶的事物，从轻处罚的是百姓所怜惜的。所以应该奖赏微薄却能鼓励善行，减轻刑罚却能禁止奸邪。"这样说来，刑法如果是出于公心的，那么就没有什么不可以的，量刑过轻也是可以的。如果刑法是出于私心的就没有好处了，量刑过轻就会助长奸恶，量刑过重就会伤害到善良的人。圣人实施刑法都是出于公心，然而仍然担心有不完善的地方，于是加上教化来补救，这是古代的人所关注的地方。后世治理刑狱的人却不这样做：他们还没有审讯有罪的人，就已经先主观臆断，到了审讯的时候，就将预先想好的罪名强加给犯人，并且将这种行为称为有才能；不探究犯人犯罪的原因，却生硬地将其分类，按照皇帝的旨意作为处罚标准，却将这种行为称为忠心。为官有才干之名，事主有忠诚之称，那么名利都会随之而来，这些人再驱逐百姓陷入法网，有这样的风气存在而想要使国家的道德教化深厚，恐怕是很难的。

### 【原文】

凡听讼吏狱，必原父子之亲①，立君臣之义，权轻重之序，测浅深之量。悉其聪明，致其忠爱，疑则与众共之。疑则从轻者，所以重之也，故舜命咎繇曰："汝作士，惟刑之恤。"又复加之以三讯，众所善，然后断之。是以为法，参之人情。故《传》曰："小大之狱，虽不能察，必以情。"而世俗拘愚苛刻之吏，以为情也者，取货者也，立爱憎者也，右亲戚者也，陷怨仇者也。

### 【注释】

① 原：追究根源。

何世俗小吏之情，与夫古人之悬远乎？有司以此情疑之群吏，人主以此情疑之有司，是君臣上下通相疑也，欲其尽忠立节，难矣。

**【译文】**

如果审理案子，都要按照父子的亲情，树立君臣的情义，权衡轻重先后，测量深浅程度。悉数展现自己的聪明才智，将忠君爱民之心发挥到极致，如果有疑问就和大家一起商讨。存在疑问就从轻量刑，这就是对刑法的尊重。所以舜告诫答繇："你作为一名官吏，只要在量刑的时候心存怜悯就不会乱断案子。"又规定一个案子要经过群臣、群吏、万民三次审讯，大家都认可了，才能定罪。可见，律令必然也掺杂着人情。所以《左传》说："大小案子，虽然不能明察，但肯定有人情的因素在里面。"但是，世俗拘束着愚昧或苛刻奸邪的官吏，他们用人情来获取财物，对有人情的案子就放宽处理，对于仇人，就加以陷害。为什么世俗小人的人情和古人宽大为怀的情感有着天壤之别呢？主管部门因为这样的人情而对司法官员们产生怀疑，天子又因为这样的人情而对主管部门产生怀疑。这是君臣之间上下之间在互相怀疑，这样却想要群臣树立节操，尽忠为国，那就太难了。

**【注释】**

①旁求：这里指罗列罪名，节外生枝。
②锻炼：比喻枉法陷人于罪。
③析言：巧说诡辩，曲解律令。
④任案：因案件判例来代替法律。
⑤左道：邪门歪道。

**【原文】**

凡理狱之情，必本所犯之事以为主，不严讯，不旁求①，不贵多端，以见聪明，故律正其举劾之法，参伍其辞，所以求实也，非所以饰实也，但当参任明听之耳，不使狱吏锻炼饰理成辞于手②。孔子曰："古之听狱，求所以生之也；今之听狱，求所以杀之也。"故析言以破律③，任案以成法④，执左道以必加也⑤。又《淮南子》曰："沣水之深十仞，金铁在焉，则形见于外。非不深且清，而鱼鳖莫之归也。"故为上者以苛为察，以功为明，以刻下为忠，以讦多为功，譬犹广革，大则大矣，裂之道也。夫赏宜从重，罚宜从轻，君居其厚，百王通制。刑之轻重，恩之厚薄，见思与见疾，其可同日言哉！且法，国之权衡也，时之准绳也。权衡所以定轻重，准绳所以正曲直，今作法贵其宽平，罪人欲其严酷，喜怒肆志，高下在心，是则舍准绳以正曲直，弃权衡而定轻重者也，不亦惑哉？诸葛孔明，小国之相，犹曰："吾心如称，不能为人作轻重。"况万乘之主，当可封之日，而任心弃法，取怨于人乎？

[译文]

　　断案中的情，应以事实为主，不严刑逼供，不听人诽谤，官吏应查明实情，不逞口舌之巧虚构事实。孔子说："古人审理案子，是为被告的人寻找生存的理由，现在审案，是要将其置于死地。"因此，虚构事实破坏法律，错误会越来越重。《淮南子》上写道："沣水有十仞深，可是把金铁放在里面也看得见。如果水不清或者很浅，鱼和鳖也不会在里面生存。"现在，官员认为苛刻就是明察，告发的人多就是有功，就像一大张皮革，虽然大，却容易断裂。其实，赏赐应该从重，处罚应该从轻，君王应宽厚为怀，这是历代帝王普遍的治国之术。法律，犹如国家的准绳和天平，天平是用来称重量的，准绳是用来测定曲直的。法律贵在宽大公平。可是如今法律的轻重全由人的喜怒而定。诸葛亮只是小国蜀国的臣相，他还说："我的心是一杆秤，不能因人而使标准有别。"更何况大国的君主呢？在天下升平的时候，却任由心性好恶，放弃法律的公平，这不是让老百姓心生怨恨吗？

[原文]

　　又时有小事，不欲人闻，则暴作威怒，以弭谤议①。若所为是也，闻于外，其何伤？若所为非也，虽掩之，何益？故谚曰："欲人不知，莫若不为；欲人不闻，莫若勿言。"为之而欲人不知，言之而欲人不闻，此犹捕雀而掩目，盗钟而掩耳者，只以取诮②，将何益乎？臣又闻之，无常乱之国，无不可理之民者。夫民之善恶由乎化之薄厚，故禹、汤以之理，桀、纣以之乱；文、武以之安，幽、厉以之危。是以古之哲王，尽己而不以尤人，求身而不以责下。故曰："禹、汤罪己，其兴也勃焉；桀、纣罪人，

[注释]

①弭(mǐ)：阻止。

②诮(qiào)：讥笑讽刺。

③恻隐：怜悯，对受苦难的人表示同情。

④曩(nǎng)日：往日，以前。

⑤弼者：辅佐君王的大臣。

其亡也忽焉。"为之无已,深乖恻隐之情③,实启奸邪之路。温舒恨于曩日④,臣亦欲惜不用,非所不闻也。臣闻尧有敢谏之鼓,舜有诽谤之木,汤有司过之史,武有戒慎之铭。此则听之于无形,求之于未有,虚心以待下,庶下情之达上,上下无私,君臣合德者也。魏文帝云:"有德之君乐闻逆耳之言、犯颜之诤,亲忠臣,厚谏士,斥谗慝,远佞人者,诚欲全身保国,远避灭亡者也。"凡百君子,膺期统运,纵未能上下无私,君臣合德,可不全身保国,远避灭亡乎?然自古圣哲之君,功成事立,未有不资同心,予违汝弼者也⑤。

### 【译文】

有时发生了一些小事,朝廷不想让别人知道,就以威严和权力压人,以此来消除舆论。只要做得对,让老百姓知道又何妨呢?如果做得不对,掩盖又有何用?所以谚语说:"若要人不知,除非己莫为;若要人不听见,不如自己不说。"做了却想不被人知,就像遮住眼睛捕捉麻雀,掩住耳朵去偷钟,自以为神不知、鬼不觉,其实是荒唐可笑的举动。我又听说,没有永远动荡的国家,没有不能被治理的百姓。百姓的善恶是根据教化的厚薄而定的,所以大禹、商汤时天下太平,夏桀、商纣时天下大乱;周文王、周武王时国泰民安,周幽王、周厉王时遭到危亡。所以古代圣明的帝王,尽心尽力却不埋怨别人,严于律己不随便责备臣下。《左传》说:"大禹、商汤责备自己,故国家兴旺;夏桀、商纣怪罪别人,所以迅速灭亡。"苛责过多,与恻隐之心相违,其实是为奸邪开辟了方便之门。汉代温舒曾上书说狱吏太残酷,只可惜不被采纳,并不是君王不知道。我听说尧帝设置了进谏用的锣鼓,舜帝设置惩罚诽谤之人的木板,商汤有专门处罚官吏过错的史官,周武王在桌几、盘碟、盆盖上写有告诫自己要谨慎的铭文,这样做是防微杜渐、虚心接受各方意见的表现。魏文帝说:"有德的君王高兴听到逆耳的忠言,他们亲近忠臣,厚待进谏的臣子,斥退小人,是希望保全自身和国家,避免灭亡。"凡是君子,只要应时而出,就算不能使上下都放弃私心,君臣同心同德,也必能安身保国,又岂会使社稷败亡?自古以来的圣贤明君，凡是成就功名、建立事业者，没有不赞成这个道理的，我们为何要违背它呢？

**【原文】**

昔在贞观之初，侧身励行，谦以受益。盖闻善必改，时有小过，引纳忠规，每听直言，喜形颜色。故凡在忠烈，咸竭其辞。自顷年海内无虞①，远夷慑服，志意盈满，事异厥初②。高谈疾邪，而喜闻顺旨之说；空论忠谠，而不悦逆耳之言。私嬖之径渐开③，至公之道日塞，往来行路，咸知之矣。邦之兴衰，实由斯道。为人上者，可不勉乎？臣数年以来，每奉明旨，深惧群臣莫肯尽言。臣切思之，自比来人或上书④，事有得失，惟见述其所短，未有称其所长。又天居自高，龙鳞难犯，在于造次⑤，不敢尽言，时有所陈，不能尽意，更思重竭，其道无因。且所言当理，未必加于宠秩⑥，意或乖忤，将有耻辱随之，莫能尽节，实由于此。虽左右近侍，朝夕阶墀⑦，事或犯颜，咸怀顾望。况疏远不接，将何以极其忠款哉？又时或宣言云："臣下见事，只可来道，何因所言，即望我用？"此乃拒谏之词，诚非纳忠之意。何以言之？犯主严颜，献可替否，所以成主之美，匡主之过。若主听则惑，事有不行，使其尽忠谠之言，竭股肱之力⑧，犹恐临事而惧，莫肯效其诚款。若如明诏所道，便是许其面从，而又责其未尽言，进退将何所据？欲必使乎致谏，在乎好之而已。故齐桓好服紫，而合境无异色；楚王好细腰，而后宫多饿死。夫以耳目之玩，人犹死而不违，况圣明之君求忠正之士，千里斯应，信不为难。若徒有其言，而内无其实，欲其必至，不可得也。

**【注释】**

①无虞：没有忧患，太平无事。

②厥：其。

③私嬖（bì）：私心与偏爱。嬖，受宠爱的人。

④比来：近来。

⑤造次：仓促，匆忙。

⑥宠秩：这里指加官进爵。

⑦阶墀（chí）：台阶。此指宫殿。

⑧股肱：比喻左右得力的辅助人才。

**【译文】**

以前在贞观初期，陛下兢兢业业身体力行，虚怀若谷谦虚待人。因为您闻善必行，即使偶尔有小过失，也可以接纳忠言规谏，每当听到直言良谏，都会喜形于色。因此只要是忠烈之士，都竭尽自己的忠诚来进谏。但近年来，四海升平，外族降服，陛下志得意满，处理事务就跟以前不同了。高谈阔论自己如何痛恨邪恶，却只喜欢听阿谀之词，空口说倡导直言敢谏的行为，却厌恶逆耳之言。私心渐起，公道日消，路上来往的普通百姓，都知道了这种变化。自古国家的兴盛与衰亡，无不因此而起。作为至高无上的君主，难道不应该以此自勉吗？我数年以来，每次接到圣明的旨意，都非常担忧群臣不能竭尽忠诚直言国政的得失。我认真思考了这个问题，我发现近来臣子上书，不敢畅所欲言。如果所述之事有所出入，就只看到您批评其缺点，而不见表扬其长处。再加上您的地位至高无上，龙鳞难犯，臣子偶尔有机会，也不敢轻率进言，即使有时上书，也不能全部表达其意，事后再想进言，却找不到机会了。而且就算自己所说的合情合理，也未必能加官晋爵得到荣宠；但是如果万一忤逆圣意，就会落得耻辱的结局。群臣不能尽忠直言，可能就是因此而起的。即使您左右的侍从，与您朝夕相处，但遇到触犯龙颜之事，都心怀顾虑。更何况一些被疏远的下臣百姓，又怎么能够竭尽自己的中肯之意呢？您曾经宣称："臣子有事，只管前来进谏，但为什么任何意见，都希望我能采纳呢？"这其实是拒绝进谏之词，而非接纳忠言的意思。为什么这样说呢？臣子冒着顶撞圣上的危险进谏，实则在成就君王的美名，纠正君王的过失。如果君主一听见直谏心里就不痛快，所提的建议也未必能实行，即使让臣子们尽情直言心中所想，竭尽全力辅佐帮助，仍然会担心臣子们因为恐惧而不能尽忠。如果像陛下的诏书那样，就是一方面要臣子顺从自己的言行，另一方面要臣子直言敢谏，那么臣子应该根据什么样的标准来进退呢？如陛下定要使臣下决心直谏，那也不难，只要陛下真心喜欢就可以了。因此过去齐桓公喜欢穿紫色的衣服，结果国境之内的臣民再没有穿其他颜色的服饰；楚王喜欢细腰的美女，结果后宫佳丽很多都饿死了。像这些供耳目之娱的行为，国人尚且宁愿豁出性命去追求，何况是明君征召天下忠诚中正之士，那些忠诚中正之士不远千里来应召，必定并非难事。如果只是嘴里说说罢了，而没有切实实行的打算，却要想听到臣下的忠言，是万万不可能的。

【注释】

①惵惵：恐惧,惶惶不可终日。

②投袂：形容激动或奋发。

③班：通"颁",颁行。

④寅：恭敬。

⑤氛埃：比喻战乱。

⑥帷幄：军帐。

⑦熊罴(pí)：猛兽。这里比喻勇士或雄师劲旅。

⑧神器：比喻帝位、政权。

⑨隶皂：衙门里的差人。

⑩盐梅：这里喻指国家所需的贤才。

【原文】

太宗手诏曰：

省前后讽谕，皆切至之言，固所望于卿也。朕昔在衡门，尚惟童幼，未渐师保之训，罕闻先达之言。值隋主分崩，万邦涂炭，慄慄黔黎①，庇身无所。朕自二九之年，有怀拯溺，发愤投袂②，便提干戈，蒙犯霜露，东西征伐，日不暇给，居无宁岁。降苍昊之灵，禀庙堂之略，义旗所指，触向平夷。弱水、流沙，并通辀轩之使；被发左衽，皆为衣冠之域。正朔所班③，无远不届。及恭承宝历，寅奉帝图④，垂拱无为，氛埃靖息⑤，于兹十有余年。斯盖股肱罄帷幄之谋⑥，爪牙竭熊罴之力⑦，协德同心，以致于此。自惟寡薄，厚享斯休，每以抚大神器⑧，忧深责重，常惧万机多旷，四聪不达，战战兢兢，坐以待旦。询于公卿，以至隶皂⑨，推以赤心。庶几明赖，一动以钟石；淳风至德，永传于竹帛。克播鸿名，常为称首。朕以虚薄，多惭往代，若不任舟楫，岂得济彼巨川？不藉盐梅⑩，安得调夫五味？

赐绢三百匹。

**[译文]**

看后，唐太宗亲自写了诏书作为答复：

我仔细看了你前后几次充满讽喻的奏疏，所看到的内容都情真意切，这本来就是我对你所寄予厚望之处。我当年生长在普通的家庭之中，年幼时，没有得到老师的训诫，更很少听到先哲的至理名言。并且正遇到隋炀帝荒淫无道，隋代分崩离析，生灵涂炭，天灾人祸，老百姓流离失所。我十八岁就怀有拯济天下之心，投身军旅，手持刀枪，不畏寒暑，东征西讨，劳碌终日，没有一天过得安宁。幸而苍天有眼，遵守庙堂的韬略，使义军所到之处，都能所向披靡。弱水、流沙这些偏远蛮夷之地都派遣使者来进贡；风俗大相径庭的异族，也都身穿华夏服装。国家法律颁布之后，没有不能到达的地方。我接管天下登上皇位，继承先帝留下的基业，休养生息，崇尚无为而治，四海升平，尘埃不起，已经十几年了。这全都仰仗众位文臣运筹帷幄，武将竭尽骁勇，戮力同心，才取得了如此辉煌的业绩。我是一个寡德少能的人，却享受着如此洪福,一想到自己肩负天下重任,忧患责任深重,总是担心政治得失,不能兼听四方民众的疾苦,因此常常战战兢兢,夜不能寐。我常常询问公卿大臣,甚至是下臣小吏,与他们推心置腹,以希望自己能够耳聪目明,做出一番能够垂范后世的功德,将其刻于钟鼎碑石之上;让我们大唐的德风,能够永垂史册。能够协助我传播盛名伟业的人,我一直把你当成第一个。我因为自己才德微薄,愧对前世圣君明主,如果不能依靠贤明大臣的辅佐,怎么能够建立起宏伟功业呢?就好像如果不使用船和桨,怎么能够渡过大江大河?不放盐和梅,怎么能够调制出鲜美的羹汤呢?

为此赐给他绢三百匹以示嘉奖。

# 诚信第十七

**【原文】**

贞观初,有上书请去佞臣者①,太宗谓曰:"朕之所任,皆以为贤,卿知佞者谁耶?"对曰:"臣居草泽②,不的知佞者③,请陛下佯怒以试群臣,若能不畏雷霆,直言进谏,则是正人,顺情阿旨,则是佞人。"太宗谓封德彝曰:"流水清浊,在其源也。君者政源,人庶犹水,君自为诈,欲臣下行直,是犹源浊而望水清,理不可得。朕常以魏武帝多诡诈,深鄙其为人,如此,岂可堪为教令④?"谓上书人曰:"朕欲使大信行于天下,不欲以诈道训俗,卿言虽善,朕所不取也。"

**【注释】**

① 佞臣:奸邪谄上之臣。
② 草泽:荒郊野地。此指民间。
③ 的知:确实了解。
④ 教令:教规和法令。

**【译文】**

贞观初年,有人上书请求斥退皇帝身边那些奸佞的臣子,唐太宗对上书的人说:"我任用的人,我认为都是贤臣,那你知道的佞臣是谁呢?"那人回答说:"我住在民间,的确不知道谁是佞臣。请陛下假装发怒,来试一试身边的大臣们,如果谁不怕雷霆之怒,直言进谏,那就是正直的人。如果谁一味依顺陛下,不分曲直地迎合皇上的意见,那就是奸佞的人。"唐太宗回头对封德彝说:"流水是否清浊,关键在于源头。君主是施政的源头,臣民就好比流水,君主自己行为奸诈,却要臣下行为正直,那就好比是水源混浊而希望流水清澈,这是根本办不到的。我常常认为魏武帝曹操言行多诡诈,所以很看不起他的为人,现在如果让我也这么做,不是让我效仿他吗?这不是实行政治教化的办法!"于是,唐太宗又对上书的人说:"我要使诚信行于天下,不想用诈骗的办法去治理国家,你说的话虽然出自好意,但我不能采纳。"

**【原文】**

贞观十年,魏徵上疏曰:

**【注释】**

① 格:正。

②斯须:片刻,一会儿。
③颠沛:比喻处境窘迫困顿。

臣闻为国之基,必资于德礼,君之所保,惟在于诚信。诚信立则下无二心,德礼形则远人斯格①。然则德礼诚信,国之大纲,在于君臣父子,不可斯须而废也②。故孔子曰:"君使臣以礼,臣事君以忠。"又曰:"自古皆有死,民无信不立。"文子曰:"同言而信,信在言前;同令而行,诚在令外。"然则言而不信,言无信也;令而不从,令无诚也。不信之言,无诚之令,为上则败德,为下则危身,虽在颠沛之中③,君子之所不为也。

【译文】

贞观十年,魏徵上疏说:

我听说国家的基础,在于道德和礼教;君子要保住名声,在于诚实信用。有了诚信,就不会产生二心;道德和礼教形成了,远处的人也按照这样的道德和礼教规范来做事。道德、礼教、诚实、信用是国家的大纲,存在于君臣、父子关系之中,一刻都不能丢弃。所以孔子说:"君王以礼对待臣子,臣子以忠心侍奉君王。"还说:"一个人终有一死,百姓如果不讲信用来生就不能成人。"文子说:"语言是用来表达承诺的,而信用应该在言语之前。接受命令开始行动,而信用应在命令之外。"说了却不做,是言而无信;接受了命令却不执行,是没有诚意。没有信用的话和没有诚意的接受命令,如果是君王,就会败坏名声,如果是臣下,就会危及生命。因此,即使身不由己,处境艰难,君子也不要做有失诚信的事情。

【注释】

①休明:美好清明,用以赞美明君或盛世。
②克终:能善终。
③豁如:宽宏大量的样子。
④謇(jiǎn)谔:正直敢言。
⑤荧惑:炫惑,迷惑。
⑥郁:郁结,闭塞。

【原文】

自王道休明①,十有余载,威加海外,万国来庭,仓廪日积,土地日广,然而道德未益厚,仁义未益博者,何哉?由乎待下之情未尽于诚信,虽有善始之勤,未睹克终之美故也②。昔贞观之始,乃闻善惊叹,暨八九年间,犹悦以从谏。自兹厥后,渐恶直言,虽或勉强有所容,非复囊时之豁如③。謇谔之辈④,稍避龙鳞;便佞之徒,肆其巧辩。谓同心者为擅权,谓忠谠者为诽谤。谓之为朋党,虽忠信而可疑;谓之为至公,虽矫伪而无咎。强直者畏擅权之议,忠谠者虑诽谤之尤。正臣不得尽其言,大臣莫能与之争。荧惑视听⑤，郁于大道⑥，妨政损德，其在此乎？故孔子曰"恶利口之覆邦家者"，盖为此也。

## 【译文】

自从陛下登基，国家太平昌盛，已有十多年了，神威遍及四方，各国使者前来朝拜，国家粮仓日益充实，国土日益宽广。然而，我认为如今道德和仁义仍然不笃厚，为什么呢？因为朝廷对待臣子的态度还不够诚信。虽然陛下在贞观初期勤于政务，有一个好的开头，却没能做到善始善终。贞观初年，陛下听到好的意见就很惊喜，后来的八九年间，仍然乐于接受意见。可是，从那之后，陛下您渐渐讨厌直言，有时即使勉强接受，也不像早年那般纳谏如流了。因此，忠正的大臣，逐渐为了避免触犯您不敢直言；而那些奸佞之人，正好大肆发挥他们巧舌如簧的本领。他们诬陷与朝廷同心同德的人滥用职权，中伤直言进谏的人诽谤朝政。说一个人结党营私，即使他忠诚中正也会让人觉得可疑；说一个人大公无私，即使他弄虚作假也不会遭受责备。所以刚强正直的人害怕玩忽职守的罪名，忠诚正直的人担心诽谤朝廷的恶名。于是正直的忠臣不能完全陈述自己的想法，朝中重臣也不能与之奸佞之人辨是非。圣上被迷惑视听，治国之道被堵塞，妨碍国事，损害德业，原因就在这里吧？因此孔子说"厌恶那些口齿伶俐毁灭国家和家庭的人"，大概说的正是如今的情形吧。

## 【原文】

且君子小人，貌同心异。君子掩人之恶，扬人之善，临难无苟免，杀身以成仁。小人不耻不仁，不畏不义，唯利之所在，危人自安。夫苟在危人，则何所不至？今欲将求致理，必委之于君子；事有得失，或访之于小人。其待君子也则敬而疏①，遇小人也必轻而狎②。狎则言无不尽，疏则情不上通。是则毁誉在于小人，刑罚加于君子，实兴丧之所在，可不慎哉！此乃孙卿所谓："使智者谋之，与愚者论之，使修洁之士行之③，与污鄙之人疑之④，欲其成功，可得乎哉？"夫中智之人，岂无小惠？然才非经

## 【注释】

① 敬：严肃。
② 狎：亲昵，亲近而不庄重。
③ 修洁：品行端正，高尚纯洁。
④ 污鄙：污秽卑鄙。
⑤ 经国：治理国家。

国⑤，虑不及远，虽竭力尽诚，犹未免于倾败；况内怀奸利，承颜顺旨，其为祸患，不亦深乎？夫立直木而疑影之不直，虽竭精神，劳思虑，其不得亦已明矣。

【译文】

况且君子和小人，外表一致，内心不一。君子隐瞒别人的缺点，表扬别人的优点，危难之时绝不苟且偷生，即使牺牲生命也要成就仁义。小人不知羞耻，不讲仁德，不知敬畏，不守信义，只知唯利是图，诬陷别人于危险境地自己却苟安于世。如果能将危险推给别人，那么他会百事可为。现在，朝廷治理国家，将重任委托给君子，可是如果政务有所偏差，就向小人打探情况。对待君子，尊敬却很疏远，对待小人，轻视却又亲近。亲近小人，那么小人就会口蜜腹剑；疏远君子，那么朝廷就得不到实情。所以诋毁别人名誉的权力实际掌握在小人手中，而受到刑罚处置的总是君子，这关系到国家的安危，陛下不可不慎重啊！这就是孙卿所说的："让有智慧的人谋划，那么愚蠢的人就会议论；让品行高洁的人实行，那么卑鄙的人就会怀疑，要想事情成功，怎么可能呢？"具有中等智慧的人，怎能没有小的智慧呢？但是他们没有治理国家的才能，缺乏深谋远虑，即使竭尽全部能力和忠诚，仍然难免失败。更何况心怀奸邪私利，处处阿谀逢迎的小人呢，这些人难道不是国家的祸患吗？树立直的木头，却怀疑影子不直，这样，即使尽心竭力，却不能成功，已经分明了。

【原文】

夫君能尽礼，臣得竭忠，必在于内外无私，上下相信。上不信，则无以使下，下不信，则无以事上，信之为道大矣。昔齐桓公问于管仲曰："吾欲使酒腐于爵①，肉腐于俎②，得无害霸乎？"管仲曰："此极非其善者，然亦无害于霸也。"桓公曰："如何而害霸乎？"管仲曰："不能知人，害霸也；知而不能任，害霸也；任而不能信，害霸也；既信而又使小人参之③，害霸也。"晋中行穆伯攻鼓，经年而弗能下，馈间伦曰："鼓之啬夫，间伦知之。

【注释】

①爵：古代酒器。
②俎(zǔ)：古代切肉用的砧板。
③参：干预。
④上圣：圣明之君。
⑤间：间断，不连贯。

请无疲士大夫，而鼓可得。"穆伯不应，左右曰："不折一戟，不伤一卒，而鼓可得，君奚为不取？"穆伯曰："间伦之为人也，佞而不仁，若使间伦下之，吾可以不赏之乎？若赏之，是赏佞人也。佞人得志，是使晋国之士舍仁而为佞。虽得鼓，将何用之？"夫穆伯，列国之大夫，管仲，霸者之良佐，犹能慎于信任、远避佞人也如此，况乎为四海之大君，应千龄之上圣<sup>④</sup>，而可使巍巍至德之盛，将有所间乎<sup>⑤</sup>？

## 【译文】

如要君王尊礼，臣下尽忠，就必须内外无私，君臣之间相互信任。君主不相信臣子，就不会任用臣子；臣子不信任君主，就不会尽心侍奉君王，信任对于治理国家至关重要。过去，齐桓公对管仲说："我使酒在酒器中变坏，肉在锅中腐烂，这样做对治国就无害了吧？"管仲说："这样做不好，但对治国也无害。"齐桓公问："那么什么会危害国家呢？"管仲说："不能知道人，知道了却不任用，任用了却不信任，信任了却又让小人从中挑拨，这些都会危害国家。"晋国的中行穆伯攻打鼓这个地方，一年都攻克不下，馈间伦说："鼓这个地方的百姓，我是知道的。不必兴师动众，出兵打仗，我就可以攻下鼓这个地方。"穆伯没应答，左右的官员说："不用一兵一卒，就可以得到鼓，为什么不听馈间伦的意见呢？"穆伯说："馈间伦的为人，奸诈不仁义。如果他夺取了鼓地，我能不赏他吗？如果赏赐了他，不是在赏赐奸邪小人吗？如果让小人得志，那就是让晋国的人放弃仁义而宣扬奸邪。即使得到了鼓地，又有什么用呢？"穆伯，是战国时的大夫，管仲，是霸主的得力助手，他们都能够如此地重视信用，疏远小人，更何况大唐的天子效仿古代的圣德明君，便可使大唐基业达到鼎盛，又怎么会出现危机呢？

## 【原文】

若欲令君子小人是非不杂，必怀之以德，待之以信，厉之以义<sup>①</sup>，节之以礼<sup>②</sup>，然后善善而恶恶，审罚而明赏<sup>③</sup>。则小人绝其私佞，君子自强不息，无为之治，何远之有？善善而不能进，恶

## 【注释】

①厉：通"励"，劝勉。

②节：限制，约束。

③审：详知。明：明悉。

④锡:赐予。

恶而不能去，罚不及于有罪，赏不加于有功，则危亡之期，或未可保，永锡祚胤④，将何望哉！

太宗览疏叹曰："若不遇公，何由得闻此语？"

【译文】

要使君子小人判然有别，是非分明，君王必须用恩德来安抚他们，用诚信来对待他们，用道义来勉励他们，用礼仪来节制他们，然后表扬善行，摒除劣迹，谨慎处罚，明白赏赐。如果这样做，小人就会无处藏身，君子就会自强不息，推行无为而治的治国方针，哪里还会遥远？如果表扬善行却不能发扬善行，摒弃劣迹却不能杜绝恶行，刑罚不加诸有罪的人，赏赐不加诸有功之臣，那么危亡之期也许就要到来，使子孙后代永远享受昌盛国运、永享太平，还有什么指望呢？

唐太宗看过奏疏后，感叹道："如果不遇到魏徵，我怎么可能听到这样的肺腑之言呢？"

【注释】

①慑服:因惧怕而屈服。
②偃革:停止战争。
③绝域:极远的地方。
④重译:辗转多次翻译。

【原文】

太宗尝谓长孙无忌等曰："朕即位之初，有上书者非一，或言人主必须威权独任，不得委任群下；或欲耀兵振武，慑服四夷①。惟有魏徵劝朕'偃革兴文②，布德施惠，中国既安，远人自服'。朕从此语，天下大宁，绝域君长③，皆来朝贡，九夷重译④，相望于道。凡此等事，皆魏徵之力也。朕任用岂不得人？"徵拜谢曰："陛下圣德自天，留心政术。实以庸短，承受不暇，岂有益于圣明？"

【译文】

唐太宗对长孙无忌等大臣说："我刚刚即位的时候，有许多人上书建议。他们有的要我独揽大权，不要重用臣下；有的要我加强兵力，以使四方少数民族慑惧臣服。只有魏徵劝我：'减少武功，提倡文治，广施道德仁义，只要中原安定了，远方异族自然会臣服。'我听从了他的建议，终于使天下太平了，边远地区异族的首领都前来朝贡，四方各个民族的人通过重重翻译来到中国,在路上连绵不绝。这一切都是魏徵的功劳。我难道不是用人有道吗?"魏徵拜谢说:"这是因为陛下圣德,用心政务所致,我才疏学浅,承受圣意尚且力不从心,怎么会对您有这么大的帮助呢?"

## [原文]

贞观十七年,太宗谓侍臣曰:"《传》称'去食存信',孔子曰:'民无信不立。'昔项羽既入咸阳,已制天下,向能力行仁信①,谁夺耶?"房玄龄对曰:"仁、义、礼、智、信,谓之五常,废一不可。能勤行之,甚有裨益。殷纣狎侮五常②,武王夺之;项氏以无信为汉高祖所夺,诚如圣旨。"

## [译文]

贞观十七年,唐太宗对侍从的大臣们说:"《左传》上讲:'宁可不要粮食也要保持百姓对国家的信任。'孔子说:'百姓不信任国家,便不能立国。'从前,楚霸王项羽攻入咸阳,已经控制了天下,如果他能够努力推行仁政,那么谁能和他争夺天下呢?"房玄龄回答说:"仁、义、礼、智、信,称为五常,废弃任何一项都不行,如果能够认真推行这五常,对国家是大有益处的。殷纣王违反五常,被周武王灭掉,项羽因为无信,被汉高祖夺了天下。陛下之言极是。"

## [注释]

① 向:假如,假使。
② 狎侮:轻慢侮弄。

# 俭约第十八

【原文】

贞观元年,太宗谓侍臣曰:"自古帝王凡有兴造,必须贵顺物情①。昔大禹凿九山,通九江,用人力极广,而无怨讟者,物情所欲,而众所共有故也。秦始皇营建宫室,而人多谤议者,为徇其私欲,不与众共故也。朕今欲造一殿,材木已具,远想秦皇之事,遂不复作也。古人云:'不作无益害有益②。''不见可欲,使民心不乱。'固知见可欲,其心必乱矣。至如雕镂器物,珠玉服玩,若恣其骄奢,则危亡之期可立待也。自王公以下,第宅、车服、婚嫁、丧葬,准品秩不合服用者,宜一切禁断。"由是二十年间,风俗简朴,衣无锦绣,财帛富饶,无饥寒之弊。

【注释】

① 物情:物理人情,世情,民心。
② 不作无益害有益:不要做无益的事去损害有益的事。

【译文】

贞观元年,唐太宗对侍从的大臣们说:"自古帝王凡有兴建营造,必须顺应民心。当年,大禹开凿九山,疏通九江,用的人力极多,民间却没有怨言,这是大禹在实现百姓的愿望、为民造福的缘故。秦始皇兴建宫室,却遭到百姓的咒骂议论,那是因为这样做只是满足他一己的私欲而已,并非与大家共有。近来,我想建造一座宫殿,木料已经准备齐了,但想到过去秦始皇的行径,就不再营建了。古人说:'不要做无益的事来损害有益的事。''不寻求那些满足私欲的东西,那样民心就不会乱。'由此可知,一个人若见到那些能满足私欲的东西,心一定会乱。至于精雕细刻的器物、珠宝玉器和服饰珍玩,如果任意骄奢享用,国家危亡的日子立即就会到来。从今以后,王公以下的住宅府第、车服、婚嫁、丧葬都要按照品级设置,不合规定的,一概禁绝。"于是,这条命令实施后的二十年间,社会风俗崇尚简朴,衣无锦绣,财帛富饶,国库充足,民间没有饥寒之苦。

【原文】

贞观二年，公卿奏曰："依《礼》，季夏之月，可以居台榭。今夏暑未退，秋霖方始①，宫中卑湿，请营一阁以居之。"太宗曰："朕有气疾②，岂宜下湿？若遂来请，糜费良多。昔汉文将起露台③，而惜十家之产，朕德不逮于汉帝，而所费过之，岂为人父母之道也？"固请至于再三，竟不许。

【注释】

①秋霖：秋日的淫雨。
②气疾：呼吸系统的疾病。
③露台：露天台榭。

【译文】

贞观二年，一位公卿大臣上奏说："依照《礼记》所说：夏季最后一个月，可以居住在建在台上的房屋里。如今夏暑尚未消退，秋季的绵绵细雨刚刚开始，宫里低处潮湿，请陛下营建一座楼阁来居住。"唐太宗说："我有气息不顺的毛病，不适宜住在低处潮湿的地方。可是，如果我同意奏请，就会花费很多钱财。从前，汉文帝准备兴建露台，因为不愿花费相当于十户人家家产的经费而作罢。论德行，我比不上汉文帝，兴建的费用却要超过他，这难道是作为百姓父母的君主该有的行为吗？"公卿大臣们再三恳请，太宗始终没有同意。

【原文】

贞观四年，太宗谓侍臣曰："崇饰宫宇，游赏池台，帝王之所欲，百姓之所不欲。帝王所欲者放逸，百姓所不欲者劳弊。孔子云：'有一言可以终身行之者，其恕乎！已所不欲，勿施于人。'劳弊之事，诚不可施于百姓。朕尊为帝王，富有四海，每事由己，诚能自节，若百姓不欲，必能顺其情也。"魏徵曰："陛下本怜百姓，每节己以顺人。臣闻'以欲从人者昌，以人乐己者亡'。隋炀帝志在无厌，惟好奢侈，所司每有供奉营造，小不称意，则有峻罚严刑。上之所好，下必有甚，竟为无限，遂至灭亡。此非书籍所传，亦陛下目所亲见。为其无道，故天命陛下代之。陛下若以为足，今日不啻足矣①；若以为不足，更万倍过此，亦不足。"太宗曰："公所奏对甚善！非公，朕安得闻此言？"

【注释】

①不啻（chì）：无异于，如同。

## 【译文】

贞观四年,唐太宗对侍从的大臣们说:"住在宏伟华丽的宫室殿宇里,纵情游览水池楼台,是帝王所乐,却非百姓所愿。帝王之所以喜好这些,是这些可以满足放纵逸乐之情;百姓之所以不愿意,是他们不堪劳苦疲累。孔子说:'有一句话可以终身奉行,那就是恕。自己不愿意做的,切记不要强加给别人。'劳苦疲累的事情,帝王实在不该强加给百姓。我被尊为帝王,富有四海,什么事情只凭我一句话就可以办到,但我做到了自我节制,如果百姓不愿意,就一定要顺应民情。"魏徵说:"陛下的确爱怜百姓,经常节制自己以顺应民情。常言道:'克制自己的欲望,顺应民情的,国家就会昌盛;劳苦百姓来博取自己享乐的,国家就会灭亡。'隋炀帝贪得无厌,奢侈无度,有关部门供奉的物品,修建的工程,稍不称心,就要遭到严刑峻罚。上边有所喜好,下边必然要顺从,君臣上下都无限制地放纵淫逸,所以很快就亡国了。不只是书上这样写的,这也是陛下亲眼目睹的事实。正因为隋炀帝无道,所以上天才让陛下来取代他。陛下如果知足,那么现在就能够感到满意;如果不知足,即使再超过现在千倍万倍陛下也不会满意的。"唐太宗点头说:"你说得对,也很好!不是你,我怎能听到这些话呢?"

## 【注释】

①廷尉:主管刑狱的官员。
②蓝田:地名,在今陕西蓝田。

## 【原文】

贞观十六年,太宗谓侍臣曰:"朕近读《刘聪传》,聪将为刘后起鹓仪殿,廷尉陈元达切谏①,聪大怒,命斩之。刘后手疏启请,辞情甚切,聪怒乃解,而甚愧之。人之读书,欲广闻见以自益耳,朕见此事,可以为深诫。比者欲造一殿,仍构重阁,今于蓝田采木②,并已备具,远想聪事,斯作遂止。"

## 【译文】

贞观十六年,唐太宗对侍从的大臣们说:"我近来读《刘聪传》,书中说刘聪准备给他的刘皇后建造华丽的宫殿,廷尉陈元达对此痛切陈词,竭力劝谏刘聪不要这样做,刘聪听后大怒,命令把陈元达斩首。后来,刘皇后亲手写了奏疏替陈元达求情,在文辞和道理上都很恳切，刘聪的怒气这才平息下来，而且内心感到很惭愧。人们读书，都是要增长见识，使自己获得好处，我看这件事，可以作为深刻的警告。近来我想营建一座宫殿，并加造层楼，现在从蓝田采办的木料，都已齐备，但遥想起刘聪这件事，我就把这项营建工程停止了。"

【原文】

贞观十一年，诏曰："朕闻死者，终也，欲物之反真也；葬者，藏也，欲令人之不得见也。上古垂风，未闻于封树；后世贻则①，乃备于棺椁②。讥僭侈者③，非爱其厚费；美俭薄者，实贵其无危。是以唐尧，圣帝也，谷林有通树之说；秦穆，明君也，橐泉无丘陇之处。仲尼，孝子也，防墓不坟；延陵，慈父也，嬴、博可隐④。斯皆怀无穷之虑，成独决之明，乃便体于九泉，非徇名于百代也。洎乎阛阓违礼，珠玉为凫雁⑤；始皇无度，水银为江海；季孙擅鲁，敛以玙璠⑥；桓魋专宋，葬以石椁，莫不因多藏以速祸，由有利而招辱。玄庐既发，致焚如于夜台；黄肠再开，同暴骸于中野。详思曩事，岂不悲哉！由此观之，奢侈者可以为戒，节俭者可以为师矣。朕居四海之尊，承百王之弊，未明思化，中宵战惕⑦。虽送往之典，详诸仪制，失礼之禁著在刑书，而勋戚之家多流遁于习俗，闾阎之内或侈靡而伤风，以厚葬为奉终，以高坟为行孝，遂使衣衾棺椁极雕刻之华，灵輀冥器穷金玉之饰⑧。富者越法度以相尚，贫者破资产而不逮，徒伤教义，无益泉壤，为害既深，宜为惩革。其王公已下，爰及黎庶，自今已后，送葬之具有不依令式者⑨，仰州府县官明加检察，随状科罪。在京五品以上及勋戚家，仍录奏闻。"

【注释】

① 贻则：为后世留下典则。
② 棺椁（guǒ）：棺材和套棺。
③ 僭侈：过分奢侈。
④ 隐：埋葬。
⑤ 凫（fú）雁：野鸭与大雁。
⑥ 玙璠（yúfán）：美玉。
⑦ 中宵：中夜，半夜。战惕：恐惧。
⑧ 灵輀（ér）：丧车。
⑨ 令：法规章程。式：有关细则。

【译文】

贞观十一年，唐太宗下令说："我听说死是人生的终结，它让人回归到自然；葬就是收藏，要让别人不能再看到自己。上古流传下来的风俗，并没有堆坟树碑；后世遗留下的规则，才准备了棺材。有人讥刺葬礼奢侈，这并不是吝惜钱财，而是为了提倡节俭薄葬,避免贻祸自己和子孙。所以,唐尧是圣明的帝王,死后葬在谷林,仅在坟边栽上树木作为标记;秦穆公是英明的君主,去世后葬在橐泉,并没修筑高大的陵墓。孔子是孝子,他把双亲合葬在防这个地方,只有墓穴而不堆坟;延陵是慈父,他本可以在嬴、博两地之间埋葬他的儿子,但他没有这样做,因为他心里怀着长远的考虑,做出了英明的决定,他要把儿子的尸体安然地埋于地下,而不是为了获得后世的赞美之词。相反,吴王阖闾违背礼制,用珠玉做成野鸭大雁,作为陪葬;秦始皇荒淫无度,坟墓里有水银做的江河大海;季孙在鲁国独揽政权,他用美玉装殓尸体;桓魋在宋国专权,墓葬建造石椁。这些人都是因为在墓里埋藏了大量的财物而招致灾祸加速到来,由于墓里有利可图而遭受耻辱。有的坟墓在发掘之后,葬器都被焚烧在墓穴中,有的棺椁被打开,尸骸暴露在旷野。仔细思量往事,岂不让人悲哀!由此看来,奢侈的人可以作为我们的鉴戒,节俭的人可以为人师。我位居四海之尊,承接百王之弊,如果不明白如何教化百姓,睡到半夜都会为之恐惧忧虑。虽然现在丧葬的法规,在仪制中已经有详细的记载,对违礼的处罚,也在刑书中写明了,但是皇亲贵族之中依然有很多人在沿袭着陈旧的习俗,民间很多百姓也在葬礼时奢侈靡费,伤风败俗,用厚葬来供奉死者,用高坟来表示孝道,衣被棺材,力求雕刻华丽,灵车冥器,也尽用金玉装饰。富贵人家破坏法度,相互炫耀,贫穷之家倾家荡产,彼此攀比,这样做有伤风俗,无益教化,造成的危害已经很深了,现在,对此应予以惩治革除。凡王公以下,直至百姓,从今以后,希望各州府的官员严格检查,葬礼如有不遵照律令格式的,根据情节定罪。京城里五品以上官员和皇亲贵族如有违反,要写下罪状上奏朝廷。"

【注释】

① 营产业:建制家产。营,建造,营造。
② 正寝:泛指房屋的正厅或正房。

【原文】

岑文本为中书令,宅卑湿,无帷帐之饰。有劝其营产业者①,文本叹曰:"吾本汉南一布衣耳,竟无汗马之劳,徒以文墨,致位中书令,斯亦极矣。荷俸禄之重,为惧已多,更得言产业乎?"言者叹息而退。

户部尚书戴胄卒，太宗以其居宅弊陋，祭享无所，令有司特为之造庙。

温彦博为尚书右仆射，家贫无正寝②，及薨，殡于旁室。太宗闻而嗟叹，遽命所司为造，当厚加赗赠③。

魏徵宅内，先无正堂，及遇疾，太宗时欲造小殿，而辍其材为徵营构，五日而就。遣中使赍素褥布被而赐之，以遂其所尚。

③ 赗赠：赠送财物给办丧事的人家。

**【译文】**

岑文本担任中书令要职，他的房宅却低矮潮湿，没有帷帐之类的装饰，有人劝他买房置地，文本叹息道："我本来只是汉水南边的一个平民百姓，并没有什么汗马功劳，只是凭借一点儿文墨，就当上了中书令，我已经很满足了，现在我享受着这么高的俸禄，已经感到很惭愧了，还买房置地干什么呢？"听他这么说，劝他的人叹息着离开了。

户部尚书戴胄去世后，唐太宗见他的居所很简陋，没有地方祭拜吊唁，于是下令有关部门专门为他营造祭拜之庙。

温彦博官居尚书右仆射，但是家中贫困没有正室，他死后，只有在旁屋祭奠。唐太宗知道后叹息不已，下令为他营造祭庙，又馈赠给他的家人丰厚的物资。

魏徵的住宅开始时没有正堂，一次他生病，唐太宗当时正要营造小型的宫殿，于是停下工，用这些材料为魏徵营造正堂，五天就完工了。唐太宗还派使者赠送给魏徵喜欢的素布被褥，以符合他平时的习惯。

# 谦让第十九

**【原文】**

贞观二年,太宗谓侍臣曰:"人言作天子则得自尊崇,无所畏惧,朕则以为正合自守谦恭,常怀畏惧。昔舜诫禹曰:'汝惟不矜,天下莫与汝争能;汝惟不伐①,天下莫与汝争功。'又《易》曰:'人道恶盈而好谦。'凡为天子,若惟自尊崇,不守谦恭者,在身倘有不是之事②,谁肯犯颜谏奏?朕每思出一言,行一事,必上畏皇天,下惧群臣。天高听卑③,何得不畏?群公卿士,皆见瞻仰,何得不惧?以此思之,但知常谦常惧,犹恐不称天心及百姓意也。"魏徵曰:"古人云:'靡不有初,鲜克有终。'愿陛下守此常谦常惧之道,日慎一日,则宗社永固,无倾覆矣。唐、虞所以太平,实用此法。"

**【注释】**

① 不伐:不自夸。
② 在身:自身。
③ 卑:下。这里指在下面的民间情况。

**【译文】**

贞观二年,唐太宗对侍从的大臣们说:"人们说,是天子就可以自认为尊贵崇高,无所畏惧了,我认为恰恰相反,天子更应该谦逊恭谨,经常心怀畏惧。从前,舜告诫禹说:'你只要不骄傲,天下就没有人和你争能;你只要不自夸,天下就没有人和你争功。'《易经》上说:'君子的准则是厌恶自满而以谦逊为贵。'做了天子,如果只认为自己尊贵崇高,不保持谦逊恭谨的态度,倘若自己有过失,谁还会冒犯尊颜向他提意见呢?我常常在想,帝王每讲一句话,每做一件事,必定要上畏皇天、下惧群臣。天虽高,却能听到地上的议论,我怎能不畏惧天呢?公卿百官,都在下面注视着我,这怎能不让我畏惧呢?因此,帝王即便常怀谦逊恐惧之心,恐怕还是不能称上天之心和百姓之意啊。"魏徵接着说:"古人讲:'做事情无不有个开始,但很少有人能够坚持到结束。'希望陛下保持常谦常惧的准则,一天比一天更谨慎,那么国家就会永远巩固,不会倾覆。唐尧、虞舜之世之所以天下太平,实际上就是用了这个方法。"

## [原文]

贞观三年,太宗问给事中孔颖达曰:"《论语》云:'以能问于不能,以多问于寡,有若无,实若虚。'何谓也?"颖达对曰:"圣人设教,欲人谦光①。己虽有能,不自矜大,仍就不能之人,求访能事。己之才艺虽多,犹病以为少,仍就寡少之人更求所益。己之虽有,其状若无,己之虽实,其容若虚。非惟匹庶,帝王之德,亦当如此。夫帝王内蕴神明②,外须玄默③,使深不可知。故《易》称'以蒙养正,以明夷莅众'。若其位居尊极,炫耀聪明,以才陵人④,饰非拒谏,则上下情隔,君臣道乖。自古灭亡,莫不由此也。"太宗曰:"《易》云:'劳谦,君子有终,吉。'诚如卿言。"诏赐物二百段。

## [注释]

① 谦光:尊者谦虚而显示其光明美德。
② 蕴:蕴藏。指深藏不露。
③ 玄默:沉静不语。
④ 陵人:也作"凌人",以势压人。

## [译文]

贞观三年,唐太宗问给事中孔颖达:"《论语》里讲:'有才能的人向没才能的人请教,知识多的人向知识少的人请教,这样,有才能的人好像显得没有才能,知识渊博的人好像显得无知。'这句话是什么意思呢?"孔颖达回答说:"圣人实行教化,要求每个人都谦逊退让。有才能的人不骄傲自大,仍旧向没才能的人请教他不知道的事情。自己虽然多才多艺,可还是害怕懂得太少,仍旧向才艺寡少的人讨教求得更多的知识。自己虽然有知识,表面上却不表现出来,自己内心虽然已经很充实,表面上却好像空虚。这句话不仅是对庶民百姓的要求,帝王的德行,也应当如此。帝王内心蕴藏神明,外表必须沉默,使人感到高深莫测。所以《周易》上讲'要表现得蒙昧无知来自养正道,不显露明智以盛气凌人'。如果帝王身居至尊之位,就炫耀自己的聪明,凭借才能欺凌别人,掩饰过错,拒绝谏诤,那么上下之间的情感就会被隔断,君臣之间的原则就会被抛弃。自古以来国家灭亡,没有不是由此而造成的。"唐太宗很赞同地说:"《周易》上讲:'勤劳谦逊的品质,君子如果能够保持到底,就会有好事降临。'这句话的意思和你说的是一样的。"于是,下诏赏赐孔颖达绢帛二百段。

【注释】

①行台：台省在外者称行台。
②宗英：皇室中才能杰出的人。

【原文】

　　河间王孝恭，武德初封为赵郡王，累授东南道行台尚书左仆射①。孝恭既讨平萧铣、辅公祏，遂领江、淮及岭南、北，皆统摄之。专制一方，威名甚著，累迁礼部尚书。孝恭性惟退让，无骄矜自伐之色。时有特进江夏王道宗，尤以将略驰名，兼好学，敬慕贤士，动修礼让，太宗并加亲待。诸宗室中，惟孝恭、道宗莫与为比，一代宗英云②。

【译文】

　　河间王李孝恭在武德初年被封为赵郡王，后被加封为东南道行台尚书左仆射。他平定了萧铣、辅公祏的势力，于是长江、淮河以及岭南、岭北地区都在他的统领之内。他控制一方，威名远扬，不久迁任礼部尚书。可是，李孝恭性格谦逊忍让，没有一丝一毫骄傲自大的习气。当时，特进江夏王李道宗，以统兵打仗闻名，很有学问，并且礼贤下士，爱惜人才，唐太宗很器重他。在大唐宗室中，只有李孝恭、李道宗二人的德才无人可比，是一代英杰。

# 仁恻第二十

**【原文】**

贞观初,太宗谓侍臣曰:"妇人幽闭深宫,情实可愍。隋氏末年,求采无已,至于离宫别馆,非幸御之所,多聚宫人。此皆竭人财力,朕所不取。且洒扫之余,更何所用?今将出之,任求伉俪①,非独以省费,兼以息人,亦各得遂其情性。"于是后宫及掖庭前后所出三千余人②。

**【注释】**

①伉俪:指夫妇,配偶。

②掖庭:也作"掖廷"。宫中旁舍,嫔妃居住的地方。

**【译文】**

贞观初年,唐太宗对侍臣们说:"女子被禁闭在深宫里,实在很可怜。隋代末年,隋炀帝不停地挑选宫女,在都城之外修建宫殿馆驿,在并非君主住宿的地方,也聚集了许多宫女。这都是耗竭百姓财力的行为,我不会效仿。况且,这些女子除了打扫宫室之外,还有什么用处呢?现在我准备放她们出去,任凭她们选择配偶,这样不仅可以节省费用,而且可以使百姓减轻负担,她们自己也会满意。"于是,唐太宗从后宫和掖庭宫先后放出宫女三千多人。

**【原文】**

贞观二年,关中旱,大饥。太宗谓侍臣曰:"水旱不调,皆为人君失德。朕德之不修①,天当责朕,百姓何罪,而多遭困穷!闻有鬻男女者,朕甚愍焉。"乃遣御史大夫杜淹巡检,出御府金宝赎之②,还其父母。

**【注释】**

①不修:不善,不好。

②御府:帝王的府库。

**【译文】**

贞观二年,关中大旱,五谷不收,老百姓发生了饥荒。唐太宗对侍臣们说:"水旱不调,都是因为君王治国无道造成的。我没有修养品德,应该受到老天的惩罚,可是老百姓有什么罪过呢,却遭此困境?听说现在百姓中有很多卖儿卖女的现象,我非常怜悯他们啊。"于是，派御史大夫杜淹出京巡视，用御府的资财替很多卖身者赎了身，并将他们送还到父母家。

【注释】

① 嗟悼：哀伤悲叹。
② 次：处所。

【原文】

贞观七年，襄州都督张公谨卒，太宗闻而嗟悼①，出次发哀②。有司奏言："准《阴阳书》云：'日在辰，不可哭泣。'此亦流俗所忌。"太宗曰："君臣之义，同于父子，情发于中，安避辰日？"遂哭之。

【译文】

贞观七年，襄州都督张公谨去世，唐太宗知道后悲极而泣，要前去吊唁。有关部门上书说："《阴阳书》上说，辰日这一天，不可以哭泣，在民间这也是要避讳的。"唐太宗说："君臣之间的情义，像父子一样，悲伤之情发自内心，怎么能够避讳辰日呢？"于是痛哭不已。

【注释】

① 次：临时驻扎。
② 吮：用嘴吸取。

【原文】

贞观十九年，太宗征高丽，次定州①，有兵士到者，帝御州城北门楼抚慰之。有从卒一人病，不能进。诏至床前，问其所苦，仍敕州县医疗之，是以将士莫不欣然愿从。及大军回次柳城，诏集前后战亡人骸骨，设太牢致祭，亲临，哭之尽哀，军人无不洒泣。兵士观祭者，归家以言，其父母曰："吾儿之丧，天子哭之，死无所恨。"太宗征辽东，攻白岩城，右卫大将军李思摩为流矢所中，帝亲为吮血②，将士莫不感励。

【译文】

贞观十九年，唐太宗征战高丽，驻扎在定州，行军前来的士兵，唐太宗都要在御州北门城上进行安抚慰问。有一个士兵生病不能来，唐太宗亲自写下诏书派人送到他的病床前，询问他的疾苦，还叫当地医生为他治疗，所以不管将军还是士兵都愿意尽忠报国。后来，大军回师驻扎在柳城，唐太宗下诏收集阵亡将士的遗骨，供奉牛、羊、猪，以太牢的仪式进行祭奠，他还亲自前去祭拜，痛哭失声，极其哀恸，在场将士无不受到感染，流下热泪。生还的士兵回到家乡，把这些事情告诉死难者的父母，这些老人们说："我的儿子死了，天子还为他哭泣，真是死而无憾。"唐太宗征战辽东时，在攻打白岩城的战役中，右卫大将军李思摩被乱箭射中，唐太宗亲自为他吮出污血，将士们无不受到感动和激励。

## 慎所好第二十一

【注释】

① 释氏：指佛教。老氏：指老子。道教的始祖。
② 戎服：军服、战衣。
③ 宰衡：指宰相。
④ 庙略：朝廷的谋略。

【原文】

贞观二年，太宗谓侍臣曰："古人云：'君犹器也，人犹水也，方圆在于器，不在于水。'故尧、舜率天下以仁，而人从之；桀、纣率天下以暴，而人从之。下之所行，皆从上之所好。至如梁武帝父子志尚浮华，惟好释氏、老氏之教①。武帝末年，频幸同泰寺，亲讲佛经，百寮皆大冠高履，乘车扈从，终日谈论苦空，未尝以军国典章为意。及侯景率兵向阙，尚书郎已下，多不解乘马，狼狈步走，死者相继于道路。武帝及简文卒被侯景幽逼而死。孝元帝在于江陵，为万纽于谨所围，帝犹讲《老子》不辍，百寮皆戎服以听②。俄而城陷，君臣俱被囚絷。庾信亦叹其如此，及作《哀江南赋》，乃云：'宰衡以干戈为儿戏③，缙绅以清谈为庙略④。'此事亦足为鉴戒。朕今所好者，惟在尧、舜之道，周、孔之教，以为如鸟有翼，如鱼依水，失之必死，不可暂无耳。"

【译文】

贞观二年，唐太宗对侍从的大臣们说："古人说：'君主好比是器具，百姓好比是水，水是方是圆在于器具，不在于水。'所以尧、舜用仁义来统率天下，百姓就跟着行仁义；桀、纣用暴力来统率天下，百姓就跟着行暴力。下边所做的事情，都跟从上边的喜好。梁武帝父子，一心崇尚浮华，只喜好佛教、道教。武帝末年，父子俩多次去同泰寺，亲自讲说佛经，百官都戴着大帽穿着高跟鞋，乘车跟随，他们整天谈论佛经，从没有把军国大事、制度法令放在心上。到侯景领兵围攻宫廷时，尚书郎以下的官僚有许多人都不会骑马，以至于狼狈步行出逃，一个接一个地死在路上。武帝和简文帝最后终于被侯景囚禁并迫害致死。孝元帝在江陵，被万纽于谨围困，但他仍不停地讲说《老子》，百官都穿着军服在静听。不一会儿城被攻陷，君臣都被拘囚。诗人庾信对他们的这些行为也很感慨，写下《哀江南赋》，就说：'宰相把军事作战当作儿戏，百官把清谈当作朝廷的要略。'这些可以作为鉴戒。我如今所喜好的，只有尧、舜的准则和周公、孔子的教化，我认为这好像鸟有翅膀，像鱼依水而游一样，失掉这些必然会死去，一刻也不能没有。"

【原文】

贞观二年，太宗谓侍臣曰："神仙事本是虚妄，空有其名。秦始皇非分爱好，为方士所诈，乃遣童男童女数千人，随其入海求神仙。方士避秦苛虐，因留不归，始皇犹海侧踟蹰以待之①，还至沙丘而死。汉武帝为求神仙，乃将女嫁道术之人，事既无验，便行诛戮。据此二事，神仙不烦妄求也。"

【注释】

① 踟蹰（chīchú）：徘徊不前。

【译文】

贞观二年，唐太宗对侍从的大臣们说："神仙本来是荒诞没有事实根据的，空有其名。秦始皇却分外爱好仙术，结果他被方士欺诈，竟派童男童女几千人，跟随方士入海去求神仙。方士逃避秦的苛政暴虐，因此留居海中不再回来，秦始皇却在海边徘徊等待他们，结果在返回的路上病死在沙丘。汉武帝为了求得神仙，竟将女儿嫁给卖弄道术的人，他们的说法不灵验，就把方士杀掉。从这两件事情来看，神仙是不能乱求的。"

【原文】

贞观四年，太宗曰："隋炀帝性好猜防，专信邪道，大忌胡人，乃至谓胡床为交床①，胡瓜为黄瓜，筑长城以避胡。终被宇文化及使令狐行达杀之。又诛戮李金才，及诸李殆尽，卒何所益？且君天下者，惟须正身修德而已，此外虚事，不足在怀。"

【注释】

① 胡床：古代北方民族的一种有靠背、能折叠的坐具。

【译文】

贞观四年，唐太宗说："隋炀帝生性多疑，只听信邪门歪道，他相当提防胡人，乃至于把胡床称作交床，把胡瓜称作黄瓜，还修筑长城抵御胡人。后来终于被大臣宇文化及和令狐行达杀死。

他又听信方士的邪说,认为姓李的人要篡权夺位,于是杀死将军李金才,其他姓李的人也几乎被杀尽了,但有什么用呢?一个君王,只需修养品德,使自己公正无私,其他都是虚浮之事,何足挂念。"

【注释】

① 巧人:巧匠。
② 傀儡(kuǐlěi):木偶。
③ 阶级:官职的等级。

【原文】

贞观七年,工部尚书段纶奏进巧人杨思齐至①。太宗令试,纶遣造傀儡戏具②。太宗谓纶曰:"所进巧匠,将供国事,卿令先造此物,是岂百工相戒无作奇巧之意耶?"乃诏削纶阶级③,并禁断此戏。

【译文】

贞观七年,工部尚书段纶上奏说要引荐能工巧匠杨思齐入朝。唐太宗下令试试他的本领,段纶就让杨思齐做木偶戏的戏具。唐太宗对段纶说:"推荐的能工巧匠,必须对国家有益,你让他做这些东西,不是鼓励百工做奇巧的戏具供人娱乐吗?"于是下诏将段纶贬官,并且禁止了这种游戏。

# 慎言语第二十二

[原文]

贞观二年,太宗谓侍臣曰:"朕每日坐朝,欲出一言,即思此一言于百姓有利益否,所以不敢多言。"给事中兼知起居事杜正伦进曰:"君举必书,言存左史。臣职当兼修起居注,不敢不尽愚直。陛下若一言乖于道理,则千载累于圣德①,非止当今损于百姓,愿陛下慎之。"太宗大悦,赐彩百段。

【注释】
①累:牵连。

[译文]

贞观二年,唐太宗对侍从的大臣们说:"我每天坐朝理政,每讲一句话,都要想想这句话是否对百姓有好处,所以我不敢多说话。"给事中兼知起居注史官杜正伦进言道:"君主办什么事,讲什么话都要记录在起居注里。我的职务是兼修起居注,所以不敢不尽忠职守。陛下如果有一句话违背了常理,那么在千年之后都会损害陛下的圣德,所以这不仅仅会对当今的百姓造成损害。希望陛下慎重。"唐太宗听后非常高兴,赏赐他彩色绢帛一百段。

[原文]

贞观八年,太宗谓侍臣曰:"言语者君子之枢机①,谈何容易?凡在众庶,一言不善,则人记之,成其耻累。况是万乘之主,不可出言有所乖失。其所亏损至大,岂同匹夫?我常以此为戒。隋炀帝初幸甘泉宫,泉石称意,而怪无萤火,敕云:'捉取多少于宫中照夜②。'所司遽遣数千人采拾,送五百舆于宫侧。小事尚尔,况其大乎?"魏徵对曰:"人君居四海之尊,若有亏失,古人以为如日月之蚀③,人皆见之,实如陛下所戒慎。"

【注释】
①枢机:比喻事物的关键。
②多少:这里是"一些"的意思。
③蚀:亏损。

[译文]

贞观八年,唐太宗对侍从的大臣们说:"言语是表现君子德行的关键,因此,讲话怎能草率随便呢?庶民百姓,一句话讲得不好,就会被别人记住,成为羞耻和麻烦。更何况作为万乘之主的君主,君主绝不能讲出不妥当的话来。这样做的损害是极大的,岂能和普通人相比?我常以此为戒。隋炀帝刚到甘泉宫的时候,那里秀丽的山水泉石让他称心如意,他却责怪没有萤火虫,便下令说:'捕捉一些萤火虫到宫里来,以供晚上照明用。'于是,主管部门马上派几千人去捕捉,后来从各地送来五百车萤火虫到宫中。小事尚且如此,更何况大事?"魏徵回答说:"人君位居四海之尊的高位,行为如果有所亏失,古人认为如同日食和月食那样,人人都能看见。陛下的确应该有所警戒啊。"

## 【注释】

①拟伦:伦比,比拟。
②凝旒(liú):形容帝王态度肃穆专注。
③虚襟:虚怀,虚心。
④对扬:对答。
⑤至公:最公正的原则。
⑥缃(xiāng)图:指年久而纸已发黄的书卷图籍。缃,浅黄色。
⑦毕:遍及。

## 【原文】

　　贞观十六年,太宗每与公卿言及古道,必诘难往复。散骑常侍刘洎上书谏曰:"帝王之与凡庶,圣哲之与庸愚,上下相悬,拟伦斯绝①。是知以至愚而对至圣,以极卑而对极尊,徒思自强,不可得也。陛下降恩旨,假慈颜,凝旒以听其言②,虚襟以纳其说③,犹恐群下未敢对扬④。况动神机,纵天辩,饰辞以折其理,援古以排其议,欲令凡庶何阶应答?臣闻皇天以无言为贵,圣人以不言为德,老子称'大辩若讷',庄生称'至道无文',此皆不欲烦也。是以齐侯读书,轮扁窃议,汉皇慕古,长孺陈讥,此亦不欲劳也。且多记则损心,多语则损气,心气内损,形神外劳,初虽不觉,后必为累。须为社稷自爱,岂为性好自伤乎?窃以今日升平,皆陛下力行所至。欲其长久,匪由辩博,但当忘彼爱憎,慎兹取舍,每事敦朴,无非至公⑤,若贞观之初,则可矣。至如秦政强辩,失人心于自矜,魏文宏材,亏众望于虚说。此才辩之累,皎然可知。伏愿略兹雄辩,浩然养气,简彼缃图⑥,淡焉怡悦,固万寿于南岳,齐百姓于东户,则天下幸甚,皇恩斯毕⑦。"太宗手诏答曰:"非虑无以临下,非言无以述虑。比有谈论,遂至烦多。轻物骄人,恐由兹道。形神心气,非此为劳。今闻谠言,虚怀以改。"

## 【译文】

　　贞观十六年,唐太宗每次和各位公卿大臣谈到古代的治国之道时，必然要责备现在人心不古，古道不再。散骑常侍刘洎也上书发表见解，他说："帝王和平民，圣哲和凡夫，一上一下，如有天壤之别，不可相提并论。因此，我们可以得知极其愚昧的人想要成为圣哲，极其卑下的人想要成为至尊之人，都是不可能的。陛下降下圣旨，大发慈悲，虚心听取臣下的意见，但还是担心臣下不敢直言。更何况陛下要求臣下谈论天人之际，旁征博引，还要文辞华丽，这叫一般的凡夫俗子如何应对呢？而我听说，天地贵在不言，圣人以无言为德，老子说'最大的辩才看起来像木讷'，庄子说'最美的文章是不需要文饰的'，这些都说明了大道其实无须繁文累牍、细枝末节的干扰。齐桓公在堂上读书时，臣子轮扁在堂下凿轮子，他说：'大王所读的书，只是古人的糟粕而已。这就像凿轮子，凿得太慢，轮子不稳固；凿得太快，凿子又进不去。只有不快不慢，得心应手，才能够凿好轮子。这些道理只能心领神会，无法言传。古人的治国之道，也是不可言传的。'汉武帝追慕古代遗风，招集了很多文士儒生讲学议政，这种行为遭到大臣汲黯的讽刺，他说武帝内心多欲，外施仁义，何不效仿唐虞无为而治呢？也就是说，过多人为是无益的。并且，记得多损心，说得多就会伤气，里面心气消耗，外面身形劳顿，开始时一般人都不注意，久而久之，必然造成负累。陛下应该为社稷着想，爱惜自己，怎么可以因为性情所好而损伤自己的精气神呢？我认为如今的太平盛世，都得益于陛下的身体力行，要想江山社稷永久，不是只靠雄辩和渊博的才能可以办得到的。只有忘记爱憎的差别，谨慎赏罚，敦厚淳朴，大公无私，像贞观初期那样，才可以成就至治。秦朝的时候崇尚雄辩，结果人人自以为是而失去人心。魏文帝慕才学之士，结果因推崇浮华而有失众望。这是才学辩说造成的负累，它的危害昭然若揭。希望陛下抑制雄辩的风气，善于养浩然之气，简化图书，淡泊祥和，这样就可以寿比南山，百姓安乐，这才是百姓之大幸，皇恩浩大的表现啊。"看后，唐太宗亲自书写诏书作为答复："帝王没有思虑，就不会体恤百姓。没有语言，就无法表达自己的思虑。可是如今谈论国事时，开始出现繁文累牍、旁征博引、文辞华丽的趋势。轻慢自傲的弊病恐怕会由此滋生。形神心气，也会徒劳无益地消耗。今天听臣之言,才恍然大悟,我一定虚心改正过失。"

# 杜谗邪第二十三

【原文】

贞观初,太宗谓侍臣曰:"朕观前代谗佞之徒,皆国之蟊贼也①。或巧言令色,朋党比周;若暗主庸君,莫不以之迷惑,忠臣孝子所以泣血衔冤。故丛兰欲茂,秋风败之;王者欲明,谗人蔽之。此事著于史籍,不能具道。至如齐、隋间谗谮事,耳目所接者,略与公等言之。斛律明月,齐朝良将,威震敌国,周家每岁斫汾河冰,虑齐兵之西渡。及明月被祖孝徵谗构伏诛,周人始有吞齐之意。高颎有经国大才,为隋文帝赞成霸业,知国政者二十余载,天下赖以安宁。文帝惟妇言是听,特令摈斥②,及为炀帝所杀,刑政由是衰坏。又隋太子勇抚军监国,凡二十年间,固亦早有定分。杨素欺主罔上,贼害良善,使父子之道一朝灭于天性③,逆乱之源,自此开矣。隋文既混淆嫡庶,竟祸及其身,社稷寻亦覆败。古人云'世乱则谗胜',诚非妄言。朕每防微杜渐,用绝谗构之端,犹恐心力所不至,或不能觉悟。前史云:'猛兽处山林,藜藿为之不采④;直臣立朝廷,奸邪为之寝谋⑤。'此实朕所望于群公也。"魏徵曰:"《礼》云:'戒慎乎其所不睹,恐惧乎其所不闻。'《诗》云:'恺悌君子⑥,无信谗言。谗言罔极⑦,交乱四国。'又孔子曰:'恶利口之覆邦家。'盖为此也。臣尝观自古有国有家者,若曲受谗谮,妄害忠良,必宗庙丘墟,市朝霜露矣。愿陛下深慎之!"

【译文】

贞观初年,唐太宗对侍臣们说:"我考察前代的历史发现凡是阿谀逢迎、搬弄是非的人,都是危害国家的败类。他们巧言令色,私结朋党;如果君主昏庸无能,就会被他们蒙蔽,忠义之臣就会受到排挤打击,蒙受不白之冤。所以兰花虽繁茂,却被秋风摧折;国君希望英明,却被谄媚的小人迷惑。这样的事

【注释】

①蟊(máo)贼:这里用来比喻危害人民或国家的人。
②摈斥:抛弃、排斥。
③天性:先天具有的品质或性情。
④藜藿:野菜。
⑤寝谋:停止施行阴谋计划。
⑥恺悌(kǎitì):平易近人。
⑦罔极:不正。

情在史书中不胜枚举。现在,我把我所知道的齐代、隋代年间的小人的奸邪行径,简略地说给你们听听。斛律明月,是齐朝的良将,他的声威令敌国闻风丧胆,所以周朝的人每年都要用刀斧砍碎汾河上的冰,原因就是害怕齐朝的兵马西渡过来,把他们灭掉。后来斛律明月被孝徵用谗言加害致死,周朝的人于是产生了吞齐的想法。隋代的高颎有治国的雄才大略,辅佐隋文帝成就了帝业,他参与朝政二十多年,天下得以安宁。后来隋文帝听信妇人的谗言,摒弃冷落高颎,最后,他被隋炀帝杀害,隋朝的国政也就开始衰败了。另外,隋太子杨勇指挥兵士,治理国家,达二十年之久,他早已是当仁不让的太子。可是,隋相杨素欺骗君主,残害忠良,他到处散布谣言,说太子没有才能,于是隋文帝废掉了太子,隋朝灭亡的祸根也由此埋下。隋文帝混淆是非,结果殃及了自身,江山社稷不久便拱手让人。古人说:"世道混乱,那么谗言就会大行其道。"这话的确中肯。我常常想,应该防微杜渐,杜绝谗言的根源,只恐怕心有余而力不足,或者自己不能觉悟。史书说:'猛兽在山林中出没,野草不会被人采摘;忠正的臣子处于朝廷之中,奸邪小人只有偷偷谋划他们的诡计。'这句话其实就是我对你们的期望啊。"魏徵说:"《礼记》上写道:'对自己不能亲见的事情要谨慎,对自己不能耳闻的事情要警觉。'《诗经》说:'要憎恶小人搬弄是非的嘴,那会颠覆国家。'说的就是这个道理啊。我发现,自古以来的帝王,如果被谗言蒙蔽,枉杀忠良,就必定国破家亡。因此,希望陛下要谨慎啊。"

## [原文]

贞观七年,太宗幸蒲州。刺史赵元楷课父老服黄纱单衣,迎谒路左,盛饰廨宇,修营楼雉以求媚①;又潜饲羊百余口,鱼数千头,将馈贵戚。太宗知,召而数之曰②:"朕巡省河、洛,经历数州,凡有所须,皆资官物。卿为饲羊养鱼,雕饰院宇,此乃亡隋弊俗,今不可复行。当识朕心,改旧态也。"以元楷在隋邪佞,故太宗发此言以戒之。元楷惭惧,数日不食而卒。

## 【注释】

①楼雉:城楼与城堞。求媚:讨好。
②数:数落,责备,指责。

【译文】

　　贞观七年，唐太宗巡幸蒲州。蒲州刺史赵元楷为此规定，当地百姓一律穿上黄纱单衣，在路边迎接拜谒，并大肆装饰官署，营建城楼雉堞用来献媚讨好；同时他偷偷地饲养了几百头羊、几千条鱼，准备馈赠朝廷贵戚。唐太宗知道这事后，把他召来训斥道："我巡察黄河、洛水一带，历经数州，大凡有什么需要，都由官府供给。你却为此养羊养鱼，雕饰院宇，这是过去隋朝的坏习惯，如今不能再这么做了。你应该体会我的心意，把这套坏的作风改掉。"赵元楷过去在隋朝时就是个奸邪谄佞的官吏，所以唐太宗就讲了这一番话来警戒他。赵元楷听后既羞愧又害怕，几天吃不下东西，很快就死了。

【原文】

　　贞观十年，太宗谓侍臣曰："太子保傅，古难其选。成王幼小，以周、召为保傅，左右皆贤，足以长仁，致理太平，称为圣主。及秦之胡亥，始皇所爱，赵高作傅，教以刑法。及其篡也，诛功臣，杀亲戚，酷烈不已，旋踵亦亡。以此而言，人之善恶，诚由近习①。朕弱冠交游，惟柴绍、窦诞等，为人既非三益，及朕居兹宝位，经理天下，虽不及尧、舜之明，庶免乎孙皓、高纬之暴。以此而言，复不由染，何也？"魏徵曰："中人可与为善②，可与为恶，然上智之人自无所染。陛下受命自天，平定寇乱，救万民之命，理致升平，岂绍、诞之徒能累圣德？但经云：'放郑声，远佞人。'近习之间，尤宜深慎。"太宗曰："善。"

【注释】

①近习：亲近，熟习。
②中人：中等智慧的人。

【译文】

　　贞观十年，唐太宗对侍臣说："太子的老师，自古以来就很难选择。周成王年幼时，以周公、召公为老师，他们都很贤明，使周成王成为一代仁君，天下获得太平。秦代的皇子胡亥，秦始皇很喜爱他，让赵高做他的师傅，教授他刑法。胡亥篡位后，诛杀功臣，杀害亲戚，极其残暴，不久就败亡了。由此看来，一个人是善是恶，的确与他所处的环境、所受的影响有关。我二十岁就开始结交名士,可是交往深的只有柴绍、窦诞等人,但是他们不具有孔子所说的益友的三个条件:正直、宽厚、见多识广。我继位以来,治理国家虽然不及尧、舜圣明,但也不像三国吴主孙皓、北齐后主高纬那样暴政。我没有受到朋友的影响,这是为什么呢?"魏徵回答说:"一般的人可以做善事,也可以做恶事,然而拥有上等智能的人是不会受到外界影响的。陛下顺应天意,平定战乱,救万民于水火之中,使天下太平,柴绍、窦诞这些人怎么能够损害陛下的圣德呢?但是《论语》说得好:'拒绝郑国淫秽的音乐,远离挑拨是非的奸邪小人。'这些外在的影响,也不可不谨慎啊。"听后,唐太宗点头称是。

## 【原文】

尚书左仆射杜如晦奏言:"监察御史陈师合上《拔士论》,谓人之思虑有限,一人不可总知数职①,以论臣等。"太宗谓戴胄曰:"朕以至公理天下,今任玄龄、如晦,非为勋旧②,以其有才行也。此人妄事毁谤,止欲离间我君臣。昔蜀后主昏弱,齐文宣狂悖,然国称理者,以任诸葛亮、杨遵彦不猜之故也。朕今任如晦等,亦复如法。"于是,流陈师合于岭外③。

## 【注释】

① 总知:总管,统领。
② 勋旧:有功劳的旧部下。
③ 流:指流利,即把犯人送到边远的地方。

## 【译文】

尚书左仆射杜如晦上奏说:"监察御史陈师合上奏《拔士论》,说一个人的思考能力有限,不可以身兼数职。我认为,这是在议论我们这些大臣啊。"看过奏书,唐太宗对戴胄说:"我推行公正的治国原则,现在我重用房玄龄、杜如晦,并非考虑到他们是旧时的功臣,而是因为他们德才兼备。陈师合这个人胡乱议论朝政,其目的是想离间我们君臣之间的关系。过去,蜀国后主刘禅昏庸孱弱,齐文宣王狂妄无理,然而国家治理得井然有序,就是他们毫无疑心地任用了诸葛亮、杨遵彦这些良才的缘故。我现在任用杜如晦等大臣,也基于此。"于是,把陈师合流放到边远的地区。

## 【注释】

① 讦(jié):揭发别人的隐私。
② 迭:列举。
③ 交乱:使互相胡乱猜疑。

## 【原文】

贞观中，太宗谓房玄龄、杜如晦曰："朕闻自古帝王上合天心，以致太平者，皆股肱之力。朕比开直言之路者，庶知冤屈，欲闻谏诤。所有上封事人，多告讦百官①，细无可采。朕历选前王②，但有君疑于臣，则下不能上达，欲求尽忠极虑，何可得哉？而无识之人，务行谗毁，交乱君臣③，殊非益国。自今已后，有上书讦人小恶者，当以谗人之罪罪之。"

**【译文】**

贞观年间，唐太宗对房玄龄、杜如晦说："我听说，自古以来的帝王，能够顺从天意，使天下获得太平，都必须依赖于大臣的辅佐。我希望众大臣广开言路，申明冤情，让我听到诤言。现在，所有上书提意见的人，大都是告发百官，意见非常多，让人无法定夺。我发现，历朝历代只要君王怀疑臣下，那么下面的意见就不会传达到朝廷上面，要臣民们尽职尽忠，是不可能的。而无耻小人，专以诽谤他人为能事，破坏君臣之间的关系，这对国家是非常不利的。从今以后，凡有人上书揭发别人的小过失，应当以诽谤之罪论处。"

**【注释】**

①谗构：这里是诬陷的意思。

**【原文】**

魏徵为秘书监，有告徵谋反者。太宗曰："魏徵，昔吾之雠，只以忠于所事，吾遂拔而用之，何乃妄生谗构①？"竟不问徵，遽斩所告者。

**【译文】**

魏徵做秘书监的时候，有人告发他谋反。唐太宗非常气愤地说："魏徵过去是我的敌人，但因为他对自己的职责尽心尽力，于是我提拔任用他，现在怎么会传出他谋反的谗言呢？"结果唐太宗不但不询问魏徵，反而把告发者斩首示之。

**【注释】**

①转：改变。

**【原文】**

贞观十六年，太宗谓谏议大夫褚遂良曰："卿知起居，比来记我行事善恶？"遂良曰："史官之设，君举必书。善既必书，过亦无隐。"太宗曰："朕今勤行三事，亦望史官不书吾恶。一则鉴前代成败事，以为元龟；二则进用善人，共成政道；三则斥弃群小，不听谗言。吾能守之，终不转也①。"

**【译文】**

贞观十六年，唐太宗对谏议大夫褚遂良说："你负责撰写起居注的工作，近来你们记录我所做的事情是善还是恶呢？"褚遂良说："朝廷专门设置了史官，君主的一举一动都得记录下来。善的既然必须记，过失也一定不能加以隐瞒。"唐太宗说："我现在正在认真做三件事，也是希望史官没有我的过失可写。一是对照前代成功、失败的事实，作为鉴戒；二是任用品德良好的人，共同办好政事；三是斥退小人，不听信谗言。这三点我会坚持下去，始终不会改变。"

# 悔过第二十四

**【原文】**

贞观二年,太宗谓房玄龄曰:"为人大须学问。朕往为群凶未定,东西征讨,躬亲戎事,不暇读书。比来四海安静,身处殿堂,不能自执书卷,使人读而听之。君臣父子,政教之道,共在书内。古人云:'不学,墙面①,莅事惟烦。'不徒言也。却思少小时行事,大觉非也。"

**【注释】**

①墙面:面对墙壁,目无所见。比喻不学无术或一无所知。

**【译文】**

贞观二年,唐太宗对房玄龄说:"做人是非常需要学问的。当年我因为隋末的群雄没有平定,东征西讨,亲自带兵打仗,没有时间读书。近来四海安宁,身为君主,不能自己手拿书卷阅读,就叫人读来听。君臣父子的伦常、政治教化的种种道理,都在书里面。古人说:'不学习,就像面对着墙壁,头脑一片空白,遇到事情就麻烦了。'这确实不是句空话。我现在想起小时候做的事情,觉得很多事我做得都不对。"

**【原文】**

贞观中,太子承乾多不修法度,魏王泰尤以才能为太宗所重,特诏泰移居武德殿。魏徵上疏谏曰:"魏王既是陛下爱子,须使知定分,常保安全,每事抑其骄奢,不处嫌疑之地也。今移居此殿,使在东宫之西,海陵昔居,时人以为不可。虽时移事异,犹恐人之多言。又王之本心,亦不宁息。既能以宠为惧,伏愿成人之美。"太宗曰:"我几不思量①,甚大错误。"遂遣泰归于本第。

**【注释】**

①几:几乎,很少。

**【译文】**

贞观年间,太子李承乾常常不讲法度,而魏王李泰因为出众的才华深得唐太宗的喜爱,一次,唐太宗下诏让李泰搬到武德殿居住。魏徵上疏劝阻，说："魏王既然是陛下的爱子，应当让他知道自己的名分和地位，这样才能始终保证自身的安全，遇事应该控制骄傲奢侈的习气，不住在招惹是非的地方。现在他搬到武德殿来居住，就在太子东宫的西边，过去海陵住在那里，当时的人都认为不合适。现在虽然形势变了，恐怕还是会引来风言风语。魏王的内心也不会平静。李泰既然因为受到宠爱而感到害怕，何不退居原处，成人之美呢？"唐太宗说："我没仔细考虑就这么做了，差点儿酿成大错。"于是让李泰回到原来的住所居住。

## 【原文】

贞观十七年，太宗谓侍臣曰："人情之至痛者，莫过乎丧亲也。故孔子云：'三年之丧，天下之通丧，自天子达于庶人也。'又曰：'何必高宗？古之人皆然。'近代帝王遂行不逮，汉文以日易月之制，甚乖于礼典。朕昨见徐幹《中论·复三年丧》篇，义理甚深，恨不早见此书。所行大疏略①，但知自咎自责，追悔何及！"因悲泣久之。

【注释】

① 大：通"太"。

## 【译文】

贞观十七年，唐太宗对侍臣说："人情之中最让人哀痛的，莫过于失去亲人。所以孔子说：'父母死后，服丧三年，是天下的通理，从天子到平民莫不如此。'他又说：'何必只说商代的国君武丁是这么做的呢？古代的人都是这样做的。'可是，近代的帝王实行汉文帝以日代月的短期服丧礼仪，这与古代礼仪的典范大相违背。我昨天看到徐幹写的《中论·复三年丧》这篇文章，觉得他论述的道理非常深刻，只可惜没早些看到它。现在我才发现，我对丧礼太疏忽大意了，可现在只能责备自己，后悔已经来不及了。"说完，便因悲伤过度而哭泣良久。

## 【原文】

贞观十八年，太宗谓侍臣曰："夫人臣之对帝王，多承意顺旨，甘言取容。朕今欲闻己过，卿等皆可直言。"散骑常侍刘洎

【注释】

① 诘难：诘问盘驳。
② 诱：劝导。

对曰:"陛下每与公卿论事,及有上书者,以其不称旨,或面加诘难①,无不惭退,恐非诱进直言之道②。"太宗曰:"朕亦悔有此问难,当即改之。"

## 【译文】

贞观十八年,唐太宗对侍臣说:"臣子对帝王,常常只顺从他的旨意,用好听的话博得他的欢心。但现在我要听听自己的过失,你们尽管坦率地指出来吧。"散骑常侍刘洎回答说:"陛下每次和大臣们共商国是,或看奏疏,如果发现他们的意见不合己意,就面露责备的神情,结果提意见的大臣无不面带惭色退朝。臣认为,这样恐怕不是鼓励大臣们提意见的态度。"唐太宗说:"对此,我也很后悔,从现在起我要改掉这个毛病。"

## 奢纵第二十五

**【原文】**

贞观十一年,侍御史马周上疏陈时政曰:

臣历睹前代,自夏、殷、周及汉氏之有天下,传祚相继,多者八百余年,少者犹四五百年,皆为积德累业,恩结于人心。岂无僻王①,赖前哲以免尔!自魏、晋以还,降及周、隋,多者不过五六十年,少者才二三十年而亡,良由创业之君不务广恩化②,当时仅能自守,后无遗德可思。故传嗣之主政教少衰,一夫大呼而天下土崩矣。今陛下虽以大功定天下,而积德日浅,固当崇禹、汤、文、武之道,广施德化,使恩有余地,为子孙立万代之基。岂欲但令政教无失,以持当年而已!且自古明王圣主虽因人设教,宽猛随时③,而大要以节俭于身、恩加于人二者是务。故其下爱之如父母,仰之如日月,敬之如神明,畏之如雷霆,此其所以卜祚遐长而祸乱不作也④。

**【注释】**

① 僻王:邪僻不正的国君。
② 恩化:恩德教化。
③ 宽猛:宽大与严厉。
④ 卜祚(zuò):借指帝位。遐:长远。

**【译文】**

贞观十一年,侍御史马周上疏,陈述时政得失,他说:

我阅读史书,发现从夏、商、周到汉代,朝代不断交接更替,时间长的朝代可以延续八百多年,短的也有四五百年,这些朝代都积善积德,赢得了民心。其中也有昏君,只不过依赖前哲教诲才免于灭亡。可是从魏、晋以来,到周、隋之时,朝代长的不过五六十年,短的只有二三十年就烟消云散了,这都是因为创业的君主没有广施恩德,只做到自保,对老百姓没有恩惠可言。所以,只要继承王位者的政教稍有偏差,又正遇上有人趁机造反,那么天下马上就会土崩瓦解。现在,陛下虽然创下奇功,平定了天下,但是,对百姓的恩德还很少。因此,应当推崇大禹、商汤、文王、武王之道,广布道德教化,为将来留有余地,为后世帝王创下稳固的基业。怎么可以认为只要当今的政治没有过失,保住今日的江山,就可以万事大吉了呢?而且,自古帝王虽然都根据当时的局势，制定或宽或严的具体政策，但节俭、施恩是历代政治的根本。只有这样，百姓才会爱戴君王如同爱戴自己的父母，仰慕君王如同仰慕日月，尊敬君王如同尊敬神明，畏惧君王如同畏惧雷霆，这才是国家长治久安、没有动乱的原因。

【原文】

今百姓承丧乱之后，比于隋时才十分之一，而供官徭役，道路相继，兄去弟还，首尾不绝。远者往来至五六千里，春秋冬夏，略无休时。陛下虽每有恩诏，令其减省，而有司作既不废，自然须人，徒行文书，役之如故。臣每访问，四五年来，百姓颇有怨嗟之言，以陛下不存养之。昔唐尧茅茨土阶①，夏禹恶衣菲食②，如此之事，臣知不复可行于今。汉文帝惜百金之费，辍露台之役，集上书囊以为殿帷，所幸夫人衣不曳地。至景帝以锦绣纂组妨害女工，特诏除之，所以百姓安乐。至孝武帝，虽穷奢极侈，而承文、景遗德，故人心不动。向使高祖之后即有武帝，天下必不能全。此于时代差近③，事迹可见。今京师及益州诸处营造从奉器物，并诸王妃主服饰，议者皆不以为俭。臣闻昧旦丕显，后世犹怠，作法于理，其弊犹乱。陛下少处民间，知百姓辛苦，前代成败，目所亲见，尚犹如此，而皇太子生长深宫，不更外事，即万岁之后，固圣虑所当忧也。

【译文】

现在处于天下大乱之后，民生极度凋敝，人口仅相当于隋朝的十分之一。然而，如今徭役仍然很多，一个家庭里面兄长才回到家，弟弟又不得不离开了，并且往来征程几千里，一年四季，没有休止。陛下虽然仁德，每每下令减轻徭役，可是有些部门还是按计划需要不断征派百姓去服劳役。官府减轻劳役的文书不断下达，可是，百姓服役的征程依然如故。我常常去访问民间疾苦，这四五年来，老百姓之中已有很多抱怨之词了，他们认为陛下不体恤爱抚百姓。过去，舜让官吏住在茅草屋中，大禹以饮食丰美为恶，这些节俭的美德，我知道已不可能在当今推行。汉文帝顾惜百万资金，停止修建露台，他收集大臣们上疏用的布囊来

【注释】

①茅茨(cí)土阶：形容房屋简陋，或生活俭朴。
②恶衣菲食：粗劣的衣食。形容生活俭朴。菲，质量差。
③差近：较近。

做大殿的帷幕，不让他宠爱的慎夫人的衣裙长得拖到地上。汉景帝认为织锦刺绣有害于女工，于是下令解散官府的作坊，让老百姓休养生息、安居乐业。汉武帝虽然穷奢极欲，但还是继承了文帝、景帝的遗风，所以民心没有动摇。如果汉高祖之后就是武帝即位，那么汉代的江山必定不会保全。这些事离我们比较近，所以事迹还清晰可见。现在，京城和益州等地正在大兴土木，各位王爷、妃嫔的服饰也极其精美，民间的舆论都认为这太奢侈。我听说一天到晚地以劳作警示后人，他们有的还很懒散呢。其实道理是相通的，治国为政也存在这样的忧患。陛下年少时，生长在民间，知道百姓的辛苦。前代的成败，陛下也看在眼里，尚且这样做；而太子生长在宫中，养尊处优，不知民间疾苦，将来即位之后，可想而知，情形堪忧啊。

## 【原文】

臣窃寻往代以来成败之事，但有黎庶怨叛①，聚为盗贼，其国无不即灭，人主虽欲改悔，未有重能安全者。凡修政教，当修之于可修之时，若事变一起，而后悔之，则无益也。故人主每见前代之亡，则知其政教之所由丧，而皆不知其身之有失。是以殷纣笑夏桀之亡，而幽、厉亦笑殷纣之灭。隋帝大业之初，又笑周、齐之失国。然今之视炀帝，亦犹炀帝之视周、齐也。故京房谓汉元帝云："臣恐后之视今，亦犹今之视古。"此言不可不戒也。

## 【注释】

① 黎庶：庶民，百姓。

## 【译文】

我考察历代兴衰的历史，发现只要百姓心生怨恨，聚众闹事，国家没有不灭亡的，君王即使悔过，一般也都追悔莫及。如今，改进政治教化，应当在还有改进余地的时候进行，如果发生变故，就来不及了。君主一般都认为，前代的灭亡是咎由自取，不知道自己也会犯这样的过失。所以，商纣王嘲笑夏桀的灭亡，周幽王、周厉王嘲笑商纣王的灭亡。隋代开国之时，又讥笑周、齐失掉江山。现在，我们也这样评价隋代，殊不知今日看待隋代，犹如隋代看待周、齐一样。所以，京房对汉元帝说："我害怕后世看待大汉，犹如大汉看古代啊。"这句话不可不引以为戒。

**【注释】**

①率土：四海之内，犹全国。

②风尘：比喻战乱。

③狂狡：狂妄狡诈之徒。

④旰（gàn）食：勤于政事不能按时吃饭。晏寝：晚睡。

**【原文】**

往者贞观之初，率土荒俭①，一匹绢才得粟一斗，而天下怡然。百姓知陛下甚忧怜之，故人人自安，曾无谤讟。自五六年来，频岁丰稔，一匹绢得十余石粟，而百姓皆以陛下不忧怜之，咸有怨言。以今所营为者，颇多不急之务故也。自古以来，国之兴亡不由蓄积多少，唯在百姓苦乐。且以近事验之，隋家贮洛口仓，而李密因之；东京积布帛，王世充据之；西京府库亦为国家之用，至今未尽。向使洛口、东都无粟帛，即世充、李密未必能聚大众。但贮积者固是国之常事，要当人有余力而后收之。若人劳而强敛之，竟以资寇，积之无益也。然俭以息人，贞观之初，陛下已躬为之，故今行之不难也。为之一日，则天下知之，式歌且舞矣。若人既劳矣，而用之不息，傥中国被水旱之灾，边方有风尘之警②，狂狡因之窃发③，则有不可测之事，非徒圣躬旰食晏寝而已④。若以陛下之圣明，诚欲励精为政，不烦远求上古之术，但及贞观之初，则天下幸甚。

太宗曰："近令造小随身器物，不意百姓遂有嗟怨，此则朕之过误。"乃命停之。

**【译文】**

以前贞观初年，全国土地荒芜，农业歉收，一匹绢只能换一斗粟，但天下依然太平。百姓知道陛下非常关心爱怜他们，所以人人自安，从无诽谤抱怨之词。近五六年来，连年丰收，一匹绢可以换十几担粟，然而，百姓认为陛下不关心爱怜他们，颇有怨言。这是徭役过重，加上如今朝廷兴办的事务，许多都无关紧要的缘故。自古以来，国家兴亡不在于国家积蓄的多少，而在于百姓的苦乐。从近代的史实来看，也证明了这一点。隋朝在洛口贮存粮食，后来却为李密所用；在东京堆积布帛，结果被王世充占有；西京府库中的财物也为大唐所用，至今还未用完。如果当时洛口、东京没有粟帛，那么王世充、李密就不可能在那里招聚民众。当然，贮积钱粮财物本是国家的常事，只有百姓衣食有余，才可能去征收。如果百姓劳苦却强行搜刮，最后还是帮了贼寇的忙，所积聚的财物并没有起到好的作用。不过，推崇节俭，与民休息，在贞观初年，陛下已经亲自实行过，所以如今实行起来也不会困难。只要实行一天，百姓就会知道陛下的心意，大家就会欢欣鼓舞了。如果百姓已经很劳苦了，但朝廷还是不停地役使他们，一旦中原发生水旱之灾，边境有风尘之警，狂悖狡黠的人就会乘机作乱，那么就会有不可预测的事情发生，其后果不仅仅是使陛下晚进餐迟睡觉这么简单了。以陛下之圣明，如要励精图治，不用远求上古圣哲的办法，只要像贞观初年那样做，那么天下就很幸运了。

唐太宗听后，面露愧色地说："最近，我叫工匠制造随身携带的小器物，没想到就引起了百姓的叹息抱怨，这是我的过错。"于是，下令停止制造。

# 贪鄙第二十六

**【原文】**

贞观初,太宗谓侍臣曰:"人有明珠,莫不贵重。若以弹雀,岂非可惜?况人之性命甚于明珠,见金钱财帛不惧刑网①,径即受纳,乃是不惜性命。明珠是身外之物,尚不可弹雀,何况性命之重,乃以博财物耶②?群臣若能备尽忠直,益国利人,则官爵立至。皆不能以此道求荣,遂妄受财物,赃贿既露,其身亦殒,实可为笑。帝王亦然。恣情放逸,劳役无度,信任群小,疏远忠正,有一于此,岂不灭亡?隋炀帝奢侈自贤,身死匹夫之手,亦为可笑。"

**【注释】**

① 刑网:法网。
② 博:取得,换得。

**【译文】**

贞观初年,唐太宗对侍臣们说:"一个人有了明珠,没有不珍惜的,如果用它去打麻雀,岂不可惜?何况,人的性命远比明珠贵重得多,如果看到了金银钱帛,就不怕法网,立即收受,这不是以身试法,不爱惜性命吗?明珠乃身外之物,尚且不能用来打麻雀,何况性命更为贵重,能用它来换取财物吗?臣子们如能竭尽忠直,有益于国,有利于民,那么官爵自然会随之而至。如果不能用正当的办法来获取功名,而从事违法的勾当,一旦赃贿暴露,将自身难保,这实在可笑啊!帝王也是如此。如果只是尽情放纵取乐,无限度地征发劳役,信任小人,疏远忠正,只要做了这其中一件坏事,岂有不亡国的道理?隋炀帝就是这样,他奢侈无度还自以为贤明,最后身死于匹夫之手,的确非常可笑。"

**【原文】**

贞观二年,太宗谓侍臣曰:"朕尝谓贪人不解爱财也,至如内外官五品以上①,禄秩优厚,一年所得,其数自多。若受人财贿,不过数万,一朝彰露,禄秩削夺,此岂是解爱财物?视小得而大失者也。昔公仪休性嗜鱼,而不受人鱼,其鱼长存。且为主

**【注释】**

① 内外官:指内、外朝官。

贪，必丧其国；为臣贪，必亡其身。《诗》云：'大风有隧，贪人败类。'固非谬言也。昔秦惠王欲伐蜀，不知其径，乃刻五石牛，置金其后。蜀人见之，以为牛能便金，蜀王使五丁力士拖牛入蜀，道成。秦师随而伐之，蜀国遂亡。汉大司农田延年赃贿三千万，事觉自死。如此之流，何可胜记！朕今以蜀王为元龟，卿等亦须以延年为覆辙也。"

【译文】

贞观二年，唐太宗对侍臣说："我曾经说过，贪婪的人不知道如何爱惜财物，像五品以上的官员，他们高官厚禄，一年所得的财物，数目非常大。即使接受别人的贿赂，数目也不过几万，然而，一旦丑行暴露，就会被革去官职和俸禄，这样做，哪里是爱惜钱财呢？他们是因小失大，得不偿失。过去，鲁国的丞相公仪休很喜欢吃鱼，但从不接受别人进献的鱼，因此他得以长期享受鱼的美味。国君贪婪，必定亡国；臣子贪婪，必定丧命。《诗经》上写道：'大风刮得迅猛，贪心的人败坏家族。'所言不虚啊！过去，秦惠王要攻打蜀国，但不知道蜀国道路有多宽，于是，他叫人刻了五头石牛，并在上面涂上金子。蜀国人看见了，以为石牛可以便出金子，蜀王便叫五个大力士把石牛拖到蜀国去，由秦入蜀的道路就这样被开辟出来了。于是，秦国大军尾随而至，灭掉了蜀国。汉代，大司农田延年接受贿赂三千万，事发后他自杀身亡。这样的例子，不胜枚举。我现在以蜀王为警戒，你们也要记住田延年的教训。"

【原文】

贞观四年，太宗谓公卿曰："朕终日孜孜，非但忧怜百姓，亦欲使卿等长守富贵。天非不高，地非不厚，朕常兢兢业业，以畏天地。卿等若能小心奉法，常如朕畏天地，非但百姓安宁，自身常得欢乐。古人云：'贤者多财损其志，愚者多财生其过。'此言可为深诫。若徇私贪浊，非止坏公法，损百姓，纵事未发闻①，中心岂不常惧？恐惧既多，亦有因而致死。大丈夫岂得苟贪财物，以害及身命，使子孙每怀愧耻耶？卿等宜深思此言。"

【注释】

①纵：即使。

【译文】

贞观四年,唐太宗对公卿大臣们说:"我整天孜孜不倦于政务,不仅对老百姓爱抚操心,也想使你们长保富贵。天不是不高,地不是不厚,可我还是经常兢兢业业,畏惧天地。你们如能小心谨慎,奉公守法,像我一样畏惧天地,那么,不但百姓可以得到安宁,你们自己也会得到欢乐。古人说:'贤明的人如果财产多了,会损伤他们的志趣;愚蠢的人财产多了,会产生过错。'这句话可以作为对我们深刻的警戒。如果一个人徇私贪赃,不仅会破坏国法,损害百姓,对自己也没有好处,即便事情没有败露,但内心老是担惊害怕。恐惧过度,也会丧命的。大丈夫怎能随便贪图财物,让它来危害生命,使子孙后代蒙羞呢?你们应该好好深思这些话啊。"

【注释】

①驿家:这里指驿站。

【原文】

贞观六年,右卫将军陈万福自九成宫赴京,违法取驿家麸数石①。太宗赐其麸,令自负出以耻之。

【译文】

贞观六年,右卫将军陈万福从九成宫去京城,他在驿站人家处违法取得几担麦麸。唐太宗知道后,就把这些麦麸赐给他,让他自己背出宫,以此来羞辱他。

【注释】

①银坑:产银的矿坑。
②剩:多。
③按举:检查举发。
④税鬻(yù):出租,出售。
⑤放:放逐。

【原文】

贞观十年,治书侍御史权万纪上言:"宣、饶二州诸山大有银坑①,采之极是利益,每岁可得钱数百万贯。"太宗曰:"朕贵为天子,是事无所少之。惟须纳嘉言,进善事,有益于百姓者。且国家剩得数百万贯钱②,何如得一有才行人?不见卿推贤进善之事,又不能按举不法③,震肃权豪,惟道税鬻银坑以为利益④!昔尧、舜抵璧于山林,投珠于渊谷,由是崇名美号见称千载。后汉桓、灵二帝好利贱义,为近代庸暗之主,卿遂欲将我比桓、灵耶?"是日敕放令万纪还第⑤。

**【译文】**

贞观十年，治书侍御史权万纪上疏说："宣州、饶州的大山里埋藏有银矿，如果把它们开采出来，可获得极大的收益，每年可向朝廷上缴数百万贯钱。"唐太宗说："我贵为天子，这样的事知道得很多，现在，我需要的只是对老百姓有益的忠言，推行善事。国家增加数百万的收益，又有什么用呢？你不推举贤能、表彰善事，也不揭发奸邪之人、肃清豪强，只知道上奏银矿这些有关实利的事情！过去，老祖宗舜把美玉扔进山林，把宝珠沉没于深渊，赢得了高尚的美名，流芳千古。后汉时，桓帝、灵帝重利轻义，是近世有名的昏聩之君，你这样做，是要把我与桓帝、灵帝相比吗？"就在这一天，他下令让权万纪返回故地。

**【原文】**

贞观十六年，太宗谓侍臣曰："古人云：'鸟栖于林，犹恐其不高，复巢于木末①；鱼藏于水，犹恐其不深，复穴于窟下。然而为人所获者，皆由贪饵故也。'今人臣受任，居高位，食厚禄，当须履忠正，蹈公清，则无灾害，长守富贵矣。古人云：'祸福无门，惟人所召。'然陷其身者，皆为贪冒财利②，与夫鱼鸟何以异哉？卿等宜思此语为鉴诫。"

**【注释】**

① 木末：树梢。
② 贪冒：贪图财利。

**【译文】**

贞观十六年，唐太宗对侍从的大臣说："古人说：'鸟儿住在树林里，还担心不够高，又把窝筑在树梢上；鱼儿藏在水里，还担心不够深，又钻到水底的洞窟里。然而它们仍然不免被人捕获，那都是贪吃诱饵的缘故啊。'现在，臣子接受任命，居于高位，享有厚禄，应当竭诚尽忠、廉洁奉公，这样才能免于灾难而长保富贵啊。古人说：'祸福无定，由人自取。'遭到灾祸的人，都是因为贪财求利，这和那些鱼儿鸟儿有什么不同呢？你们应该思考这些话，作为鉴戒。"

# 崇儒学第二十七

【原文】

太宗初践阼①，即于正殿之左置弘文馆，精选天下文儒，令以本官兼署学士，给以五品珍膳，更日宿直②，以听朝之隙引入内殿，讨论坟典，商略政事，或至夜分乃罢。又诏勋贤三品以上子孙为弘文学生。

【注释】

① 践阼：即位，登基。践，踏，登上。阼，皇帝的地位。
② 更日：隔日或按日轮换。

【译文】

唐太宗刚刚即位不久，就在正殿左边设置了弘文馆，精心挑选天下通晓儒学的人士，保留他们本来的官职，并兼任弘文馆学士，供给他们五品官员才能享用的精美的膳食，排定当值的日子，并让他们在宫内歇息留宿。唐太宗在上朝听政的间隙时间，就把他们召进内殿，讨论古代典籍，商议谋划政事，有时到半夜才停歇。后来，他又下诏让三品以上的皇亲贵族、贤臣良将的子孙充任弘文馆学生，学习儒学。

【原文】

贞观二年，诏停周公为先圣，始立孔子庙堂于国学，稽式旧典，以仲尼为先圣，颜子为先师，而笾豆干戚之容，始备于兹矣。是岁大收天下儒士，赐帛给传，令诣京师，擢以不次①，布在廊庙者甚众②。学生通一大经已上，咸得署吏。国学增筑学舍四百余间，国子、太学、四门、广文亦增置生员，其书、算各置博士、学生，以备众艺。太宗又数幸国学，令祭酒、司业、博士讲论，毕，各赐以束帛。四方儒生负书而至者，盖以千数。俄而吐蕃及高昌、高丽、新罗等诸夷酋长，亦遣子弟请入于学。于是国学之内，鼓箧升讲筵者几至万人③，儒学之兴，古昔未有也。

【注释】

① 不次：不依寻常次序。
② 廊庙：指朝廷。
③ 鼓箧(qiè)：这里借指来求学的人。讲筵：借指讲学的人。

【译文】

贞观二年，唐太宗下令停止称周公为先圣，在国子监里建立孔子庙堂，查考典籍并依照过去的规定，称孔子为先圣，颜子为先师。在孔子庙堂里，供台两边祭祀用的器具和兵器也开始齐备。这一年，唐太宗还招纳大批天下儒士，赏赐给他们布帛，供给车马食宿，命令他们都集聚到京师。这些儒生大都被破格提升，在朝廷里任官的很多。书生如果读通一种以上的经书，就可以做官。在这之后，国子监增益学舍四百多间，国子学、太学、四门学、广文馆也增加了学生的名额。另外，书学、算学分别设置了博士和学生，使国学的各种技艺都设置齐备了。唐太宗还几次亲临国子监，叫祭酒、司业、博士讲说经术，讲毕，每人赐给帛一束。儒学之盛，致使全国各地的儒生纷纷携经书前往京城，人数达数千之多。不久，吐蕃和高昌、高丽、新罗等族的首领也派子弟到长安求学。于是，国子监之内，带着书箱和登上讲席的，几乎有上万人，如此大兴儒学，在古代还不曾有过。

## 【原文】

贞观十四年诏曰："梁皇侃、褚仲都，周熊安生、沈重，陈沈文阿、周弘正、张讥，隋何妥、刘炫，并前代名儒，经术可纪，加以所在学徒，多行其讲疏，宜加优赏，以劝后生，可访其子孙见在者，录姓名奏闻。"二十一年诏曰："左丘明、卜子夏、公羊高、谷梁赤、伏胜、高堂生、戴圣、毛苌、孔安国、刘向、郑众、杜子春、马融、卢植、郑玄、服虔、何休、王肃、王弼、杜预、范宁等二十有一人，并用其书，垂于国胄①，既行其道，理合褒崇，自今有事于太学，可并配享尼父庙堂②。"其尊儒重道如此。

## 【注释】

①国胄：帝王或贵族的子弟。

②尼父：对孔子的尊称。

## 【译文】

贞观十四年，唐太宗下诏说："梁代的皇侃、褚仲都，周代的熊安生、沈重，陈代的沈文阿、周弘正、张讥，隋代的何妥、刘炫，都是前代著名的儒生，他们精通经术，广收门徒，对经书有许多继承和发展，应该对他们加以赏赐，以鼓励后学之士，还应当寻访他们健在的后人，请有关部门把他们的姓名记录下来，上奏朝廷。"贞观二十一年，唐太宗又下诏说："左丘明、卜子夏、公羊高、谷梁赤、伏胜、高堂生、戴圣、毛苌、孔安国、刘向、郑众、杜子春、马融、卢植、郑玄、服虔、何休、王肃、王弼、杜预、范宁等二十一人，是历史上学问渊博、修养深厚的儒生，现在应该用他们著述的文章教化国人。从今以后，太学生可以到孔庙去朝拜。"唐太宗尊儒重道达到了这样。

【注释】

①刀笔俗吏：指旧时官衙内办理公文案卷的小吏。

【原文】

贞观二年，太宗谓侍臣曰："为政之要，惟在得人，用非其才，必难致治。今所任用，必须以德行、学识为本。"谏议大夫王珪曰："人臣若无学业，不能识前言往行，岂堪大任。汉昭帝时，有人诈称卫太子，聚观者数万人，众皆致惑。隽不疑断以蒯聩之事。昭帝曰：'公卿大臣，当用经术明于古义者，此则固非刀笔俗吏所可比拟①。'"上曰："信如卿言。"

【译文】

贞观二年，唐太宗对侍从的大臣们说："治国的关键，在于使用合适的人才，用非其才，必然难以治理好国家。如今，任用人才必须以德行、学识为本。"谏议大夫王珪说："臣子如果没有学问，不能记住前人的言行，怎能担当大任。汉昭帝时，有人冒充卫太子，围观的人达到好几万，大家都不知道该怎么办。后来，大臣隽不疑用古代蒯聩的先例来处理，一下子就水落石出了。对此，汉昭帝说：'公卿大臣，应当由通晓经术、懂得古义的人来担任，这本不是俗吏之辈所能相比的。'"太宗说："确实像你所说的那样。"

【注释】

①章句：泛指对古书的诠释。

【原文】

贞观四年，太宗以经籍去圣久远，文字讹谬，诏前中书侍郎颜师古于秘书省考定五经。及功毕，复诏尚书左仆射房玄龄集诸儒重加详议。时诸儒传习师说，舛谬已久，皆共非之，异端蜂起。而师古辄引晋、宋以来古本，随方晓答，援据详明，皆出其意表，诸儒莫不叹服。太宗称善者久之，赐帛五百匹，加授通直散骑常侍，颁其所定书于天下，令学者习焉。太宗又以文学多门，章句繁杂①，诏师古与国子祭酒孔颖达等诸儒，撰定五经疏义，凡一百八十卷，名曰《五经正义》，付国学施行。

## 【译文】

贞观四年，唐太宗因为古代圣人的时代已经远去，圣人的经典在后世流传的过程中，出现了很多文字讹误，难以考证。于是，唐太宗下令由前中书侍郎颜师古在秘书省考定"五经"。事成之后，又下令尚书左仆射房玄龄召集许多儒生再次详细讨论、审定。当时，这些儒生拘泥于旧说，而这些旧说错乱讹误相传已久，他们都不同意颜师古的考定，一时之间，各种异说蜂起。但是，颜师古引用晋、宋以来古本，对他们提出的疑义一一引经据典，详细地加以说明，使得这些儒者无不叹服。唐太宗对颜师古的学识也大为称赞，赏赐给他帛五百匹，加授他为通直散骑常侍，还将他考订的经书颁行天下，让读书人都来学习。后来，唐太宗又因为经术师承不同，解释各异，下令颜师古和国子祭酒孔颖达等大儒，撰定"五经"的疏义，共一百八十卷，名为《五经正义》，交付国子监做教材使用。

## 【原文】

太宗尝谓中书令岑文本曰："夫人虽禀定性，必须博学以成其道，亦犹蜃性含水①，待月光而水垂；木性怀火，待燧动而焰发②；人性含灵，待学成而为美。是以苏秦刺股，董生垂帷。不勤道艺，则其名不立。"文本对曰："夫人性相近，情则迁移，必须以学饬情，以成其性。《礼》云：'玉不琢不成器，人不学不知道。'所以古人勤于学问，谓之懿德③。"

## 【注释】

① 蜃（shèn）：大蛤蜊。
② 燧（suì）：古代取火的器具。
③ 懿德：美德。

## 【译文】

唐太宗对中书令岑文本说："人虽然秉有一定的天性，但必须博学才能有所成就。就好比蜃的本性含有水，要见到月光才能吐水；木的本性含有火，但要燧石敲打才能发火；人的本性含有灵气，可是要通过学习才能美好完善。所以历史上有苏秦刺股读书，董仲舒放下帷帐讲学的美谈。不勤奋于道艺，功名是不会建立的。"岑文本回答说："人的本性都很相近，情趣却有所差别，因此，必须用学习来修养情趣，使本性完善。《礼记》说：'玉石不经雕琢就不会成为器具，人不学习就不会懂得道理。'所以古人以勤于学习为美德。"

# 文史第二十八

【原文】

贞观初,太宗谓监修国史房玄龄曰:"比见前、后《汉史》载录扬雄《甘泉》《羽猎》,司马相如《子虚》《上林》,班固《两都》等赋,此既文体浮华,无益劝诫,何假书之史策①?其有上书论事,词理切直,可裨于政理者,朕从与不从皆须备载。"

【注释】

① 史策:史册。策,通"册"。

【译文】

贞观初年,唐太宗对监修国史的官员房玄龄说:"我发现《汉书》《后汉书》中有记录文人讽喻帝王的文章,如扬雄的《甘泉赋》《羽猎赋》,司马相如的《子虚赋》《上林赋》,班固的《两都赋》,这些文章文辞浮华,无益于对帝王的劝诫,为什么还要收录在史书中呢?今后,如果有人上疏议政,只要言辞直率,道理中肯,有利于治国,不管我采纳与否,都必须记载在史书上。"

【原文】

贞观十一年,著作佐郎邓隆表请编次太宗文章为集。太宗谓曰:"朕若制事出令,有益于人者,史则书之,足为不朽。若事不师古,乱政害物,虽有词藻,终贻后代笑,非所须也。只如梁武帝父子及陈后主、隋炀帝,亦大有文集,而所为多不法,宗社皆须臾倾覆①。凡人主惟在德行,何必要事文章耶?"竟不许。

【注释】

① 须臾:瞬息,顷刻,表示极短的时间。

【译文】

贞观十一年,著作佐郎邓隆上书请求把唐太宗的文章编成文集。唐太宗不同意,说:"我的诏书和命令,如果有益于百姓的,史书都已经记载了,足以流传千古了。如果我的命令不遵循古训,扰乱了政务,即便辞藻华丽,也终将贻笑后人,没有任何益处。像梁武帝父子、陈后主、隋炀帝,他们都喜欢做文章,可是他们的行为大都不可取,最后,社稷江山统统断送在他们手中。君主圣明与否,关键在于他的品性和行为,何必一定要有文章流传后世呢?"他不同意这个做法。

## 【原文】

贞观十三年,褚遂良为谏议大夫,兼知起居注。太宗问曰:"卿比知起居,书何等事?大抵于人君得观见否?朕欲见此注记者,将却观所为得失以自警戒耳!"遂良曰:"今之起居,古之左、右史,以记人君言行,善恶毕书,庶几人主不为非法,不闻帝王躬自观史。"太宗曰:"朕有不善,卿必记耶?"遂良曰:"臣闻守道不如守官,臣职当载笔①,何不书之?"黄门侍郎刘洎进曰:"人君有过失,如日月之蚀,人皆见之。设令遂良不记,天下之人皆记之矣。"

## 【注释】

①载笔:这里指秉笔直书。

## 【译文】

贞观十三年,褚遂良担任谏议大夫,兼任撰写帝王言行的起居注的史官。一次,唐太宗问他:"你的起居注,都写些什么呢?大概主要是写帝王的日常生活吧。我想看看起居注,用帝王的得失来警诫自己!"褚遂良劝阻说:"现在的起居注,就是古代记录帝王言语的左史和记录帝王行为的右史,无论好坏全部记录下来,以期望帝王不做对国家不利的事情。可是,我却没听说过帝王自己要看关于自己的史书。"唐太宗说:"我有不好的言行,你们都记录下来了吗?"褚遂良说:"常言道:坚守道义不如尽忠职守,我的职责是记录历史,怎么可以不把一切都记录下来呢?"黄门侍郎刘洎说:"帝王有过失,就像日月有日食、月食一样,人人都看得见。即便褚遂良不记录,天下老百姓也都会记住的。"

## 【原文】

贞观十四年,太宗谓房玄龄曰:"朕每观前代史书,彰善瘅恶①,足为将来规诫。不知自古当代国史,何因不令帝王亲见之?"对曰:"国史既善恶必书,庶几人主不为非法。止应畏有忤旨②,故不得见也。"太宗曰:"朕意殊不同古人。今欲自看国史

## 【注释】

①瘅(dān)恶:憎恨坏人坏事。
②忤旨:违反了帝王的旨意。

③微文：用委婉而隐晦的语言来表达文义。

者，盖有善事，固不须论；若有不善，亦欲以为鉴诫，使得自修改耳。卿可撰录进来。"玄龄等遂删略国史为编年体，撰高祖、太宗实录各二十卷，表上之。太宗见六月四日事，语多微文③，乃谓玄龄曰："昔周公诛管、蔡而周室安，季友鸩叔牙而鲁国宁，朕之所为，义同此类，盖所以安社稷，利万民耳。史官执笔，何烦有隐？宜即改削浮词，直书其事。"侍中魏徵奏曰："臣闻人主位居尊极，无所忌惮。惟有国史，用为惩恶劝善，书不以实，后嗣何观？陛下今遣史官正其辞，雅合至公之道。"

【译文】

贞观十四年，唐太宗对房玄龄说："我看以前的史书，都扬善惩恶，足以规劝警诫后人。但我不知道，自古以来当朝的国史，为什么不让帝王自己看呢？"房玄龄回答说："国史既然善恶必书，可以警诫帝王，让他们不做非法的事情。只是怕有触犯帝王旨意的地方，所以不让君主本人看到。"太宗说："我的想法不同于古人。现在我要亲自看看国史，如果记有好事，自不必说；如记有不好的事，我可以引为鉴戒，并加以改正。你们把撰写抄录好的国史送过来吧。"于是，房玄龄等人就把国史加以删简整理，按照年月顺序记事的编年体，撰写成高祖和太宗的《实录》各二十卷，上表呈献给唐太宗。唐太宗看到六月四日玄武门之变被说得很含蓄，就对房玄龄说："从前，周公东征诛杀管叔、蔡叔，从而使周室得以安定；季友用毒药杀死叔牙，而使鲁国得以安宁，我的所作所为，和古人的道理相同，目的都是安定社稷，以利万民。史官执笔，何须隐晦呢？你们应当立即改削虚饰之词，把这件事的原委写清楚。"事后，侍中魏徵上奏说："我听说，君主身居至尊之位，无所顾忌，只有国史，足以惩恶劝善，如果国史写得不真实，那么让后世看什么呢？陛下如今叫史官修正《实录》，这实在是撰写国史的正当写法啊。"

# 礼乐第二十九

【原文】

太宗初即位,谓侍臣曰:"准《礼》①,名,终将讳之。前古帝王,亦不生讳其名,故周文王名昌,《周诗》云:'克昌厥后。'春秋时鲁庄公名同,十六年《经》书:'齐侯、宋公同盟于幽。'惟近代诸帝,妄为节制,特令生避其讳,理非通允,宜有改张。"因诏曰:"依《礼》,二名义不偏讳,尼父达圣,非无前指。近世以来,曲为节制,两字兼避,废阙已多,率意而行②,有违经语。今宜依据礼典,务从简约,仰效先哲,垂法将来,其官号人名,及公私文籍,有'世'及'民'两字不连读,并不须避。"

【注释】

①准:按照。
②率意:轻率任意。

【译文】

唐太宗即位之初,曾对侍臣们说:"根据《礼记》的规定,帝王的名字都要避讳。可是古代的帝王,生前并不避讳这些,周文王叫昌,但《诗经》中写有'攻克姬昌之后'这样的诗句。春秋时,鲁庄公名叫同,可是经书上有这样的字句:'齐侯、宋公在幽地结为同盟。'只是到了后来,帝王们才制造出许多禁忌来,他们下令,生前就要对帝王的名字进行避讳。我认为这样做很没有道理,应该改变。"于是下诏说:"依照《礼记》,两个字的人名依道理不必一一避讳,孔子是位通情达理的圣人,以前也不是没有指出过。近世以来,世人多加禁忌,生出很多避讳,与《礼记》的规定不符。现在应该遵循经典,从简约出发,效仿先哲,规范后世。官员的称谓、姓名,公私的文章书籍,只要'世'和'民'两个字不连读,就没有必要避讳。"

【原文】

贞观二年,中书舍人高季辅上疏曰:"窃见密王元晓等俱是懿亲①,陛下友爱之怀,义高古昔,分以车服,委以藩维②,须依礼仪,以副瞻望。比见帝子拜诸叔,诸叔亦即答拜,王

【注释】

①懿亲:至亲。特指皇室宗亲、外戚。
②藩维:边防要地。
③彝则:日常的制度,准则。

爵既同，家人有礼，岂合如此颠倒昭穆？伏愿一垂训诫，永循彝则③。"太宗乃诏元晓等，不得答吴王恪、魏王泰兄弟拜。

【译文】

贞观二年，中书舍人高季辅上疏说："密王李元晓他们都是皇亲国戚，陛下对他们的关注和仁爱之心超过古代的帝王。但是，陛下对于分派给他们兵马、委以重任这些大事，仍须遵循礼仪规范，以让天下人臣服。我看见皇子们拜见叔叔时，叔叔们也马上回礼。一个家庭有一个家庭的礼数，帝王之家也如此，岂能如此颠倒上下秩序呢？希望陛下确立规范，永远遵循前人美好的礼仪。"唐太宗于是下诏，命李元晓等皇子不得接受兄长吴王李恪、魏王李泰的拜礼。

【注释】

①巫书：专门宣传迷信禁忌、装神弄鬼的书籍。

【原文】

贞观四年，太宗谓侍臣曰："比闻京城士庶居父母丧者，乃有信巫书之言①，辰日不哭，以此辞于吊问，拘忌辍哀，败俗伤风，极乖人理。宜令州县教导，齐之以礼典。"

【译文】

贞观四年，唐太宗对侍臣说："我听说京城的百姓在为父母服丧期间，有的人听信巫师的妖言，在辰日这天不哭，他们谢绝别人的哀悼慰问，拘泥于禁忌不允许悲伤，这是伤风败俗、违背人情事理的做法。现在下令各州县，让他们教导百姓，学习正确的礼仪规范。"

【注释】

①悖乱：违背。

【原文】

贞观五年，太宗谓侍臣曰："佛道设教，本行善事，岂遣僧尼道士等妄自尊崇，坐受父母之拜？损害风俗，悖乱礼经①，宜即禁断，仍令致拜于父母。"

【译文】

贞观五年，唐太宗对侍臣说："佛教、道教徒，本应该广做善事，怎么能够妄自尊贵，坐着接受父母的跪拜礼呢？这样做只会损害民风民俗，使礼仪混乱，现在，应该马上下令禁止这种行为，仍旧让他们对自己的父母行跪拜礼。"

### 【原文】

贞观六年，太宗谓尚书左仆射房玄龄曰："比有山东崔、卢、李、郑四姓，虽累叶陵迟①，犹恃其旧地，好自矜大，称为士大夫。每嫁女他族，必广索聘财，以多为贵，论数定约，同于市贾，甚损风俗，有紊礼经，既轻重失宜，理须改革。"乃诏吏部尚书高士廉、御史大夫韦挺、中书侍郎岑文本、礼部侍郎令狐德棻等，刊正姓氏，普责天下谱牒，兼据凭史传，剪其浮华，定其真伪，忠贤者褒进，悖逆者贬黜，撰为《氏族志》。士廉等及进定氏族等第，遂以崔幹为第一等。太宗谓曰："我与山东崔、卢、李、郑，旧既无嫌，为其世代衰微，全无官宦，犹自云士大夫，婚姻之际，则多索财物。或才识庸下，而偃仰自高②，贩鬻松槚③，依托富贵，我不解人间何为重之？且士大夫有能立功，爵位崇重，善事君父，忠孝可称，或道义清素，学艺通博，此亦足为门户，可谓天下士大夫。今崔、卢之属，惟矜远叶衣冠，宁比当朝之贵？公卿已下，何暇多输钱物，兼与他气势，向声背实，以得为荣。我今定氏族者，诚欲崇树今朝冠冕，何因崔幹犹为第一等，只看卿等不贵我官爵耶？不论数代已前，只取今日官品、人才作等级，宜一量定，用为永则。"遂以崔幹为第三等。至十二年书成，凡百卷，颁天下。又诏曰："氏族之美，实系于冠冕。婚姻之道，莫先于仁义。自有魏失御④，齐氏云亡，市朝既迁，风俗陵替⑤，燕、赵古姓，多失衣冠之绪，齐、韩旧族，或乖德义之风。名不著于州闾，身未免于贫贱，自号高门之胄，不敦匹嫡之仪⑥，问名惟在于窃赀，结褵必归于富室⑦。乃有新官之辈，丰财之家，慕其祖宗，竞结婚姻，多纳货贿，有如贩鬻。或自贬家门，受辱于姻娅⑧；或矜其旧望，行无礼于舅姑。积习成俗，迄今未已，既紊人伦，实亏名教。朕夙夜兢惕，忧勤政道，往代蠹害，咸已惩革，唯此弊风，未能尽变。自今已后，明加告示，使识嫁娶之序，务合礼典，称朕意焉。"

### 【注释】

① 累叶：累世。陵迟：败坏，衰败。
② 偃仰：俯仰。
③ 贩鬻：贩卖，这里指炫耀。
④ 失御：也作"失驭"，指丧失统治能力。
⑤ 陵替：衰落，衰败。
⑥ 敦：遵循，遵守。
⑦ 结褵(lí)：成婚。
⑧ 姻娅：泛指姻亲。

【译文】

贞观六年，唐太宗对尚书左仆射房玄龄说："近来，山东的崔、卢、李、郑四大姓，虽然在前几代就已衰败，但他们仍依仗旧时的名望，自高自大，号称士大夫。每当把女儿嫁给其他家族时，总要大肆索取聘礼财物，以多为贵，根据财礼的数目决定婚约，就像集市上的商贩，这样做败坏了风俗，也搅乱了礼法。看来，现在的礼仪制度应该有所改革了。"于是唐太宗下诏，命吏部尚书高士廉、御史大夫韦挺、中书侍郎岑文本、礼部侍郎令狐德棻等人订正姓氏，普遍收集全国谱牒。并根据史书传记，删除浮华，考订真假，如果一个家族上代出了忠贤，就提升等级；出了叛逆，就加以贬黜。依此标准，撰写了一部《氏族志》。后来，高士廉等人在唐太宗面前呈上所定的氏族等第时，仍把崔幹列为第一等。太宗说："我和山东的崔、卢、李、郑并无凤怨，只是因为他们世代衰微，现在已经没有一个人做官了，却还自称士大夫，婚嫁的时候，依此大量索取财物。有的人才能见识平庸低劣，却还悠然自得地自夸高门，炫耀死去的祖先，依附于富贵之列，我真不明白为什么社会上还会看重他们。如果有人能建立功业，爵位隆重，善于侍奉君主和父亲，忠孝都值得称赞，或者道德仁义高尚，学艺通博，这样也足以自立门户，称得上士大夫。如今崔、卢之类，只是自恃远祖的高官厚爵，怎能和当朝的显贵相比呢？公卿以下的人，何苦给他们多送财物，助长他们的气势呢？他们只图虚名不顾实际，想借此增加自己的光彩。我之所以要复位氏族，是为了树立当今显贵的地位，为什么还把崔幹列在第一等，你们这不是看轻我朝的官爵吗？所以，不管以前如何，只按照今天的官品、人才来定等级，并且这次量定等级将作为永久的准则。"于是崔幹被定为第三等。贞观十二年，《氏族志》全书完成，共一百卷，颁行天下。其后，唐太宗下令说："氏族高下，要以官爵相联系。婚姻的正道，要以仁义为先。自从北魏失国，北齐灭亡，朝野变化，风俗衰败。早先的燕、赵古姓，后人多失去官爵；以前齐、韩旧族，行为也有悖礼仪。他们名不闻于乡里，身不免于贫贱，却自称高门后裔，而不讲究嫁娶礼仪，依仗名望只在于勒索财物，女儿必嫁给富贵之家。于是就有新做官的人和钱财多的人家羡慕富贵人家的祖宗，抢着和人家攀亲，多送财物，如同买卖。双方有的自愿贬低家门，受辱于姻亲，有的夸耀过去的地位，在公婆面前行为无礼。这种做法积习已久，已经成了风俗，至今还未改变，这既乱了人伦，也有愧于名教。我日夜谨慎小心，操劳政事，历代的弊端祸害，都已制止革除，唯有这种坏风气，还没有完全转变。从今以后，让天下人都要懂得嫁娶的规矩，务必合乎礼法，按照朝廷的礼仪办事。"

## 【原文】

礼部尚书王珪子敬直，尚太宗女南平公主①。珪曰："《礼》有妇见舅姑之仪，自近代风俗弊薄，公主出降，此礼皆废。主上钦明②，动循法制，吾受公主谒见，岂为身荣，所以成国家之美耳。"遂与其妻就位而坐，令公主亲执巾，行盥馈之道③，礼成而退。太宗闻而称善。是后公主下降有舅姑者，皆遣备行此礼。

## 【译文】

礼部尚书王珪的儿子王敬直，娶了唐太宗的女儿南平公主。婚娶那天，王珪按礼仪要接受公主的跪拜礼，王珪说："《礼记》上规定有妇人拜见舅舅、姑母的礼仪。可近世以来，这种风气逐渐改变了，公主下嫁，这些礼节都被废弃了。陛下圣明，处处都遵循法令规范。我接受公主的拜见之礼，哪里只是自己的荣耀，其实是在成就大唐礼仪之邦的美名啊。"于是和妻子在自己的座位上就坐，让公主亲自拿着手巾，行侍奉父母的洗手之礼。礼毕，公主自行退下。唐太宗听说此事后非常赞赏。此后，凡是有公主下嫁，都要遵照这条礼仪。

【注释】
①尚：仰攀婚姻。特指娶皇帝的女儿为妻。
②钦明：敬肃，明察。
③盥（guàn）馈：侍奉尊者盥洗及进膳食。

## 【原文】

贞观十二年，太宗谓侍臣曰："古者诸侯入朝，有汤沐之邑，刍禾百车①，待以客礼。昼坐正殿，夜设庭燎②，思与相见，问其劳苦。又汉家京城亦为诸郡立邸舍。顷闻考使至京者，皆赁房以坐，与商人杂居，才得容身而已。既待礼之不足，必是人多怨叹，岂肯竭情于共理哉。"乃令就京城闲坊，为诸州考使各造邸

【注释】
①刍禾：喂养牛马的草料。
②庭燎：古代庭中照明的火炬。

第。及成，太宗亲幸观焉。

【译文】

贞观十二年，唐太宗对侍臣说："古时候，诸侯入朝拜谒天子，有专门沐浴的地方，可供休息，在那里，他们用草喂养马匹，享受客人的礼遇。白天他们在正殿里休息，晚上在庭院中点燃蜡烛，主人向他们嘘寒问暖。京城里还有为各个郡县专门设立的馆舍。现在，我听说朝集使到京城，都租房子居住，他们和商人杂居在一起，仅有容身之地而已。如今待客之礼如此怠慢，恐怕各地使者会产生怨恨，怎么还会愿意为朝廷尽职尽忠呢？"于是，下令京城有条件的客栈，为各地来的使者营造馆舍。修成之后，唐太宗还亲自前去参观视察。

【注释】

①申敬：表示敬意。
②故事：旧时典章制度的先例。
③修短：这里指优劣、贵贱。
④母弟：同母之弟。
⑤尚质：崇尚朴质。
⑥窥窬（yú）：也作"窥觎""窥逾"，指非分的希求。

【原文】

贞观十三年，礼部尚书王珪奏言："准令，三品已上，遇亲王于路，不合下马，今皆违法申敬①，有乖朝典。"太宗曰："卿辈欲自崇贵，卑我儿耶？"魏徵对曰："汉、魏已来，亲王班皆次三公下。今三品并天子六尚书九卿，为王下马，王所不宜当也。求诸故事②，则无可凭，行之于今，又乖国宪，理诚不可。"帝曰："国家立太子者，拟以为君。人之修短③，不在老幼。设无太子，则母弟次立④。以此而言，安得轻我子耶？"徵又曰："殷人尚质⑤，有兄终弟及之义。自周已降，立嫡必长，所以绝庶孽之窥窬⑥，塞祸乱之源本。为国家者，所宜深慎。"太宗遂可王珪之奏。

【译文】

贞观十三年，礼部尚书王珪上奏说："按照律令，三品以上的官员，在道路上遇到亲王，可以不下马致礼。不过现在，这种行为是违法的，这实在与朝廷律令不符啊！"唐太宗不高兴地说："你们这是自以为尊贵，而轻慢我的儿子们吗？"魏徵说："汉代、魏晋以来，亲王的礼遇都在三公之下。然而，现在三品官员和天子六部尚书、九卿，都要为亲王下马致礼，这是亲王不应该接受的礼节。这样做既无先例可循，又违背国家的法令，于理实在不合。"唐太宗说："国家确立的太子，是未来的国君。一个人地位的高低，不在于年龄的长幼。如果太子去世，那么同母的弟弟就该列为太子。你这样说，不是在轻视我的儿子吗？"魏徵又说："商代崇尚质实，有兄长去世弟弟继承的规定。从周代以来，都立长子为继承人，这样做就杜绝了他人篡权夺位、制造混乱的可能性。国君对此应该审慎。"于是，唐太宗接受了王珪的意见。

## [原文]

贞观十四年，太宗谓礼官曰："同爨尚有缌麻之恩①，而嫂叔无服；又舅之与姨，亲疏相似，而服之有殊，未为得礼，宜集学者详议。余有亲重而服轻者，亦附奏闻。"是月尚书八座与礼官定议曰：

臣窃闻之，礼所以决嫌疑，定犹豫，别同异，明是非者也。非从天下，非从地出，人情而已矣。人道所先，在乎敦睦九族，九族敦睦，由乎亲亲，以近及远。亲属有等差，故丧纪有隆杀②，随恩之薄厚，皆称情以立文。原夫舅之与姨，虽为同气③，推之于母，轻重相悬。何则？舅为母之本宗，姨乃外戚他姓，求之母族，姨不与焉。考之经史，舅诚为重。故周王念齐，是称舅甥之国；秦伯怀晋，实切《渭阳》之诗。今在舅服止一时之情④，为姨居丧五月，徇名丧实，逐末弃本，此古人之情或有未达，所宜损益，实在兹乎。

## [译文]

贞观十四年，唐太宗对礼官说："现在，与你共同生活的人去世了，要为他披麻戴孝。可是嫂子、叔叔去世了不服丧。舅舅和姨妈，都是亲属，表丧的礼节却有差别。这些做法都不符合礼仪规范，应该召集学者来商议一下，制定出服丧的礼仪，有同属亲属但侍奉的礼数很轻的，也应附录。"就在同月，尚书八座和礼官定下了规范，原文如下：

臣私下里听说，礼是用来判断疑惑，确定迟疑，区别异同，明辨是非的原则。它不是从天地中来，而是根据人情事理推论

## [注释]

①同爨(cuàn)：同灶炊食。指同居，不分家。

②丧纪：丧事。隆杀：尊卑、厚薄、高下。

③同气：指兄弟姊妹。

④一时之情：指最轻的丧服缌麻。

出来的。人道最首要的一点，是使九族和睦，九族和睦，在于由近及远，实行亲疏有别的礼节。亲属之间有差别，所以丧礼中的祭文，应根据情分的多少来书写。舅舅、姨妈和母亲是一族，但他们之间有差别，为什么呢？舅舅和母亲是一家，姨妈出嫁后改姓丈夫的姓，成为别家的人。参考经史，舅舅的确比姨妈重要。所以周王顾念着齐国，称齐国是舅甥之国；秦穆公不忘晋国重耳是他的舅舅，把他的儿子康公送到渭阳，作了《渭阳》这首诗。现在，舅舅去世，只是一时哀悼，对姨妈却要居丧五个月，这样舍本逐末，是不适宜的，现在应该改变这个规定。

【注释】

①从母：姨母，母亲的姐姐。

②劬劳鞠养：辛勤抚养。劬劳，劳苦，劳累，指父母抚养儿女的劳累。鞠养，养育，抚育。

③契阔：勤苦，劳苦。

④先觉：觉悟早于常人的人。

【原文】

《礼记》曰："兄弟之子犹子也，盖引而进之也。嫂叔之无服，盖推而远之也。"礼，继父同居则为之期，未尝同居则不为服。从母之夫①，舅之妻，二人相为服。或曰"同爨缌麻"。然则继父且非骨肉，服重由乎同爨，恩轻在乎异居。固知制服虽系于名文，盖亦缘恩之厚薄者也。或有长年之嫂，遇孩童之叔，劬劳鞠养②，情若所生，分饥共寒，契阔偕老③，譬同居之继父，方他人之同爨，情义之深浅，宁可同日而言哉？在其生也，乃爱同骨肉，于其死也，则推而远之，求之本源，深所未喻。若推而远之为是，则不可生而共居；生而共居为是，则不可死同行路。重其生而轻其死，厚其始而薄其终，称情立文，其义安在？且事嫂见称，载籍非一。郑仲虞则恩礼甚笃，颜弘都则竭诚致感，马援则见之必冠，孔伋则哭之为位，此盖并躬践教义，仁深孝友，察其所行之旨，岂非先觉者欤④？但于时上无哲王，礼非下之所议，遂使深情郁于千载，至理藏于万古，其来久矣，岂不惜哉！

【译文】

《礼记》说："兄弟的孩子犹如自己的孩子，这是因为原本就是一家人。嫂嫂、叔叔不用侍奉，是因为不是同一家族。"按礼的规定，和继父一起生活过，就要为他居丧，如果没有一起生活，就不用居丧。至于继父、舅母，对这二者服丧的礼节相同。常言道："如果共同生活过的人去世了，应该为他披麻戴孝。"继父并非生父，对他服丧隆重是因为共同生活过。因此，服丧虽然事关名分，但也随恩情厚薄而定。如年长的嫂子，她抚养年幼的叔叔像对待自己的亲生儿子一样，两人同甘共苦到终老，这比起一起生活的继父，和其他一起生活的人，情义的深浅怎可相提并论呢？嫂子生前，二人情同骨肉；嫂子死后，就推托疏远她，探求其中的根源，实在让人难以明白。如果推托疏远她是正确的，那就不该在生前居住在一起；如果生前居住在一起是正确的，那就不该死后将嫂子视同路人看待。看重她的生前而轻视她的死后，厚待她的开始而轻薄她的最终，称量情谊来设立礼制条文，这样做的道理在哪里呢？并且侍奉嫂子的礼节，史书上的记载不止一个。后汉郑仲虞赡养寡居的嫂子和她的儿子，待她的礼节和情义都很笃厚。晋时颜弘都的嫂子双目失明，需要服用蛇胆，他千方百计弄到蛇胆，终于使嫂子重见光明。后汉将军马援对嫂子极为尊重，不戴帽子就不敢进屋拜见嫂子。《礼记》记载：孔子之孙孔伋在嫂子的灵位前痛哭。这些都是亲身实践礼仪规范、极其仁义孝敬的人。能够深明其中大义的，难道不是先知先觉者吗？现在没有圣明的哲人，百姓也不议论礼仪之事，致使礼仪之中包含的道理不被重视，这种情况由来已久，真让人痛惜啊。

## 【原文】

今陛下以为尊卑之叙，虽焕乎已备①，丧纪之制，或情理未安，爰命秩宗②，详议损益。臣等奉遵明旨，触类傍求，采摭群经，讨论传记，或抑或引，兼名兼实，损其有余，益其不足，使无文之礼咸秩③，敦睦之情毕举，变薄俗于既往，垂笃义于将来，信六籍所不能谈④，超百王而独得者也。

谨按：曾祖父母，旧服齐衰三月，请加为齐衰五月；嫡子妇，旧服大功，请加为期⑤；众子妇，旧服小功，今请与兄弟同为大功九月；嫂叔，旧无服，今请服小功五月。其弟妻及夫兄亦小功五月。舅，旧服缌麻，请加与从母同服小功五月。

诏从其议。此并魏徵之词也。

## 【注释】

①焕乎：这里指非常清楚。

②秩宗：古代宗庙祭祀的官。

③咸秩：都有秩序，条理分明。

④信：通"申"，陈述，申明。

⑤期（jī）：一年；明年。

**【译文】**

　　现在,陛下认为礼仪的规定远未详尽,我们奉旨进行修正。我们参考了经典、传记,进行了修改增删,使没有明文规定的礼仪变成条款,希望这会使人伦敦厚和睦,使日渐轻薄的民俗变得淳朴,有利于现在和将来。通读六经(即六籍,包括《诗经》《尚书》《礼经》《乐经》《周易》《春秋》)便无所不知,超越百王即可独得治国要领。

　　我们谨遵礼仪做了规定:如果曾祖母、曾祖父去世,过去服丧三个月,现在请陛下延长至五个月;嫡子的妻子,过去服丧九个月,现在请延长为一年;儿子的妻子服丧,请将过去规定的五个月改为九个月;嫂子、叔叔过去不服丧,现在请改为服丧五个月;弟弟的妻子和丈夫的兄弟也应服丧五个月;为舅舅服丧过去只披麻戴孝,现在请规定同对待继母一样,服丧五个月。

　　看毕,唐太宗下诏通过此项议案。此议案的作者乃魏徵。

**【注释】**

①仲由:字子路。孔子的学生。

**【原文】**

　　贞观十七年十二月癸丑,太宗谓侍臣曰:"今日是朕生日。俗间以生日可为喜乐,在朕情,翻成感思。君临天下,富有四海,而追求侍养,永不可得。仲由怀负米之恨①,良有以也。况《诗》云:'哀哀父母,生我劬劳。'奈何以劬劳之辰,遂为宴乐之事!甚是乖于礼度。"因而泣下久之。

**【译文】**

　　贞观十七年十二月癸丑日,唐太宗对侍臣们说:"今天是我的生日。民间认为生日是可庆可贺的事情,我却感慨万千。帝王君临天下,富有四海,可是如果只一味追求享乐,那么永远不会满足。仲由贫困时,常常到外面去为父母背米,他到楚国做官之后,富有万钟之粟,但那时他的父母去世了,再想尽孝心已不可能,所以他非常遗憾。《诗经》说:'可怜我的父母,为养育我付出了多少艰辛啊。'怎么可以在父母生我这样艰难的日子,举办宴会寻欢作乐呢?这不是与礼仪相违背吗?"说完,便情不自禁地哭泣了许久。

## 【原文】

太常少卿祖孝孙奏所定新乐。太宗曰:"礼乐之作,是圣人缘物设教,以为撙节①,治政善恶,岂此之由?"御史大夫杜淹对曰:"前代兴亡,实由于乐。陈将亡也为《玉树后庭花》,齐将亡也而为《伴侣曲》,行路闻之,莫不悲泣,所谓亡国之音。以是观之,实由于乐。"太宗曰:"不然,夫音声岂能感人?欢者闻之则悦,哀者听之则悲。悲悦在于人心,非由乐也。将亡之政,其人心苦,然苦心相感,故闻之则悲耳。何乐声哀怨,能使悦者悲乎?今《玉树》《伴侣》之曲,其声具存,朕能为公奏之,知公必不悲耳。"尚书右丞魏徵进曰:"古人称:礼云,礼云,玉帛云乎哉!乐云,乐云,钟鼓云乎哉!乐在人和,不由音调。"太宗然之。

【注释】
① 撙(zǔn)节:抑制,节制。

## 【译文】

太常少卿祖孝孙上奏新近制定的音乐。唐太宗说:"礼仪、音乐是圣人根据实际情况设立的,用来教化百姓,它们应该符合规范。同样,政治的好坏,难道不因此而生吗?"御史大夫杜淹说:"前代的兴衰存亡,也跟音乐有关。陈后主灭亡,不就是因为奢侈荒淫和妃嫔们谱写淫曲《玉树后庭花》所造成的吗?齐东昏侯作《伴侣曲》,行旅之人听到,无不悲伤而泣,这乃是亡国之音啊。所以,国家的存亡,全在于音乐。"唐太宗不同意,说:"不是这样的,仅仅是声音怎么能感动人呢?快乐的人听到声音就会喜悦,哀伤的人听了就会悲伤。悲喜之情在于人心,并非是音乐造成的。即将灭亡的国家,百姓内心凄苦,听到哀怨的音乐,内心十分感动,就会愈加悲伤。相反,一首悲哀的音乐,怎么会使快乐的人悲伤呢?现在,《玉树后庭花》《伴侣曲》这些靡靡之音依然存在,我自己都可以演奏它们。但是,可以肯定,你们是不会悲伤的。"魏徵接着说:"古人说,礼仪是写在玉帛之上的,音乐是用钟鼓演奏出来的。音乐的关键在于人和,不在于音调。"唐太宗很赞同他的看法。

【注释】
① 容:景象,状态。
② 委曲:事情原原本本的经过。

## 【原文】

贞观七年，太常卿萧瑀奏言："今《破陈乐舞》，天下之所共传，然美盛德之形容，尚有所未尽。前后之所破刘武周、薛举、窦建德、王世充等，臣愿图其形状，以写战胜攻取之容①。"太宗曰："朕当四方未定，因为天下救焚拯溺，故不获已，乃行战伐之事，所以人间遂有此舞，国家因兹亦制其曲。然雅乐之容，止得陈其梗概，若委曲写之②，则其状易识。朕以见在将相，多有曾经受彼驱使者，既经为一日君臣，今若重见其被擒获之势，必当有所不忍，我为此等，所以不为也。"萧瑀谢曰："此事非臣思虑所及。"

**【译文】**

贞观七年，太常卿萧瑀上疏说："歌颂陛下攻克刘武周的《破阵乐舞》在天下传颂，但此乐仍不足以形容陛下超世的武功和宏伟的业绩。陛下先后打败了刘武周、薛举、窦建德、王世充等乱世枭雄，我愿意来写一写陛下无人可比的神勇。"唐太宗说："我在天下纷争的乱世，为了拯救天下苍生，迫不得已，才征讨四方，所以才有了这个舞蹈和音乐。然而高雅的音乐应该只陈述历史梗概，不宜把详情原原本本写出来。我看当今朝廷的将相，很多都曾受他们的驱使，毕竟曾经有过君臣关系，如果现在又看到他们被俘虏的情景，肯定会于心不忍。考虑到这些，所以我认为不可。"萧瑀道歉说："这件事臣根本没有想到。"

## 务农第三十

**【原文】**

贞观二年,太宗谓侍臣曰:"凡事皆须务本。国以人为本,人以衣食为本,凡营衣食,以不失时为本①。夫不失时者,在人君简静乃可致耳②。若兵戈屡动,土木不息,而欲不夺农时,其可得乎?"王珪曰:"昔秦皇、汉武,外则穷极兵戈,内则崇侈宫室,人力既竭,祸难遂兴。彼岂不欲安人乎?失所以安人之道也。亡隋之辙,殷鉴不远,陛下亲承其弊,知所以易之。然在初则易,终之实难。伏愿慎终如始,方尽其美。"太宗曰:"公言是也。夫安人宁国,惟在于君。君无为则人乐,君多欲则人苦。朕所以抑情损欲,克己自励耳。"

**【注释】**

①失时:违误农时。
②简静:施政不繁苛。

**【译文】**

贞观二年,唐太宗对侍从的大臣们说:"任何事情都必须掌握根本。国家以人民为根本,人民以衣食为根本,凡经营农桑衣食,以不失时机为根本。要不失时机,只有君主不生事劳民才能做到。假若连年打仗,营建不停,而想不占用农时,能办得到吗?"大臣王珪说:"从前,秦始皇、汉武帝,对外穷兵黩武,对内大建宫室,人力既已用尽,灾祸也就接踵而至。他们难道就不想安定百姓吗?只是没有使用安定百姓的正确方法。隋代的灭亡就是眼前的借鉴啊!陛下亲自承受了隋朝遗留下来的弊病,懂得怎样去改变,不过刚开始还比较容易,要坚持到底就很难。我真希望陛下自始至终都能小心谨慎,从而善始善终。"太宗说:"你讲得很对。安定百姓和国家,关键在于君主。君主能与民休息,百姓就欢乐;君主多私欲,百姓就痛苦。这就是我不敢任情纵欲,而不断克制砥砺自己的原因。"

**【原文】**

贞观二年,京师旱,蝗虫大起。太宗入苑视禾①,见蝗虫,

**【注释】**

①苑:多指帝王的花园。

②遽(jù)：急忙。

掇数枚而咒曰："人以谷为命，而汝食之，是害于百姓。百姓有过，在予一人，尔其有灵，但当蚀我心，无害百姓。"将吞之，左右遽谏曰②："恐成疾，不可。"太宗曰："所冀移灾朕躬，何疾之避！"遂吞之。自是蝗不复为灾。

**【译文】**

贞观二年，京城大旱，蝗虫成灾。唐太宗亲自到田野去看稻谷，看见蝗虫猖獗，就打死了几只并骂道："百姓视稻谷为生命，你却把谷子吃了，你是在危害百姓啊。如果说老百姓有罪过，那么也只在于国君一人，如果你真的有灵性，就应当只啃噬我的心脏，不要危害百姓。"说完就要把蝗虫吃掉。左右的臣子大惊，连忙制止说："吃了恐怕要生病，万万不可。"唐太宗说："我只希望把灾祸转移到我身上，还怕什么疾病呢！"说完便一口将蝗虫吞下。不久，蝗虫之灾慢慢消失了。

**【注释】**

①追兵：征召、调集军队。仪注：仪节。
②东作：春耕。

**【原文】**

**贞观五年**，有司上书言："皇太子将行冠礼，宜用二月为吉，请追兵以备仪注①。"太宗曰："今东作方兴②，恐妨农事。"令改用十月。太子少保萧瑀奏言："准阴阳家，用二月为胜。"太宗曰："阴阳拘忌，朕所不行，若动静必依阴阳，不顾理义，欲求福佑，其可得乎？若所行皆遵正道，自然常与吉会。且吉凶在人，岂假阴阳拘忌？农时甚要，不可暂失。"

**【译文】**

贞观五年，有关部门上疏说："皇太子即将举行加冠礼，在二月里举行才吉祥，请陛下增加兵卫仪仗的规模，使礼节齐备。"太宗说："如今百姓春耕刚开始，这样做怕要妨碍农事。"于是下令将礼仪改在十月。太子少保萧瑀上奏说："按照阴阳家的推算，在二月里举行最好。"太宗说："阴阳讲究禁忌，我从不信那一套，如果一举一动都必须依照阴阳家的话去办，不顾实际情况，而想求得福佑吉祥，这是不可能的。如果所做的都遵照正道，自然会万事吉祥。并且，吉凶取决于人，怎能听信阴阳禁忌呢？农时很要紧,片刻不能耽误。"

**【原文】**

贞观十六年,太宗以天下粟价率计斗直五钱,其尤贱处,计斗直三钱,因谓侍臣曰:"国以民为本,人以食为命。若禾黍不登①,则兆庶非国家所有。既属丰稔若斯②,朕为亿兆人父母,唯欲躬务俭约,必不辄为奢侈。朕常欲赐天下之人,皆使富贵。今省徭赋,不夺其时,使比屋之人③,恣其耕稼,此则富矣。敦行礼让,使乡闾之间,少敬长,妻敬夫,此则贵矣。但令天下皆然,朕不听管弦,不从畋猎,乐在其中矣!"

**【译文】**

贞观十六年,唐太宗发现天下米价大都一斗值五个钱,更便宜的,一斗只值三个钱。因此,他对侍臣说:"国家以百姓为根本,百姓又以粮食为生命。如果粮食不丰收,国家就没有收入。既然粮食对国计民生关系如此重大,我又是百姓的衣食父母,只希望能够克勤克俭,不奢侈浮华,造福于民。我常常想赏赐天下的百姓,使他们都富裕尊贵。现在我减少劳役,不占用他们的农耕时间,使他们能够顺应天时,把庄稼种好,其实,这就是使他们富裕。我还推行礼仪谦让的风气,让乡间的百姓,年轻的尊敬年长的,妻子尊敬丈夫,其实,这就是使他们尊贵。只要天下人都得到富贵,我即使不听音乐、不打猎也乐在其中了。"

**【注释】**

① 不登:粮食歉收。登,粮食成熟。
② 丰稔(rěn):禾谷丰收。
③ 比屋:借称老百姓。

# 刑法第三十一

**【原文】**

贞观元年，太宗谓侍臣曰："死者不可再生，用法务在宽简。古人云，鬻棺者欲岁之疫，非疾于人，利于棺售故耳。今法司核理一狱①，必求深刻，欲成其考课。今作何法，得使平允？"谏议大夫王珪进曰："但选公直良善人，断狱允当者，增秩赐金，即奸伪自息。"诏从之。太宗又曰："古者断狱，必讯于三槐、九棘之官，今三公、九卿，即其职也。自今以后，大辟罪皆令中书、门下四品以上及尚书九卿议之②，如此，庶免冤滥。"由是至四年，断死刑，天下二十九人，几致刑措③。

**【注释】**

① 核理：审理。
② 大辟：古代杀头的死刑。
③ 刑措：也作"行措"或"刑厝"，指置刑法而不用。

**【译文】**

贞观元年，唐太宗对侍从的大臣们说："人死了不能复生，所以执法务必宽大简约。古人说，卖棺木的人希望年年发生瘟疫，这并不是对人仇恨，而是利于棺木出售的缘故。如今，执法部门审理狱案，总是力求苛严，以此来博得好的考核成绩。现在该用什么办法，才可以使审案做到公平恰当呢？"谏议大夫王珪进言道："只要选拔正直善良的人，他们判断狱案才会准确。另外，增加他们的俸禄，赏赐给他们金帛，那么奸伪邪恶自然会止息。"太宗于是下令按这个办法实行。太宗又说："古时候判断狱案，一定要向三槐、九棘之官询问，当今的三公、九卿就有这样的职责。从今以后，遇有死刑，都叫中书、门下两省四品以上高官以及尚书、九卿来议论，这样做，才有可能避免冤狱滥刑。"由于实行了这样的措施，到贞观四年，全国判处死刑的人只有二十九个，几乎做到了刑法搁置不用。

**【原文】**

贞观二年，太宗谓侍臣曰："比有奴告主谋逆①，此极弊法，特须禁断。假令有谋反者，必不独成，终将与人计之；众计之

**【注释】**

① 谋逆：图谋叛逆。
② 藉：凭借，依靠。

事，必有他人论之，岂藉奴告也②。自今奴告主者，不须受，尽令斩决。"

**【译文】**

贞观二年，唐太宗对侍臣说："奴才告主子谋反作乱，这条律令危害非常大，必须除掉。如果真有谋反，肯定不是一个人单独的行为。一定是和别人合谋策划的。许多人策划的事情，肯定会引得别人议论，怎么偏偏由奴才告发呢？从今以后，凡是有奴才告发主子的案子，切记不要受理，并下令将其斩首处决。"

**【原文】**

贞观五年，张蕴古为大理丞。相州人李好德素有风疾①，言涉妖妄②，诏令鞫其狱③。蕴古言："好德癫病有征，法不当坐。"太宗许将宽宥，蕴古密报其旨，仍引与博戏。持书侍御史权万纪劾奏之，太宗大怒，令斩于东市。既而悔之，谓房玄龄曰："公等食人之禄，须忧人之忧，事无巨细，咸当留意。今不问则不言，见事都不谏诤，何所辅弼？如蕴古身为法官，与囚博戏，漏泄朕言，此亦罪状甚重。若据常律，未至极刑④。朕当时盛怒，即令处置，公等竟无一言，所司又不覆奏，遂即决之，岂是道理。"因诏曰："凡有死刑，虽令即决，皆须五覆奏。"五覆奏，自蕴古始也。又曰："守文定罪，或恐有冤。自今以后，门下省覆，有据法令合死而情可矜者，宜录奏闻。"

**【注释】**

① 风疾：即疯病，指神经错乱，精神失常。
② 妖妄：怪异荒诞的言语。
③ 鞫（jū）其狱：审讯，审问。
④ 极刑：泛指死刑。

**【译文】**

贞观五年，张蕴古任大理寺丞。相州有个名叫李好德的人，一向有疯癫病，讲了些荒谬狂妄的话，唐太宗叫张蕴古审讯。张蕴古说："李好德患疯癫病证据确凿，按照法律不应判罪。"太宗答应对他予以从宽处理，张蕴古私下把太宗的旨意告诉李好德，并和李好德博戏。持书侍御史权万纪弹劾张蕴古，太宗对张蕴古的行为感到十分愤怒，便下令把张蕴古在东市斩首。不久，唐太宗对自己的做法很后悔，对房玄龄说："你们吃了君主的俸禄，就要替君主分忧，事无大小，都得留心。如今我不询问，你们就不说自己的看法，看到事情都不谏诤，这怎么能称作辅弼呢？比如，张蕴古身为法官，和狱囚一起博戏，还泄露我的话，虽说罪状严重，但如果按正常的法律量处，还不至于判处死刑。我当时盛怒，立即下令处死，你们竟然不说一句话，主管部门又不复奏，就把他处决，这难道合乎道理吗？"于是下诏说："凡有死刑，虽下令立即处决，都还得五次复奏。"唐代五复奏的规定，就是从张蕴古这件事情开始的。诏令中又说："遵照律文定罪，也可能有冤。从今以后，由门下省复审，有按照法令应当处死而情有可原的，应将案情抄录奏报。"

## 【注释】

①辟：君主。
②具僚：也作"具寮"，指百官。
③无妄：意外。
④享屯：解救困厄，使困苦的人通达。
⑤荒：迷乱，放荡。这里指沉迷。
⑥牵裾：借指直言极谏。

## 【原文】

蕴古，初以贞观二年自幽州总管府记室兼直中书省，表上《大宝箴》，文义甚美，可为规诫。其词曰：

今来古往，俯察仰观；惟辟作福①，为君实难。宅普天之下，处王公之上；任土贡其所有，具僚和其所唱②。是故恐惧之心日弛，邪僻之情转放。岂知事起乎所忽，祸生乎无妄③。固以圣人受命，拯溺亨屯④；归罪于己，推恩于民。大明无偏照，至公无私亲；故以一人治天下，不以天下奉一人。礼以禁其奢，乐以防其佚。左言而右事，出警而入跸。四时调其惨舒，三光同其得失。故身为之度，而声为之律。勿谓无知，居高听卑；勿谓何害，积小成大。乐不可极，极乐成哀；欲不可纵，纵欲成灾。壮九重于内，所居不过容膝；彼昏不知，瑶其台而琼其室。罗八珍于前，所食不过适口；惟狂罔念，丘其糟而池其酒。勿内荒于色⑤，勿外荒于禽；勿贵难得之货，勿听亡国之音。内荒伐人性，外荒荡人心；难得之物侈，亡国之声淫。勿谓我尊而傲贤侮士，勿谓我智而拒谏矜己。闻之夏后，据馈频起；亦有魏帝，牵裾不止⑥。安彼反侧，如春阳秋露；巍巍荡荡，推汉高大度。抚兹庶事，如履薄临深；战战栗栗，用周文小心。

## 【译文】

张蕴古在贞观二年任幽州总管府记室兼中书省之职，他向唐太宗呈上了《大宝箴》一文，文辞华美，道理深刻，是一篇规诫朝政的好文章。内容如下：

古往今来，君主都要为民造福，做君主的确不易。普天之下莫非王土，率土之滨莫非王臣；因此国君容易丢掉戒备之心，滋生放纵之情。岂知福兮祸所伏，世事无常。所以圣人顺应天意，拯济苍生；虚怀若谷，以民为本。"大道之行，天下为公。"君主以一己之躯侍奉天下，不以天下百姓侍奉一身。用礼教防止奢靡，让感官之娱得到约束。左右史官，记录君主的言行，以牢记君王应有的规范。四季调节他的忧愁快乐，日月星三光共享他的得失。君王是天下人的楷模。不以臣下为无知，身居高位而能倾听下面的呼声；不可掉以轻心，让小小的过失酿成难以挽回的灾难。快乐不可过度，过度则转喜为悲；欲望不可放纵，放纵则成为祸患。君王居住在琼楼玉宇，何等华丽，其实尺幅之地就可以容身。山珍海味任由享用，其实食物只要合口就已很好了。桀、纣的酒池可以行船，糟堤长达十里，极尽享乐之能事。不要沉溺于女色和打猎，不以奇珍异宝为贵，不听让人堕落的音乐。在内沉迷于女色会戕害人性，在外热衷于游猎就会扰乱人心；难得的财宝奢靡，亡国之音淫泆。不要倨傲、轻视贤才，不要认为自己富有智能而拒绝忠言。听说夏禹吃饭时还频繁站起来为国事操劳；魏文帝欲迁冀州百姓十万户填充河南，辛毗拉着他的衣服，苦苦劝阻。安定那些心怀猜疑的人，要像春天的阳光、秋天的露水那样温和；古代宽厚仁慈的君王，汉高祖可为典范。他处理政事像周文王一样小心谨慎，如履薄冰。

## 【原文】

《诗》云："不识不知。"《书》曰："无偏无党。"一彼此于胸臆，捐好恶于心想。众弃而后加刑，众悦而后命赏。弱其强而治其乱，伸其屈而直其枉。故曰：如衡如石，不定物以数，物之悬者，轻重自见；如水如镜，不示物以形，物之鉴者，妍蚩①自生。勿浑浑而浊，勿皎皎而清；勿汶汶而暗②，勿察察而明。虽冕旒蔽目而视于未形③，虽黈纩塞耳而听于无声④。纵心乎湛然之域，游神于至道之精。扣之者，应洪纤而效响⑤；酌之者，随浅深而皆盈。故曰：天之清，地之宁，王之贞。四时不言而代序，万物

## 【注释】

①妍蚩：也作"妍媸"，美好和丑恶。

②汶汶：昏暗不明的样子。

③冕旒（liú）：古代大夫以上的礼冠。

④黈纩（tǒukuàng）：黄绵所制的小球。

⑤洪纤：大小，巨细。

⑥戡（kān）：指用军队平定叛乱。
⑦金镜：比喻显明的正道。
⑧争臣：即"诤臣"，谏诤之臣。

无为而受成。岂知帝有其力，而天下和平。吾王拨乱，戡以智力⑥；人惧其威，未怀其德。我皇抚运，扇以淳风；民怀其始，未保其终。爰述金镜⑦，穷神尽性。使人以心，应言以行。苞括理体，抑扬辞令。天下为公，一人有庆。开罗起祝，援琴命诗；一日二日，念兹在兹。惟人所召，自天祐之。争臣司直⑧，敢告前疑。

太宗嘉之，赐帛三百段，仍授以大理寺丞。

【译义】

《诗经》写道："不去认识就不会了解。"《尚书》说："不偏私，不结党，为君之道光明正大。"必须一视同仁，不随意流露好恶之情。众人指责的人就加以处罚，众人赞赏的人就实行赏赐。削弱强暴的势力去治理混乱，伸张正义去纠正冤案。所以说，就像秤和石一样，它并不能确定物品的重量，但物品悬挂后便会显示出重量；就像清水和铜镜，它并不能显示物体的形状，但物体影照其内，美丑就会得以显现。不以混沌不清为污浊，不以洁白无尘为清明；不以昏暗不明为愚昧，不以苛察为精明。虽然帽子上的旒可遮住双目，但能视物于未形成之际；虽然黈纩挡住双耳，却能听声于尚无音响之时。一颗心驰骋于清纯明澈之境，精神遨游于大道精华之中。敲击物品的轻重不同，便会有相应的回响；盛酒的器皿随酒杯的深浅各自盈满。所以说：天有道则清明，地有道则安宁，君王有道则天下公正。一年四季默默地交替轮转，万物无所作为而自然天成，哪还需要帝王征战南北，才会天下太平。陛下崛起于乱世，凭借智能和武功，挫败群雄。现在，百姓只惧怕您的神威，还没有感激您的恩德。

陛下顺应天意，使浇薄的民风转为淳朴；百姓感念良好的开端，但没有保持到最后。于是陈述清明治道，希望陛下能洞察一切。用诚心役使百姓，用行动应答语言。要包容治国之体，要损益言辞诏令。天下为公，皇帝有善行嘉言。像商汤一样网开一面祝祷神灵，如舜帝一样操琴歌诗；每天都能对这些事念念不忘。灾祸是人招致的，幸福要靠天的保佑。群臣要敢于直言进谏，斗胆献上前面的疑问。

唐太宗看后很是赞许，赐给他丝帛三百段，加封他为大理寺丞。

**【原文】**

贞观五年，诏曰："在京诸司，比来奏决死囚，虽云三覆，一日即了，都未暇审思，五奏何益？纵有追悔，又无所及。自今后，在京诸司奏决死囚，宜二日中五覆奏，天下诸州三覆奏。"又手诏敕曰①："比来有司断狱，多据律文，虽情在可矜而不敢违法，守文定罪，或恐有冤。自今门下省复有据法合死，而情在可矜者，宜录状奏闻。"

**【注释】**

① 敕：告诫。

**【译文】**

贞观五年，唐太宗下诏说："国家规定判处某人死刑必须经过三次审理，而现在京城的各个官府衙门，奏请判处死刑，一般来说在一天内就决定了，都没有经过片刻思考审核，如此，即使复奏五次又有什么用呢？这样做的话，即便事后有所反悔，也无可挽救了。从今以后，京城的官府判决死罪，必须在两日内经过五次上奏审核，京城外的，必须经过三次上奏审核。"不久，又亲自手谕下诏说："过去有关部门判处案子，大都根据法律条文办事，有时候虽情有可原但又不敢违反律令，如果死守条款，恐怕会产生很多冤假错案。从今以后，门下省如果发现根据法令该判处死罪而情有可原的案子，应该写成状子上奏再审。"

**【原文】**

贞观九年，盐泽道行军总管、岷州都督高甑生坐违李靖节度，又诬告靖谋逆，减死徙边①。时有上言者曰："甑生旧秦府功臣，请宽其过。"太宗曰："虽是藩邸旧劳，诚不可忘。然理国守法，事须画一，今若赦之，便开侥幸之路。且国家建义太原、元从及征战有功者甚众②，若甑生获免，谁不觊觎？有功之人，皆须犯法。我所以必不赦者，正为此也。"

**【注释】**

① 减死徙边：从死刑减到流放边远地区。
② 元：通"原"，原来。

## 【译文】

贞观九年,盐泽道行军总管、岷州都督高甑生由于违抗李靖的节制调度,还诬告李靖谋反,被判死罪,后减免死罪流放到边远地方。当时有人上疏为他求情说:"高甑生是当年秦王府的功臣,请求陛下宽免他的过错。"唐太宗说:"他过去曾在秦王府出过力,确实不应该忘记。但是治国守法,必须统一,今天如果赦免他,就开了侥幸之路。而且当初起兵太原,参加作战的人很多,如果高甑生得以免罪,那么谁会不存侥幸之想呢?有功的人,都会依仗功劳犯法作乱。我决定不予赦免,正是这个缘故。"

## 【原文】

贞观十一年,特进魏徵上疏曰:

臣闻《书》曰:"明德慎罚""惟刑恤哉"①!《礼》云:"为上易事,为下易知,则刑不烦矣。上人疑则百姓惑,下难知则君长劳矣。"夫上易事,则下易知,君长不劳,百姓不惑。故君有一德,臣无二心,上播忠厚之诚,下竭股肱之力,然后太平之基不坠,"康哉"之咏斯起。当今道被华戎,功高宇宙,无思不服,无远不臻②。然言尚于简文③,志在于明察,刑赏之用,有所未尽。夫刑赏之本,在乎劝善而惩恶,帝王之所以与天下为画一,不以贵贱亲疏而轻重者也。今之刑赏,未必尽然。或屈伸在乎好恶,或轻重由乎喜怒。遇喜则矜其情于法中,逢怒则求其罪于事外④。所好则钻皮出其毛羽,所恶则洗垢求其瘢痕。瘢痕可求,则刑斯滥矣;毛羽可出,则赏因谬矣。刑滥则小人道长,赏谬则君子道消。小人之恶不惩,君子之善不劝,而望治安刑措,非所闻也。

## 【注释】

①恤:怜悯,体恤。
②臻:至,达到。
③简文:选择美好的文辞。简,通"柬",选择。
④事外:节外生枝。

## 【译文】

贞观十一年,魏徵上疏说:

我看见《尚书》上说:"申明道理,谨慎刑罚""国家应该根据实际情况,从轻量刑"。《礼记》说:"国君勤于政务,臣下能够反映国情,刑罚就不会烦琐。如果国君和臣子之间互相怀疑,那么老百姓就会疑惑。因此只要君王有君道,臣子无二心,君王广施仁厚之德,臣下力效辅佐之劳,那么天下就可永享太平了。当今国泰民安,但刑罚上仍有美中不足之处。赏罚的根本目的在于提倡善良、铲除邪恶,因此,帝王必须统一奖惩贵贱亲疏之别。而如今,官府根据自己一时的喜怒好恶判处案子的事例屡见不鲜。如果官员自己高兴,就不顾法令网开一面;如果自己发怒,就不分青红皂白严惩不贷。这样下去将造成滥施刑罚,对国家极其不利。如果滥用刑罚,就会助长小人的丑恶行径;赏赐失实,也会使正人君子失去信心。这样,不仅小人的恶迹无法铲除,而且君子的美德无法弘扬。如果这样做还指望国家秩序井然,赏罚得法,是万万不可能的。"

## 【原文】

　　且夫暇豫清谈,皆敦尚于孔、老;威怒所至,则取法于申、韩。直道而行,非无三黜①,危人自安,盖亦多矣。故道德之旨未弘,刻薄之风已扇②。夫刻薄既扇,则下生百端,人竞趋时,则宪章不一③。稽之王度④,实亏君道。昔州犁上下其手,楚国之法遂差;张汤轻重其心,汉朝之刑以弊。以人臣之颇僻⑤,犹莫能申其欺罔,况人君之高下,将何以措其手足乎?以睿圣之聪明,无幽微而不烛⑥,岂神有所不达,智有所不通哉?安其所安,不以恤刑为念;乐其所乐,遂忘先笑之变。祸福相倚,吉凶同域,惟人所召,安可不思?顷者责罚稍多,威怒微厉,或以供帐不赡⑦,或以营作差违⑧,或以物不称心,或以人不从命,皆非致治之所急,实恐骄奢之攸渐⑨。是知"贵不与骄期而骄自至,富不与侈期而侈自来",非徒语也。

## 【注释】

①三黜:指多次被罢官。形容宦途不顺。
②扇:通"煽"。这里指旺盛。
③宪章:典章制度。
④稽:考核,衡量。
⑤颇僻:邪佞,不正。
⑥烛:照耀。引申为察见。
⑦赡:充足。
⑧差违:差异,差别,不同之处。
⑨攸:所。

## 【译文】

　　古代谈论清静无为、仁义道德,都崇尚老子、孔子,谈论刑罚赏赐,就取法于申不害、韩非子。刑罚过多,百姓就会人人自危,这不仅不会有助于道德,反而会使刻薄之风愈演愈烈,百姓中会滋生出许多事端,如果人人趋炎附势,就难免使法律不统一,这对国家是极其有害的。以前,州犁审判,自行操作,楚国的法律就败坏了;张汤审判,轻重由心,汉朝刑法,弊端丛生。

臣子的邪僻不正，尚且不能揭露其欺骗蒙蔽，何况君主对国法的肆意运用呢？那些百姓必将不知道如何是好了。帝王应有圣明的智能，明察秋毫，幽暗隐微处无不看得清清楚楚，难道连圣人都无法避免有所遗漏吗？君王应该安百姓所安，不要只存惩罚之念；乐百姓所乐，避免犯与古人同样的过失。祸福相倚，吉凶互存，关键要看一个人如何选择，滥施刑罚的危害如此之大，怎能不慎重呢？如果稍不顺心，就严加处罚，或者是因为供奉不足，或者因为营建的工程违背了命令，或者因为进贡的物品不称心如意，或者因为没有听从命令，这些都非关系国计民生的大事，但长此以往，恐怕会使骄奢放纵之情滋生蔓延。所以"尊贵之后，虽非有意骄横，可骄横自然会产生；富裕之后，虽不刻意奢侈，而奢侈自然会滋生"，这句话真有道理啊。

【注释】

① 况：比况。士马：指军队。

② 鲜：少。

【原文】

且我之所代，实在有隋。隋氏乱亡之源，圣明之所临照。以隋氏之府藏譬今日之资储，以隋氏之甲兵况当今之士马①，以隋氏之户口校今时之百姓，度长比大，曾何等级？然隋氏以富强而丧败，动之也；我以贫寡而安宁，静之也。静之则安，动之则乱，人皆知之，非隐而难见也，非微而难察也。然鲜蹈平易之途②，多遵覆车之辙，何哉？在于安不思危、治不念乱、存不虑亡之所致也。昔隋氏之未乱，自谓必无乱；隋氏之未亡，自谓必不亡，所以甲兵屡动，徭役不息，至于将受戮辱，竟未悟其灭亡之所由也，可不哀哉！

【译文】

并且，大唐继隋代之后兴起，隋亡之鉴，不可不引以为戒。隋代官府的库存，士兵的人数，民间的户籍，比起大唐，不在其下。然而隋代因富强而灭亡了，为什么呢？是"动"的缘故。我们因为贫穷而安宁，为什么呢？是"静"的缘故。静能安宁，动容易产生动乱，这是人人皆知的道理，并非什么深奥的大论。然而，历代君王很少有人采取安全的治国途径，更多的是重蹈前国灭亡的覆辙，为什么呢？因为他们居安不思危，国家稳定却不存忧患之思。过去隋代在灭亡之前,认为自己会太平永驻,所以穷兵黩武,徭役不断,隋炀帝在受辱死亡之前,都没能悟出灭亡的原因,怎么不让人悲哀呢?

## 【原文】

夫鉴形之美恶,必就于止水;鉴国之安危,必取于亡国。故《诗》曰:"殷鉴不远,在夏后之世。"又曰:"伐柯伐柯,其则不远。"臣愿当今之动静,必思隋氏以为殷鉴,则存亡治乱,可得而知。若能思其所以危,则安矣;思其所以乱,则治矣;思其所以亡,则存矣。知存亡之所在,节嗜欲以从人,省游畋之娱,息靡丽之作①,罢不急之务,慎偏听之怒。近忠厚,远便佞,杜悦耳之邪说,甘苦口之忠言。去易进之人,贱难得之货②,采尧舜之诽谤,追禹汤之罪己③,惜十家之产,顺百姓之心。近取诸身,恕以待物,思劳谦以受益④,不自满以招损。有动则庶类以和,出言而千里斯应,超上德于前载,树风声于后昆⑤。此圣哲之宏规,而帝王之大业,能事斯毕,在乎慎守而已。

## 【注释】

① 靡丽:奢侈华丽。
② 贱:轻视。
③ 罪己:引咎自责。
④ 劳谦:勤勉谦虚。
⑤ 后昆:后代。

## 【译文】

要照见事物的美丑,必须依赖静止的水面;欲知国家的安危,必须以灭亡的国家为鉴。所以《诗经》上说:"商朝灭亡的教训还不远,它是在夏朝之后亡国的。"又说:"砍斧柄,砍斧柄,它的式样就在眼前。"这些比喻是很深刻的,希望陛下以隋亡为警诫,明察当今天下的动静治乱,那么就可以知道国家存亡的道理。如果能知道隋危亡的原因,那么国家就可获得安定;如果能思考隋朝之所以混乱,那么国家就能得以治理了;如果能思考隋朝之所以灭亡,那么国家就能得以保全了。知道了存亡的关键所在,陛下要克制自己的嗜欲和打猎的乐趣,不营造奢侈华丽的宫室,不做不紧急的事情,不偏听。要接近忠厚的臣子,疏远奸邪之人。罢去苟且取进的人,看轻难以得到的宝物,学习大禹、商汤善于自责,顺从民意,关心百姓。就近从自身做起,宽以待人,知道勤劳谦逊使人获益,骄傲自满招来祸害。国家如有动荡,就要使它归于祥和,圣旨一出,就要让千里之外的百姓都响应臣服。陛下要超过前哲,彪炳后人,成就千古大帝的宏伟事业,关键就在于慎守。

【注释】
① 畴昔:往昔,从前。
② 称:相当,匹敌。

【原文】
夫守之则易,取之实难。既能得其所以难,岂不能保其所以易?其或保之不固,则骄奢淫泆动之也。慎终如始,可不勉欤!《易》曰:"君子安不忘危,存不忘亡,治不忘乱,是以身安而国家可保也。"诚哉斯言,不可以不深察也。伏惟陛下欲善之志,不减于昔时,闻过必改,少亏于曩日。若以当今之无事,行畴昔之恭俭①,则尽善尽美矣,固无得而称焉②。

太宗深嘉而纳用。

【译文】
常言道,守成容易,创业难。如今创业的艰辛已成过去,容易的事情反而做不好吗?如果江山不稳固,肯定是因为骄奢淫逸造成的。因此,对于慎始慎终,怎能不加以重视呢?《周易》上写道:"君子应安不忘危,存不忘亡,治不忘乱,所以君子自己安定了,那么国家也就太平了。"这话说得好,真发人深省。希望陛下能一如既往地为民造福,闻过必改。如果能保持住现在的太平和过去恭谨节俭的美德,那么就尽善尽美了。

唐太宗对他的意见非常赞赏,并接纳了他的忠言。

【注释】
① 从坐:连坐。因别人犯罪牵连而受处罚。
② 科罪:定罪。

【原文】
贞观十四年,戴州刺史贾崇以所部有犯十恶者,被刺史劾奏。太宗谓侍臣曰:"昔陶唐大圣,柳下惠大贤,其子丹朱甚不肖,其弟盗跖为巨恶。夫以圣贤之训,父子兄弟之亲,尚不能使陶染变革,去恶从善。今遣刺史,化被下人,咸归善道,岂可得也?若令缘此皆被贬降,或恐递相掩蔽,罪人斯失。诸州有犯十恶者,刺史不须从坐①,但令明加纠访科罪②,庶可肃清奸恶。"

【译文】
贞观十四年,戴州刺史贾崇因为他管辖的部门有人犯了十种罪过,被刺史上奏弹劾。唐太宗对侍臣说:"过去唐尧是圣明君王,他的儿子丹朱却很不成才;柳下惠是天下的大贤人,他的弟弟盗跖却是一个大盗。圣德贤能这些品质,在父子兄弟之间尚且不能相互影响感染,以达到去恶从善的目的。可以想象,现在朝廷派遣刺史,教化百姓,却要使所有的人都弃恶从善,肯定是不可能的。如果因为下人有罪就贬官定罪,恐怕下面会相互包庇掩饰,使真正的罪人逃脱法网。各州有犯了十条罪过的人,刺史不应该受到株连,只需让有关部门严加审查,真正肃清奸邪。"

#### 【原文】

贞观十六年,太宗谓大理卿孙伏伽曰:"夫作甲者欲其坚,恐人之伤;作箭者欲其锐,恐人不伤。何则?各有司存①,利在称职故也。朕尝问法官刑罚轻重,每称法网宽于往代,仍恐主狱之司,利在杀人,危人自达②,以钓声价。今之所忧,正在此耳!深宜禁止,务在宽平。"

#### 【译文】

贞观十六年,唐太宗对大理卿孙伏伽说:"做铠甲的人千方百计使铠甲坚固,唯恐被人击伤;造箭的人希望箭头尖锐,唯恐不能将人射伤。为什么呢?他们只是各司其职,都希望自己称职而已。我常询问司法部门刑罚的轻重情况,他们都说刑罚比前代宽大,但我仍然害怕主管刑罚的部门只知杀人以扩大他们的声威。现在我所忧虑的正在这里啊!所以我经常在想,刑法不应太苛刻,应该宽大公平。"

#### 【注释】

① 司存:执掌,职责。
② 自达:使自己显达。

## 赦令第三十二

**【原文】**

贞观七年,太宗谓侍臣曰:"天下愚人者多,智人者少,智者不肯为恶,愚人好犯宪章。凡赦宥之恩①,惟及不轨之辈。古语云:'小人之幸,君子之不幸。''一岁再赦,善人喑哑②。'凡'养稂莠者伤禾稼③,惠奸宄者贼良人④',昔'文王作罚,刑兹无赦'。又蜀先主尝谓诸葛亮曰:'吾周旋陈元方、郑康成之间⑤,每见启告理乱之道备矣⑥,曾不语赦。'故诸葛亮理蜀十年不赦,而蜀大化。梁武帝每年数赦,卒至倾败。夫谋小仁者,大仁之贼。故我有天下已来,绝不放赦。今四海安宁,礼义兴行,非常之恩,弥不可数,将恐愚人常冀侥幸,惟欲犯法,不能改过。"

**【注释】**

①赦宥(yòu):宽恕,赦免。
②喑哑:沉默不语。
③稂莠(lángyǒu):这里比喻坏人。
④奸宄(guǐ):也作"奸轨",指违法作乱的人。
⑤周旋:引申为交际应酬。
⑥启告:启奏,告知。

**【译文】**

贞观七年,唐太宗对侍从的大臣们说:"天底下无知的人多,聪明的人少,聪明人不会做坏事,无知的人却屡屡触犯法律。国家赦免宽宥的恩典,都是给那些不轨之徒设立的。古话说:'小人的幸运,就是君子的不幸。''对于国家一年两次赦免宽恕罪人,好人都不想再发表意见了。'凡是'保养稂莠之类的杂草,就会伤害到田中的禾苗,将恩惠施予奸邪的人就会伤害好人'。从前'周文王制定刑法,对触犯刑法的一概不予赦免宽恕'。还有蜀先主刘备曾对诸葛亮说:'我曾和陈元方、郑康成往来,常听到他们讲说治乱之道,他们已经讲得很齐全了,但从来不曾讲到赦宥。'因此诸葛亮治理蜀国,十年不赦,而蜀国大治。梁武帝每年几次赦宥,终于导致倾覆败亡。这种谋求小仁的做法,实际上是对大仁的损害。所以我取得天下以来,绝不颁发赦令。如今四海安宁,礼义盛行,特殊的恩典,数不胜数。我怕赦宥会使无知的人常存侥幸之心,只想犯法,而不能改正过错。"

**【注释】**

①出罪:开脱罪责。
②入罪:加重罪责。
③互文:互有歧义的条文。

**【原文】**

贞观十年，太宗谓侍臣曰："国家法令，惟须简约，不可一罪作数种条。格式既多，官人不能尽记，更生奸诈，若欲出罪即引轻条①，若欲入罪即引重条②。数变法者，实不益道理，宜令审细，毋使互文③。"

**【译文】**

贞观十年，唐太宗对侍臣说："国家的法令，一定要简约，不可以一个罪名定很多种处罚条令。条款太烦琐，官员不能够完全记清楚，反而会生出许多奸诈的事端来。如果要开脱犯人的罪名，有人就会援引从轻的处罚条款；如果要把罪名硬加到别人头上，就会从重处罚。这对国家的治安非常不利。现在，我们应该仔细审定条款，不要使各条款之间互相牵连。"

**【原文】**

贞观十一年，太宗谓侍臣曰："诏令格式①，若不常定，则人心多惑，奸诈益生。《周易》称'涣汗其大号'，言发号施令，若汗出于体，一出而不复也。《书》曰：'慎乃出令，令出惟行，弗为反。'且汉祖日不暇给②，萧何起于小吏，制法之后，犹称画一。今宜详思此义，不可轻出诏令，必须审定，以为永式。"

**【译文】**

贞观十一年，唐太宗对侍臣们说："皇帝诏书的格式，如果不固定，恐怕会使人迷惑而滋生出许多奸诈行为来。《周易》说'像出汗一样发号施令'，意思是说皇帝的诏书，像汗水流出身体，一旦发出就不可收回。《尚书》说：'谨慎地下达命令，命令一出就要坚决执行，不可反悔。'汉高祖时，国家并不富裕，萧何也是由小官起家，可制定出的律令，都整齐划一。如今我们应仔细思考这个问题，不可轻易颁发诏书，格式也一定要小心审定，让它有一个固定的形式。"

**【原文】**

长孙皇后遇疾，渐危笃①。皇太子启后曰："医药备尽，今尊

**【注释】**

①诏令：唐代法律的表现形式。

②日不暇给(jǐ)：形容事务繁忙,没有空闲。

**【注释】**

①危笃：病势危急。

②瘳(chōu)：病愈。

体不瘳<sup>②</sup>，请奏赦囚徒并度人入道，冀蒙福祐。"后曰："死生有命，非人力所加。若修福可延，吾素非为恶者；若行善无效，何福可求？赦者国之大事，佛道者，上每示存异方之教耳。常恐为理体之弊。岂以吾一妇人而乱天下法？不能依汝言。"

**【译文】**

　　长孙皇后得了重病，病入膏肓，无药可救。太子李承乾很悲伤，对母后说："现在各种药都用尽了，可是母后病体仍然不见好转，我要奏请父皇大赦天下，并且超度他们，让他们皈依佛道，希望这样做会得到上天的保佑。"长孙皇后说："死生有命，不是人力可以改变的。常言道，修养身心可以延长寿命，我本来也不是一个作恶的人；可是如果常做善事都没有用，那么求老天保佑还有什么用呢？赦免罪犯是国家的大事，佛教和道教，皇上因为它们有许多特异之处而保留它们。可是常常也担心它们会成为政体的祸端。怎么可以因为一个妇人，而乱了天下的大法呢？我不同意你的想法。"

# 贡赋第三十三

【原文】

贞观二年，太宗谓朝集使曰："任土作贡，布在前典，当州所产，则充庭实①。比闻都督、刺史邀射声名②，厥土所赋，或嫌其不善，逾境外求，更相仿效，遂以成俗。极为劳扰，宜改此弊，不得更然。"

【注释】

①庭实：陈列于朝堂的贡献物品。
②邀射：追求，牟取。

【译文】

贞观二年，唐太宗对各地来朝廷进贡的使者说："各地应根据自己的土地物产确定贡赋，以前已发布了典章制度，本州所产，就充当贡品。近来我听说有些都督、刺史追求声名，嫌本地的贡赋不好，就越境到外地寻求，各地相互仿效，竟然成为习俗，这样做会劳民伤财。应该改掉这种弊病，以后各地不得再这么做了。"

【原文】

贞观中，林邑国贡白鹦鹉①，性辩慧，尤善应答，屡有苦寒之言。太宗愍之，付其使，令还出于林薮。

【注释】

①林邑国：古国名。

【译文】

贞观年间，林邑国向唐太宗进奉了白鹦鹉，这只鹦鹉非常聪明，能说很多人话，尤其善于应答，但它在应答之时，竟然经常流露出凄苦无助的言语来。唐太宗很怜悯它，把它交给使者，让使者将它放归森林。

【原文】

贞观十二年，疏勒、朱俱波、甘棠遣使贡方物，太宗谓群臣曰："向使中国不安，日南、西域朝贡使亦何缘而至？朕何德以堪之①！睹此翻怀危惧。近代平一天下，拓定边方者，惟秦皇、

【注释】

①堪：堪当，可以承受。
②匡弼：匡正辅佐，纠正补救。

汉武。始皇暴虐，至子而亡。汉武骄奢，国祚几绝。朕提三尺剑以定四海，远夷率服，亿兆乂安，自谓不减二主也。然二主末途，皆不能自保，由是每自惧危亡，必不敢懈怠。惟藉公等直言正谏，以相匡弼②。若惟扬美隐恶，共进谀言，则国之危亡，可立而待也。"

**【译文】**

  贞观十二年，西域的疏勒、朱俱波、甘棠国派使者向唐太宗进献特产。唐太宗对各位大臣说："如果天下不安定，南方的日南、西域各国的朝贡使者怎么会源源不断进入京城呢？我何德何能，能得到这样的礼遇！近代以来，能够统一天下，拓宽疆域，安定边关的，只有秦始皇和汉武帝。但秦始皇残酷暴虐，到他儿子那一代就灭亡了。汉武帝骄纵奢侈，国运几乎被断送。我挥剑克群雄，远方异族纷纷臣服，天下太平，自认为功业不逊于这两位帝王。但是这两位帝王最后都穷途末路，不能保全自己。因此，我每天都害怕国家有危难，不敢有丝毫懈怠。只希望各位大臣直言进谏，匡扶朝纲。如果只是一味地赞美功绩，隐瞒过失，满朝都是阿谀奉承的言辞，那么国家的危亡，就近在咫尺了。

**【注释】**

①吊伐：慰问受苦的民众，讨伐有罪的统治者。
②象：效仿。
③篚（fěi）：这里指贿赂的礼物。

**【原文】**

  贞观十八年，太宗将伐高丽，其莫离支遣使贡白金。黄门侍郎褚遂良谏曰："莫离支虐杀其主，九夷所不容，陛下以之兴兵，将事吊伐①，为辽东之人报主辱之耻。古者讨弑君之贼，不受其赂。昔宋督遗鲁君以郜鼎，桓公受之于大庙，臧哀伯谏曰：'君人者将昭德塞违，今灭德立违，而置其赂器于大庙，百官象之②，又何诛焉！武王克商，迁九鼎于雒邑，义士犹或非之。而况将昭违乱之赂器，置诸大庙，其若之何？'夫《春秋》之书，百王取则。若受不臣之篚篚③，纳弑逆之朝贡，不以为愆，将何致伐？臣谓莫离支所献，自不合受。"太宗从之。

## 【译文】

贞观十八年,唐太宗将要攻打高丽,高丽官员派使者向大唐进献白金。黄门侍郎褚遂良进谏说:"莫离支杀害了他的国君,为天下所不容,陛下出兵讨伐他,吊唁他们的亡君,是为辽东的百姓洗刷国君被杀的耻辱。古人讨伐杀害君主的罪人,是不会接受罪人的贿赂的。春秋时,宋国宋戴公的孙子送给鲁桓公部国制造的鼎,鲁桓公接受了,把它放置在太庙里。鲁国大夫臧哀伯进谏说:'国君应该弘扬道德,杜绝邪恶,大王却在助长邪恶,损害道德,把受贿的物品供奉在太庙之中,文武百官如果效仿,该以何种理由处死他们呢!周武王战胜了商朝,把商朝的九鼎迁移到属地,遭到伯夷等义士的责备。更何况把犯上作乱者贿赂的器物放置在太庙里,这会产生什么样的后果呢?'《春秋》这本书,是历代国君取法的典籍。如果接受不义臣子的物品和杀君的叛臣的贡奉,却不惩罚他们,该以何种理由向他们兴师问罪呢?我认为莫离支进献的白金不可接受。"唐太宗听从了他的意见。

## 【原文】

**贞观十九年,高丽王高藏及莫离支盖苏文遣使献二美女,太宗谓其使曰:"朕悯此女离其父母兄弟于本国①,若爱其色而伤其心,我不取也。"并却还之本国②。**

## 【译文】

贞观十九年,高丽国王高藏和莫离支盖苏文派使者向唐太宗进献了两个美女,唐太宗对使者说:"我可怜这两个女子,她们离开了自己的父母兄弟,孤苦无依,如果因为爱她们的美色而使她们伤心,那我不会接受。"于是把二人送还故土。

## 【注释】

① 悯:怜恤,怜悯。
② 却:拒绝。

# 辩兴亡第三十四

**【原文】**

贞观初,太宗从容谓侍臣曰:"周武平纣之乱,以有天下;秦皇因周之衰,遂吞六国。其得天下不殊,祚运长短若此之相悬也①?"尚书右仆射萧瑀进曰:"纣为无道,天下苦之,故八百诸侯不期而会。周室微,六国无罪,秦氏专任智力,吞食诸侯。平定虽同,人情则异。"太宗曰:"不然,周既克殷,务弘仁义;秦既得志,专行诈力。非但取之有异,抑亦守之不同。祚之修短,意在兹乎!"

**【注释】**

① 祚运:福运。

**【译文】**

贞观初年,唐太宗在一次闲谈时,对侍从的大臣们说:"周武王平定了商纣王之乱,取得了天下;秦始皇乘周王室之衰微,就吞并了六国。他们取得天下没有什么不同,为什么国运长短如此悬殊呢?"尚书右仆射萧瑀进言说:"商纣王无道,天下都为他受苦,所以八百诸侯,不约而会师。周室衰微,六国无罪,秦国完全是倚仗智诈暴力,蚕食诸侯。虽然同是平定天下,人们对待他们的态度却不一样。"太宗说:"这样的说法不对,周灭商以后,一心推行仁义;秦得志以后,专门玩弄智诈暴力,它们不仅取得天下有差别,保持天下也不相同。国运之所以有长有短,道理大概就在这里吧!"

**【原文】**

贞观二年,太宗谓黄门侍郎王珪曰:"隋开皇十四年大旱,人多饥乏。是时仓库盈溢,竟不许赈给,乃令百姓逐粮①。隋文不怜百姓而惜仓库,比至末年,计天下储积,得供五六十年。炀帝恃此富饶,所以奢华无道,遂致灭亡。炀帝失国,亦此之由。凡理国者,务积于人,不在盈其仓库。古人云:'百姓不足,君孰与足?'但使仓库可备凶年②,此外何烦储蓄!后嗣若贤,自能

**【注释】**

① 逐粮:这里指在灾年百姓到有粮食的地方去逃荒。

② 凶年:灾荒年。

保其天下；如其不肖，多积仓库，徒益其奢侈，危亡之本也。"

**【译文】**

贞观二年，唐太宗对黄门侍郎王珪说："隋朝开皇十四年遇到大旱，百姓大多忍饥挨饿。当时国家粮仓贮存甚丰，可是朝廷竟不肯用粮食拯济灾民，下令让老百姓自己想办法。隋文帝不爱惜百姓却吝惜粮食，到了隋朝末年，粮仓贮存的粮食，足够五六十年之需。隋炀帝继承父业，倚仗国家富庶，所以挥霍无度，极尽奢侈之能事，终于国破家亡。对于国君，首要的任务在于涵养民生，不在于充实粮仓。古人说："老百姓不富足，国君又怎么能够富足呢？"只要仓库的贮备足以对付灾年，再多贮存粮食又有什么用呢？国君的后代如果贤明，他自然可以保住江山；如果他昏庸，即使粮食满仓，也只是助长他奢侈浪费的习气而已，他照样避免不了亡国的命运。

**【原文】**

贞观五年，太宗谓侍臣曰："天道福善祸淫，事犹影响①。昔启人亡国来奔，隋文帝不吝粟帛，大兴士众营卫安置，乃得存立。既而强富，子孙不思念报德，才至始毕，即起兵围炀帝于雁门。及隋国乱，又恃强深入，遂使昔安立其国家者，身及子孙，并为颉利兄弟之所屠戮。今颉利破亡，岂非背恩忘义所至也？"群臣咸曰："诚如圣旨！"

**【注释】**

①影响：效应。这里指应验。

**【译文】**

贞观五年，唐太宗对侍从的大臣们说："上天给善人降福、给坏人降祸，快得像影子随形、回响随声一样。当年突厥的启民可汗失国南奔，隋文帝不惜粟帛钱财，动员了大批兵士对他们进行守卫安置，使他们能够生存下来。不久突厥富强了，启民可汗的子孙却不想报答恩德。到始毕可汗时，就起兵把隋炀帝围困在雁门关。等到隋朝大乱，又恃强深入，致使当年帮助启民可汗安家立国的隋朝官员，自身和子孙都遭到了颉利可汗兄弟的屠杀。如今颉利可汗破灭了，难道不是忘恩负义的下场吗？"大臣们对唐太宗的话都非常赞同。

【原文】

贞观九年，北蕃归朝人奏①："突厥内大雪，人饥，羊马并死。中国人在彼者②，皆入山作贼，人情大恶。"太宗谓侍臣曰："观古人君，行仁义、任贤良则理；行暴乱、任小人则败。突厥所信任者，并共公等见之，略无忠正可取者。颉利复不忧百姓，恣情所为，朕以人事观之，亦何可久矣？"魏徵进曰："昔魏文侯问李克：'诸侯谁先亡？'克曰：'吴先亡。'文侯曰：'何故？'克曰：'数战数胜，数胜则主骄，数战则民疲，不亡何待？'颉利逢隋末中国丧乱，遂恃众内侵，今尚不息，此其必亡之道。"太宗深然之。

【注释】

① 北蕃：这里指北突厥国。
② 中国人：这里指汉族人。

【译文】

贞观九年，北方突厥归顺的人奏疏说："突厥境内连降大雪，百姓饥荒，羊和马都死了。住在那里的汉人都跑到山里做了山贼，民情非常动荡。"太宗对侍臣们说："观察古代的君主，实行仁义、任用贤良就能使国家得以治理；施行暴政、任用小人国家就会败亡。突厥所信任的人，和我们大家所看到的，根本没有忠诚正直的可取之处。首领颉利又不关心百姓，恣意妄为，我用人情世故来分析，他又怎么可能长久呢？"魏徵进言说："从前魏文侯询问李克：'诸侯之中谁会最先灭亡？'李克回答：'吴国先灭亡。'魏文侯问：'为什么呢？'李克说：'屡战屡胜，经常胜利君主就会骄傲，而经常发动战争就会使民生疲弊，不灭亡还等什么呢？'颉利趁着中原大乱，就倚仗自己兵强马壮入侵中原，到今天还不想息战，这就是他必然灭亡的道路。"太宗对此非常赞同。

【原文】

贞观九年，太宗谓魏徵曰："顷读周、齐史，末代亡国之主，为恶多相类也。齐主深好奢侈①，所有府库，用之略尽，乃至关市无不税敛。朕常谓此犹如馋人自食其肉，肉尽必死。人君赋敛不已，百姓既弊，其君亦亡，齐主即是也。然天元、齐主，若为

【注释】

① 齐主：齐后主高纬，北齐世祖高洋之子。

优劣？"徵对曰："二主亡国虽同，其行则别。齐主懦弱，政出多门，国无纲纪，遂至亡灭。天元性凶而强，威福在己，亡国之事，皆在其身。以此论之，齐主为劣。"

#### 【译文】

贞观九年，唐太宗对魏徵说："近来我读北周、北齐的史书，发现末代亡国的君主，所从事的坏事多数都很类似。齐主高纬非常奢侈，府库所藏，几乎都被他挥霍光了，以至于关隘市集，没有哪一处不征收赋税的。我常说，这就像嘴馋的人吃自己身上的肉一样，肉吃完了自己也就死了。君主不停地征敛赋税，百姓既已疲弊，他们的君主也就灭亡了，齐主就是这样的人。然而后周天元皇帝与齐主相比较，谁优谁劣呢？"魏徵对答说："这两个君主虽然同样亡国，但他们的做法还是有所区别的。齐主懦弱，朝廷政令不一，国家没有纲纪，以至于灭亡。天元皇帝生性凶悍好强，作威作福独断专行，国家的灭亡，都是由他一手造成的。从这方面来看，齐后主要劣一些。"

# 征伐第三十五

**【原文】**

武德九年冬，突厥颉利、突利二可汗，以其众二十万，至渭水便桥之北，遣酋帅执矢思力入朝为觇①，自张声势云："二可汗总兵百万，今已至矣。"乃请返命②。太宗谓曰："我与突厥面自和亲，汝则背之，我无所愧，何辄将兵入我畿县，自夸强盛，我当先戮尔矣！"思力惧而请命。萧瑀、封德彝等请礼而遣之。太宗曰："不然。今若放还，必谓我惧。"乃遣囚之。太宗曰："颉利闻我国家新有内难，又闻朕初即位，所以率其兵众，直至于此，谓我不敢拒之。朕若闭门自守，房必纵兵大掠。强弱之势，在今一策。朕将独出，以示轻之，且耀军容，使知必战。事出不意，乖其本图③，制服匈奴，在兹举矣。"遂单马而进，隔津与语④，颉利莫能测。俄而六军继至，颉利见军容大盛，又知思力就拘，由是大惧，请盟而退。

**【注释】**

①觇（chān）：窥探，侦察。
②返命：复命，回报。
③本图：本来的意图。
④津：渡口。这里指渭水渡口。

**【译义】**

武德九年冬天，突厥颉利、突利两首领率领二十万士兵，长驱直入到渭水便桥以北。他们派将领执矢思力入朝面见皇帝，执矢思力虚张声势地说："二位可汗一共有兵马百万之众，现在已到了京师。"唐太宗说："我已与突厥和亲，你们如今却背叛我，我无所愧疚，而你们为什么兴师京城，还自夸强盛？我要先杀了你。"执矢思力吓得胆战心惊。萧瑀、封德彝等大臣连忙劝止，建议对他以礼相待，并将他遣返回突厥。唐太宗执意不肯，说："不行，如果把他遣返，他们一定会认为我害怕了。"于是下令把他囚禁起来。唐太宗对大臣们说："颉利听说大唐最近国内有难，又欺我刚刚继位，所以率军直逼长安城下，以为我不敢抵抗。我如果关闭城门自守，他们必定大肆践踏中原。局势是强是弱，在于今日的决策。我决定单独出城，以示对他们的轻视之意，并且炫耀我们的兵力，让他们知道战争是不可避免的。出其不意，挫败他们的计划，制伏匈奴，在此一举了。"话毕，便骑马来到突厥兵驻地，隔着河对他们喊话，让颉利摸不清虚实。不久，大唐六军相继到达，颉利看到大唐兵力如此强盛，又得知执矢思力被囚禁，因而异常惊恐，于是请求签订和约，并很快撤了军。

**【原文】**

贞观初，岭南诸州奏言高州酋帅冯盎、谈殿阻兵反叛。诏将军蔺谟发江、岭数十州兵讨之①。秘书监魏徵谏曰："中国初定，疮痍未复，岭南瘴疠，山川阻深，兵远难继，疾疫或起，若不如意，悔不可追。且冯盎若反，即须及中国未宁，交结远人，分兵断险，破掠州县，署置官司。何因告来数年，兵不出境？此则反形未成，无容动众。陛下既未遣使人就彼观察，即来朝谒，恐不见明。今若遣使，分明晓谕，必不劳师旅，自致阙庭②。"太宗从之，岭表悉定。侍臣奏言："冯盎、谈殿往年恒相征伐。陛下发一单使，岭外恬然。"太宗曰："初，岭南诸州盛言盎反，朕必欲讨之，魏徵频谏，以为但怀之以德，必不讨自来。既从其计，遂得岭表无事，不劳而定，胜于十万之师。"乃赐徵绢五百匹。

**【注释】**

①蔺谟：唐太宗时为将军。

②阙庭：也作"阙廷"，皇宫。借指朝廷。

**【译文】**

贞观初年，岭南各州县上奏告发高州统帅冯盎、谈殿起兵反叛，唐太宗下诏令将军蔺谟调动江南、岭南几十个州县的士兵讨伐。秘书监魏徵进谏劝阻说："中原刚刚获得太平，天下疮痍满目。岭南地区又多瘴疠，山川险阻，士兵行军非常困难，如果流行疾病，若不严加警惕，恐怕会造成难以挽回的损失。并且，冯盎如果真的造反，必然使中原地区不得安宁，他可以勾结南蛮少数民族，分兵据守险要之地，攻城掠地，设置州府。这么多年一直都有人上奏告他叛乱，为什么却不见他的一兵一卒攻出岭南呢？既然陛下还没派使者前去查明虚实，只听岭南地方官的一面之词，就去攻打他，恐怕不明智，现在如果派人去打探，弄清真相，必然不会兴师动众，还可以使他自己上朝述职。"唐太宗接受了这个意见，于是岭南地区避免了一次战火之灾。事后，一位侍臣上奏说："冯盎和谈殿多年来一直相互作战。陛下只派了一个使者，就使岭南地区获得了太平。"唐太宗也说："当初岭南的地方官盛传冯盎要叛乱，我决心讨伐。是魏徵上书劝阻了我，认为应该采取仁德的策略，不经过战争他必定会自己来朝说明情况。我听从了他的建议，结果不动一兵一卒而岭南获得安宁，其效果真是胜过十万大军的威力啊。"于是赏赐魏徵绢五百匹。

【注释】

① 克剪：消灭。

【原文】

贞观四年，有司上言："林邑蛮国，表疏不顺，请发兵讨击之。"太宗曰："兵者，凶器，不得已而用之。故汉光武云：'每一发兵，不觉头须为白。'自古以来穷兵极武，未有不亡者也。苻坚自恃兵强，欲必吞晋室，兴兵百万，一举而亡。隋主亦必欲取高丽，频年劳役，人不胜怨，遂死于匹夫之手。至如颉利，往岁数来侵我国家，部落疲于征役，遂至灭亡。朕今见此，岂得辄即发兵？但经历山险，土多瘴疠，若我兵士疾疫，虽克剪此蛮①，亦何所补？言语之间，何足介意！"竟不讨之。

【译文】

贞观四年，有人上朝说："南蛮的林邑国，上疏的言辞不恭顺，请陛下发兵讨伐他们。"唐太宗说："出兵讨伐破坏性太大，不到万不得已不要采用。所以汉光武帝说：'每次发兵都会使我不觉间头发变白。'自古以来穷兵黩武的人，没有不自取灭亡的。苻坚自恃兵力强大，发誓要吞并晋朝，一次就出兵百万之众，结果一举而亡。隋炀帝也一定要攻破高丽，多年征战劳役不断，老百姓苦不堪言，他终于死于小人之手。至于突厥颉利，几年来他多次进犯中原，部落成员被战事弄得疲惫不堪，终于也灭亡了。有这些前车之鉴，我怎能轻易出战呢？况且到南方作战，要翻越崇山峻岭，那里又流行瘴疠，如果士兵们被传染上，即使战胜了南蛮，又于事何补呢？何况，南蛮林邑只是在言语之间流露不满，又何必太在意呢？"于是决定不讨伐林邑。

## 【原文】

贞观五年,康国请归附①。时太宗谓侍臣曰:"前代帝王,大有务广土地,以求身后之虚名,无益于身,其民甚困。假令于身有益,于百姓有损,朕必不为,况求虚名而损百姓乎?康国既来归朝,有急难不得不救;兵行万里,岂得无劳于人?若劳人求名,非朕所欲。所请归附,不须纳也。"

【注释】

①康国:即汉康居国。

## 【译文】

贞观五年,康国请求归顺,唐太宗对侍臣们说:"前代的帝王,很多都喜好疆域辽阔以求为自己博得身后的虚名,这样做既对自己无益,也使百姓劳顿不堪。如果是对自己有益,但对老百姓有害的事情,我绝不会做,何况是因为贪虚名而损害百姓的利益呢?康国如果归顺了我朝,他们有难我们就不得不援救。到那里要行军万里之遥,怎么可能不劳师动众呢?如果为求虚名而使士兵劳顿,我是不会情愿的。关于他们归顺的要求,我不接受。"

## 【原文】

贞观十四年,兵部尚书侯君集伐高昌,及师次柳谷①,候骑言②:"高昌王麹文泰死,克日将葬③,国人咸集,以二千轻骑袭之,可尽得也。"副将薛万均、姜行本皆以为然。君集曰:"天子以高昌骄慢,使吾恭行天诛。乃于墟墓间以袭其葬④,不足称武,此非问罪之师也。"遂按兵以待葬毕,然后进军,遂平其国。

【注释】

①次:驻扎。
②候骑:担任侦察巡逻任务的骑兵。
③克日:约定或限定日期。
④墟墓:坟地。

## 【译文】

贞观十四年,兵部尚书侯君集讨伐高昌,把兵士驻扎在柳谷,侦察骑兵说:"高昌王麹文泰听说大唐兵临城下,非常害怕,不知所措,不久就病发身亡。过些时候他将被安葬,高昌的国民将齐集在一起,到时候用两千骑兵去袭击,定能一举拿下。"副将薛万均、姜行本都赞同他的计策,侯君集却说:"皇上因为高昌骄傲轻慢,所以派我诛灭他们。如果趁他们国葬期间去偷袭,不足以表现大唐的威武,更不能表明我们是讨伐罪人的正义之师。"于是按兵不动,等他们葬礼结束了才出兵征讨,不久就平定了高昌。

【注释】

① 为之所:对他们进行处置。
② 婚媾(gòu):有婚姻关系的亲戚。
③ 内政:借指妻子。

【原文】

贞观十六年,太宗谓侍臣曰:"北狄世为寇乱,今延陀倔强,须早为之所①。朕熟思之,惟有二策:选徒十万,击而虏之,涤除凶丑,百年无患,此一策也。若遂其来请,与之为婚媾②。朕为苍生父母,苟可利之,岂惜一女!北狄风俗,多由内政③,亦既生子,则我外孙,不侵中国,断可知矣。以此而言,边境足得三十年来无事。举此二策,何者为先?"司空房玄龄对曰:"遭隋室大乱之后,户口太半未复,兵凶战危,圣人所慎,和亲之策,实天下幸甚。"

【译文】

贞观十六年,唐太宗对侍臣说:"北狄历来凶残,时常制造叛乱,现在薛延陀仍然很不安分,应该早日安置他们。我仔细考虑了两个策略:选派十万精兵,讨伐虏获他们,铲除凶残丑恶之徒,可确保百年没有祸患,这是一策。另外,如果满足他们的请求,与之通婚,又将怎么样呢?我乃百姓的父母,如果可以有利于天下,出嫁一个女儿又何足惜!北狄的风俗,有很多和我们相同的地方,如果有了后代,就是我的外孙,他不会侵犯中原,这是肯定的。由此可确保边境三十年太平无事。这两个计策,哪一个好呢?"司空房玄龄说:"隋末大乱之后,中原百姓死伤过半,还没恢复元气,战争是很危险残酷的,圣明的人对此都很谨慎。和亲的策略,如果能实施,实在是万民之大幸啊。"

【注释】

① 止戈为武:能平息战乱,停止使用武器,才是真正的武功。

【原文】

贞观十七年,太宗谓侍臣曰:"盖苏文弑其主而夺其国政,诚不可忍。今日国家兵力,取之不难,朕未能即动兵众,且令契丹、靺鞨搅扰之，何如？"房玄龄对曰："臣观古之列国，无不强陵弱，众暴寡。今陛下抚养苍生，将士勇锐，力有余而不取之，所谓止戈为武者也①。昔汉武帝屡伐匈奴，隋主三征辽左，人贫国败，实此之由，惟陛下详察。"太宗曰："善！"

## 【译文】

贞观十七年，唐太宗对侍臣说："盖苏文杀害了他的主子，夺取政权，是可忍，孰不可忍？现在用大唐的兵力去平定他们并不难，如果我按兵不动，命令契丹、靺鞨去搅乱他们，怎么样？"房玄龄说："我发现古代的国家，无不以强凌弱，以众克寡。现在，陛下涵养天下苍生，将士骁勇善战，国力如此强盛却不实行武攻，这是化干戈为玉帛啊。过去汉武帝多次征讨匈奴，隋炀帝三次攻打辽东，国破家亡，由此产生。只有陛下能够体察武功的危害。"唐太宗说："好！"

## 【原文】

贞观十八年，太宗以高丽莫离支贼杀其主，残虐其下，议将讨之。谏议大夫褚遂良进曰："陛下兵机神算，人莫能知。昔隋末乱离，克平寇难，及北狄侵边，西蕃失礼，陛下欲命将击之，群臣莫不苦谏，唯陛下明略独断，卒并诛夷。今闻陛下将伐高丽，意皆荧惑①。然陛下神武英声，不比周、隋之主，兵若渡辽，事须克捷②，万一不获，无以威示远方，必更发怒，再动兵众。若至于此，安危难测。"太宗然之。

【注释】

①荧惑：也作"营惑"，迷惑，眩惑。

②克捷：能取得胜利。

## 【译文】

贞观十八年，唐太宗因为高丽国的莫离支弑杀君主，残暴地对待下属，所以和众大臣商议讨伐。谏议大夫褚遂良进谏说："陛下神机妙算，平庸的人不能了解您的谋略。过去隋末天下纷争，陛下平定了寇难，以及北狄对边境的侵犯。西方少数民族对大唐失礼，陛下要出兵打击，臣子们没有谁不苦苦劝阻。只有陛下圣明，远见卓识，一一铲除了异族。现在听说陛下要讨伐高丽，我感到很疑惑。然而陛下英明神勇，是周代、隋代的君主无法相比的。可是,士兵们一旦渡过辽河,必须速战速决,万一有点闪失,不仅无法向远方异族显示朝廷的神威,我们还必须再度兴师动众,发动战争。如果到了这种地步,国家的安危就难以预料了。"唐太宗认为他的话很有道理。

【注释】

① 傥:通"倘",倘若。

【原文】

贞观十九年,太宗将亲征高丽,开府仪同三司尉迟敬德奏言:"车驾若自往辽左,皇太子又监国定州,东西二京,府库所在,虽有镇守,终是空虚,辽东路遥,恐有玄感之变。且边隅小国,不足亲劳万乘。若克胜,不足为武,傥不胜①,翻为所笑。伏请委之良将,自可应时摧灭。"太宗虽不从其谏,而识者是之。

【译文】

贞观十九年,唐太宗将出征高丽,开府仪同三司尉迟敬德上奏说:"陛下如果亲征辽东,皇太子现在又在定州监国,东西两个京城是官府、兵库所在,虽然有兵士把守,但终归很空虚,辽东又路途遥远,恐怕会出现隋炀帝亲征高丽时,杨玄感趁机起兵围攻东都的变故。并且,高丽乃边远的小国,何劳陛下亲自征讨。如果取胜,也不足以显示大唐的神勇,倘若失败,岂不贻笑世人?我请求陛下委派良将去征讨,自然可将他们摧毁。"唐太宗没有采纳他的意见,但是他的建议赢得了当朝一些有识之士的赞许。

【注释】

① 济:渡,过河。
② 佥(jiān):都,皆。
③ 舆驾:黄帝乘坐的车驾。借指皇帝。

【原文】

礼部尚书江夏王道宗从太宗征高丽,诏道宗与李勣为前锋,及济辽水克盖牟城①,逢贼兵大至,军中佥欲深沟保险②,待太宗至,徐进。道宗议曰:"不可。贼赴急远来,兵实疲顿,恃众轻我,一战可摧。昔耿弇不以贼遗君父,我既职在前军,当须清道以待舆驾③。"李勣大然其议。乃率骁勇数百骑,直冲贼阵,左右出入,勣因合击,大破之。太宗至,深加赏劳。道宗在阵损足,帝亲为针灸,赐以御膳。

**【译文】**

　　礼部尚书江夏人王道宗跟随唐太宗征伐高丽,唐太宗命王道宗和李勣为先锋。他们渡过辽水,攻克了盖州之后,敌军大举进攻,军中有人建议挖深沟以求保险,等唐太宗到了,再慢慢攻打他们。王道宗坚决反对,说:"不行。敌军远道而来,士兵已经疲惫不堪了,他们倚仗人马多,所以轻视我们。其实,一次战斗就可以摧毁他们。汉时,耿弇不把敌军留给汉光武帝处置。我们既然是先锋,就应当清除敌人,为陛下开路,等待他的到来。"李勣非常赞同他的意见。于是王道宗率领几百名骁勇善战的骑兵,径向敌人的阵地冲去,加上李勣的接应,左右出击,大败敌军。唐太宗不久赶来,对他们大加赞赏和犒劳。王道宗在战役中伤了脚,唐太宗亲自替他针灸治疗,还赐给他御膳。

**【原文】**

　　太宗《帝范》曰:"夫兵甲者,国家凶器也。土地虽广,好战则人凋;中国虽安,忘战则人(民)殆。凋非保全之术,殆非拟寇之方①,不可以全除,不可以常用。故农隙讲武,习威仪也;三年治兵,辨等列也。是以勾践轼蛙,卒成霸业;徐偃弃武,终以丧邦。何也?越习其威,徐忘其备也。孔子曰:'以不教人战,是谓弃之。'故知弧矢之威,以利天下,此用兵之职也。"

**【注释】**

①拟寇:御寇。

**【译文】**

　　唐太宗在他的《帝范》一书里写道:"武器、铠甲是国家的凶器。即便疆域辽阔,穷兵黩武也会使民生凋敝;中原虽然平静,但忽略战备百姓就会懈怠。民生凋敝不是保全国家的办法,懈怠更不是御敌的策略。武装既不可完全解除,又不可经常使用。因此百姓农闲时,应讲习武艺,以彰显大唐的威仪;三年练兵,以辨别等级位次。所以越王勾践为雪亡国之耻,每次见到青蛙,都要下车跪拜,他说:'即便是青蛙也有一腔怒气啊。'他礼敬怒蛙,终于成其霸业。徐偃放弃武功,依赖文德,后来周穆命令楚侯将他灭掉。这是为什么呢？就是因为越王加强武功，徐偃忘记战备。孔子说：'不教民战事，是自我放弃，将国家拱手让给别人。'因此，即便是一支箭的威力，也会有利于天下，这就是用兵的作用。"

## 【注释】

① 清谧（mì）：清静安宁。

② 不戢（jí）：不停止战争。

③ 覃：延伸。

④ 鸱张：比喻嚣张，凶暴。

⑤ 叛涣：也作"叛换"，凶暴跋扈。

⑥ 首鼠：踌躇，迟疑不决。

⑦ 逋（bū）诛：逃避诛罚。

⑧ 宿耻：旧耻，积年的耻辱。

## 【原文】

贞观二十二年，太宗将重讨高丽。是时，房玄龄寝疾增剧，顾谓诸子曰："当今天下清谧①，咸得其宜，惟欲东讨高丽，主为国害。吾知而不言，可谓衔恨入地。"遂上表谏曰：

臣闻兵恶不戢②，武贵止戈。当今圣化所覃③，无远不暨。上古所不臣者，陛下皆能臣之；所不制者，皆能制之。详观古今，为中国患害，无过突厥。遂能坐运神策，不下殿堂，大小可汗，相次束手，分典禁卫，执戟行间。其后延陀鸱张④，寻就夷灭，铁勒慕义，请置州县，沙漠已北，万里无尘。至如高昌叛涣于流沙⑤，吐浑首鼠于积石⑥，偏师薄伐，俱从平荡。高丽历代逋诛⑦，莫能讨击。陛下责其逆乱，杀主虐人，亲总六军，问罪辽、碣。未经旬日，即拔辽东，前后虏获，数十万计，分配诸州，无处不满。雪往代之宿耻⑧，掩崤陵之枯骨，比功校德，万倍前王。此圣主所自知，微臣安敢备说。

## 【译文】

贞观二十二年，唐太宗将再次征讨高丽，这时，大臣房玄龄的病越来越重，他回头对孩子说："当今天下太平无事，每个人都各得其所，陛下却要讨伐高丽，这是老百姓的隐患。我如果知道它的危害却不指出来，就会抱恨终生。"于是上疏唐太宗：

我听说战争的可怕之处在于不能止息，而武力贵在消歇。当今，皇上的恩德泽被四方，无所不及。古代不能臣服的异族，陛下都使他们归顺了；古代不能够攻克的国家，陛下无不所向披靡。纵观历史，成为中原祸患的，首推突厥，而陛下能运筹帷幄，不下朝堂，就使突厥大小可汗俯首称臣。后来薛延陀嚣张不臣，也败于大唐的神威之下，原属薛延陀统治的铁勒讲求信义，于是朝廷在那里设置州县。大漠以北，再也没有战争的尘烟。至于高昌在流沙的叛乱，吐浑在积石进退不定，陛下只派遣了一个偏师，就将他们一一平定。高丽人历代逃避征讨，没有谁可以征服。陛下怪罪他们谋反作乱、杀死国君、鱼肉百姓，亲自统率六军，进伐辽东，向他们兴师问罪。不过一旬，就攻克辽东，前后俘虏的敌军，达到十万之多，把他们发配到各州充军，都人满为患。昔日隋炀帝征讨高丽，屡次出兵都无功而返，成为中原政权的奇耻大辱；晋大败秦于殽，后来秦伯挥师晋都，洗雪了深仇大恨。与古代帝王的功德相比，陛下胜过他们何止万倍。这是众人皆知的，我不必多说。

## 【原文】

且陛下仁风被于率土，孝德彰于配天。睹夷狄之将亡，则指期数岁；授将帅之节度，则决机万里。屈指而候驿，视景而望书①，符应若神，算无遗策②。擢将于行伍之中，取士于凡庸之末。远夷单使，一见不忘；小臣之名，未尝再问。箭穿七札，弓贯六钧。加以留情坟典，属意篇什，笔迈钟、张，词穷贾、马。文锋既振，则宫徵自谐③；轻翰暂飞，则花葩竞发。抚万姓以慈，遇群臣以礼。褒秋毫之善，解吞舟之网。逆耳之谏必听，肤受之愬斯绝④。好生之德，禁障塞于江湖；恶杀之仁，息鼓刀于屠肆。凫鹤荷稻粱之惠，犬马蒙帷盖之恩。降尊吮思摩之疮，登堂临魏徵之枢。哭战亡之卒，则哀动六军；负填道之薪，则情感天地。重黔黎之大命⑤，特尽心于庶狱。臣心识昏愦⑥，岂足论圣功之深远，谈天德之高大哉？陛下兼众美而有之，靡不备具，微臣深为陛下惜之重之，爱之宝之。

## 【注释】

①景：日影。

②遗策：失策，失算。

③宫徵（zhǐ）：泛指声调。

④肤受之愬：指谗言。肤受，浮泛不实的言语。

⑤黔黎：指百姓。

⑥昏愦（kuì）：愚昧，糊涂。

## 【译文】

陛下仁德散布四方，在夷狄等少数民族聚居地设立了节度使。因此，即便在万里之遥的边关也能决断军务。陛下决策于万里之外，却能稳操胜券。在士兵中提拔将士，在凡夫中选择俊才。即使是远方异族的一个使者，陛下也能过目不忘，更何况一个小官的名字，陛下只要询问一次就能记牢。陛下一箭可以射穿七札，六钧重的弓可以一下拉满，加之陛下喜欢阅读古代典籍，著述文章，书法超过钟繇、张芝，文笔胜过贾谊、司马相如。陛下文风劲健，做文章自然文采飞扬，下笔如神。陛下对百姓仁慈宽厚，对群臣注重礼数，能倾听逆耳的忠言，好生恶杀，禁止过度捕杀鱼类和牲畜，恩德普及自然万物。陛下不惜屈尊，亲自为被流箭射伤的大将军李思摩吮血，亲自到魏徵的灵堂祭拜，为战争中牺牲的将士痛哭，哀恸之情震动六军。还亲自背柴填充道路，此情足以感动天地。陛下重视黎民的生命，对百姓监狱的管理尤其尽心。我心智愚钝，有何资格谈论陛下的大恩大德、大仁大义？只是略表自己的无限爱戴崇敬之情罢了。

【注释】

①阔略：宽容简略。

②辌（wèi）车：也作"櫕车"，运载灵柩的车子。

③摧心：极度伤心。

【原文】

　　《周易》曰："知进而不知退，知存而不知亡，知得而不知丧。"又曰："知进退存亡，而不失其正者，其惟圣人乎！"由此言之，进有退之义，存有亡之机，得有丧之理，老臣所以为陛下惜者，盖谓此也。《老子》曰："知足不辱，知止不殆。"臣谓陛下威名功德，亦可足矣；拓地开疆，亦可止矣。彼高丽者，边夷贱类，不足待以仁义，不可责以常理。古来以鱼鳖畜之，宜从阔略①。必欲绝其种类，深恐兽穷则搏。且陛下每决死囚，必令三覆五奏，进素食，停音乐者，盖以人命所重，感动圣慈也。况今兵士之徒，无一罪戾，无故驱之于战阵之间，委之于锋刃之下，使肝脑涂地，魂魄无归，令其老父孤儿、寡妻慈母，望辌车而掩泣②，抱枯骨而摧心③，足以变动阴阳，感伤和气，实天下之冤痛也。且兵，凶器；战，危事，不得已而用之。向使高丽违失臣节，而陛下诛之可也；侵扰百姓，而陛下灭之可也；久长能为中国患，而陛下除之可也。有一于此，虽日杀万夫，不足为愧。今无此三条，坐烦中国，内为旧主雪怨，外为新罗报仇，岂非所存者小，所损者大？

【译文】

　　《周易》上写道："知道前进也应知道后退，知道生存也应知道死亡，知道获得也应知道失去。"还写道："知道前进和后退、生存和死亡的道理，而不失分寸尺度的，只有圣人啊。"因此，前进之中包含着后退的因素，生存之中隐藏着死亡的阴影，获得之中存在着失去的可能，我为陛下担忧的原因，正在于此。《老子》说："知道满足就不会遇到耻辱，知道停止就不会困顿。"我认为，陛下的威名功德，已经很高了，开拓的疆域，已经够广阔了。高丽国，乃边远的异族，不可以用仁义对待他们，不可以用常理来要求他们。应像古代放养鱼鳖一样，从大处着眼。如一定要灭绝其种族，恐怕其会拼死反扑。陛下每判处一个死囚，都要经过反复审理，吃素食，不听音乐，这都是陛下以人命为重的圣德的表现。况且，现在的士兵，没有谁有罪过，无缘无故让他们投身战火之中，使他们肝脑涂地，成为无家可归的冤魂；让他们的妻儿老小，望着灵车痛哭流涕，抱着尸骨捶胸顿足，这足以使山河失色，天怒人怨，实在是天底下最惨痛的事情啊。并且，兵器是凶险的用具，战争是危险的事情，不到万不得已，不可动用。如果高丽失掉了臣子的礼节，陛下要诛杀它是可以的；如果它侵犯了百姓，陛下要灭掉它，也是可以的；如果因为它长期以来是中原的心腹之患，陛下要铲除它，也是可以的。如果其中有一个理由成立，哪怕一日杀一万个敌寇，也不值得内疚。可是现在三条罪状都不成立，却要给中原百姓增添无尽的痛苦和烦恼，对内会引起高丽旧有官吏的叛乱，对外会遭到新罗的报复，这难道不是所得者小，所失者大吗？

### [原文]

愿陛下遵皇祖老子止足之诫，以保万代巍巍之名。发霈然之恩①，降宽大之诏，顺阳春以布泽，许高丽以自新，焚凌波之船，罢应募之众，自然华夷庆赖，远肃迩安②。臣老病三公，朝夕入地，所恨竟无尘露，微增海岳。谨罄残魂余息③，豫代结草之诚④。傥蒙录此哀鸣，即臣死骨不朽。

太宗见表，叹曰："此人危笃如此，尚能忧我国家。"虽谏不从，终为善策。

### [注释]

①霈然：这里比喻恩泽光大。

②迩：近。

③罄：竭尽，用尽。

④豫：预先。豫，通"预"。

## 【译文】

希望陛下遵循老子"知止为足"的警诫，保持光耀千秋万代的威名，散布浩大的皇恩，下达宽大的诏令，让高丽获得自新的机会。烧掉战船，解散招募的兵士，中原与异族自然会相安无事，边关整肃，中原安宁。我老迈无能，但仍想以身报国。如果陛下能听臣一言，臣虽死也将是不朽的。

唐太宗看过这篇奏书，感叹道："这个人年已迟暮，还能如此忧国忧民，实乃难得。"虽然没有采纳他的意见，但还是认为他的意见中肯、高明。

## 【注释】

① 守文：遵循先王法度。
② 阙：缺少。
③ 咀嚼：评品，褒贬。
④ 休：吉利，高兴。

## 【原文】

贞观二十二年，军旅亟动，宫室互兴，百姓颇有劳弊。充容徐氏上疏谏曰：

贞观已来，二十有余载，风调雨顺，年登岁稔，人无水旱之弊，国无饥馑之灾。昔汉武帝守文之常主①，犹登刻玉之符；齐桓公小国之庸君，尚涂泥金之事。望陛下推功损己，让德不居。亿兆倾心，犹阙告成之礼②；云、亭忙谒，未展升中之仪。此之功德，足以咀嚼百王③，网罗千代者矣。然古人有云："虽休勿休④。"良有以也。守初保末，圣哲罕兼。是知业大者易骄，愿陛下难之；善始者难终，愿陛下易之。

## 【译文】

贞观二十二年，朝廷战争频繁，又大兴土木，老百姓感到不堪重负。宫中的女官充容徐氏上疏说：

贞观以来，二十多年里，风调雨顺，五谷丰收，国家没有水旱之灾，百姓没有饥荒的祸患。过去，汉武帝沿用汉文帝休养生息的制度，但后来还是到泰山封禅，把功业敬告上天；齐桓公，是一个小国的平庸之君，也行封禅之事，以显示他们的文治武功。希望陛下不要居功自傲，而要虚怀若谷。现在天下归心，但陛下仍没行封禅之礼。这样的功德，足以光辉万代，流芳永久。然而古人说："天下虽然太平，但不可掉以轻心。"能谨小慎微，兢兢业业，古来圣哲也很少有人能做到。常言道：功业盛大的人容易骄傲，善始容易善终难，愿陛下切记。

**【原文】**

妾见顷年以来，力役兼总①，东有辽海之军，西有昆丘之役，士马疲于甲胄，舟车倦于转输。且召募役成，去留怀死生之痛，因风阻浪，往来有漂溺之危。一夫力耕，年无数十之获；一船致损，则倾覆数百之粮。是犹运有尽之农功，填无穷之巨浪；图未获之他众，丧已成之我军。虽除凶伐暴，有国常规，然黩武穷兵②，先哲所戒。昔秦皇并吞六国，反速危亡之基；晋武奄有三方③，翻成覆败之业。岂非矜功恃大，弃德轻邦，图利忘害，肆情纵欲？遂使悠悠六合，虽广不救其亡；嗷嗷黎庶，因弊以成其祸。是知地广非常安之术，人劳乃易乱之源。愿陛下布泽流仁④，矜弊恤乏，减行役之烦，增雨露之惠。

**【译文】**

我看见，近年来战火不断，东边有辽海之战，西边有昆仑之役，士兵都苦不堪言，战船兵车也多有破损。并且征途迢迢，将士赴边和离开战场，都怀有生离死别的切肤之痛；风高浪急，随时有葬身鱼腹的危险。一个农夫辛勤耕种，一年不过有几十石的收成，可一遇到翻船，顷刻间几百石粮食就会化为乌有。即便有任劳任怨的农夫不停地耕作，也不可能填满浩渺无尽的江河。为了捕获敌军，丧失了我们的精兵良将。虽然铲除顽敌是国家的职责，但穷兵黩武，也是先哲们极力避免的。过去秦始皇吞并了六国，却加速了他自身的灭亡；晋武帝拥有三方之地，却转眼败亡，这难道不是因为他们居功自傲，放弃仁德，轻视国家，图谋利益，忘记祸患，放纵恣情的结果吗？他们虽然拥有广袤的疆土，却无法挽回灭亡的命运；黎民百姓，因不堪忍受反而成了他的敌人。因此，国土广袤并非就是国家安宁的保证，人民劳顿才是国家动乱的源头，希望陛下对老百姓施加恩惠，怜悯周济疲乏贫困的人，减轻他们的劳役负担，让老百姓享受到朝廷恩德的雨露。

**【注释】**

①力役兼总：徭役、兵役同时进行。

②黩武：滥用武力。

③奄：覆盖，包括。

④流仁：向人们布施恩泽仁义。

## 【注释】

① 无为：顺应自然，不求有所作为。
② 构架：建造宫殿。
③ 菲食：粗劣的饮食。

## 【原文】

妾又闻为政之本，贵在无为①。窃见土木之功，不可遂兼。北阙初建，南营翠微，曾未逾时，玉华创制，非惟构架之劳②，颇有工力之费。虽复茅茨示约，犹兴木石之疲，假使和雇取人，不无烦扰之弊。是以卑宫菲食③，圣王之所安；金屋瑶台，骄主之为丽。故有道之君，以逸逸人；无道之君，以乐乐身。愿陛下使之以时，则力不竭矣；用而息之，则心斯悦矣。

## 【译文】

臣妾又听说治国的根本在于无为。宫殿的营造，不可以频繁。现在，北殿刚刚建成，南宫翠微宫就要破土动工。不久，玉华宫又要开始营建，这实在是浪费民力和国库的行为。虽然陛下仍以居住在简陋的宫殿昭示天下人，但大兴土木是事实，老百姓的生活已经受到了干扰。圣明的国君安于简陋的居室，骄奢的君主居住金屋瑶台也不会满足。所以，有道之君会使老百姓得到安宁和休憩；无道之君，用奢侈的物品满足着感官之乐。希望陛下能有计划地使用民力，那么他们就不会精疲力竭，如果再加以修整，老百姓就会安居乐业。

## 【注释】

① 酖毒：毒酒。
② 鲜靡：鲜艳细腻。
③ 季俗：末世颓败的风俗。
④ 延：引进。这里指招致。
⑤ 探赜(zé)：探究幽深隐秘的事理。赜，幽深莫测。
⑥ 目围：这里指目力所能看到的地方。

## 【原文】

夫珍玩技巧，为丧国之斧斤；珠玉锦绣，实迷心之酖毒①。窃见服玩鲜靡②，如变化于自然，职贡奇珍，若神仙之所制，虽驰华于季俗③，实败素于淳风。是知漆器非延叛之方④，桀造之而人叛；玉杯岂招亡之术，纣用之而国亡。方验侈丽之源，不可不遏。夫作法于俭，犹恐其奢；作法于奢，何以制后？伏惟陛下，明照未形，智周无际，穷奥秘于麟阁，尽探赜于儒林⑤。千王治乱之踪，百代安危之迹，兴亡衰乱之数，得失成败之机，固亦包吞心府之中，循环目围之内⑥，乃宸衷久察，无假一二言焉。惟知之非难，行之不易，志骄于业著，体逸于时安。伏愿抑志摧心，慎终成始，削轻过以添重德，择今是以替前非，则鸿名与日月无穷，盛业与乾坤永泰！

太宗甚善其言，特加优赐甚厚。

【译文】

　　奇珍异宝、浮华的技巧，是使国家灭亡的凶器；珠玉锦绣，是迷惑心智的毒药。这繁多的奢侈品，像来自仙境般神奇美妙，不同凡俗，却足以败坏淳朴的民风。夏桀使用漆器，显露骄奢之状，后来果然天怒人怨；纣使用玉杯，也是亡国的先兆。所以，奢侈品应该杜绝。帝王提倡节俭，还唯恐奢侈之风兴起，更何况是助长奢侈，定会落得不可收拾的下场。陛下圣明，任用天下文臣武将，得心应手，国家安危得失，了然于心。只是知不难，行却不易，骄傲易产生于功业盛大之时，逸乐易产生于国家太平的时候。希望陛下克制私欲，善始善终，减少过失，为民造福。那么陛下圣德将与日月争辉，陛下将永保伟业。

　　唐太宗见她身为女流，见识却不凡，非常赞许，给予她非常丰厚的赏赐。

# 安边第三十六

**【原文】**

贞观四年，李靖击突厥颉利，败之，其部落多来归降者。诏议安边之策，中书令温彦博议："请于河南处之。准汉建武时，置降匈奴于五原塞下，全其部落，得为捍蔽①，又不离其土俗，因而抚之，一则实空虚之地，二则示无猜之心，是含育之道也。"太宗从之。秘书监魏徵曰："匈奴自古至今，未有如斯之破败，此是上天剿绝，宗庙神武。且其世寇中国，万姓冤仇，陛下以其为降，不能诛灭，即宜遣发河北，居其旧土。匈奴人面兽心，非我族类，强必寇盗，弱则卑伏，不顾恩义，其天性也。秦、汉患之者若是，故时发猛将以击之，收其河南以为郡县。陛下以内地居之，且今降者几至十万，数年之后，滋息过倍，居我肘腋②，甫迩王畿，心腹之疾，将为后患，尤不可处以河南也。"温彦博曰："天子之于万物也，天覆地载，有归我者则必养之。今突厥破除，余落归附，陛下不加怜悯，弃而不纳，非天地之道，阻四夷之意，臣愚甚为不可，宜处之河南。所谓死而生之，亡而存之，怀我厚恩，终无叛逆。"魏徵曰："晋代有魏时，胡部落分居近郡，江统劝逐出塞外，武帝不用其言，数年之后，遂倾瀍、洛。前代覆车，殷鉴不远。陛下必用彦博言，遣居河南，所谓养兽自遗患也。"彦博又曰："臣闻圣人之道，无所不通。突厥余魂，以命归我，收居内地，教以礼法，选其酋首，遣居宿卫，畏威怀德，何患之有？且光武居河南单于于内郡，以为汉藩翰③，终于一代，不有叛逆。"又曰："隋文帝劳兵马，费仓库，树立可汗，令复其国，后孤恩失信，围炀帝于雁门。今陛下仁厚，从其所欲，河南、河北，任情居住，各有酋长，不相统属，力散势分，安能为害？"给事中杜楚客进曰："北狄人面兽心，难以德怀，易以威服。今令其部落散处河南，逼近中华，久必为患。至如雁门之役，虽是突厥背恩，自由隋主无道。中国以之丧乱，岂得云兴复亡国以致此

**【注释】**

①捍蔽：屏藩。
②肘腋：比喻切近之处。
③藩翰：比喻捍卫王室的屏障辅翼。
④怀柔：用政治手段笼络其他的民族或国家，使归附自己。

祸？夷不乱华，前哲明训，存亡继绝，列圣通规。臣恐事不师古，难以长久。"太宗嘉其言，方务怀柔①，未之从也。卒用彦博策，自幽州至灵州，置顺、祐、化、长四州都督府以处之，其人居长安者近且万家。

## 【译文】

贞观四年，李靖打败突厥颉利可汗，颉利统属的部落很多都归顺了大唐，于是，唐太宗下诏讨论安定边境的政策。中书令温彦博建议说："请陛下仿照东汉建武年间把降服的匈奴安置在五原郡边塞附近的办法，把突厥人安置在河南，这样做，既可以保留原有的部落编制，作为中原的屏障，同时不让他们远离本土、不改变他们的习俗，以便实行抚慰政策。如此，一来可充实空虚的边塞，二来可体现朝廷对他们没有猜疑之心。我认为，这才是包容养育他们的正当办法。"太宗对温彦博的建议很是赞同。秘书监魏徵却坚决反对说："匈奴自古以来从未这样惨败过，这是上天要诛杀他们，也是陛下神武的表现。他们世代与中原为敌，与老百姓结下了数不清的仇怨，陛下鉴于他们乃主动受降，因此没有将他们处死。依臣之见，应当把他们发配到河北，让他们居住在自己的土地上。匈奴人人面兽心，和我们汉族不是同一个民族，他们一旦强大就会成为盗贼、侵略者，一旦弱小就谦卑顺从。不讲恩德情义，是他们的天性。秦汉时，他们是中原政府的祸患，所以当时朝廷常常派猛将去攻打他们，收归他们在黄河以南的土地，在那里设置郡县加强管理。陛下如今让他们在中原内地居住，并且降兵几乎达到十万之众，几年以后，他们的人数还会成倍增长，让他们生活在我们身边，离京城如此之近，将来可能会成为心腹之患，所以千万不可把他们安置在河南。"温彦博反驳说："天子对于万事万物，不管天上飞的，还是地上长的，只要归顺，都应该含养。如今突厥兵败，余部前来归降，如果陛下对他们不加以怜悯，反而弃他们于不顾，这不是天子的胸襟。我虽愚钝，却认为陛下不应采取抑制少数民族的政策，而应把他们安置在河南。常言道：让濒临死亡的人活下去，要常怀仁爱之心，那么终将不会有叛乱发生。"魏徵据理力争地说:"晋朝取代魏国的时候,胡部落常常在周边地区活动,江统劝说晋武帝把他们逐出塞外,晋武帝不听,几年之后,胡部落势力大增,将很多地方据为己有。前车之鉴不远,陛下如果采纳温彦博的意见,让他们居住在河南,将养虎遗患,贻害无穷啊。"温彦博又说:"我听说,圣人之道无不通达。突厥的残余部落,前来投奔我们,以保全性命。把他们安置在中原内地,传授给他们礼教法令,选拔他们的首领,派卫兵驻守那里,让他们畏惧大唐的威严,感激大唐的恩德,这有什么可担忧的呢?汉代光武帝在位时,让突厥的单于定居内地,成为汉朝的一位藩王,历经整个汉朝时期,突厥都不曾叛乱。"稍停片刻,他继续说道:"隋文帝兴师动众,耗尽了国库,扶持突厥可汗,让他回到旧地,后来可汗背信弃义,把隋炀帝围困在雁门,企图谋反。现在,陛下仁慈宽厚,听凭他们的意愿,无论是河南、河北,任由他们选择居住的地方。另外,突厥部落众多,每个部落都有自己的首长,他们内部不统一,力量分散,怎么会对中原政府造成危害呢?"给事中杜楚客与温彦博同一阵线,说:"北方异族人面兽心,难以感化,用武力容易使他们臣服。现在让他们的部落散居在河南,靠近中原政府,长此以往,必有祸患。至于隋炀帝在雁门关被困一事,虽是突厥背信弃义所致,隋炀帝昏庸无道也是重要的原因。中原的衰败灭亡,怎能归咎于中原政府对少数民族的扶持政策呢?认为让他们复兴而种下祸根是没有道理的。少数民族不会扰乱华夏民族,这是先哲们总结的经验。让快要死亡的人活下去,让行将灭绝的东西延续下去,这是古代圣贤通行的原则。臣恐怕如果不遵照古训,大唐将难以长久啊。"唐太宗听后,对他的意见非常赞许,于是对异族采取怀柔政策,这在历史上是从来没有过的。后来唐太宗采纳了温彦博的策略,从幽州至灵州,设置了顺、祐、化、长四州安置归顺的突厥部落,从这以后,到长安定居的突厥人达万家之多。

**【原文】**

**【注释】**

① 绥(suí)远:安定远方。
② 区宇:这里指天下。
③ 提封:版图,疆域。
④ 沙卤:含沙多和碱性重的土质。
⑤ 羁縻(jīmí):笼络。
⑥ 俘:通"浮",漂泊,流浪。这里指遣送。

自突厥颉利破后，诸部落首领来降者，皆拜将军中郎将，布列朝廷，五品已上百余人，殆与朝士相半。惟拓拔不至，又遣招慰之，使者相望于道。凉州都督李大亮，为于事无益，徒费中国，上疏曰："臣闻欲绥远者必先安近①。中国百姓，天下根本，四夷之人，犹于枝叶，扰其根本以厚枝叶，而求久安，未之有也。自古明王，化中国以信，驭夷狄以权。故《春秋》云：'戎狄豺狼，不可厌也；诸夏亲昵，不可弃也。'自陛下君临区宇②，深根固本，人逸兵强，九州殷富，四夷自服。今者招致突厥，虽入提封③，臣愚稍觉劳费，未悟其有益也。然河西民庶，镇御藩夷，州县萧条，户口鲜少，加因隋乱，减耗尤多，突厥未平之前，尚不安业，匈奴微弱以来，始就农亩，若即劳役，恐致妨损，以臣愚惑，请停招慰。且谓之荒服者，故臣而不纳。是以周室爱民攘狄，竟延八百之龄；秦王轻战事胡，故四十载而绝灭；汉文养兵静守，天下安丰；孝武扬威远略，海内虚耗，虽悔轮台，追已不及。至于隋室，早得伊吾，兼统鄯善，且既得之后，劳费日甚，虚内致外，竟损无益。远寻秦、汉，近观隋室，动静安危，昭然备矣。伊吾虽已臣附，远在藩碛，民非夏人，地多沙卤④。其自竖立称藩附庸者，请羁縻受之⑤，使居塞外，必畏威怀德，永为藩臣，盖行虚惠而收实福矣。近日突厥倾国入朝，既不能俘之江淮⑥，以变其俗，乃置于内地，去京不远，虽则宽仁之义，亦非久安之计也。每见一人初降，赐物五匹，袍一领，酋长悉授大官，禄厚位尊，理多糜费。以中国之租赋，供积恶之凶虏，其众益多，非中国之利也。"太宗不纳。

**【译文】**

　　自从突厥颉利兵败后，凡有突厥部落的首领前来归降，大唐政府都把他们封为将军中郎将，在朝堂上，突厥五品以上的官员就有一百多人，与大唐自己的官员几乎各占一半。突厥各族中，只有拓拔氏没有归顺，唐太宗派人前去安抚，使者来来往往，不绝于道。凉州都督李大亮认为这样做徒劳无益，只会白白地消耗财物，于是上疏说："我认为，要安抚边远地区的人，首先应当使内陆的人安定。中原的百姓，是天下的根本，四方边境的少数民族，犹如树上的枝叶，如果用破坏树根的办法来使枝繁叶茂，那么，要想树木长期存活下去，恐怕是不可能的。自古以来，贤明的君主以教化中原为根本方针，以驾驭夷、狄等少数民族为权宜之策。所以《春秋》说："戎、狄这些少数民族犹如豺狼虎豹，不可让他们满足；华夏民族是近亲，不可将他们遗弃。"自从陛下君临天下以来，国泰民安，老百姓生活安乐，兵力得到了加强，四方少数民族俯首称臣。如今朝廷招安突厥，对他们加官封爵，我认为这样做太浪费国家的财资，而没有什么实际的好处。黄河以西的百姓，是抵御强悍少数民族的前哨。那里人烟稀少，凋敝萧条，加之隋末的战火，老百姓遭受的损失尤其严重，在平定突厥之前，他们根本无法安居乐业，匈奴被削弱之后，才开始进行农业生产，如果现在就役使他们，恐怕会使他们元气大伤。臣固然愚钝，但还是请求陛下停止安抚劝降。并且，古人说，对于落荒而逃的人，即使前来称臣也不要接纳。在周朝，王室爱抚百姓，但同时抵御少数民族，所以延续了八百年的帝业；秦朝对抗击胡人不以为然，所以四十年就灭亡了；汉文帝蓄养兵士以待变故，所以天下安宁富庶；汉武帝炫耀武力，对少数民族连年征伐，致使劳民伤财，国内空虚，后来虽然有轮台之悔，但已追悔莫及了。隋代，在得到西域的伊吾、鄯善之地后，国库也几乎消耗殆尽，于国于民都没有丝毫益处。如今，远有秦、汉的教训，近有隋代的前鉴，异族的动静变化，可谓清晰可见。伊吾虽已是大唐的附属地，但它远在边关荒漠之地，那里的人非华夏之族，土地也多荒漠沙丘。对于主动称臣的，请陛下对他们严加约束，让他们居住在塞外，这样他们必定对大唐心怀畏惧又感恩戴德，永远做大唐的藩臣。所以对他们实施恩惠是虚，让老百姓享受太平是实。近来一有突厥人归降，朝廷就赏赐给他们布五匹，袍子一件，酋长归降，还要加官晋爵，享受极高的俸禄，这样做太浪费了。把中原百姓上缴的租税，供养这些凶恶顽固的俘虏，让他们源源不断进入中原，这对中原是非常不利的。"尽管此话有理，但唐太宗没有接受他的意见。

## 【原文】

十三年,太宗幸九成宫。突利可汗弟中郎将阿史那结社率阴结所部①,并拥突利子贺罗鹘夜犯御营②,事败,皆捕斩之。太宗自是不直突厥③,悔处其部众于中国,还其旧部于河北,建牙于故定襄城,立李思摩为乙弥泥熟俟利苾可汗以主之。因谓侍臣曰:"中国百姓,实天下之根本,四夷之人,乃同枝叶,扰其根本以厚枝叶,而求久安,未之有也。初不纳魏徵言,遂觉劳费日甚,几失久安之道。"

【注释】

①阴结:暗中勾结。

②御营:帝王亲征或出巡时驻跸的营帐。

③不直:不再信任。

## 【译文】

贞观十三年,太宗亲临九成宫,突利可汗的弟弟中郎将阿史那结社率暗地里纠结部众,并支持突利可汗的儿子贺罗鹘乘夜偷袭太宗的御营。事情败露后,他们都被捕获并斩首。太宗从此不再信任突厥,并后悔把他们的部众安置在内地。于是将他们遣送回黄河以北地区,让他们在定襄城的建牙镇守,立李思摩为乙弥泥熟俟利苾可汗,以此来统率他们。事后,唐太宗对侍从的大臣们说:"中原的百姓,实在是天下的根,周边的少数民族,就如同枝叶一样,损伤了根本,却想枝繁叶茂,国家长治久安,是绝不可能的。当初,我不接受魏徵的建议,不久就发觉对匈奴的统治十分费心。我考虑不周,差点儿失去了长治久安的好方法。"

## 【原文】

贞观十四年,侯君集平高昌之后,太宗欲以其地为州县。魏徵曰:"陛下初临天下,高昌王先来朝谒,自后数有商胡称其遏绝贡献①,加之不礼大国诏使,遂使王诛载加②。若罪止文泰,斯亦可矣。未若因抚其民而立其子,所谓伐罪吊民,威德被于遐外,为国之善者也。今若利其土壤以为州县,常须千余人镇守,数年一易。每来往交替,死者十有三四,遣办衣资,离别亲戚。十年之后,陇右空虚,陛下终不得高昌撮谷尺布以助中国。所谓散有用而事无用,臣未见其可。"太宗不从,竟以其地置西州,仍以西州为安西都护府,每岁调发千余人,防遏

【注释】

①遏绝:阻止禁绝。

②载加:一再增加。

③防遏:防守。

其地③。

**【译文】**

贞观十四年,大臣侯君集平定高昌之后,唐太宗想在那里设立州县。魏徵反对说道:"陛下当初刚登上皇位的时候,高昌王最先来朝谒,后来经商的胡人多次告发高昌王不向朝廷进献贡奉,加上他们对大国的使者不以礼相待,终于获得罪名。如果朝廷只对高昌王麴文泰一人定罪,也还合情合理。依臣之言,不如安抚他的臣民,拥立他的儿子。常言道:处罚有罪之君,安抚他的百姓,让威名和仁德播散到遥远的边关,这是最好的治国安边之策。现在如果在高昌王的土地上设立州县,必须经常有成百上千的人在那里守卫,并且几年要更换一次人马。每次换防,士兵们都往来奔波,死于劳顿的不计其数。士兵们还要添置衣物,离别亲人,饱受背井离乡之苦。十年过后,甘肃以西的地区肯定会人财空虚,而陛下始终得不到高昌一把谷子,甚至一尺帛布的援助。这其实是折散有用的东西,去侍奉无用的东西。我看不出有什么益处。"唐太宗不听他的意见,仍在高昌王的土地上设置西州属地,定西州为安西都护府,每年调派一千多人马驻守该地。

**【原文】**

黄门侍郎褚遂良亦以为不可,上疏曰:"臣闻古者哲后临朝,明王创业,必先华夏而后夷狄,广诸德化,不事遐荒。是以周宣薄伐,至境而反;始皇远塞,中国分离。陛下诛灭高昌,威加西域,收其鲸鲵①,以为州县。然则王师初发之岁,河西供役之年,飞刍挽粟②,十室九空,数郡萧然,五年不复。陛下每岁遣千余人而远事屯戍,终年离别,万里思归。去者资装,自须营办,既卖荩粟,倾其机杼③。经途死亡,复在言外。兼遣罪人,增其防遏,所遣之内,复有逃亡,官司捕捉,为国生事。高昌途路,沙碛千里,冬风冰冽,夏风如焚,行人遇之多死。《易》云'安不忘危,理不忘乱。'设令张掖尘飞,酒泉烽举,陛下岂能得高昌一人荩粟而及事乎?终须发陇右诸州,星驰电击。由斯而言,此

**【注释】**

①鲸鲵(ní):比喻凶恶的敌人。

②飞刍挽粟:迅速运送粮草。刍,饲料。挽,拉车或船。

③机杼(zhù):这里指代布帛。

④萌:通"氓",指外来的百姓。

⑤征:征聘。

河西者方于心腹，彼高昌者他人手足，岂得糜费中华，以事无用？陛下平颉利于沙塞，灭吐浑于西海。突厥余落，为立可汗；叶浑遗萌，更树君长④。复立高昌，非无前例，此所谓有罪而诛之，既服而存之。宜择高昌可立者，征给首领⑤，遣还本国，负戴洪恩，长为藩翰。中国不扰，既富且宁，传之子孙，以贻永代。"疏奏，不纳。

### 【译文】

黄门侍郎褚遂良也认为这样做不好，于是上疏说："我听说，古代圣哲贤明的君王处理国政，都先使华夏诸族安定了，然后才平定少数民族，他们广泛散布仁德和教化，不干预边远悍荒之地的事务。所以，周宣王征伐猃狁，将他们逐出边境就撤军了；而秦始皇频频出征边塞，修筑了万里长城，西起临洮，东到辽东，以抵御异族，但最后还是使国家分崩离析了。陛下灭掉了高昌国，使西域异族臣服于大唐的威仪，如今还要据守他们的土地，设立州县。然而，朝廷发兵的时候，黄河以西遇到荒年，田地野草蔓延，几年颗粒未收，十户人家有九户贫困，周边各郡县也都很萧条，五年过去了，还是没有改变。现在，陛下每年要派上千人前去戍守，他们背井离乡，饱尝思乡之苦。离家的兵士还要自己操办行装，他们不得不卖掉粮食，拿走家中纺织的所有布匹，对他们的家庭来说，这无异于雪上加霜，而且有的人在路途中就命归黄泉了。此外，兵士当中有的人还犯有官司，他们在征戍期间借机逃亡，官府还要捉拿查办，这为国家带来了多少事端啊！到高昌的旅途，千里沙丘，冬天寒风凛冽，夏天烈日炎炎，不少人在途中就染病死去了。《周易》说："处于安乐之中不要忘记危险，国富民安的时候不要忽略了动乱的产生。"如果张掖酒泉有变故，从高昌得不到一点儿支援，还是要调动陇西各州的兵马，迅速平定动乱。就此而言，黄河以西的百姓才是朝廷的心腹，高昌人终究是异族，怎么能浪费中原的财物，去供养毫无益处的人呢？陛下在沙塞平定颉利，在西海吞并吐谷浑。可这些地方依然不安宁，残余的突厥部落要拥立自己的可汗，吐谷浑也暗中推举自己的首领。如今，陛下应该让高昌人自己拥立首领。这样做，并非史无前例,古人说,有罪的人就诛杀他,臣服的人就使他存活。陛下应当在高昌人中选择可以拥立的人,封他为首领,送他回故国,让他感激大唐的恩德,永远做中原政府的一名藩王。这样,中原就不会受到干扰,老百姓就可安享富庶和安宁,如果这个安边政策一代代传下去,将会造福子孙后代。"但唐太宗没有接纳他的进谏。

【注释】

①警急:指军情。

【原文】

至十六年,西突厥遣兵寇西州,太宗谓侍臣曰:"朕闻西州有警急①,虽不足为害,然岂能无忧乎?往者初平高昌,魏徵、褚遂良劝朕立麴文泰子弟,依旧为国,朕竟不用其计,今日方自悔责。昔汉高祖遭平城之围而赏娄敬,袁绍败于官渡而诛田丰,朕恒以此二事为诫,宁得忘所言者乎!"

【译文】

贞观十六年,西突厥派兵进犯西州地区,唐太宗对侍臣说:"我听说西州有军情,虽然还不足以构成危害,但怎能高枕无忧呢?过去我刚刚平定高昌的时候,魏徵、褚遂良劝我立麴文泰的后代为王,归还他的国土,可是,我竟然没有采纳他们的意见,现在后悔晚矣。过去汉高祖不听娄敬不出兵匈奴的劝告,结果遭到平城之围,事后汉高祖大大犒赏了娄敬;袁绍不听田丰的建议,与曹操大战于官渡,结果大败而逃,事后却听信谗言,将田丰杀死。我常常以这两件事为戒,怎能忘记这些惨痛的教训呢?"

# 行幸第三十七

【原文】

贞观初,太宗谓侍臣曰:"隋炀帝广造宫室,以肆行幸。自西京至东都,离宫别馆,相望道次,乃至并州、涿郡,无不悉然。驰道皆广数百步①,种树以饰其傍。人力不堪,相聚为贼。逮至末年,尺土一人,非复己有。以此观之,广宫室,好行幸,竟有何益?此皆朕耳所闻,目所见,深以自诫。故不敢轻用人力,惟令百姓安静,不有怨叛而已。"

【注释】

①驰道:古代供君主行驶车马的道路。

【译文】

贞观初年,唐太宗对侍从的大臣们说:"隋炀帝大肆营建宫室,以便纵情游乐,从西京到东都,沿途离宫别馆随处可见,直到并州、涿郡,也无不如此。驰道有几百步宽,两边还种上树作为装饰。百姓无力承担徭役和劳役的重负,相继起来反抗。到了隋朝末年,隋炀帝已经众叛亲离,连一尺土地、一个百姓,都不再属于他了。这样看来,多营宫室,喜爱游乐,是没有任何好处的。隋朝从兴到亡我都经历过,这些都是我耳闻目睹的事,这样的教训,应该深以为戒啊!因此,我不敢随便动用人力,只想让百姓安居乐业,不要发生叛乱才好。"

【原文】

贞观十一年,太宗幸洛阳宫,泛舟于积翠池,顾谓侍臣曰:"此宫观台沼并炀帝所为,所谓驱役生民,穷此雕丽,复不能守此一都,以万民为虑。好行幸不息,民所不堪。昔诗人云:'何草不黄?何日不行?''小东大东,杼轴其空①。'正谓此也。遂使天下怨叛,身死国灭,今其宫苑尽为我有。隋氏倾覆者,岂惟其君无道,亦由股肱无良。如宇文述、虞世基、裴蕴之徒,居高官,食厚禄,受人委任,惟行谄佞,蔽塞聪明,欲令其国无危,不可得也。"司空长孙无忌奏言:"隋氏之亡,其君则杜

【注释】

①杼轴:也作"杼柚",织布机。这里泛指工商之事。

塞忠谠之言，臣则苟欲自全，左右有过，初不纠举，寇盗滋蔓，亦不实陈。据此，即不惟天道，实由君臣不相匡弼。"太宗曰："朕与卿等承其余弊，惟须弘道移风，使万世永赖矣。"

#### 【译文】

贞观十一年，唐太宗到洛阳宫。他一边在积翠池上泛舟，一边环顾身边的侍臣，说："这里的宫观、台榭都曾是隋炀帝所有，他生前驱使万民，为他修筑精雕细刻的宫室，丝毫不关心老百姓的疾苦，并且喜好到各地巡游玩乐，耗资巨大，老百姓怎么能够忍受呢？《诗经》云：'哪里的草不枯黄，哪一天不赶路啊？''远远近近东方国，织布机上都空空。'说的正是这种情形啊。隋炀帝的荒淫导致天下人的怨恨和叛乱，最后落得国破家亡，现在，他的宫殿完全归我所有了。隋代灭亡的原因，难道只是因为君王无道吗？其实他的臣子们也不忠良。像宇文述、虞世基、裴蕴这些人，他们身居高位，享受着丰厚的俸禄，被皇帝委以重任，但他们只知道行小人谄媚之事，扰乱视听。这样要使朝廷不危亡，怎么可能呢？"司空长孙无忌说："隋代灭亡的原因在于君王杜绝忠言，臣子苟且偷生，上下都有过失。开始不纠偏改过，后来反叛势力日渐猖獗，也没人敢把实情说出来。因此，隋朝灭亡不在天意，而是君臣之间不相互扶持所致啊。"唐太宗说："我和各位大臣是在隋末天下大乱之后得到的江山，因此我们应该弘扬大道、移风易俗，才能使国家长治久安。"

#### 【注释】

① 殷阜：富足。
② 行幸：古代专指皇帝出行。

#### 【原文】

贞观十三年，太宗谓魏徵等曰："隋炀帝承文帝余业，海内殷阜①，若能常处关中，岂有倾败？遂不顾百姓，行幸②无期，径往江都，不纳董纯、崔象等谏诤，身戮国灭，为天下笑。虽复帝祚长短，委以玄天，而福善祸淫，亦由人事。朕每思之，若欲君臣长久，国无危败，君有违失，臣须极言。朕闻卿等规谏，纵不能当时即从，再三思审，必择善而用之。"

## 【译文】

贞观十三年,唐太宗对魏徵等大臣说:"隋炀帝在继承隋文帝基业的时候,海内升平,如果他能长期住在关中,怎么可能遭致灭亡呢?可是后来他不顾百姓的疾苦,到各地去行幸巡游,没有归期。最后索性住在江都,不听从董纯、崔象等大臣的忠言,最终不仅自己死于叛臣之手,也断送了江山社稷,还留下笑柄让世人感叹评说。虽然帝运的长短,是天意决定的,但是祸福善恶,也在于人事。我每每想到这些,都认为若要国家太平,君臣相安无事,君主一旦有了过失,臣子就一定要直言不讳地指出来。我对你们提出的意见,虽然不能当时就采纳,但在我反复思考之后,必定会选择好的意见加以采纳。"

## 【原文】

贞观十二年,太宗东巡狩,将入洛,次于显仁宫,宫苑官司多被责罚。侍中魏徵进言曰:"陛下今幸洛州,为是旧征行处,庶其安定,故欲加恩故老。城郭之民未蒙德惠,官司苑监多及罪辜,或以供奉之物不精,又以不为献食。此则不思止足,志在奢靡,既乖行幸本心,何以副百姓所望?隋主先命在下多作献食,献食不多,则有威罚。上之所好,下必有甚,竟为无限,遂至灭亡。此非载籍所闻,陛下目所亲见。为其无道,故天命陛下代之。当战战栗栗,每事省约,参踪前列,昭训子孙,奈何今日欲在人之下?陛下若以为足,今日不啻足矣①;若以为不足,万倍于此,亦不足也。"太宗大惊曰:"非公,朕不闻此言。自今已后,庶几无如此事。"

## 【注释】

①不啻(chì):无异于,如同。

## 【译文】

贞观十二年,唐太宗到东方巡游,进入洛阳,下榻在显仁宫,宫里的侍从因为侍候不周,受到很多责罚。对此,侍中魏徵向唐太宗进谏,说:"陛下如今到洛阳,是因为以前在战争期间这里遭到了祸殃,陛下希望这里获得安宁,所以对洛阳的百姓施以特别的恩惠。但事到如今,这里的百姓非但没得到眷顾,相反,显仁宫的侍从受到了很多无辜的责罚。他们不是因为进献的物品不精致,就是因为食物不甘美而受罚。这可能是因为陛下不知足,太奢侈造成的。这样做不仅违背了巡游的初衷,也辜负了老百姓的期望。过去,隋炀帝命令下人多多进献食物,只要食物不丰美,就要受到责罚。上面有什么样的喜好,下面必定会加倍效仿,这样下去,人就会变得贪得无厌,最后走向灭亡。这不只是史书所载,也是陛下亲眼所见,亲耳所闻的。正因为隋炀帝昏庸无道,所以上天才委派你来代替他。陛下应当战战兢兢,凡事从俭,以前人的风范为楷模,来告诫子孙后代。如果陛下意足了,那么现在就能感到满意,反之,即便比现在好千万倍,也不会感到满足的。"唐太宗听后大惊失色,说:"没有你,我绝不会听到这样的诤言。从今以后,再也不会有此类事情发生了。"

# 畋猎第三十八

**【原文】**

秘书监虞世南以太宗颇好畋猎，上疏谏曰："臣闻秋狝冬狩，盖惟恒典；射隼从禽①，备乎前诰。伏惟陛下因听览之余辰，顺天道以杀伐，将欲摧班碎掌②，亲御皮轩，穷猛兽之窟穴，尽逸材于林薮。夷凶剪暴，以卫黎元，收革擢羽，用充军器，举旗效获③，式遵前古。然黄屋之尊，金舆之贵④，八方之所仰德，万国之所系心，清道而行，犹戒衔橛。斯盖重慎防微，为社稷也。是以马卿直谏于前，张昭变色于后，臣诚细微，敢忘斯义？且天弧星罼⑤，所殪已多⑥，颁禽赐获，皇恩亦溥⑦。伏愿时息猎车，且韬长戟⑧，不拒刍荛之请，降纳涓浍之流，袒裼徒搏⑨，任之群下，则贻范百王⑩，永光万代。"太宗深嘉其言。

**【译文】**

秘书监虞世南见唐太宗喜欢打猎，就上疏说："我听说秋冬两季，是打猎的最好时机，这个时候，带着猎鹰跟着猎犬，作为打猎的先锋，这些都具体完备地记载于前代的诏书中。陛下在批阅奏章、临朝听政之余，亲自驾着打猎的车子，到凶禽猛兽出没的森林洞穴之中，猎杀凶残的动物，保卫黎民百姓，用动物的皮毛制作兵器。打猎成功后，让旗帜高高飘扬，以显示赫赫国威，这是在遵循古代先王们传下来的规矩。然而陛下乃天下最为尊贵的人，陛下出行打猎，百姓仰慕你的圣德，牵挂你的行踪，这怎不叫万民揪心，所以陛下应当谨慎行事，保重自己，为江山社稷着想啊！汉武帝好猎熊，司马相如上疏力谏，武帝于是打消了此念。吴主孙权好射虎，张昭晓利害，吴主也接受了意见。我虽人微言轻，但也要尽到臣子之职。自然无情，死亡的禽兽已经很多了，陛下对狩猎进行嘉奖，浩大的皇恩也已为老百姓所知。臣只希望陛下存放好猎车和器具，采纳臣下的意见，无为而治，信任

**【注释】**

①从：追逐。

②班：通"斑"，斑纹。这里借指老虎。

③效获：打猎的收获。这里指贡献猎获物。

④金舆：帝王乘坐的车子。

⑤天弧星罼（bì）：比喻弓箭罗网四处密布。罼，掩捕鸟兔的长柄小网。

⑥殪（yì）：杀死。

⑦溥（pǔ）：通"普"，普遍。

⑧韬：掩藏。

⑨袒裼（xī）：露出身体。

⑩贻范：留下的典范。

百官，那么就可以为王者之楷模，永载史册了。"唐太宗听罢，对他的意见深表赞许。

【注释】

①油衣：用桐油涂制而成的雨衣。

【原文】

谷那律为谏议大夫，尝从太宗出猎，在途遇雨，太宗问曰："油衣若为得不漏①？"对曰："能以瓦为之，必不漏矣。"意欲太宗弗数游猎，大被嘉纳。赐帛五十段，加以金带。

【译文】

谷那律担任谏议大夫的时候，曾跟随唐太宗外出打猎。途中遇上大雨，唐太宗穿着油布雨衣也被淋得浑身透湿，于是问谷那律："油衣该怎么做才不会漏雨呢？"谷那律回答说："如果用瓦来做，肯定不会漏雨。"言下之意是希望太宗不要经常游猎。唐太宗对他的回答大为赞赏，赏给他帛五十段，外加一条金带。

【注释】

①蒐（sōu）田：春日田猎。
②酎（zhòu）：经过两次以至多次复酿的醇酒。

【原文】

贞观十一年，太宗谓侍臣曰："朕昨往怀州，有上封事者云：'何为恒差山东众丁于苑内营造？即日徭役，似不下隋时。怀、洛以东，残人不堪其命，而田猎犹数，骄逸之主也。今者复来怀州田猎，忠谏不复至洛阳矣。'四时蒐田①，既是帝王常礼；今日怀州，秋毫不干于百姓。凡上书谏正，自有常准，臣贵有词，主贵能改。如斯诋毁，有似咒诅。"侍中魏徵奏称："国家开直言之路，所以上封事者尤多。陛下亲自披阅，或冀臣言可取，所以侥幸之士得肆其丑。臣谏其君，甚须折衷，从容讽谏。汉元帝尝以酎祭宗庙②，出便门，御楼船。御史大夫薛广德当乘舆免冠曰：'宜从桥，陛下不听臣言，臣自刎，以颈血污车轮，陛下不入庙矣。'元帝不悦。光禄卿张猛进曰：'臣闻主圣臣直，乘船危，就桥安。圣主不乘危，广德言可听。'元帝曰：'晓人不当如是耶？'乃从桥。以此而言，张猛可谓直臣谏君也。"太宗大悦。

## 【译文】

贞观十一年,唐太宗对侍臣说:"我昨天到怀州去,有人上书说:'为什么总是差遣山东的劳工到宫里修造苑囿呢?当今劳役之重,已经和隋代不相上下了。怀州、洛水以东的百姓已经苦不堪言了,而皇上还时常到那里去打猎,真是一个骄奢的君王啊。今天皇上又到怀州来打猎,看来皇上是听不进忠言的。'一年四季出行打猎,是古代帝王常有的礼数;今日我到怀州,对老百姓不会带来一丝一毫的干扰。凡是上书提出意见的,一般我都采纳,臣子贵在能直谏,君王贵在能改正。但如今这样的诋毁,像是在诅咒我啊。"侍中魏徵说:"朝廷广开言路,所以上书提意见的人众多。陛下亲自批阅奏书,是希望采纳好的意见,侥幸大胆上书的人也因此得以把他们的一点浅见告知陛下。臣子向国君提意见,必须言语委婉,措辞得体,借此以讽彼。汉元帝曾到宗庙去祭祀,想从便门出去,再乘楼船到宗庙。御史大夫薛广德挡住去路,站在汉元帝乘坐的马车外,摘下官帽,说:'陛下应当从桥上经过,如果陛下不听臣的话,我就自尽,让我颈中的鲜血玷污你的车轮,使你进不了宗庙。'汉元帝很不高兴。光禄卿张猛说:'我听说如果君王圣明,那么臣子就会忠直。乘船危险,过桥安全。圣明的君王不会冒无谓的危险,好的意见是可以采纳的。'汉元帝说:'开导他人不正应该像张猛这样吗?'于是就从桥上经过。从这点看,张猛真可算是一位敢于直谏的大臣啊。"唐太宗听后非常高兴,愤怒之情烟消云散。

## 【原文】

贞观十四年,太宗幸同州沙苑,亲格猛兽,复晨出夜还。特进魏徵奏言:"臣闻《书》美文王不敢盘于游田,《传》述《虞箴》称夷羿以为戒。昔汉文临峻坂欲驰下[①],袁盎揽辔曰:'圣主不乘危,不徼幸,今陛下骋六飞,驰不测之山,如有马惊车败,陛下纵欲自轻,奈高庙何?'孝武好格猛兽,相如进谏:'力称乌获,捷言庆忌,人诚有之,兽亦宜然。猝遇逸材之兽[②],骇不存之地,虽乌获、逢蒙之伎不得用,而枯木朽株尽为难矣。虽万全

## 【注释】

①峻坂:陡坡。

②逸材:兽畜健壮有力。这里表示凶猛。

③凭河暴虎:比喻人有勇而无谋。凭,从水中走过去。暴虎,空手打虎。

④尘昏:这里比喻糊涂。

而无患,然而本非天子所宜。'孝元帝郊泰畤,因留射猎,薛广德称:'窃见关东困极,百姓罹灾。今日撞亡秦之钟,歌郑、卫之乐,士卒暴露,从官劳倦,欲安宗庙社稷,何凭河暴虎③,未之戒也?'臣窃思此数帝,心岂木石,独不好驰骋之乐?而割情屈己,从臣下之言者,志存为国,不为身也。臣伏闻车驾近出,亲格猛兽,晨往夜还。以万乘之尊,暗行荒野,践深林,涉丰草,甚非万全之计。愿陛下割私情之娱,罢格兽之乐,上为宗庙社稷,下慰群寮兆庶。"太宗曰:"昨日之事偶属尘昏①,非故然也,自今深用为诫。"

## 【译文】

贞观十四年,唐太宗到同州的沙苑去打猎,他亲自射杀猛兽,披星戴月,早出晚归。特进魏徵上书说:"《尚书》上赞美周文王不沉溺于打猎,《左传》中载有虞人进谏,说夷、羿太喜欢打猎,应该深以为戒。过去汉文帝骑马面临陡坡,想飞驰而下,大臣袁盎紧紧抓住汉文帝的马辔说:'圣明的君主不冒失、不侥幸,现在陛下骑着骏马,在情况不明的山坡上飞驰。如果马受惊吓,车子失灵怎么办?陛下纵然轻视自己的生命,但如何向列祖列宗交代?'汉武帝也喜好猎杀猛兽,司马相如进谏说:'力气大如乌获,射箭快捷如庆忌这样的人的确有。可是同样的,凶残的野兽也不少。如果在险恶之境突然窜出猛兽,即使有乌获、逢蒙的本领也无计可施。皇上打猎虽然有很多人保护,但这种事情终非帝王所为。'孝元帝到效祀之地打猎,意犹未尽,想留守在猎区继续狩猎,臣子薛广德说:'如今关东一带非常贫困,百姓流离失所的数不胜数。这个时候陛下留在这里打猎,是在自撞使秦国覆没的丧钟,歌唱郑国、卫国的靡靡之音啊。这样做将使士兵疲于奔命,随行的官员劳顿不堪。要想江山永固,为什么要靠猎杀老虎来获得呢?望陛下三思。'我提到的这几位帝王,他们都心非木石,难道就偏偏不喜欢骑马打猎的欢娱?其实,他们只是能割舍私情,控制自己,听从臣下的意见,一心为国,不为己而已。我听说陛下驾车出去,亲自捕杀猛兽,早出晚归。陛下如此尊贵之躯,在荒野里跟踪野兽,深入森林，出没于茂草之中，恐怕非万全之策。我希望陛下舍弃娱乐的私情，上以国家江山为念，下有安慰臣子百姓的担忧之心。"唐太宗听后，面露愧色，说："昨天打猎的事纯属偶然，今天我自己想起来还心有余悸呢。"

## 【原文】

贞观十四年冬十月，太宗将幸栎阳游畋①，县丞刘仁轨以收获未毕，非人君顺动之时，诣行所，上表切谏。太宗遂罢猎，擢拜仁轨新安令。

## 【译文】

贞观十四年冬十月，唐太宗准备去栎阳游猎。栎阳县丞刘仁轨得知后，认为十月农村庄稼收割还未完毕，这个时候君主出游打猎不适宜，便赶紧前往太宗一行停驻的地方，呈上了一篇奏疏，言辞极为恳切，关怀百姓之情溢于言表。唐太宗被他的言语打动，就此停止打猎，并提升刘仁轨为新安县令。

## 【注释】

① 游畋（tián）：游猎。畋，打猎。

## 灾祥第三十九

【原文】

贞观六年，太宗谓侍臣曰："朕此见众议以祥瑞为美事，频有表贺庆。如朕本心，但使天下太平，家给人足，虽无祥瑞，亦可比德于尧、舜。若百姓不足，夷狄内侵，纵有芝草遍街衢①，凤凰巢苑囿，亦何异于桀、纣？尝闻石勒时，有郡吏燃连理木②，煮白雉肉吃，岂得称为明主耶？又隋文帝深爱祥瑞，遣秘书监王劭著衣冠，在朝堂对考使焚香，读《皇隋感瑞经》。旧尝见传说此事，实以为可笑。夫为人君，当须至公理天下，以得万姓之欢心。若尧、舜在上，百姓敬之如天地，爱之如父母，动作兴事，人皆乐之，发号施令，人皆悦之，此是大祥瑞也。自此后诸州所有祥瑞，并不用申奏。"

【注释】

① 芝草：灵芝。
② 连理木：枝条连生在一起的两棵树。古以此为祥瑞。

【译文】

贞观六年，唐太宗对侍臣们说："一般舆论认为上天呈现吉祥的征兆是美好的事情，值得庆贺。而我认为，只要天下太平，家家户户富足美满，虽然上天没有祥瑞之兆，也可比尧、舜的清明之治了。如果老百姓穷困不堪，夷狄等少数民族又侵犯中原，纵然满街都长着芝草，苑囿中有凤来栖，这样的时代与桀、纣时又有什么差别呢？我听说后赵石勒称帝的时候，有个郡县的官员点燃连理木，煮白雉肉吃，故意制造祥瑞，难道石勒就可因此被称作明君吗？另外，隋文帝最喜欢祥瑞。他叫秘书监王劭穿着特异的衣服，戴着奇怪的帽子，在朝堂上当着众位大臣洗手焚香，闭着眼睛，口中念念有词，读《皇隋感瑞经》。我过去看到这些人为制造的祥瑞之兆，觉得可笑至极。身为国君应当治理好天下，以此来赢得百姓的拥戴。尧、舜在位时，百姓像对待天地那样敬重他们，像对待父母那样爱戴他们。不管什么事情，百姓都乐意去做，他们发号施令，百姓都乐意接受，这才是真正的祥瑞之兆啊。从今以后，各州府如果发现有祥瑞之兆，就不要再上报朝廷了。

[原文]

贞观八年，陇右山崩，大蛇屡见，山东及江、淮多大水。太宗以问侍臣，秘书监虞世南对曰："春秋时，梁山崩，晋侯召伯宗而问焉，对曰：'国主山川，故山崩川竭，君为之不举乐，降服乘缦①，祝币以礼焉②。'梁山，晋所主也。晋侯从之，故得无害。汉文帝元年，齐、楚地二十九山同日崩，水大出，令郡国无来献，施惠于天下，远近欢洽，亦不为灾。后汉灵帝时，青蛇见御座；晋惠帝时，大蛇长三百步，见齐地，经市入朝。按蛇宜在草野，而入市朝，所以为怪耳。今蛇见山泽，盖深山大泽，必有龙蛇，亦不足怪。又山东之雨，虽则其常，然阴潜过久③，恐有冤狱，宜断省系囚，庶或当天意。且妖不胜德，修德可以销变。"太宗以为然，因遣使者赈恤饥馁，申理冤讼，多所原宥④。

[注释]

①缦：泛指没有花纹的丝织品。这里指没有花纹的车。
②祝币：祭祀时用作祭品的玉帛。
③阴潜：幽深的样子。这里借指阴雨天。
④原宥：原谅，宽宥。

[译文]

贞观八年，山西发生山崩，大蛇时常出没。另外，山东、长江、淮河也常常发生洪灾。唐太宗向大臣们询问此事，秘书监虞世南说："春秋的时候，梁山崩塌，晋国国君召集大臣们查问原因，大臣们说：'国家掌管着山脉和河流，如今山崩溃，河断流，大王现在应该乘坐没有文饰的马车，用钱币拜祭梁山。'梁山是晋国属地，晋国国君采纳了这个意见，果然事后再无灾害。汉文帝元年，齐、楚之地有二十九座山在同一天崩溃，洪水泛滥。汉文帝下令周围的郡国不再向朝廷进献供奉，又向老百姓施加恩惠，远近之地的百姓无不欢欣鼓舞，不久，灾害自然消失。后来汉灵帝时，有人在皇帝的御座旁发现了一条青蛇；晋惠帝时，在齐地发现了一条长三百步的大蛇，这条蛇经过集市窜进了宫廷。一般来说，蛇应当生活在杂草丛生的荒野，这条蛇却出没在集市、宫廷，所以大家都非常奇怪。现在有人在大山、大河边发现了蛇，深山大河必潜藏着龙蛇，这是自然现象，实不足为怪。另外，山东普降大雨，虽是寻常之事，但时间持续过长，恐怕民间有冤情，应当重新审理官司，或许可以顺从天意。而且邪不压正,只要修炼道德就可以使灾害自然消失。"唐太宗觉得此话有理,于是派使者到灾区拯济灾民,采用宽大为怀的政策重新审理官司,平反了很多冤假错案。

【注释】

① 经纶:这里指经营、创建。
② 乂(yì)安:太平,安定。
③ 惕焉:担心、害怕的样子。

【原文】

贞观八年,有彗星见于南方,长六丈,经百余日乃灭。太宗谓侍臣曰:"天见彗星,由朕之不德,政有亏失,是何妖也?"虞世南对曰:"昔齐景公时彗星见,公问晏子。晏子对曰:'公穿池沼畏不深,起台榭畏不高,行刑罚畏不重,是以天见彗星为公戒耳!'景公惧而修德,后十六日而星没。陛下若德政不修,虽麟凤数见,终是无益。但使朝无阙政,百姓安乐,虽有灾变,何损于时?愿陛下勿以功高古人而自矜大,勿以太平渐久而自骄逸,若能终始如一,彗见未足为忧。"太宗曰:"吾之理国,良无景公之过。但朕年十八便为经纶王业①,北剪刘武周,西平薛举,东擒窦建德、王世充,二十四而天下定,二十九而居大位,四夷降伏,海内乂安②。自谓古来英雄拨乱之主无见及者,颇有自矜之意,此吾之过也。上天见变,良为是乎?秦始皇平六国,隋炀帝富有四海,既骄且逸,一朝而败,吾亦何得自骄也?言念于此,不觉惕焉震惧③!"魏徵进曰:"臣闻自古帝王未有无灾变者,但能修德,灾变自销。陛下因有天变,遂能戒惧,反复思量,深自克责,虽有此变,必不为灾也。"

【译文】

贞观八年,有人在南方见到彗星,此彗星长六丈,足足燃烧了一百多天才熄灭。对此,唐太宗对侍臣说:"天上出现了彗星,是提醒我朝廷没有仁德,政务有差错吗?还是这个彗星是个妖孽呢?"虞世南说:"过去齐景公看见彗星,就问晏子是何原因。晏子说:'主公挖掘池塘唯恐不深,修筑台榭唯恐不高,实施刑罚唯恐不严,所以上天就呈现彗星,这是对主公的警诫呀!'齐景公非常畏惧,于是修养道德,十六天之后,彗星就陨落了。陛下如果不加强仁政,虽然境内屡次出现凤凰之类的祥瑞之兆,终究对国家是没有益处的。只要朝廷政治清明,百姓安乐,即使有灾害变故,也不会损害陛下的圣德。希望陛下不要因为自己功高盖世就骄傲自大,也不要因为天下太平已久就放纵逸乐。如果能始终如一地坚持德治,即使天上出现了彗星也不足为惧。"唐太宗说:"我治理国家,自诩没有犯过齐景公那样的过失。但是我十八岁就开始创业,北面灭掉了刘武周,西面铲平了薛举的势力,东面擒获了窦建德、王世充这些乱世枭雄。二十四岁时就平定了天下,二十九岁登上帝位,四方少数民族臣服归顺,海内升平,百姓安乐。自认为力挽乱世之狂澜,古来英雄无人可比,所以志得意满,傲视古今,这是我的过失。如今上天显示了征兆,这是在警告我啊!昔日,秦始皇平定六国,隋炀帝富有四海,但他们骄奢淫逸,所以功亏一篑,在历史上如过眼云烟般迅速消失了。我又有什么值得骄傲自满的呢?每每想到这些,不觉胆战心惊,我是怕重蹈前人的覆辙。"魏徵说:"我听说历代的帝王没有谁没见过灾变,但只要能加强仁政和修养,灾变自然会烟消云散。陛下因为上天有变故,便能有所警觉,反复思考反省,如今境内虽然有灾害,其实也算不上灾害了。"

## [原文]

贞观十一年,大雨,穀水溢,冲洛城门,入洛阳宫,平地五尺,毁宫寺十九,所漂七百余家。太宗谓侍臣曰:"朕之不德,皇天降灾。将由视听弗明,刑罚失度,遂使阴阳舛谬,雨水乖常。矜物罪己,载怀忧惕①。朕又何情独甘滋味?可令尚食断肉料,进蔬食。文武百官各上封事,极言得失。"中书侍郎岑文本上封事曰:

臣闻开拨乱之业,其功既难;守已成之基,其道不易。故居安思危,所以定其业也;有始有卒,所以崇其基也。今虽亿兆乂安,方隅宁谧②,既承丧乱之后,又接凋弊之余,户口减损尚多,田畴垦辟犹少。覆焘之恩著矣③,而疮痍未复;德教之风被矣,而资产屡空。是以古人譬之种树,年祀绵远,则枝叶扶疏④;若种之日浅,根本未固,虽壅之以黑坟⑤,暖之以春日,一人摇之,必致枯槁。今之百姓,颇类于此。常加含养,则日就滋息;暂有征役,则随日凋耗;凋耗既甚,则人不聊生;人不聊生,则怨气

## 【注释】

①忧惕:忧虑戒惧。

②宁谧:宁静。

③覆焘:也作"覆帱",指施恩、加惠。

④扶疏:枝叶茂盛,高低疏密有致。

⑤黑坟:这里指肥土。

充塞；怨气充塞，则离叛之心生矣。故帝舜曰："可爱非君，可畏非民。"孔安国曰："人以君为命，故可爱。君失道，人叛之，故可畏。"仲尼曰："君犹舟也，人犹水也。水所以载舟，亦所以覆舟。"是以古之哲王虽休勿休，日慎一日者，良为此也。

**[译文]**

　　贞观十一年，天降大雨。穀水河泛滥成灾，冲毁了洛阳城门，淹进洛阳宫，平地水深五尺，毁坏宫寺十九处，淹没民房七百多家。一次进膳，唐太宗对侍从的大臣们说："是我没有德行，所以皇天才会降灾。大概是因为我视听不明、刑罚失当，才使阴阳错乱，雨水反常吧。现在是应该抚恤百姓、反省我自己的过失的时候了，我还有什么心情独自安享这些珍馐美味呢？传我令，停止供应肉类食品，只进蔬菜素食。另外，让文武百官都上书奏事，畅言政事得失。"不久，中书侍郎岑文本呈上了一篇奏书：

　　我听说创业于乱世，是非常困难的；要守住已有的基业，也不是件容易的事情。君王只有居安思危，才能巩固基业；要有始有终，才能将基业发扬光大。如今虽然已经天下太平，但大唐是在战乱中创业的，长期的战争使民生凋敝，百姓死伤无数，田地得到开垦的也很少。虽然贞观以来朝廷实施了很多仁政，但战争的创伤非一时半刻可以平复，如今朝廷的道德教化已遍及天下，但老百姓依然很贫困。古人把治国比喻为种树，培育的时间越长，树木越枝繁叶茂；如果培植的时间不够，根基不稳固，虽然为树添上肥沃的黑土，让春天和煦的阳光照耀它，但只要有人摇动树木，树木必然会折断并枯萎。现在的老百姓，就像培植不久的树木。如果常常对百姓进行含养体恤，那么他们就会恢复元气；只要有劳役，他们就会气息奄奄；过多消耗民力，就会民不聊生；民不聊生，就会怨声载道；怨声载道恐怕就会产生背离叛乱之心。所以舜说："可爱非君，可畏非民。"孔安国说："百姓把命运寄托在君王身上，所以君王可爱。君王治国无道，百姓就会反对他，所以百姓可畏。"孔子说："君王像船，百姓像水。水可以使船浮起来，也可以使船沉没。"所以自古以来，君王在天下太平之后内心的忧患并没有消除，反而一日比一日更谨慎，正是这个原因啊。

【原文】

伏惟陛下览古今之事，察安危之机，上以社稷为重，下以亿兆在念。明选举，慎赏罚，进贤才，退不肖。闻过即改，从谏如流。为善在于不疑，出令期于必信。颐神养性，省游畋之娱；去奢从俭，减工役之费。务静方内，而不求辟土；载櫜弓矢①，而不忘武备。凡此数者，虽为国之恒道，陛下之所常行。臣之愚昧，惟愿陛下思而不怠，则至道之美与三、五比隆，亿载之祚与天地长久。虽使桑穀为妖，龙蛇作孽，雉雊于鼎耳，石言于晋地，犹当转祸为福，变灾为祥，况雨水之患，阴阳恒理，岂可谓天谴而系圣心哉？臣闻古人有言："农夫劳而君子养焉②，愚者言而智者择焉。"辄陈狂瞽③，伏待斧钺④。

太宗深纳其言。

【注释】

① 櫜（gāo）：这里指把武器收藏起来。
② 养：当作"食"，食用。
③ 狂瞽（gǔ）：愚妄无知。
④ 斧钺（yuè）：借指重刑。

【译文】

希望陛下能通晓古今之变，体察政治的得失，上以政权为重，下以苍生为念，公正地选举官员，慎重地实施赏罚，提拔贤才，斥退庸人。清楚自己的过失并加以改正，从谏如流。用人不疑，言必有信。修养上，能无为无欲，修持心性，免去游宴畋猎的欢娱；去掉奢侈，一切从俭，节省大兴土木的费用。政治上，应崇尚清静，不要无休止地开疆拓土，应马放南山，刀枪入库，但也不可忘了军备的必要。以上几点，是治国应当坚持的原则，陛下自己也在身体力行。我不才，只希望陛下能持之以恒，使国家像三皇五帝时一样兴盛安定，万世流芳。现在即使出现《史记·商纪》里的桑穀那样的妖孽，有龙蛇兴妖作怪，鸡飞到鼎上鸣叫，晋地的石头会说话这样的怪事，也会转祸为福，化凶为吉，何况雨水这样的自然灾害，是阴阳变化的常事，怎么可说是上天在谴责陛下，而让您如此不安呢？古人说："对于农民劳动而君子享用这样的事实，愚昧的人发表议论，聪明的人择善而从。"奏疏有不当之处，请陛下处罚。

看了这篇奏疏，唐太宗认为非常有道理，就采纳了他的意见。

## 慎终第四十

【原文】

贞观五年,太宗谓侍臣曰:"自古帝王亦不能常化①,假令内安,必有外扰。当今远夷率服,百谷丰稔,盗贼不作,内外宁静。此非朕一人之力,实由公等共相匡辅。然安不忘危,理不忘乱,虽知今日无事,亦须思其终始。常得如此,始是可贵也。"魏徵对曰:"自古已来,元首股肱不能备具②,或时君称圣,臣即不贤;或遇贤臣,即无圣主。今陛下圣明,所以致理。向若直有贤臣③,而君不思化,亦无所益。天下今虽太平,臣等犹未以为喜,惟愿陛下居安思危,孜孜不怠耳!"

【注释】

① 常化:经常教化天下。
② 元首:这里指君主。
③ 直有:只有。

【译文】

贞观五年,唐太宗对周围的侍臣们说:"自古以来的帝王都不能长期教化天下,他们当政时假如国家内部安定,那么必定会有外乱骚扰。而如今远方外族归顺我朝,天下五谷丰登,盗贼不起,国家内外宁静。这绝非我个人的能力所能达到的,实在是有赖于各位大臣的鼎力辅佐啊。然而居安不能忘危,治平不能忘乱,虽然明知如今无事,也得考虑如何才能有始有终。要经常这样反省思索,才是难能可贵。"魏徵深表赞同,说:"纵观历史,我们发现君主和大臣往往不能两全其美,相得益彰。有时君主圣明,而臣下不贤;有时遇上贤臣,却没有圣明的君主。如今陛下圣明,所以天下太平,假如当初大唐只有贤臣,而君主不想广施教化和仁义,要想促成今日之美政,也是不可能的。如今国家升平,但是臣等还不敢就此坐享太平,也希望陛下能居安思危,孜孜不倦!"

【原文】

贞观六年,太宗谓侍臣曰:"自古人君为善者,多不能坚守其事。汉高祖,泗上一亭长耳①,初能拯危诛暴,以成帝业,然

【注释】

① 泗上:泛指泗水北岸的地域。

更延十数年，纵逸之败，亦不可保。何以知之？孝惠为嫡嗣之重，温恭仁孝，而高帝惑于爱姬之子，欲行废立；萧何、韩信，功业既高，萧既妄系②，韩亦滥黜，自余功臣黥布之辈，惧而不安，至于反逆。君臣父子之间悖谬若此，岂非难保之明验也？朕所以不敢恃天下之安，每思危亡以自戒惧，用保其终。"

②妄系：无故抓人入罪。

**【译文】**

贞观六年，唐太宗对侍从的大臣们说："从古以来，君主想做好事的，往往不能坚持到底。汉高祖本是泗水亭的一个亭长罢了，起初他能够救危难诛暴秦，所以成就了帝王大业，但如果他在位的时间再延长十几年，他肯定会因放纵逸乐而陷于衰败，不能保住他当初创下的功业。根据什么得出这样的结论呢？其实，历史上这样的事例太多了。汉惠帝本是嫡长子，他温恭仁孝，被立为太子是名正言顺的事情，但汉高祖被爱姬的儿子迷惑，想另行废立；萧何、韩信，是汉代的开国元勋，德高望重，可是萧何曾被无端打入大牢，韩信也无缘无故遭到贬黜，最后被诛杀三族，其余功臣像黥布等人恐惧不安，终于谋反叛逆。汉初君臣父子之间的关系悖逆荒谬到这种地步，难道不是难以保全功业的明证吗？所以我不敢自恃天下安定就掉以轻心，而是心怀忧患，经常用历史上的危亡来警诫自己，以激励自己将治国政策贯彻到底。"

**【原文】**

贞观九年，太宗谓公卿曰："朕端拱无为①，四夷咸服，岂朕一人之所致，实赖诸公之力耳！当思善始令终，永固鸿业，子子孙孙，递相辅翼。使丰功厚利施于来叶②，令数百年后读我国史，鸿勋茂业粲然可观，岂惟称隆周、炎汉及建武、永平故事而已哉？"房玄龄因进曰："陛下抑挹之志③，推功群下，致理升平，本关圣德，臣下何力之有？惟愿陛下有始有卒，则天下永赖。"太宗又曰："朕观古先拨乱之主皆年逾四十，惟光武年三十三。但朕年十八便举兵，年二十四定天下，年二十九升为天子，此则武胜于古也。少从戎旅，不暇读书，贞观以来，手不释

**【注释】**

①端拱：闲适自得，清静无为。

②来叶：来世，后世。

③抑挹（wéiyì）：也作"抑抑"，谦抑，谦让。

④稽颡（sǎng）：古代一种跪拜礼，屈膝下拜，以额触地，表示极度的虔诚。

卷，知风化之本，见政理之源。行之数年，天下大治而风移俗变，子孝臣忠，此又文过于古也。昔周、秦以降，戎狄内侵，今戎狄稽颡①，皆为臣妾，此又怀远胜古也。此三者，朕何德以堪之？既有此功业，何得不善始慎终耶？"

**【译文】**

　　贞观九年，唐太宗对各位公卿大臣说："我继承帝业以来，推行无为而治的政策，如今国家周边的少数民族都臣服归顺了，这难道只是我一个人的能力所致吗？其实这是得益于各位大臣的辅佐之功啊！现在是我们思考如何善始善终的时候了，我们应该竭尽全力，使大唐的江山社稷永远稳固，一代一代延续下去，子子孙孙无穷匮也。让我们大唐的丰功伟业、恩德福祉流芳百世，泽被四方，使数百年之后的人读到大唐的历史，无不为我们灿烂辉煌的业绩而赞叹不已。难道历史上就只有周代、汉代以及光武、明帝的功绩才称得上万世的楷模吗？"房玄龄说："陛下雄韬大略，功德无量，今天天下太平，这是你的圣德，我们臣下有什么功劳呢？只希望陛下能有始有终，那么天下的老百姓就有希望了。"唐太宗又说："我时常阅读历史书籍，发现平定乱世的君主年龄一般都超过了四十岁，只有光武帝年仅三十三岁。但是我十八岁就起兵征战，二十四岁就平定了天下，二十九岁就做了天子，这是当今武功胜过古代的缘故。我少年时代就开始了戎马生涯，没有时间读书，所以贞观以来，我一有时间就阅读书籍，可谓手不释卷。我谨记以史为鉴的古训，从古代圣贤书中，我知道了风化的根本，政治的关键。依此施行了几年，天下终于获得了治理。如今民风淳朴，子孝臣忠，社会和谐稳定，这是文化胜过古代的缘故。从周代、秦朝以来，戎狄等边境少数民族时常侵犯中原，现在他们都已俯首称臣，这是民族关系胜过古代的缘故。我有何德才和能力，能够取得这样的功业？既然已经取得了这三个方面的业绩，奠定了如此坚实的治国基础，我们又怎能不善始善终呢？"

## 【原文】

贞观十二年，太宗谓侍臣曰："朕读书见前王善事，皆力行而不倦，其所任用公辈数人，诚以为贤。然致理比于三、五之代，犹为不逮，何也？"魏徵对曰："今四夷宾服①，天下无事，诚旷古所未有。然自古帝王初即位者，皆欲励精为政，比迹于尧、舜；及其安乐也，则骄奢放逸，莫能终其善。人臣初见任用者，皆欲匡主济时，追纵于稷、契；及其富贵也，则思苟全官爵，莫能尽其忠节。若使君臣常无懈怠，各保其终，则天下无忧不理，自可超迈前古也。"太宗曰："诚如卿言。"

【注释】
①宾服：归顺，顺服。

## 【译文】

贞观十二年，唐太宗对侍臣说："我通过读书，发现以前的君王做善事，都身体力行，不知疲倦，他们所任用的大臣，也都很贤德。然而和三皇五帝的时代相比，还是无法企及，为什么呢？"魏徵回答说："现在少数民族臣服，天下太平无事，的确是自古以来都没有过的盛事。然而，历代的帝王刚刚即位的时候，都励精图治，勤于政务，以尧、舜为楷模，可是等到天下太平了，就开始放纵自己，骄奢淫逸，没有谁做到善终。至于臣子，在开始被任用时，都追慕古代良臣稷、契的风范，怀有匡扶君主、济世救民的宏愿。等到他们荣华富贵了，就开始处心积虑地盘算如何才能保住乌纱，苟全性命，没有谁能够做到尽忠职守。如果君臣双方都能不懈怠，铭记善终的道理，那么就可以无为而治，天下无忧了，这样做的话，自然可以超越古人。"唐太宗听了魏徵一番话，连连点头称是。

## 【原文】

贞观十三年，魏徵恐太宗不能克终俭约，近岁颇好奢纵，上疏谏曰：

臣观自古帝王受图定鼎①，皆欲传之万代，贻厥孙谋。故其垂拱岩廊②，布政天下。其语道也必先淳朴而抑浮华，其论人也必贵忠良而鄙邪佞，言制度也则绝奢靡而崇俭约，谈物产也则重谷帛而贱珍奇。然受命之初，皆遵之以成治；稍安之后，

【注释】
①受图定鼎：建立王朝。
②岩廊：也作"岩郎"，高峻的廊庑。这里指朝廷。

多反之而败俗。其故何哉？岂不以居万乘之尊，有四海之富，出言而莫己逆，所为而人必从，公道溺于私情，礼节亏于嗜欲故也？语曰："非知之难，行之惟难；非行之难，终之斯难。"所言信矣。

【注释】

①横流：这里指世道混乱。

②区宇：境域，天下。

③方：泛指并列。这里指相提并论。

④曩（nǎng）志：过去的志向。曩，以前，过去。

【译文】

贞观十三年，魏徵发现唐太宗近些年来逐渐显露出骄奢自满的迹象，害怕他不能将克勤克俭的政务作风坚持到底，于是向唐太宗呈上了一篇奏疏：

我发现，历朝历代的帝王奉天承运，创下基业之后，都希望将帝业传至千秋万代，所以他们崇尚无为而治，以德治天下。他们对语言的要求是崇尚朴实而弃绝浮华；论人，则重用忠臣良将，鄙视奸佞小人；制度上，杜绝奢侈崇尚俭约；谈物产，重视谷物棉帛，轻视奇珍异宝。他们在治国初期，都能遵守这些条款，可是国家稍一安定，就开始违背初衷，伤风败俗。这是为什么呢？这难道不是因为君王乃万民之尊，富有天下，他说的话没有谁敢违抗，他的意愿人人必须依从，从而使公道被私情隐匿，礼节被嗜欲淹没而造成的吗？《国语》说："知并不难，难的是行；行也不难，难的是善终。"说得太正确了。

【原文】

伏惟陛下，年甫弱冠，大拯横流①，削平区宇②，肇开帝业。贞观之初，时方克壮③，抑损嗜欲，躬行节俭，内外康宁，遂臻至治。论功则汤、武不足方，语德则尧、舜未为远。臣自擢居左右，十有余年，每侍帷幄，屡奉明旨。常许仁义之道，守之而不失；俭约之志，终始而不渝。一言兴邦，斯之谓也。德音在耳，敢忘之乎？而顷年以来，稍乖曩志④，敦朴之理，渐不克终。谨以所闻，列之于左：

【译文】

陛下二十岁就在风云变幻的乱世中力挽狂澜，威震四方，创下了帝王的基业。贞观初年，天下初定时，陛下能克服自己的嗜好私欲，克勤克俭，身体力行，致使国泰民安，达到至治。论武功，则商汤、周武王都无法与你相比，若论仁德，你与古代尧、舜等明君相差不远。我在陛下身边做官已经十多年了，常常在帷幄之中接受陛下圣明的旨意。陛下时常告诫臣下要坚守仁义之道，不可丧失；保持节俭的习惯，不可改变。陛下的圣德之音至今仍在我耳边时时响起，臣怎敢忘记呢？但是这几年来，陛下稍稍偏离了以往的志向，敦厚淳朴的风气没能自始至终地保持下来。现在我谨把自己的所见所闻，列在下面，以备陛下参阅：

**【原文】**

　　陛下贞观之初，无为无欲，清静之化，远被遐荒。考之于今，其风渐坠，听言则远超于上圣，论事则未逾于中主①。何以言之？汉文、晋武俱非上哲，汉文辞千里之马，晋武焚雉头之裘。今则求骏马于万里，市珍奇于域外，取怪于道路，见轻于戎狄，此其渐不克终一也。

**【注释】**

①中主：中等才德的君主。

**【译文】**

　　陛下在贞观初期，实行无为无欲、清静祥和的政治教化政策，即使在边远的蛮荒之地，也受到了此风的感化。但如今看来，这种风气正在慢慢消失，听言语似乎比古代的君主高明多了，论事，则连一般平庸的君主都不如。为什么这样说呢？汉文帝、晋武帝都不是具有上哲之智的圣明之君，但汉文帝拒绝别人进献的千里马，晋武帝因为国家法典禁止奇装异服，焚烧了大臣献上的雉头裘。而今天，朝廷到千里之外去寻找骏马，到异域去搜求奇珍异宝，这些行为都被老百姓和少数民族责怪和轻视。这是朝廷不能善终的表现之一。

**【原文】**

　　昔子贡问理人于孔子，孔子曰："懔乎若朽索之驭六马①。"子贡曰："何其畏哉？"子曰："不以道导之，则吾仇也，若何其无畏？"故《书》曰："民惟邦本，本固邦宁。"为人上者奈何不敬？陛下贞观之始，视人如伤，恤其勤劳，爱民犹子，每存简

**【注释】**

①懔（lǐn）：恐惧。这里指小心谨慎。
②营为：经营大兴土木活动。

约，无所营为②。顷年已来，意在奢纵，忽忘卑俭，轻用人力，乃云："百姓无事则骄逸，劳役则易使。"自古以来，未有由百姓逸乐而致倾败者也，何有逆畏其骄逸而故欲劳役者哉？恐非兴邦之至言，岂安人之长算？此其渐不克终二也。

**【译文】**

　　过去子贡向孔子请教如何管理百姓，孔子做了一个比喻，他说："用朽烂的绳索驾驭六匹马的车子，真让人恐惧啊！"子贡问："有什么好恐惧的呢？"孔子说："不用'道'来引导百姓，这是我所痛恨的，如果这样治国，怎能无所畏惧呢？"所以《尚书》说："百姓是国家的根本，根本牢固国家才会安宁。"为君者怎么可以不敬畏老百姓呢？陛下在贞观初期，把老百姓当作饱尝战争创痛的伤员，体恤他们的艰辛，爱民如子，凡事崇尚俭约，不营造工事以免劳民伤财。然而近些年来，陛下开始放纵奢侈，忘记了谦逊节俭的美德，任意役使百姓，还说："老百姓没有事情就会懒惰放肆，有了劳役就容易驱使他们。"古往今来，从来没有因为老百姓安乐悠闲而导致亡国的事例，岂有害怕他们放纵，而故意向他们施加劳役的道理呢？恐怕这不是国家长治久安的至理名言。这是朝廷不能善终的表现之二。

**【注释】**

①直：只是。

**【原文】**

　　陛下贞观之初，损己以利物，至于今日，纵欲以劳人，卑俭之迹岁改，骄侈之情日异。虽忧人之言不绝于口，而乐身之事实切于心。或时欲有所营，虑人致谏，乃云："若不为此，不便我身。"人臣之情，何可复争？此直意在杜谏者之口①，岂曰择善而行者乎？此其渐不克终三也。

**【译文】**

　　陛下在贞观初期，损害自己的利益以满足别人的需要。而如今，放纵自己的欲望以役使百姓，谦逊节俭的风气一年年消失，而骄纵奢侈的习惯在与日俱增。虽然牵挂老百姓的话语还不绝于口，但享乐之事也时时萦绕于心。有时候，陛下想营造宫室，又担心有人提意见，就说："如果不修宫殿，我的生活就会不方便。"根据君臣之谊，臣子怎么可能再进谏呢？陛下此言意在杜绝意见，哪里谈得上择善而从呢？这是朝廷不能善终的表现之三。

【原文】

　　立身成败，在于所染，兰芷鲍鱼，与之俱化，慎乎所习，不可不思。陛下贞观之初，砥砺名节①，不私于物，唯善是与②，亲爱君子，疏斥小人。今则不然，轻亵小人③，礼重君子。重君子也，敬而远之；轻小人也，狎而近之。近之则不见其非，远之则莫知其是。莫知其是，则不间而自疏；不见其非，则有时而自昵④。昵近小人，非致理之道；疏远君子，岂兴邦之义？此其渐不克终四也。

【注释】

① 砥砺：磨炼。
② 与：交往，友好。
③ 轻亵（xiè）：轻佻地亲近。
④ 昵：亲近，亲热。

【译文】

　　君子立身为人，成败的关键之一在于所处环境的影响，入芝兰之室，久而不知其香；入鲍鱼之肆，久而不知其臭，每个人要受到环境潜移默化的影响，所以对于习惯不可不慎重，不可不深思。陛下在贞观初期，励精图治，注重名节，不存私欲，乐于施予，亲近重用君子，疏远贬斥小人。现在却恰恰相反，亲近小人，疏远君子。疏远君子，是敬而远之；亲近小人，是轻信重用。太近就看不到别人的缺点，太远就不知道别人的正确。不知道君子的正确，其结果不是有意离间就是会自然疏远君子；不辨小人的缺点，那么就会主动去亲近他们。亲近小人，不是治国之道；疏远君子，就能够使国家兴盛吗？这是朝廷不能善终的表现之四。

【原文】

　　《书》曰："不作无益害有益，功乃成；不贵异物贱用物，人乃足。犬马非其土性不畜，珍禽奇兽弗育于国。"陛下贞观之初，动遵尧、舜，捐金抵璧①，反朴还淳。顷年以来，好尚奇异，难得之货，无远不臻，珍玩之作，无时能止。上好奢靡而望下敦

【注释】

① 捐金抵璧：指不重财物。
② 末作：古代之工商业。

朴,未之有也。末作滋兴②,而求丰实,其不可得亦已明矣。此其渐不克终五也。

【译文】

　　《尚书》说:"不做徒劳无益的事来妨碍有益的事,大功才会告成;不要用奇珍异宝来迷惑人们的心灵,使他们轻贱日常之物,只有这样老百姓才会知足。狗、马这些家畜不是因为本性会被驯服而不被饲养,珍禽异兽则因为自然的野性所以才不会出产在国内。"陛下在贞观初期,仿效尧、舜,弃绝金银珠宝,返璞归真。可是近年来,猎奇之心日起,奇珍异宝之类中原罕见之物,源源不断地从偏远的异域运送过来。皇上自己嗜好奢侈品,却希望黎民百姓保持淳朴的民风,这怎么可能呢?朝廷不为民造福,却奢望国富民强,很显然这是办不到的。这是朝廷不能善终的表现之五。

【原文】

　　贞观之初,求贤如渴,善人所举,信而任之,取其所长,恒恐不及。近岁已来,由心好恶,或众善举而用之,或一人毁而弃之,或积年任而用之,或一朝疑而远之。夫行有素履①,事有成迹,所毁之人,未必可信于所举;积年之行,不应顿失于一朝。君子之怀,蹈仁义而弘大德;小人之性,好谗佞以为身谋。陛下不审察其根源,而轻为之臧否②,是使守道者日疏,干求者日进③。所以人思苟免,莫能尽力。此其渐不克终六也。

【注释】

①素履:平素的言行。
②臧否(pǐ):褒贬,好坏。
③干求:钻营求取。

【译文】

　　贞观初期,朝廷求贤若渴,只要有人推举好的人才,都能够信任并加以任用,让他们发挥长处,唯恐错失人才。但近年来,在任用人才上显得随心所欲。对于人才,朝廷或者因为许多人共同推荐而任用他,或者因为个别人的诋毁而罢免他,或者根据多年的政绩而任用他,或者因为一时的怀疑而疏远他。一个人的行为处世有自己的原则,受人诋毁的人,未必真的行为不端,多年形成的品行，不可能在一朝一夕完全改变。君子有自己的襟怀，他们行仁义之事而弘扬道德；小人也有自己的品性，他们喜好用谗言中伤别人从而为自己牟取私利。陛下不明察事情的根源，就轻易赏罚，这样做，会使坚守君子之道的人日渐疏远，而让那些追名逐利的小人逐渐得逞。所以现在大臣们都在考虑如何才能保全性命和官职，没有谁再愿意为国尽职尽忠。这是朝廷不能善终的表现之六。

## 【原文】

陛下初登大位，高居深视，事惟清静，心无嗜欲，内除毕弋之物①，外绝畋猎之源。数载之后，不能固志，虽无十旬之逸②，或过三驱之礼。遂使盘游之娱，见讥于百姓，鹰犬之贡，远及于四夷。或时教习之处，道路遥远，侵晨而出③，入夜方还。以驰骋为欢，莫虑不虞之变，事之不测，其可救乎？此其渐不克终七也。

【注释】

①毕：捕兽所用之网。戈：射鸟所用的系绳之箭。
②旬：十天。
③侵晨：天刚有点亮时。

## 【译文】

陛下当初刚刚即位的时候，凡事只求清静，内心没有嗜欲杂念，丢掉打猎的网、箭等工具，不再想打猎的事情。但几年之后，这条戒律被废除了，虽然不像太康那般纵情无度，在洛阳打猎十旬都不返回，但还是给老百姓留下了讥刺的话柄。比如，陛下不远千里，向边远异族征求打猎用的老鹰和猎狗。还有打猎的地方太远，需要披星戴月，早出晚归。陛下以骑马打猎为乐事，不考虑是否会有意外的变故发生，如果真有不测，还可能挽救吗？这是朝廷不能善终的表现之七。

## 【原文】

孔子曰："君使臣以礼，臣事君以忠。"然则君之待臣，义不可薄。陛下初践大位，敬以接下，君恩下流，臣情上达，咸思竭力，心无所隐。顷年已来，多所忽略。或外官充使①，奏事入朝，思睹阙庭，将陈所见，欲言则颜色不接，欲请又恩礼不加，间因所短，诘其细过，虽有聪辩之略，莫能申其忠款②。而望上下同

【注释】

①外官：地方官。
②款：诚恳亲切。
③交泰：指君臣之意互相融洽，上下同心。

心，君臣交泰③，不亦难乎？此其渐不克终八也。

【译文】

孔子说："君主对臣下以礼相待，臣下对君主尽职尽忠。"所以，君主对臣下不能够薄情寡义。陛下初登皇位的时候，能够礼贤下士，君主的恩德由上至下，臣子都感受到了陛下的仁义。臣子的忠义之情由下至上，都愿意为朝廷不遗余力地尽献自己的赤胆忠心。然而近年来，君臣之义却遭到忽略。有京城外的官员入朝奏请政事，看到朝廷上这种情况，想明言指出，又担心这会使君臣双方的关系更不融洽，所以欲言又止。有的人自愿请命，但朝廷又不行赏赐，不给予相对的礼遇，这些人无奈之下只得罢休。皇上有时因为臣子有些缺点，就怪罪他们，责备得过细过烦，臣子虽然能言善辩，也无法为自己的一腔忠诚申述。如果这样，还希望君臣上下同心，水乳交融，不是很困难吗？这是朝廷不能善终的表现之八。

【注释】

①遐裔：指边远地区的少数民族。

【原文】

傲不可长，欲不可纵，乐不可极，志不可满。四者，前王所以致福，通贤以为深诫。陛下贞观之初，孜孜不怠，屈己从人，恒若不足。顷年已来，微有矜放，恃功业之大，意蔑前王，负圣智之明，心轻当代，此傲之长也。欲有所为，皆取遂意，纵或抑情从谏，终是不能忘怀，此欲之纵也。志在嬉游，情无厌倦，虽未全妨政事，不复专心治道，此乐将极也。率土乂安，四夷款服，仍远劳士马，问罪遐裔①，此志将满也。亲狎者阿旨而不肯言，疏远者畏威而莫敢谏，积而不已，将亏圣德。此其渐不克终九也。

【译文】

古话说："骄傲不可以滋长，欲望不可以放纵，快乐不可以过度，志向不可以太高。"这四句话所包含的道理，为以前的君主带来了福祉，让通达的贤才深以为戒。陛下在贞观初期，对政务孜孜不倦，兢兢业业，委屈自己以保全别人。可是近年来，开始显露出骄傲自满的情绪，倚仗宏大的功业，蔑视以往的君主，自认为具有圣明的智能，轻视当代俊才，这是骄傲滋生的表现。做事情随心所欲，有时即便克制自己的私欲接受了臣子的建议，也终究是意难平，这是欲望放纵的表现。陛下喜欢嬉游，乐此不疲，虽然没有完全妨碍政务，但对政务已不再专心致志，这是逸乐过度的表现。现在四海归心，天下太平，可是朝廷仍然兴师动众，不断讨伐边远地区的异族，这是志得意满的表现。长此以往，将使谄媚者只会顺从圣旨不讲真话，而被疏远的人，会因为害怕触犯龙颜而噤若寒蝉。这样势必削减陛下的圣德。这是朝廷不能善终的表现之九。

【原文】

昔陶唐、成汤之时，非无灾患，而称其圣德者，以其有始有终，无为无欲，遇灾则极其忧勤，时安则不骄不逸故也。贞观之初，频年霜旱，畿内户口并就关外，携负老幼，来往数年，曾无一户逃亡、一人怨苦，此诚由识陛下矜育之怀①，所以至死无携贰②。顷年已来，疲于徭役，关中之人，劳弊尤甚。杂匠之徒，下日悉留和雇③；正兵之辈，上番多别驱使④。和市之物不绝于乡间，递送之夫相继于道路。既有所弊，易为惊扰，脱因水旱⑤，谷麦不收，恐百姓之心，不能如前日之宁帖⑥。此其渐不克终十也。

【注释】

① 矜育：矜怜养育。
② 携贰：离心，怀有二心。
③ 下日：服役结束之日。
④ 上番：调到京城服役。
⑤ 脱因：或许因为。
⑥ 宁帖：也作"宁贴"，安宁舒贴。

【译文】

过去陶唐、成汤的时代并非没有灾害，他们的美名却万古流芳，为什么呢？因为他们都能够有始有终地实行无为无欲的政策，遇到天灾，他们就为黎民百姓分忧解难。风调雨顺的年代，他们也戒骄戒躁。贞观初期，中原连年遭受霜灾、旱灾，老百姓纷纷迁居关外，他们扶老携幼举家迁徙，虽然尝尽了旅途的颠沛流离，却没有一家一户逃亡，没有谁抱怨，这都是因为百姓知道陛下怀有体恤百姓的良苦用心，所以即使死去也没有二心。可是近年来，老百姓被繁重的徭役压得喘不过气来，关中的百姓，更是苦不堪言，干杂活儿的匠人，都被官府雇用，服兵役的人，被四处驱使；货物的买卖在集镇频繁地发生，送货脚夫的足迹不绝于道路。这样下去势必带来弊端，老百姓宁静的生活会受到干扰，再加上这几年来水旱灾害时断时续，稻谷青黄不接，恐怕如今百姓的心，再不如贞观初期那般祥和宁静了。这是朝廷不能善终的表现之十。

## 【注释】

①衅：缝隙，破绽。引申为争端，事端。

②洽：广泛，普遍。寰中：天下。

③聿(yù)：古汉语助词，用在句首或句中。

④宝祚：国运、帝位。

⑤亏：欠缺。篑：盛土的筐子。

⑥休期：美好的时期。

## 【原文】

臣闻"祸福无门，唯人所召""人无衅焉①，妖不妄作"。伏惟陛下统天御宇十有三年，道洽寰中②，威加海外，年谷丰稔，礼教聿兴③，比屋喻于可封，菽粟同于水火。暨乎今岁，天灾流行。炎气致旱，乃远被于郡国；凶丑作孽，忽近起于毂下。夫天何言哉？垂象示诫，斯诚陛下惊惧之辰，忧勤之日也。若见诫而惧，择善而从，同周文之小心，追殷汤之罪己，前王所以致理者，勤而行之；今时所以败德者，思而改之，与物更新，易人视听，则宝祚无疆④，普天幸甚，何祸败之有乎？然则社稷安危，国家理乱，在于一人而已。当今太平之基，既崇极天之峻；九仞之积，犹亏一篑之功⑤。千载休期⑥，时难再得，明主可为而不为，微臣所以郁结而长叹者也。

## 【译文】

我听说"祸福不会凭空降临，除非人自己招惹是非""人如果不挑衅，妖怪不会平白无故地出现"。陛下统治天下已有十三年，威加四海，万民臣服，年年五谷丰登，礼法教化也重新得以确立。可是近年来，旱灾不断，现在已经殃及了周围的郡国。不祥的迹象，也时时出现。上天会说什么呢？老天在显示征兆以警诫世人，现在是陛下应该警醒、勤于政务的时候了。如果陛下看见警诫能够产生畏惧，施行仁义，像周文王那样小心谨慎、商汤那样严于律己，前王们孜孜以求的条例都能够勤勉地执行；对如今败坏仁德的行为，都能够反省并改过，以此来改变百姓对朝廷的看法，那么国家就可以长治久安，永享太平了，灾祸怎么还可能产生呢？社稷的安危、国家的治乱，全系于陛下一人啊！当今乃太平盛世，这在历史上是前所未有的，但是仍需百尺竿头，更进一步。如今是创造伟业的千载难逢的良机,时不我与,稍纵即逝,古代圣明的君主都在可以有所作为的时候实行无为而治的政策,陛下应当三思,这也是臣下时常牵挂于心的事情。

## 【原文】

臣诚愚鄙,不达事机,略举所见十条,辄以上闻圣听。伏愿陛下采臣狂瞽之言①,参以刍荛之议,冀千虑一得,衮职有补,则死日生年,甘从斧钺。

疏奏,太宗谓徵曰:"人臣事主,顺旨甚易,忤情尤难②。公作朕耳目股肱,常论思献纳。朕今闻过能改,庶几克终善事。若违此言,更何颜与公相见?复欲何方以理天下?自得公疏,反复研寻,深觉词强理直,遂列为屏障,朝夕瞻仰。又录付史司③,冀千载之下识君臣之义。"乃赐徵黄金十斤,厩马二匹。

## 【注释】

① 狂瞽之言:不明事理,愚妄的言论。瞽,昏昧,不明事理。

② 忤情:违逆心意。

③ 史司:史官。

## 【译文】

我天生愚钝,不能通达事理,略举平时所思所想意见共十条,希望陛下采纳,也希望能够于国于民有所裨益,如有冒犯,臣甘冒杀身之祸,也在所不辞。

看罢奏疏,唐太宗对魏徵说:"臣子侍奉君主,只顺从旨意是很容易的,忤逆君王的心意可就太难了。你作为我的左右手,能常常想着向我进谏,的确难能可贵。现在我已经知道了自己的过错,希望能够改正,在政务上做到善始善终。如果违背了你的意见,我有何颜面再见到你?又怎么才能把天下治理得井井有条呢?我得到你的奏疏之后,反复研读思考,觉得你的意见言辞激烈但道理坦直,所以我将它贴在屏风上,早晚都能够看到。还把奏疏交付给编写史书的官员抄录,希望千年之后,人们都能够知道我们君臣之间的情义。"事后,唐太宗赏赐给魏徵黄金十斤,良马两匹。

## 【原文】

贞观十四年,太宗谓侍臣曰:"平定天下,朕虽有其事,守之失图①,功业亦复难保。秦始皇初亦平六国,据有四海,及末年不

## 【注释】

① 失图:政策失误。

② 宗社:借指国家。

能善守,实可为诫。公等宜念公忘私,则荣名高位,可以克终其美。"魏徵对曰:"臣闻之,战胜易,守胜难。陛下深思远虑,安不忘危,功业既彰,德教复洽,恒以此为政,宗社无由倾败矣②。"

**【译文】**

贞观十四年,唐太宗对周围的侍臣们说:"平定天下,我已经做到了,可是,如果守天下不得法,功业也难以保住。秦始皇起初也曾平定六国,据有四海,到他晚年却不能很好地守住江山,这个教训真可作为鉴戒。各位大臣,你们应该公而忘私,已经取得的荣誉地位,就能最终保持。"魏徵说:"臣听说:战胜容易,保持胜利困难。陛下深思远虑,安不忘危,功业既已显赫,德行教化又深入人心,如果能永远用这种态度来治理天下,国家就不会有倾覆的危险了。"

**【原文】**

贞观十六年,太宗问魏徵曰:"观近古帝王,有传位十代者,有一代两代者,亦有身得身失者。朕所以常怀忧惧,或恐抚养生民不得其所①,或恐心生骄逸,喜怒过度。然不自知,卿可为朕言之,当以为楷则。"徵对曰:"嗜欲喜怒之情,贤愚皆同。贤者能节之,不使过度,愚者纵之,多至失所。陛下圣德玄远②,居安思危,伏愿陛下常能自制,以保克终之美,则万代永赖。"

**【注释】**

①生民:人民,百姓。
②玄远:玄妙幽怨。这里指深谋远虑。

**【译文】**

贞观十六年,唐太宗问魏徵:"我看近代的帝王,有传位十代的,有只延续一代两代的,也有自己取得天下又自己丢失的。我之所以常常感到忧虑恐惧,或者是害怕抚养百姓未能做到各得其所;或者是怕自己心生骄逸,喜怒过度,而自己又不能觉察到。请你为我讲讲其中的道理,我将把它们当作准则。"魏徵说:"嗜欲喜怒的情感,人生而有之,无论贤者、愚者都在所难免,只是贤者能够有所控制,凡事不过度,愚者却恣意放纵,以至于达到不可收拾的地步。陛下圣德高远,能够居安思危,衷心希望陛下能抑制私欲,善始善终,成就完美的功业,造福千秋万代。"